D1691356

Schriften des Augsburg Center for
Global Economic Law and Regulation

Arbeiten zum Internationalen Wirtschaftsrecht
und zur Wirtschaftsregulierung

herausgegeben von

Prof. Dr. Thomas M. J. Möllers, Universität Augsburg
Prof. Dr. Matthias Rossi, Universität Augsburg

Band 79

Tobias B. Madel

Robo Advice

Aufsichtsrechtliche Qualifikation und Analyse der
Verhaltens- und Organisationspflichten bei der digitalen
Anlageberatung und Vermögensverwaltung

 Nomos

Die Deutsche Nationalbibliothek verzeichnet diese Publikation in
der Deutschen Nationalbibliografie; detaillierte bibliografische
Daten sind im Internet über http://dnb.d-nb.de abrufbar.

Zugl.: Augsburg, Univ., Diss., 2018

ISBN 978-3-8487-5752-7 (Print)
ISBN 978-3-8452-9914-3 (ePDF)

1. Auflage 2019
© Nomos Verlagsgesellschaft, Baden-Baden 2019. Gedruckt in Deutschland. Alle Rechte,
auch die des Nachdrucks von Auszügen, der fotomechanischen Wiedergabe und der
Übersetzung, vorbehalten. Gedruckt auf alterungsbeständigem Papier.

MEINER WUNDERBAREN FRAU

Vorwort

Diese Arbeit wurde von der Juristischen Fakultät der Universität Augsburg im Wintersemester 2018/2019 als Dissertation angenommen. Literatur, Rechtsprechung und Gesetzgebungsentwicklung wurden bis September 2018 berücksichtigt.

Meinem Doktorvater Herrn Professor Dr. Thomas M.J. Möllers danke ich ganz herzlich für die intensive Betreuung meiner Dissertation in allen Phasen der Entstehung sowie die persönliche und fachliche Unterstützung während meiner Zeit als Mitarbeiter an seinem Lehrstuhl, auf die ich gerne zurückblicke. Herrn Professor Dr. Andreas Früh danke ich für die überaus zügige Erstellung des Zweitgutachtens. Für die Aufnahme in diese Schriftenreihe danke ich den Herausgebern Herrn Professor Thomas M.J. Möllers und Herrn Professor Dr. Matthias Rossi.

Für die schöne, interessante und spannende Zeit am Lehrstuhl möchte ich dem gesamten Lehrstuhlteam und besonders Frau Helga Weidenhammer danken. Hervorheben möchte ich meine Kollegen Dr. Isabella Brosig-Hoschka, Dr. Stephanie Kastl-Schmid, Natalie Höck, Matthias J. Sauer und Dominic Merk, die mich nicht nur als wissenschaftliche Diskussionspartner, sondern auch in Freundschaft auf diesem Weg begleitet haben. Ganz besonders möchte ich Pirmin J. Herz für die wertvolle Hilfe und die zahlreichen klugen Anmerkungen beim Korrekturlesen der Arbeit danken.

Für ihre vorbehaltlose Unterstützung während meiner gesamten Ausbildung möchte ich meinen Eltern Hilde und Bernhard Madel danken. Mein größter Dank gilt meiner Frau Stephanie Madel für ihren unermüdlichen Zuspruch, ihre Liebe und Geduld und ihre überaus wertvolle sprachliche und inhaltliche Hilfe. Ihr ist diese Arbeit gewidmet.

Augsburg, im Dezember 2018   Tobias B. Madel

Inhaltsübersicht

Inhaltsverzeichnis 15

Abkürzungsverzeichnis 23

Erster Teil: Robo Advice – Problemstellung und Grundlagen 27

§ 1 Untersuchungsgegenstand 27
    A. Einführung 27
        I. Digitalisierung der Finanzbranche 29
        II. Grundlagen des Robo Advice 31
        III. Entwicklung und Potential von Robo Advice 32
    B. Gang der Untersuchung 36
§ 2 Das Geschäftsmodell Robo Advice 37
    A. Verschiedene Ausprägungen 37
        I. Robo Advice der ersten Generation 37
        II. Robo Advice der zweiten Generation 42
        III. Abgrenzung von verwandten Geschäftsmodellen 47
    B. Organisationsstruktur 51
    C. Chancen und Risiken von Robo Advice 53
        I. Chancen von Robo Advice 53
        II. Risiken von Robo Advice 61
    D. Ergebnis zu § 2 64
§ 3 Rechtsgrundlagen des Robo Advice 66
    A. Keine speziellen gesetzlichen Regelungen für Robo Advice 66
    B. Geltung der allgemeinen Regelungen 68
        I. Europäische Rechtsquellen 69
        II. Nationale Rechtsquellen 74
        III. Spezifische Besonderheiten des digitalen Vertriebs 78
    C. Ergebnis zu § 3 79

Zweiter Teil: Aufsichtsrechtliche Qualifikation und Erlaubnispflicht 81

§ 4 Robo Advice als Anlageberatung 82
    A. Grundlagen der Anlageberatung 82
    B. Robo Advice der ersten Generation als Anlageberatung 83
        I. Abgabe einer persönlichen Empfehlung 84
        II. Empfehlung gegenüber Kunden oder deren Vertretern 91

Inhaltsübersicht

III. Bezug auf Geschäfte mit bestimmten Finanzinstrumenten	92
IV. Ausnahme: Öffentliche Empfehlung	96
V. Umsetzung der Empfehlung nicht entscheidend	98
VI. Unabdingbarkeit durch Disclaimer oder AGB	99
C. Abgrenzung zur Anlage- und Abschlussvermittlung	102
I. Robo Advice als Anlagevermittlung	102
II. Robo Advice als Abschlussvermittlung	104
D. Ergebnis zu § 4	105
§ 5 Robo Advice als Finanzportfolioverwaltung	107
A. Grundlagen der Finanzportfolioverwaltung	107
B. Robo Advice der zweiten Generation als Finanzportfolioverwaltung	107
I. Verwaltung einzelner Vermögen	108
II. Finanzinstrumente	112
III. Für andere	113
IV. Entscheidungsspielraum	114
V. Eigentumsrechtliche Formen der Vermögensverwaltung	116
C. Abgrenzung von verwandten Wertpapierdienstleistungen	117
I. Abgrenzung vom Depotgeschäft	117
II. Abgrenzung von der Anlageberatung	118
D. Ergebnis zu § 5	119
§ 6 Erlaubnispflichtigkeit von Robo Advice	120
A. Erlaubnispflicht nach § 32 KWG	121
I. Universalbank erbringt Robo Advice	121
II. FinTech erbringt Robo Advice	122
B. Freie Finanzanlagenvermittler mit Zulassung nach § 34f GewO	137
I. Voraussetzungen der KWG-Bereichsausnahme (§ 2 Abs. 6 Satz 1 Nr. 8 KWG)	138
II. Konsequenzen der Bereichsausnahme	141
C. Ergebnis zu § 6	142
Dritter Teil: Organisations- und Wohlverhaltenspflichten	143
§ 7 Wohlverhaltenspflichten bei Robo Advice der ersten Generation (Universalbank)	144
A. Hintergrund und Regelungszweck der §§ 63 ff. WpHG	145
B. Anlegerkategorisierung (§ 67 WpHG)	147
C. Allgemeine Sorgfalts- und Interessenwahrungspflicht (§ 63 Abs. 1 WpHG)	149
I. Keine Neuerungen durch das 2. FiMaNoG	149

II. Sorgfaltspflicht	150
III. Allgemeine Interessenwahrungspflicht	154
D. Umgang mit Interessenkonflikten	157
I. Pflicht zur Aufklärung über unvermeidbare Interessenkonflikten (§ 63 Abs. 2 WpHG)	157
II. Pflichten bezüglich der Bewertung und Vergütung von Mitarbeitern (§ 63 Abs. 3 WpHG)	159
III. Verbot der Annahme von Zuwendungen (§ 70 WpHG)	161
IV. Bearbeitung von Kundenaufträgen (§ 69 WpHG)	163
E. Zielmarktbezogene Verhaltenspflichten (§ 63 Abs. 4, 5 WpHG)	164
I. Pflichten für Produkthersteller und Vertreiber	164
II. Pflicht, Zielmarkt und empfohlene Finanzinstrumente zu verstehen	165
III. Zielmarktprüfung bei Robo Advice	165
F. Informations- und Aufklärungspflichten	167
I. Regelungsziel der Aufklärungspflichten	167
II. Allgemeines Transparenzgebot (§ 63 Abs. 6 WpHG)	168
III. Basisinformationen (§ 63 Abs. 7 WpHG)	169
IV. Besondere Informationspflicht bei Robo Advice	174
G. Exploration und Geeignetheitsprüfung (§ 64 Abs. 3 WpHG)	175
I. Explorationspflicht: Know Your Customer	176
II. Geeignetheitsprüfung	182
III. Laufende Geeignetheitsprüfung	185
H. Schriftliche Geeignetheitserklärung (§ 64 Abs. 4 WpHG)	185
I. Abschaffung der nationalen Beratungsprotokolle	185
II. Geeignetheitserklärung bei Robo Advice	186
III. Inhalt der Geeignetheitserklärung	188
IV. Zurverfügungstellung und Form der Geeignetheitserklärung	190
I. Ergebnis zu § 7	191
§ 8 Wohlverhaltenspflichten bei Robo Advice der ersten Generation (FinTech)	194
A. Geltung der Finanzanlagenvermittlerverordnung	194
B. Gleichwertiges Anlegerschutzniveau	196
I. Allgemeine Verhaltenspflicht (§ 11 FinVermV)	196
II. Informations- und Aufklärungspflichten (§§ 12, 12a, 13 und 14 FinVermV)	197
III. Exploration und Geeignetheitsprüfung (§ 16 FinVermV)	198
C. Abweichende Regelungen in der FinVermV	200
I. Keine Anlegerkategorisierung	200

II. Umgang mit Interessenkonflikten (§§ 13 und 17 FinVermV)	201
III. Keine Pflicht zur Zielmarktprüfung	203
IV. Beratungsprotokoll (§ 18 FinVermV)	204
D. Konsequenzen des unterschiedlichen Pflichtenstandards	208
I. Unterschiedlicher Pflichtenstandard in MiFID II und FinVermV	208
II. Umgang mit den divergierenden gesetzlichen Vorgaben	210
E. Ergebnis zu § 8	214
§ 9 Wohlverhaltenspflichten bei Robo Advice der zweiten Generation	215
A. Anwendbare Normen	215
B. Identische Verhaltenspflichten	215
C. Besonderheiten bei Robo Advice der zweiten Generation	216
I. Ergänzung der allgemeinen Sorgfaltspflichten (§ 63 Abs. 1 WpHG)	216
II. Zuwendungen (§ 64 Abs. 7 WpHG)	217
III. Exploration und Geeignetheitsprüfung	221
IV. Laufende Geeignetheitsprüfung und Berichtspflichten (§ 64 Abs. 8 WpHG)	223
D. Ergebnis zu § 9	224
§ 10 Aufsichtsrechtliche Organisationspflichten bei Robo Advice	226
A. Allgemeine Organisationspflichten als prinzipienbasierte Regulierung (§ 80 WpHG)	227
I. Kapitalmarktrechtliche Organisationspflichten	229
II. Pflicht zur Einrichtung einer Compliance-Funktion	231
B. Pflicht zur Vermeidung von Interessenkonflikten (§ 80 Abs. 1 Satz 2 Nr. 2 WpHG)	234
C. Algorithmische Organisationspflichten bei Robo Advice (§ 80 Abs. 2–8 WpHG)	235
D. Ergänzende Organisationspflichten bei Robo Advice der zweiten Generation	238
E. Aufzeichnungspflicht bei elektronischer Kommunikation (§ 83 Abs. 3 und 4 WpHG)	239
F. Qualifikationsanforderungen an Mitarbeiter (§ 87 WpHG)	240
I. Keine Mindeststandards für Algorithmen	241
II. Mindeststandards für Mitarbeiter des Robo Advisors	242
G. Weitere Organisationspflichten	245
H. Ergebnis zu § 10	246

Vierter Teil: Regulierungsansätze de lege ferenda und
Zusammenfassung   248

§ 11 Maßstab einer angemessenen Regulierung und resultierende
     Regulierungsansätze   248
     A. Regelungsziele des Kapitalmarktrechts   248
     B. Ziele einer angemessenen Regulierung von Robo Advice   249
          I. Funktionsfähigkeit des Kapitalmarkts   249
          II. Anlegerschutz   251
          III. Sicherung der Finanzstabilität   252
     C. Konzeption und Evaluation der Regulierung von
        Robo Advice   253
          I. Verwirklichung der Regelungsziele   254
          II. Inhaltliche Anforderungen   261
          III. Aufsicht   273
     D. Resultierende Regulierungsansätze de lege ferenda   274
          I. Zwingende Erlaubnispflicht grenzüberschreitender
             Modelle   274
          II. Abschaffung der Bereichsausnahme   275
          III. Technologieneutralität   278
          IV. Zusätzliche Organisationsvorgaben   280
          V. Prinzipienbasierte Regulierung als Königsweg   281
     E. Ergebnis zu § 11   283
§ 12 Zusammenfassung der wichtigsten Thesen und Erkenntnisse   286

Literaturverzeichnis   291

Stichwortverzeichnis   316

Inhaltsverzeichnis

Abkürzungsverzeichnis	23
Erster Teil: Robo Advice – Problemstellung und Grundlagen	27
§ 1 Untersuchungsgegenstand	27
A. Einführung	27
I. Digitalisierung der Finanzbranche	29
II. Grundlagen des Robo Advice	31
III. Entwicklung und Potential von Robo Advice	32
B. Gang der Untersuchung	36
§ 2 Das Geschäftsmodell Robo Advice	37
A. Verschiedene Ausprägungen	37
I. Robo Advice der ersten Generation	37
1. Datenerhebung und Analyse	38
2. Erteilung einer Anlageempfehlung	39
3. Umsetzung	40
4. Vergütung	41
II. Robo Advice der zweiten Generation	42
1. Datenerhebung und Analyse	43
2. Zuordnung zu einer Anlagestrategie	43
3. Umsetzung	44
4. Vergütung	46
III. Abgrenzung von verwandten Geschäftsmodellen	47
1. Intelligente Produktsuche	47
2. Social Trading	48
a) Copy Trading	49
b) Musterportfolios	49
3. Onlineberatung	50
B. Organisationsstruktur	51
C. Chancen und Risiken von Robo Advice	53
I. Chancen von Robo Advice	53
1. Reduzierung der Kosten	53
2. Keine Mindestanlagesumme für die Vermögensverwaltung	54
3. Vereinfachter Zugriff auf Wertpapierdienstleistungen	55
4. Hohe Transparenz	57
5. Bessere Beratungsqualität	58

a) Rationalere Anlageentscheidung und Vermeidung von Beratungsfehlern	58
b) Überprüfbarkeit des Einflusses von Provisionen	58
c) Berücksichtigung wissenschaftlicher Erkenntnisse und komplexer Finanzmodelle	59
6. Berücksichtigung aktueller Entwicklungen	60
II. Risiken von Robo Advice	61
1. Datenschutz	61
2. Kein Ratgeber bei Verständnisproblemen	61
3. Gefahr fehlerhafter Algorithmen	63
4. Unklare rechtliche Rahmenbedingungen	63
D. Ergebnis zu § 2	64
§ 3 Rechtsgrundlagen des Robo Advice	66
A. Keine speziellen gesetzlichen Regelungen für Robo Advice	66
B. Geltung der allgemeinen Regelungen	68
I. Europäische Rechtsquellen	69
1. Europäische Rahmenrechtsakte (Level 1)	70
2. Europäische Durchführungsrechtsakte (Level 2)	71
3. Europäische Leitlinien und Empfehlungen (Level 3)	73
II. Nationale Rechtsquellen	74
1. Nationale Gesetze	75
2. Nationale Verordnungen	75
3. BaFin Verlautbarungen	76
III. Spezifische Besonderheiten des digitalen Vertriebs	78
C. Ergebnis zu § 3	79
Zweiter Teil: Aufsichtsrechtliche Qualifikation und Erlaubnispflicht	81
§ 4 Robo Advice als Anlageberatung	82
A. Grundlagen der Anlageberatung	82
B. Robo Advice der ersten Generation als Anlageberatung	83
I. Abgabe einer persönlichen Empfehlung	84
1. Empfehlung	84
2. Persönlich	86
a) Prüfung persönlicher Umstände als objektiver Maßstab	87
aa) Begriff der persönlichen Umstände	87
bb) Umfang der Exploration	89
b) Subjektiver Anschein Berücksichtigung persönlicher Umstände	90
II. Empfehlung gegenüber Kunden oder deren Vertretern	91

III. Bezug auf Geschäfte mit bestimmten Finanzinstrumenten	92
1. Geschäfte	92
2. Bestimmte Finanzinstrumente	92
3. Auswahlmöglichkeit für Kunden	94
4. Konkrete Empfehlung nicht einzige Voraussetzung	94
IV. Ausnahme: Öffentliche Empfehlung	96
1. Internet als Informationsverbreitungskanal	96
2. Bekanntgabe für die Öffentlichkeit	97
V. Umsetzung der Empfehlung nicht entscheidend	98
VI. Unabdingbarkeit durch Disclaimer oder AGB	99
1. Erschütterung des Anscheins der Berücksichtigung persönlicher Umstände	99
2. Ausschluss aufsichtsrechtlicher Pflichten	100
C. Abgrenzung zur Anlage- und Abschlussvermittlung	102
I. Robo Advice als Anlagevermittlung	102
II. Robo Advice als Abschlussvermittlung	104
D. Ergebnis zu § 4	105
§ 5 Robo Advice als Finanzportfolioverwaltung	107
A. Grundlagen der Finanzportfolioverwaltung	107
B. Robo Advice der zweiten Generation als Finanzportfolioverwaltung	107
I. Verwaltung einzelner Vermögen	108
1. Verwaltung als Dauerschuldverhältnis	108
2. Individuelle Verwaltung	109
a) Kollektive Vermögensverwaltung	110
b) Standardisierte Vermögensverwaltung	111
II. Finanzinstrumente	112
III. Für andere	113
IV. Entscheidungsspielraum	114
1. Vereinbarung von Anlagerichtlinien	114
2. Anwendung von Algorithmen beim Entscheidungsprozess	115
V. Eigentumsrechtliche Formen der Vermögensverwaltung	116
C. Abgrenzung von verwandten Wertpapierdienstleistungen	117
I. Abgrenzung vom Depotgeschäft	117
II. Abgrenzung von der Anlageberatung	118
D. Ergebnis zu § 5	119
§ 6 Erlaubnispflichtigkeit von Robo Advice	120
A. Erlaubnispflicht nach § 32 KWG	121
I. Universalbank erbringt Robo Advice	121
II. FinTech erbringt Robo Advice	122

Inhaltsverzeichnis

```
        1. Anwendungsbereich der Erlaubnispflicht              122
           a) Bankgeschäft oder Finanzdienstleistung           123
           b) Gewerbsmäßig bzw. kaufmännischer
              Geschäftsbetrieb                                 123
           c) Inlandsbezug: Vertriebsbezogene Auslegung
              versus institutsbezogene Auslegung               125
                  aa) Institutsbezogene Auslegung              126
                  bb) Vertriebsbezogene Auslegung              129
                  cc) Gewichtung der Auslegungsfiguren         131
                      (1) Zwingende Vorrangregelungen          131
                      (2) Abwägung                             133
        2. Konsequenzen der Erlaubnispflichtigkeit von
           Robo Advice                                         136
     B. Freie Finanzanlagenvermittler mit Zulassung nach
        § 34f GewO                                             137
        I. Voraussetzungen der KWG-Bereichsausnahme
           (§ 2 Abs. 6 Satz 1 Nr. 8 KWG)                       138
           1. Erbringung von Anlageberatung oder
              Anlagevermittlung                                138
           2. Zulässige Vermittlungs- und Beratungsgegenstände 139
           3. Einschränkung der potentiellen Vertragspartner   139
           4. Kein Zugriff auf Kundenvermögen                  140
       II. Konsequenzen der Bereichsausnahme                   141
     C. Ergebnis zu § 6                                        142
```

Dritter Teil: Organisations- und Wohlverhaltenspflichten   143

```
§ 7 Wohlverhaltenspflichten bei Robo Advice der ersten Generation
    (Universalbank)                                            144
     A. Hintergrund und Regelungszweck der §§ 63 ff. WpHG      145
     B. Anlegerkategorisierung (§ 67 WpHG)                     147
     C. Allgemeine Sorgfalts- und Interessenwahrungspflicht
        (§ 63 Abs. 1 WpHG)                                     149
        I. Keine Neuerungen durch das 2. FiMaNoG               149
       II. Sorgfaltspflicht                                    150
           1. Leitbild des ordnungsgemäßen
              Wertpapierdienstleisters                         150
           2. Sachkenntnis                                     151
              a) Know Your Product                             151
              b) Neue Vorgaben zur Produktkenntnis
                 (§ 63 Abs. 5 WpHG)                            151
              c) Sachkenntnis bei Robo Advice                  153
```

III. Allgemeine Interessenwahrungspflicht	154
1. Das Leitprinzip der Interessenwahrung	154
2. Pauschalisierende Beratung von Anlegergruppen	155
D. Umgang mit Interessenkonflikten	157
I. Pflicht zur Aufklärung über unvermeidbare Interessenkonflikten (§ 63 Abs. 2 WpHG)	157
1. Aufklärung als Ultima Ratio	157
2. Offenlegung struktureller Interessenkonflikte bei Robo Advice	158
II. Pflichten bezüglich der Bewertung und Vergütung von Mitarbeitern (§ 63 Abs. 3 WpHG)	159
1. Neue Vergütungsregelungen durch die MiFID II	159
2. Anwendbarkeit bei Robo Advice	160
III. Verbot der Annahme von Zuwendungen (§ 70 WpHG)	161
IV. Bearbeitung von Kundenaufträgen (§ 69 WpHG)	163
E. Zielmarktbezogene Verhaltenspflichten (§ 63 Abs. 4, 5 WpHG)	164
I. Pflichten für Produkthersteller und Vertreiber	164
II. Pflicht, Zielmarkt und empfohlene Finanzinstrumente zu verstehen	165
III. Zielmarktprüfung bei Robo Advice	165
F. Informations- und Aufklärungspflichten	167
I. Regelungsziel der Aufklärungspflichten	167
II. Allgemeines Transparenzgebot (§ 63 Abs. 6 WpHG)	168
III. Basisinformationen (§ 63 Abs. 7 WpHG)	169
1. Informationen über das Wertpapierdienstleistungsunternehmen	170
2. Informationen über die Art des Finanzinstruments	171
3. Kostentransparenz	171
4. Spezielle Informationspflichten bei der Anlageberatung (§ 64 Abs. 1, 2 WpHG)	172
a) Aufklärung über Beratungsstatus	172
b) Basisinformationsblätter	173
IV. Besondere Informationspflicht bei Robo Advice	174
G. Exploration und Geeignetheitsprüfung (§ 64 Abs. 3 WpHG)	175
I. Explorationspflicht: Know Your Customer	176
1. Neuerungen durch das 2. FiMaNoG	176
2. Zulässigkeit standardisierter Fragebögen bei Robo Advice	177
3. Anforderungen an die Gestaltung des Fragebogens	178
4. Umfang der Kundenexploration	179
5. Nachforschungspflicht bei Robo Advice	181

6. Umgang mit widersprüchlichen Angaben	181
II. Geeignetheitsprüfung	182
III. Laufende Geeignetheitsprüfung	185
H. Schriftliche Geeignetheitserklärung (§ 64 Abs. 4 WpHG)	185
I. Abschaffung der nationalen Beratungsprotokolle	185
II. Geeignetheitserklärung bei Robo Advice	186
III. Inhalt der Geeignetheitserklärung	188
IV. Zurverfügungstellung und Form der Geeignetheitserklärung	190
I. Ergebnis zu § 7	191
§ 8 Wohlverhaltenspflichten bei Robo Advice der ersten Generation (FinTech)	194
A. Geltung der Finanzanlagenvermittlerverordnung	194
B. Gleichwertiges Anlegerschutzniveau	196
I. Allgemeine Verhaltenspflicht (§ 11 FinVermV)	196
II. Informations- und Aufklärungspflichten (§§ 12, 12a, 13 und 14 FinVermV)	197
III. Exploration und Geeignetheitsprüfung (§ 16 FinVermV)	198
C. Abweichende Regelungen in der FinVermV	200
I. Keine Anlegerkategorisierung	200
II. Umgang mit Interessenkonflikten (§§ 13 und 17 FinVermV)	201
III. Keine Pflicht zur Zielmarktprüfung	203
IV. Beratungsprotokoll (§ 18 FinVermV)	204
D. Konsequenzen des unterschiedlichen Pflichtenstandards	208
I. Unterschiedlicher Pflichtenstandard in MiFID II und FinVermV	208
II. Umgang mit den divergierenden gesetzlichen Vorgaben	210
1. Richtlinienkonforme Auslegung und richtlinienkonforme Rechtsfortbildung	210
2. Voraussetzung der richtlinienkonformen Rechtsfortbildung	211
3. Grenze der richtlinienkonformen Rechtsfortbildung	213
E. Ergebnis zu § 8	214
§ 9 Wohlverhaltenspflichten bei Robo Advice der zweiten Generation	215
A. Anwendbare Normen	215
B. Identische Verhaltenspflichten	215
C. Besonderheiten bei Robo Advice der zweiten Generation	216
I. Ergänzung der allgemeinen Sorgfaltspflichten (§ 63 Abs. 1 WpHG)	216
II. Zuwendungen (§ 64 Abs. 7 WpHG)	217

1. Zuwendungsbegriff	217
2. Depotführende Bank als Dritter	218
3. Ausnahmen vom Zuwendungsverbot	220
4. Lösungsvorschlag	220
III. Exploration und Geeignetheitsprüfung	221
1. Exploration	221
2. Geeignetheitsprüfung	222
IV. Laufende Geeignetheitsprüfung und Berichtspflichten (§ 64 Abs. 8 WpHG)	223
D. Ergebnis zu § 9	224
§ 10 Aufsichtsrechtliche Organisationspflichten bei Robo Advice	226
A. Allgemeine Organisationspflichten als prinzipienbasierte Regulierung (§ 80 WpHG)	227
I. Kapitalmarktrechtliche Organisationspflichten	229
II. Pflicht zur Einrichtung einer Compliance-Funktion	231
1. Richtlinien- und Prozessmanagement	232
2. Regelmäßige Systemprüfungen	233
B. Pflicht zur Vermeidung von Interessenkonflikten (§ 80 Abs. 1 Satz 2 Nr. 2 WpHG)	234
C. Algorithmische Organisationspflichten bei Robo Advice (§ 80 Abs. 2–8 WpHG)	235
D. Ergänzende Organisationspflichten bei Robo Advice der zweiten Generation	238
E. Aufzeichnungspflicht bei elektronischer Kommunikation (§ 83 Abs. 3 und 4 WpHG)	239
F. Qualifikationsanforderungen an Mitarbeiter (§ 87 WpHG)	240
I. Keine Mindeststandards für Algorithmen	241
II. Mindeststandards für Mitarbeiter des Robo Advisors	242
1. Erfasste Personen	242
2. Algorithmenbeherrschung als Qualifikationsanforderung bei Robo Advice	244
3. Anzeigepflicht	245
G. Weitere Organisationspflichten	245
H. Ergebnis zu § 10	246

Vierter Teil: Regulierungsansätze de lege ferenda und Zusammenfassung — 248

§ 11 Maßstab einer angemessenen Regulierung und resultierende Regulierungsansätze	248
A. Regelungsziele des Kapitalmarktrechts	248
B. Ziele einer angemessenen Regulierung von Robo Advice	249

I. Funktionsfähigkeit des Kapitalmarkts	249
II. Anlegerschutz	251
III. Sicherung der Finanzstabilität	252
C. Konzeption und Evaluation der Regulierung von Robo Advice	253
I. Verwirklichung der Regelungsziele	254
1. Top-Down-Ansatz versus Bottom-Up-Ansatz	255
2. Regulatory Sandbox	256
3. Zusätzliche Pflichten bei Robo Advice	258
4. Einpassung in bestehende Regelungsstrukturen	260
II. Inhaltliche Anforderungen	261
1. Sicherung eines gut konzipierten Algorithmus	261
2. Sicherung einer guten und vollständigen Datengrundlage	263
a) Kundeninformationen	263
aa) Selbstüberschätzung	265
bb) Verständnisprobleme und Schätzwerte	268
b) Markt- und Produktkenntnis	270
3. Rahmungseffekte	271
4. IT-Sicherheit	272
5. Überwachung systemischer Risiken von Robo Advice	272
III. Aufsicht	273
D. Resultierende Regulierungsansätze de lege ferenda	274
I. Zwingende Erlaubnispflicht grenzüberschreitender Modelle	274
II. Abschaffung der Bereichsausnahme	275
1. Unterschiedliche Wertpapierdienstleistungen	275
2. Unterschiedliche Anbieter	276
III. Technologieneutralität	278
IV. Zusätzliche Organisationsvorgaben	280
V. Prinzipienbasierte Regulierung als Königsweg	281
E. Ergebnis zu § 11	283
§ 12 Zusammenfassung der wichtigsten Thesen und Erkenntnisse	286
Literaturverzeichnis	291
Stichwortverzeichnis	316

Abkürzungsverzeichnis

1. FiMaNoG	Erstes Finanzmarktnovellierungsgesetz
2. FiMaNoG	Zweites Finanzmarktnovellierungsgesetz
a.A.	anderer Ansicht
ABl.	Amtsblatt
Abs.	Absatz
AcP	Archiv für die civilistische Praxis
AEUV	Vertrag über die Arbeitsweise der Europäischen Union
a.F.	alte Fassung
AG	Aktiengesellschaft/ Die Aktiengesellschaft (Zeitschrift)
AGB	Allgemeine Geschäftsbedingungen
Anm.	Anmerkung
AnsFuG	Anlegerschutz- und Funktionsverbesserungsgesetz
Art.	Artikel
Aufl.	Auflage
BaFin	Bundesanstalt für Finanzdienstleistungen
BB	Betriebsberater (Zeitschrift)
Bd.	Band
BeckOGK	beck-online.GROSSKOMMENTAR
Begr.	Begründer
Beschl.	Beschluss
B.F.L.R.	Business & Finance Law Review
BGB	Bürgerliches Gesetzbuch
BGBl.	Bundesgesetzblatt
BGH	Bundesgerichtshof
BGHZ	Entscheidungen des Bundesgerichtshofs in Zivilsachen (Entscheidungssammlung)
BKR	Zeitschrift für Bank- und Kapitalmarktrecht
BMF	Bundesministerium der Finanzen
BT-Drs.	Bundestagsdrucksache
BVerwG	Bundesverwaltungsgericht
BVerwGE	Entscheidungen des Bundesverwaltungsgerichts (Entscheidungssammlung)
bzw.	beziehungsweise

Abkürzungsverzeichnis

CB	Compliance Berater (Zeitschrift)
CCZ	Corporate Compliance Zeitschrift
CESR	Committee of European Securities Regulators
CF	Corporate Finance (Zeitschrift)
CMLJ	Capital Markets Law Journal (Zeitschrift)
Colum. Bus. L. Rev.	Columbia Business Law Review (Zeitschrift)
DAV	Deutscher Anwaltverein
DAX	Deutscher Aktienindex
DB	Der Betrieb (Zeitschrift)
DelVO MiFID II (EU)2017/565	Delegierte Verordnung (EU) 2017/565 zur Ergänzung der Richtlinie 2014/65/EU in Bezug auf die organisatorischen Anforderungen an Wertpapierfirmen und die Bedingungen für die Ausübung ihrer Tätigkeit sowie in Bezug auf die Definition bestimmter Begriffe für die Zwecke der genannten Richtlinie
EBA	European Banking Authority
Einl.	Einleitung
EIOPA	European Insurance and Occupational Pensions Authority
EL	Ergänzungslieferung
ESA	European Supervisory Authority
ESMA	European Securities and Markets Authority
ETF	Exchange Traded Fund
EU	Europäische Union
EuCML	Journal of European Consumer and Market Law (Zeitschrift)
EuGH	Europäischer Gerichtshof
EuR	Europarecht (Zeitschrift)
EuZW	Europäische Zeitschrift für Wirtschaftsrecht
f.	folgende
FAZ	Frankfurter Allgemeine Zeitung
ff.	fortfolgende
FinMarktAnpG	Gesetz zur Anpassung von Gesetzen auf dem Gebiet des Finanzmarktes
FinTech	Financial Technology (Finanztechnologie)
FinVermV	Verordnung über die Finanzanlagenvermittlung (Finanzanlagenvermittlungsverordnung)
Fn.	Fußnote

Abkürzungsverzeichnis

FRUG	Finanzmarktumsetzungsrichtlinie-Umsetzungsgesetz
FS	Festschrift
FSAP	Financial Services Action Plan
gem.	gemäß
GewArch	Gewerbearchiv (Zeitschrift)
GewO	Gewerbeordnung
GS	Gedächtnisschrift
Hess. VGH	Hessischer Verwaltungsgerichtshof
HGB	Handelsgesetzbuch
Hrsg.	Herausgeber
IHK	Industrie und Handelskammer
InTeR	Zeitschrift zum Innovations- und Technikrecht
Iowa L. Rev.	Iowa Law Review (Zeitschrift)
i.S.d.	im Sinne des
i.S.v.	im Sinne von
i.V.m.	in Verbindung mit
JZ	JuristenZeitung
KAGB	Kapitalanlagegesetzbuch
KK-WpHG	Kölner Kommentar zum Wertpapier-handelsgesetz
KMRK	Kapitalmarktrechts-Kommentar
KOM	Kommission
KWG	Gesetz über das Kreditwesen
lit.	Litera
MiFID I	Markets in Financial Instruments Directive I (Richtlinie 2004/39/EG über Märkte für Finanzinstrumente)
MiFID II	Markets in Financial Instruments Directive II (Richtlinie 2014/65/EU über Märkte für Finanzinstrumente)
NJW	Neue Juristische Wochenzeitschrift
NJW-RR	NJW Rechtsprechungsreport Zivilrecht (Zeitschrift)
Nr.	Nummer
NZG	Neue Zeitschrift für Gesellschaftsrecht

Abkürzungsverzeichnis

RdF	Recht der Finanzinstrumente (Zeitschrift)
Rn.	Randnummer
S.	Seite
SchVG	Schuldverschreibungsgesetz
SJZ	Schweizerische Juristen-Zeitung
SZ	Süddeutsche Zeitung
Unterabs.	Unterabsatz
Urt.	Urteil
v.	vom
VG.	Verwaltungsgericht
WD	Wirtschaftsdienst (Zeitschrift)
WM	Wertpapiermitteilungen
WpHG a.F.	Wertpapierhandelsgesetz alte Fassung (in der Fassung bis zum 3.1.2018)
WpHG	Wertpapierhandelsgesetz
ZAP	Zeitschrift für die Anwaltspraxis
z.B.	zum Beispiel
ZBB	Zeitschrift für Bankrecht und Bankwirtschaft
ZEuP	Zeitschrift für Europäisches Privatrecht
ZfPW	Zeitschrift für die gesamte Privatrechtswissenschaft
ZGR	Zeitschrift für Unternehmens- und Gesellschaftsrecht
ZHR	Zeitschrift für das gesamte Handels- und Wirtschaftsrecht
ZIP	Zeitschrift für Wirtschaftsrecht
ZRP	Zeitschrift für Rechtspolitik

Erster Teil: Robo Advice – Problemstellung und Grundlagen

§ 1 Untersuchungsgegenstand

In den vergangenen Jahrzehnten wurden Bankgeschäfte im Allgemeinen und Wertpapierdienstleistungen im Besonderen von den Kunden in den Bankfilialen erledigt. Im Zuge der Digitalisierung und in Zeiten von Web 2.0 und Web 3.0 werden auch diese Geschäfte von vielen Anlegern im Internet getätigt. Die Nutzung automatisierter Anlageberater und Vermögensverwalter, bekannt als Robo Advisor, hat in den vergangenen Jahren deutlich an Beliebtheit gewonnen. Der Anstieg des investierten Vermögens im Jahr 2017 um 40 %, auf über 1 Milliarde Euro allein in Deutschland,[1] verdeutlichen die Allgegenwart und Zukunftsbedeutung von Robo Advice.

A. Einführung

Typischerweise wurden Finanzprodukte von Banken in Verbindung mit einer persönlichen Anlageberatung vertrieben. Charakteristisch für diese Vertriebsform sind der individuelle Kundenkontakt und die persönliche Beratung. Diese persönliche Betreuung führt zu hohen Kosten für die Anbieter, da die staatliche Regulierung, begünstigt durch die Finanzmarktkrise, in den letzten Jahren beständig zunahm. Bei Instituten mit einer Bilanzsumme von weniger als 50 Millionen Euro übersteigen alleine die Dokumentationskosten die Erträge aus der Wertpapierberatung.[2] Bei Banken mit einer Bilanzsumme bis 250 Millionen Euro liegen die Kosten deutlich über 50 Prozent

---

* Alle benutzten Internetquellen waren zum Zeitpunkt der Übergabe des Manuskripts am 26.9.2018 abrufbar.

1 *Nicolaisen*, Deutsche Robo Advisor knacken Marke von einer Milliarde Euro, abrufbar unter www.private-banking-magazin.de/assets-under-management-deutsche-robo-advisor-knacken-marke-von-1-milliarde-euro-1/%20; *Wedlich*, Wie wirken sich Verhaltensanomalien von Anlegern auf Robo-Advisory aus?, CF 2018, 225.

2 *Hackenthal/Inderst*, Auswirkungen der Regulatorik auf kleinere und mittlere Banken am Beispiel der deutschen Genossenschaftsbanken, Gutachten im Auftrag des Bundesverbandes der Deutschen Volksbanken und Raiffeisenbanken – BVR, S III, abrufbar unter www.bvr.de/p.nsf/0/EA57402CCD1BAC9FC1257ECF00349466/$file/GUTACHTEN-BVR2015.pdf.

des entsprechenden Ertrags.[3] Im dezentral organisierten deutschen Bankensystem mit vielen kleinen Sparkassen und Genossenschaftsbanken, ziehen sich deshalb immer mehr Kreditinstitute aus dem herkömmlichen Beratungsgeschäft zurück. Das hat zur Folge, dass Kunden mit kleinen Anlagesummen der Zugang zur Anlageberatung abgeschnitten oder erschwert wird. Die individuelle Vermögensverwaltung bleibt aufgrund der hohen Kosten Anlegern mit einer Mindestanlagesumme von 50.000–100.000 Euro vorbehalten.[4] Der Zugang zu Anlageprodukten ist jedoch im Hinblick auf den wegen unzureichender gesetzlicher Rentenversicherungssysteme[5] steigenden Bedarf der privaten Altersvorsorge zum Vermögensaufbau wichtiger denn je.[6] Besonders bei Kleinanlegern besteht ein hoher Bedarf an qualifizierter Beratung, da diese, insbesondere im derzeitigen Niedrigzinsumfeld, nicht über das nötige Basiswissen verfügen, um Finanzentscheidungen selbstständig zu treffen.[7] Vor diesem Hintergrund ist seit einigen Jahren ein Trend weg von der herkömmlichen Beratung, hin zu einer toolgestützten Selbstberatung über das Internet erkennbar, dem sog. *Robo Advice*. Durch den Wegfall kostenintensiver persönlicher Kundenbetreuung kann diese Form der digitalen Anlageberatung und Vermögensverwaltung deutlich günstiger angeboten werden. Da Robo Advice ohne das persönliche Gespräch als wesentliches Element des herkömmlichen Beratungsgeschäfts erfolgt, geht mit diesem Angebot nicht weniger als ein *Paradigmenwechsel* einher. Diese Form der Anlageberatung und Vermögensverwaltung ermög-

---

3 *Hackenthal/Inderst*, Auswirkungen der Regulatorik auf kleinere und mittlere Banken am Beispiel der deutschen Genossenschaftsbanken, Gutachten im Auftrag des Bundesverbandes der Deutschen Volksbanken und Raiffeisenbanken – BVR, S. III, abrufbar unter www.bvr.de/p.nsf/0/EA57402CCD1BAC9FC1257 ECF00349466/$file/GUTACHTEN-BVR2015.pdf.
4 Der größte Vermögensverwalter UBS bietet etwa eine Vermögensverwaltung ab 100.000 Euro, bei der Commerzbank beträgt die Mindestanlagesumme 250.000 Euro; *Möllers/Brosig*, Providing investment advice in light of MiFID I and II, in: Hugo/Möllers, Transnational Impacts on Law: Perspectives from South Africa and Germany, 2017, S. 217, 229.
5 Der Internationale Währungsfonds schätzt die Versorgungslücke in Deutschland im Jahr 2050 auf 2.000 Mrd. Euro, Internationaler Währungsfonds, 2016 IMF Country Report No. 16/203, S. 3, abrufbar unter www.imf.org/external/ pubs/ft/ scr/2016/cr16203.pdf.
6 *Bloch/Vins*, Robo Advice – die Zukunft der Geldanlage, in: Everling/Lempka, Finanzdienstleister der nächsten Generation, 2016, S. 171, 173.
7 *Reiter/Methner*, Rechtsprobleme der Beratung durch Robo Advisors, in: Taeger, Recht 4.0, 2017, S. 587; *Etheber/Hackenthal*, Neue Wege in der Anlageberatung, Die Bank, 2.2015, 16, 17.

licht es, auch Kleinanleger mit einem guten Angebot und Service zu betreuen. Zudem bietet sie einer breiteren Bevölkerungsgruppe Zugang zu Wertpapierdienstleistungen.[8]

I. Digitalisierung der Finanzbranche

Die digitale Revolution beherrscht die gesamte Wertschöpfungskette. Der technologische Wandel hat weitreichende Auswirkungen auf die gesamte Wirtschaft und Industrie.[9] So wird in Deutschland etwa die Entwicklung intelligenter Produktions- und Atomisierungstechnik unter dem Begriff Industrie 4.0 vorangetrieben.[10] Auch die Finanzbranche wird von der Digitalisierung beherrscht.[11] Insbesondere Startups machen klassischen Banken mit innovativen digitalen Geschäftsmodellen Konkurrenz.[12] Diese unter dem Akronym *FinTech* bekannten Unternehmen bieten ihren Kunden technologische Lösungen im Finanzsektor.[13] Dieser Oberbegriff ist in den USA entstanden und setzt sich aus den Wörtern financial services (Finanzdienstleistungen) und technology (Technologie) zusammen.[14] Eine einheitliche

---

[8] *Wosnitza*, Robo-Advising Private Investors Of German Mid-Cap Bonds, CF 2018, 220; *Reiter/Methner*, Rechtsprobleme der Beratung durch Robo Advisors, in: Taeger, Recht 4.0, 2017, S. 587.

[9] *Forschungsunion Wirtschaft*, Umsetzungsempfehlungen für das Zukunftsprojekt Industrie 4.0, Oktober 2012, S. 10, abrufbar unter www.bmbf.de/files/Umsetzungsempfehlungen_Industrie4_0.pdf.

[10] *Forschungsunion Wirtschaft*, Umsetzungsempfehlungen für das Zukunftsprojekt Industrie 4.0, Oktober 2012, S. 9, abrufbar unter www.bmbf.de/files/Umsetzungsempfehlungen_Industrie4_0.pdf.

[11] *Dorfleitner/Hornuf*, FinTech – Markt in Deutschland, Abschlussbericht im Auftrag des BMF v. 17.10. 2016, S. 1, abrufbar unter www.bundesfinanzministerium.de/Content/DE/Standardartikel/Themen/Internationales_Finanzmarkt/2016-11-21-Gutachten-Langfassung.pdf?__blob= publicationFile&v=3.

[12] *Deutscher Bundestag*, Digitalisierung in der Finanzwirtschaft, Ausschuss Digitale Agenda/Anhörung - 12.11.2015 (hib 597/2015); *Oppenheim/Lange-Hausstein*, Robo Advisor, WM 2016, 1966, 1967.

[13] *Dorfleitner/Hornuf*, FinTech – Markt in Deutschland, Abschlussbericht im Auftrag des BMF v. 17.10. 2016, S. 4, abrufbar unter www.bundesfinanzministerium.de/Content/DE/Standardartikel/Themen/Internationales_Finanzmarkt/2016-11-21-Gutachten-Langfassung.pdf?__blob=publicationFile&v=3; *Scholz-Fröhling*, FinTechs und die bankaufsichtsrechtlichen Lizenzpflichten, BKR 2017, 133.

[14] *Schaffelhuber*, in: Kunschke/Schaffelhuber, FinTech, 2018, Teil I A Rn. 1; *Conrads/Walter*, Gefährlicher Glaube an die Bank, bank und markt 12/2014, 21.

Definition des Begriffes existiert bislang nicht.[15] FinTechs zeichnen sich dadurch aus, dass das Geschäftsmodell ausschließlich digital aufgesetzt ist. Herzstück des Angebots ist entweder ein Algorithmus oder eine patentierte Software-Anwendung.[16] FinTech-Unternehmen bieten im Internet kostengünstige Alternativen zu den Dienstleistungen der traditionellen Banken an. Dabei fokussieren sie sich auf einzelne Teile der Wertschöpfung (sog. *Cherry Picking*).[17] Herkömmliche Bankdienstleistungen, die von FinTechs abgedeckt werden, sind insbesondere der Zahlungsverkehr (z.B. Online-Bezahldienste wie PayPal), Finanzierungsangebote (z.B. Crowdfunding) und die Geldanlage (z.B. Robo Advice).[18] Das Angebot ist auf maximale Nutzerfreundlichkeit ausgerichtet. Die Leistung soll für den Kunden übersichtlich und transparent sein und er soll diese preiswert, einfach und schnell in Anspruch nehmen können.[19] Viele FinTechs basieren auf disruptiven Geschäftsmodellen. Diese wollen bisherige Geschäftsmodelle oder IT-Systeme nicht nur verbessern, sondern durch neue Ideen einzelne Finanzdienstleistungen revolutionieren und herkömmliche Geschäftsmodelle vom Markt verdrängen.[20]

---

15 *Danker*, FinTechs: Junge IT-Unternehmen auf dem Finanzmarkt, BaFin Journal 1/2016, 16, 18; *Dorfleitner/Hornuf*, FinTech – Markt in Deutschland, Abschlussbericht im Auftrag des BMF v. 17.10. 2016, S. 4, abrufbar unter www.bundesfinanzministerium.de/Content/DE/Standardartikel/Themen/Internationales_Finanzmarkt/2016-11-21-Gutachten-Langfassung.pdf?__blob=publicationFile&v=3.
16 *Scholz-Fröhling*, FinTechs und die bankaufsichtsrechtlichen Lizenzpflichten, BKR 2017, 133; *Baumanns*, FinTechs als Anlageberater? Die aufsichtsrechtliche Einordnung von Robo-Advisory, BKR 2016, 366.
17 *Söbbing*, FinTechs: Rechtliche Herausforderungen bei den Finanztechnologien der Zukunft, BKR 2016, 360; *Niehage*, FinTechs erobern die Bankwelt, in: Everling/Lempka, Finanzdienstleister der nächsten Generation, 2016, S. 33, 37.
18 *Schaffelhuber*, in: Kunschke/Schaffelhuber, FinTech, 2018, Teil I A Rn. 6; *Dorfleitner/Hornuf*, FinTech – Markt in Deutschland, Abschlussbericht im Auftrag des BMF v. 17.10. 2016, S. 11, abrufbar unter www.bundesfinanzministerium.de/Content/DE/Standardartikel/Themen/Internationales_Finanzmarkt/2016-11-21-Gutachten-Langfassung.pdf?__blob=publicationFile&v=3; *Söbbing*, FinTechs: Rechtliche Herausforderungen bei den Finanztechnologien der Zukunft, BKR 2016, 360, 361; *Niehage*, FinTechs erobern die Bankwelt, in: Everling/Lempka, Finanzdienstleister der nächsten Generation, 2016, S. 33, 35.
19 *Danker*, FinTechs: Junge IT-Unternehmen auf dem Finanzmarkt, BaFin 1/Januar 2016, S. 16; *Baumanns*, FinTechs als Anlageberater? Die aufsichtsrechtliche Einordnung von Robo-Advisory, BKR 2016, 366.
20 *Söbbing*, FinTechs: Rechtliche Herausforderungen bei den Finanztechnologien der Zukunft, BKR 2016, 360.

Die genaue Zahl der FinTechs in Deutschland lässt sich nicht mit Sicherheit feststellen, da ständig neue Anbieter hinzukommen und bestehende FinTechs scheitern. Eine Studie im Auftrag des Bundesministeriums der Finanzen identifizierte im Jahr 2015 433 FinTech-Unternehmen mit einem Gesamtmarktvolumen von 20,4 Mrd. Euro.[21] Im vierten Quartal 2016 waren 544 FinTechs in Deutschland aktiv.[22] Fast alle FinTechs verzeichneten in den letzten Jahren hohe Wachstumsraten. Weltweit investierten Geldgeber in der ersten Jahreshälfte 2017 rund 12 Milliarden Dollar in junge, aufstrebende Technologieunternehmen im Finanzsektor.[23] Robo Advice wuchs dabei mit einer durchschnittlichen jährlichen Wachstumsrate von 150 Prozent zwischen 2007 und 2015 am stärksten.[24]

II. Grundlagen des Robo Advice

Robo Advice ist kein gesetzlich definierter Terminus.[25] Ursprünglich hatten klassische Vermögensverwalter in den USA die Bezeichnung Robo Advisor als Kampfbegriff erfunden, um sich herablassend über die digitale Konkurrenz zu äußern.[26] In den Leitlinien der ESMA wird der Begriff nunmehr explizit definiert als

> »provision of investment advice or portfolio management services (in whole or in part) through an automated or semi-automated system used as a client-facing tool.«[27]

---

21 *Dorfleitner/Hornuf*, FinTech – Markt in Deutschland, Abschlussbericht im Auftrag des BMF v. 17.10. 2016, S. 15, abrufbar unter www.bundesfinanzministerium.de/Content/DE/Standardartikel/Themen/Internationales_Finanzmarkt/2016-11-21-Gutachten-Langfassung.pdf?__blob =publicationFile&v=3.
22 *FINANCE-Research*, Gegner, Helfer, Partner. Fintechs und das Firmenkundengeschäft der Banken, Mai 2017, S. 6, abrufbar unter www2.deloitte.com/content/dam/Deloitte/de/Documents/financial-services/FINANCE-FinTech-Studie.pdf.
23 *Maisch/Schneider*, Riskanter Fintech-Boom, Handelsblatt v. 27.9.2017, S. 1.
24 *Dorfleitner/Hornuf*, FinTech – Markt in Deutschland, Abschlussbericht im Auftrag des BMF v. 17.10. 2016, S. 15, abrufbar unter www.bundesfinanzministerium.de/Content/DE/Standardartikel/Themen/Internationales_Finanzmarkt/2016-11-21-Gutachten-Langfassung.pdf?__blob= publicationFile&v=3.
25 *Altmann/Becker*, BaFinTech 2016, Workshop 3: Robo-Advice, S. 4.
26 *Klemm*, Würden Sie diesem Roboter Ihr Geld geben?, FAS v. 27.9.2017, S. 40; *Baumanns*, FinTechs als Anlageberater? Die aufsichtsrechtliche Einordnung von Robo-Advisory, BKR 2016, 366, 367.
27 ESMA, Final Report: Guidelines on certain aspects of the MiFID II suitability requirements v. 28.5.2018, ESMA35-43-869, Annex 4 Guidelines Nr. 6.

Unter diesem Begriff werden somit alle technischen Systeme zusammengefasst, mit denen Anleger Kapital investieren oder ihr Vermögen verwalten lassen können.[28] Entscheidendes Merkmal ist, dass der Kontakt zwischen Kunde und Anbieter ausschließlich digital, also über Apps oder Websites, erfolgt und die Anlagestrategie oder Empfehlung durch computerbasierte Algorithmen oder Entscheidungsbäume generiert wird.[29] Ein Algorithmus ist eine eindeutige Regel, nach der Daten zur Lösung eines Problems verarbeitet werden. Er besteht aus vielen Einzelschritten, die von einem Computer durchgeführt werden können.[30] Bei Robo Advice werden mithilfe eines Algorithmus variable Daten ausgewertet, um eine geeignete Kapitalanlage zu identifizieren. Es handelt sich um eine Form der automatisierten Informationsverarbeitung. Welche Daten erforderlich sind, ergibt sich aus dem Zweck des Algorithmus.[31] Grundlage bei Robo Advice sind die Anlegerinformationen, etwa zur persönlichen Risikotoleranz oder zum Einkommen, die der Kunde online zur Verfügung stellt. Anhand dieser Angaben ordnet der Algorithmus den Kunden nach vorgegebenen Regeln einem bestimmten, vorgefertigten Anlageportfolio zu. Aufgrund des hohen Automatisierungsgrades kann die Beratung günstiger angeboten werden als die klassische Anlageberatung oder Vermögensverwaltung, da letztere immer den Einsatz menschlicher Berater erfordert.[32]

III. Entwicklung und Potential von Robo Advice

Seinen Ursprung hat Robo Advice in den USA. Dort kam *Betterment* im Jahr 2010 als weltweit erster Anbieter auf den Markt.[33] Im angelsächsischen Raum findet die vollautomatische Anlageberatung bereits in großem Umfang Verwendung. Inzwischen sind in den USA über 200 Robo Advisor am

---

28 *Oppenheim/Lange-Hausstein*, Robo Advisor, WM 2016, 1966, 1967.
29 Joint Committee of the European Supervisory Authorities, Report on automation in financial advice v. 16.12.2016, S. 4; *Oppenheim/Lange-Hausstein*, Robo Advisor, WM 2016, 1966, 1967.
30 *Leiserson/Rivest/Stein*, Algorithmen – Eine Einführung, 2010, S. 5.
31 *Schaar*, Brauchen wir regulatorische Leitplanken der Digitalisierung?, in: Klafki/Würkert/Winter, Digitalisierung und Recht, 2017, S. 29, 31.
32 Joint Committee of the European Supervisory Authorities, Joint Committee Discussion Paper on automation in financial advice v. 4.12.2015, JC 2015 080, S. 16; *Baumanns*, FinTechs als Anlageberater? Die aufsichtsrechtliche Einordnung von Robo-Advisory, BKR 2016, 366, 367.
33 *Möslein/Lordt*, Rechtsfragen des Robo-Advice, ZIP 2017, 793, 794.

Markt.[34] Größter Anbieter ist *Vanguard*, der für seine Kunden rund 47 Milliarden Dollar verwaltet. Es folgen das FinTech *Betterment* mit mehr als 7,3 Milliarden Dollar und dessen Konkurrent *Wealthfront* mit mehr als 5 Milliarden Dollar.[35] Auch der weltweit größte Vermögensverwalter *Blackrock* erkannte das große Wachstumspotential der digitalen Anlageberatung und Vermögensverwaltung. Im August 2015 übernahm er das kalifornische Startup *FutureAdvisor*, das zu den zehn größten Anbietern für Robo Advice gehört.[36]

In Deutschland ging im Jahr 2012 mit *Yavalu* der erste Robo Advisor an den Markt. Die *Sutor Bank* und *Quirion* starteten 2013 ihre Robo-Advice-Angebote. 2014 folgten *Easyfolio*, *Cashboard* und *Vaamo*.[37] Inzwischen gibt es in Deutschland mehr als 30 Anbieter.[38] Mit dem Erfolg der US-amerikanischen Robo Advisor können die deutschen Anbieter bislang nicht mithalten. Ihr verwaltetes Vermögen wächst langsamer und die Kunden sind zurückhaltender. Nur wenige Robo Advisor betreuen Kapital im zweistelligen Millionenbereich.[39] Deutscher Marktführer ist *Scalable Capital* mit einem verwalteten Vermögen von mehr als 500 Millionen Euro für rund 15.000 Kunden.[40] Insgesamt haben deutsche Robo Advisor nach Einschätzung der Beratungsgesellschaft *Oliver Wyman* einen Asset Pool von etwa

---

34 *Burnmark*, Anzahl der Robo-Advisors in ausgewählten Ländern bzw. Regionen weltweit im Jahr 2017, abrufbar unter https://de.statista.com/statistik/daten/studie/744027/umfrage/anzahl-der-robo-advisors-nach-laendern-regionen-weltweit/.
35 *Statista*, Verwaltetes Vermögen ausgewählter Robo-Advisors weltweit, abrufbar unter https:// de.statista.com/statistik/daten/studie/743988/umfrage/verwaltetes-vermoegen-ausgewaehlter-robo-advisors-weltweit/.
36 *Klemm*, Würden Sie diesem Roboter Geld geben?, FAZ v. 27.9.2015, S. 40.
37 *Giesen*, Vom Robo Advice zum Robo Wealth Management, in: Everling/Lempka, Finanzdienstleister der nächsten Generation, 2016, S. 187, 189.
38 *Oliver Wyman*, Entwicklung von Robo Advice in Deutschland und Global, S. 2, abrufbar unter www.oliverwyman.de/content/dam/oliver-wyman/v2-de/publications/2017/aug/Oliver Wyman_Robo%20Advice%20Entwicklung_Aktualisierung_Aug2017.pdf.
39 *Giesen*, Vom Robo Advice zum Robo Wealth Management, in: Everling/Lempka, Finanzdienstleister der nächsten Generation, 2016, S. 187, 189.
40 *Schick*, Der Markt für Robo-Advisor wächst rasant, Aachener Zeitung v. 13.11.2017, abrufbar unter www.aachener-zeitung.de/ratgeber/geld/der-markt-fuer-robo-advisor-waechst-rasant-1.1759514.

800 Millionen Euro,[41] andere Schätzungen gehen von ca. 1 Milliarde Euro[42] aus. Die Zurückhaltung deutscher Anleger ist auch der speziellen deutschen Vorsicht bei der Geldanlage geschuldet. Viele Anleger möchten kein Risiko eingehen und investieren daher nicht in Finanzprodukte wie Aktien und Fonds. Eine Analyse des Deutschen Aktieninstituts stellte für 2016 fest, dass nur 14 Prozent der Deutschen Besitzer von Aktien oder Aktienfonds sind.[43] Daher müssen die Robo Advisor in Deutschland doppelte Überzeugungsarbeit leisten: Sie müssen die Kunden von der Kapitalmarktanlage im Allgemeinen und von der automatisierten Anlage im Internet überzeugen.[44]

Es bestehen kaum Zweifel, dass Robo Advice die Zukunft gehört. Mittelfristig ist zu erwarten, dass die vollautomatische Computeranlageberatung für Privatanleger eine ernsthafte Alternative zum Beratungsgespräch darstellen wird. Auch die europäischen Aufsichtsbehörden (ESAs) bescheinigen der digitalen Anlageberatung großes Wachstumspotential.[45] Nach einer Schätzung der schweizer Marktforscher von *MyPrivateBanking* wird das weltweit von digitalen Anlageberatern verwaltete Vermögen von derzeit 20 Milliarden Dollar bis 2020 auf ca. 450 Milliarden Dollar wachsen.[46] Die Finanzconsultants von *Oliver Wyman* sind noch optimistischer. Sie erwarten bis 2021 einen Anstieg auf ca. 1 Billion Dollar. Für Deutschland

---

41 *Oliver Wyman*, Entwicklung von Robo Advice in Deutschland und Global, abrufbar unter www.oliverwyman.de/our-expertise/insights/2017/aug/robo-advice-ungebremstes-wachstum.html; Hessami, ETFs allein reichen nicht, FAZ v. 24.10.2017, S. V5.
42 *Nicolaisen*, Deutsche Robo Advisor knacken Marke von einer Milliarde Euro, abrufbar unter www.private-banking-magazin.de/assets-under-management-deutsche-robo-advisor-knacken-marke-von-1-milliarde-euro-1/%20; *Wedlich*, Wie wirken sich Verhaltensanomalien von Anlegern auf Robo-Advisory aus?, CF 2018, 225.
43 *Deutsches Aktieninstitut*, Aktionärszahlen des deutschen Aktieninstituts 2016, abrufbar unter www.dai.de/files/dai_usercontent/dokumente/studien/2017-02-14%20DAI%20Aktionaerszahlen%202016%20Web.pdf.
44 *Giesen*, Vom Robo Advice zum Robo Wealth Management, in: Everling/Lempka, Finanzdienstleister der nächsten Generation, 2016, S. 187, 190.
45 Joint Committee of the European Supervisory Authorities, Joint Committee Discussion Paper on automation in financial advice v. 4.12.2015, JC 2015 080, S. 10 Nr. 13; *Herring/Kunschke/Bachmann*, in: Kunschke/Schaffelhuber, FinTech, 2018, Teil II D Rn. 1 f.
46 *Groves/Binder*, Robo-Advisors 2.0, Gutachten von MyPrivateBanking, 2015, Executive Summary, S. 7, abrufbar unter www.myprivatebanking.com/ User Files/file/ Extract%20-%20MyPrivateBanking%20Research%20Report %20-%20Robo-Advisors%202.0(1).pdf.

prognostizieren sie ein Wachstum auf bis zu 42 Milliarden Dollar bis 2021.[47]

Aufgrund des steigenden Kundeninteresses und der wachsenden Zahl der Anbieter ist Robo Advice nicht mehr lediglich ein Nischenprodukt, sondern findet breite Akzeptanz auf dem Wertpapierdienstleistungsmarkt.[48] In Anbetracht dieser Entwicklung bringen immer mehr herkömmliche Banken ihren eigenen Robo Advisor auf den Markt.[49] Sie entwickeln entweder selbst Angebote oder kooperieren mit FinTechs. Die *Targobank*, die *ING-Diba*, die *Quirin Bank* und die Commerzbanktochter *Comdirect* bieten ihren Kunden bereits einen digitalen Anlageberater oder Vermögensverwalter an. Auch die *Deutsche Bank* entwickelte Anfang 2016 zusammen mit dem FinTech *Fincite* den *Anlagefinder*, einen Robo Advisor für das Massenkundengeschäft.[50] Seit Ende 2017 können die Kunden die Weiterentwicklung namens *Robin* nutzen.[51] Dieser Robo Advisor soll sich insbesondere dadurch von Wettbewerbern unterscheiden, dass er auf die Kapitalmarktexpertise der Bank zurückgreift.[52] Für die Zukunft ist geplant, dass Robin auch in den Filialen eingesetzt wird. Dann soll der menschliche Berater den Kunden durch die Menüs des Robo Advisors führen.[53] Da der Markt für Robo Advice in Deutschland noch überschaubar ist, sind diese Angebote nicht primär dem Wettbewerbsdruck geschuldet, sondern eine Reaktion auf den Trend, dass Bankkunden Finanzdienstleistungen zunehmend online und

---

47 *Oliver Wyman*, Entwicklung von Robo Advice in Deutschland und Global, S. 3, abrufbar unter www.oliverwyman.de/content/dam/oliver-wyman/v2-de/publications/2017/aug/OliverWyman_Robo%20Advice%20Entwicklung_Aktualisierung_Aug2017.pdf.

48 *BlackRock*, Digital Investment Advice: Robo Advisors Come of Age, 2016, S. 6, abrufbar unter www.blackrock.com/corporate/literature/whitepaper/viewpoint-digital-investment-advice-september-2016.pdf; *Wosnitza*, Robo-Advising Private Investors Of German Mid-Cap Bonds, CF 2018, 220.

49 *Möllers/Brosig*, Providing investment advice in light of MiFID I and II, in: Hugo/Möllers, Transnational Impacts on Law: Perspectives from South Africa and Germany, 2017, S. 217, 230.

50 *De la Motte*, Deutsche Bank greift Fintechs an, Handelsblatt v. 7.12.2015, S. 29; *Kanning*, Auch die Deutsche Bank setzt jetzt auf Roboter, FAZ v. 8.12.2015, S. 27; *Schreiber*, Drei Klicks – und fertig ist das Wertpapierdepot, abrufbar unter www.sueddeutsche.de/wirtschaft/vermoegensverwaltung-drei-klicks-und-fertig-ist-das-wertpapierdepot-1.2688067.

51 *Kanning*, Robin soll es richten, FAZ v. 13.12.2017, S. 29.
52 *Kanning*, Robin soll es richten, FAZ v. 13.12.2017, S. 29.
53 *Kanning*, Robin soll es richten, FAZ v. 13.12.2017, S. 29.

mobil beziehen möchten.[54] Die Banken sehen die Anlageberatung als eine ihrer Kernkompetenzen und wollen dieses Geschäftsfeld den digitalen Wettbewerbern nicht kampflos überlassen.[55]

B. Gang der Untersuchung

Ziel der Arbeit ist es, die Dienstleistung Robo Advice aufsichtsrechtlich zu qualifizieren und die resultierenden Organisations- und Verhaltenspflichten zu identifizieren. Übergeordnete Forschungsfrage ist, inwieweit die allgemeinen aufsichtsrechtlichen Vorgaben den Besonderheiten der digitalen Anlageberatung und Vermögensverwaltung gerecht werden. Dazu wird zunächst die Funktionsweise der verschiedenen Geschäftsmodelle dargestellt. Anschließend werden diese nach ihren Angebotsinhalten kategorisiert. Auf dieser Grundlage wird Robo Advice im zweiten Teil in den bestehenden aufsichtsrechtlichen Rahmen eingeordnet. Dabei ist zu untersuchen, ob die am deutschen Markt tätigen Robo Advisor tatsächlich eine Wertpapierdienstleistung erbringen oder ob die Tätigkeit aufsichtsrechtlich betrachtet keine *echte* Anlageberatung bzw. Vermögensverwaltung ist. Basierend auf den Ergebnissen wird die Erlaubnispflicht der Robo-Advice-Angebote erörtert. Im dritten Teil werden die einzelnen Organisations- und Verhaltenspflichten bei der Erbringung von Robo Advice analysiert. Der Pflichtenumfang ergibt sich insbesondere aus den nationalen Regelungen des WpHG und KWG sowie der FinVermV[56]. Diese sind zum Teil wesentlich durch das europäische Recht geprägt. Zu nennen sind insbesondere die MiFID II[57] und die flankierenden Level 2 und 3 Bestimmungen. Wo die herkömmlichen Regelungen an ihre Grenzen stoßen, werden im letzten Teil de lege ferenda neue Regelungsvorschläge erarbeitet.

---

54 *Bloch/Vins*, Robo Advice – die Zukunft der Geldanlage, in: Everling/Lempka, Finanzdienstleister der nächsten Generation, 2016, S. 171, 184.
55 *Kneer/Kurz*, Die Grenzen der Robo Advisors, Whitepaper der syracom AG v. 2.8.2016, S. 3, abrufbar unter www.syracom.de/uploads/media/Syracom_White paper_RoboAdvisor_Regulatorik.pdf.
56 Finanzanlagenvermittlungsverordnung (FinVermV) v. 9.5.2012, BGBl. I Nr. 19 v. 6.5.2012, S. 1006–1018.
57 Richtlinie 2014/65/EU des Europäischen Parlaments und des Rates vom 15. Mai 2014 über Märkte für Finanzinstrumente sowie zur Änderung der Richtlinien 2002/92/EG und 2011/61/EU, ABl. Nr. L 173 v. 12.6.2014, S. 349–496(MiFID II).

§ 2 Das Geschäftsmodell Robo Advice

A. Verschiedene Ausprägungen

Die Geschäftsmodelle der am deutschen Markt tätigen Robo Advisor unterscheiden sich in mehrfacher Hinsicht. Neben unterschiedlichen Automatisierungsgraden werden je nach konkreter Ausgestaltung des Angebots verschiedene Finanzdienstleistungen angeboten. Rechtlich kann Robo Advice als Anlageberatung, Finanzportfolioverwaltung, Anlage- oder Abschlussvermittlung qualifiziert werden.[58] Robo Advice lässt sich in drei Prozessschritte unterteilen: (1) Datenerhebung und Analyse, (2) Erteilung der Anlageempfehlung bzw. Zuordnung zu einer Anlagestrategie und (3) Umsetzung.[59] Es gibt zwei grundlegend unterschiedliche Geschäftsmodelle, die im Folgenden kontrastiv dargestellt werden.

I. Robo Advice der ersten Generation

Ursprung von Robo Advice sind die sog. *Robo Advisor der ersten Generation*. Diese bieten ihren Kunden die Möglichkeit, eine Anlageempfehlung zu erhalten. Sie sind meist relativ einfach gestrickt und bilden ihren Anlagevorschlag fast ausschließlich mit ETFs (*Exchange-Traded Funds*) ab. Die Anleger geben die Geldanlage nicht vollständig aus der Hand, sondern treffen die Investitionsentscheidung selbst. Viele deutsche Anbieter starteten mit einem solchen Angebot und entwickelten dieses im Anschluss zu einer automatisierten Vermögensverwaltung weiter. Aktuell bieten Unternehmen wie *Growney* und *United Signals* Robo Advice der ersten Generation am deutschen Markt an.

---

[58] BaFin, Robo-Advice und Auto-Trading – Plattformen zur automatisierten Anlageberatung und automatischem Trading, Stand April 2016; BaFin, Automatisierte Finanzportfolioverwaltung, Stand April 2016; *Möslein/Lordt*, Rechtsfragen des Robo-Advice, ZIP 2017, 793, 794; *Baumanns*, FinTechs als Anlageberater? Die aufsichtsrechtliche Einordnung von Robo-Advisory, BKR 2016, 366, 368.

[59] BaFin, Robo-Advice und Auto-Trading – Plattformen zur automatisierten Anlageberatung und automatischem Trading, Stand April 2016; *Baumanns*, FinTechs als Anlageberater? Die aufsichtsrechtliche Einordnung von Robo-Advisory, BKR 2016, 336, 367; *Wedlich*, Wie wirken sich Verhaltensanomalien von Anlegern auf Robo-Advisory aus?, CF 2018, 225.

1. Datenerhebung und Analyse

Bei Robo Advice der ersten Generation wird der Kunde in einem webbasierten Fragenkatalog zunächst nach seinen persönlichen Umständen, anlagerelevanten Kenntnissen und Handelserfahrungen gefragt. Der Umfang variiert je nach Anbieter. Die Abfrage der Kundeninformationen erfolgt in einem oder mehreren Schritten und dauert ungefähr zehn bis fünfzehn Minuten.[60] Die meisten Robo Advisor verlangen zunächst persönliche Basisangaben wie etwa das Alter oder den Beruf. Häufig stellen Anbieter auch Fragen zu den persönlichen Anlagezielen.[61] Anschließend erfragen sie die Eckdaten der beabsichtigen Geldanlage, also Anlagedauer, Anlagebetrag und monatliche Sparbeträge.[62] Außerdem werden regelmäßig objektive persönliche Details zur Risikotragfähigkeit abgefragt, also in welchem Umfang der Kunde Verluste bei der Geldanlage verkraften kann. Einige Anbieter eruieren in diesem Kontext ausstehende Kredite, Immobilienbesitz und andere relevante Vermögenspositionen.[63] Zudem werden die Kunden meist aufgefordert, Angaben zu Kenntnissen und Erfahrungen im Wertpapierhandel sowie zu ihrer subjektiven Risikobereitschaft zu machen.[64] Mit diesen Kundenangaben erstellt die Software ein *Risiko-Ziel-Profil* des Anlegers. Auf dieser Grundlage wird jeder Kunde einer bestimmten Anlegergruppe zugeordnet.[65] Die Anzahl der Gruppen variiert je nach Robo Advisor. Bei den meisten Anbietern ist die Risikotoleranz des Kunden das entscheidende Kriterium für die Einstufung.[66]

---

60 *Stiftung Warentest*, Robo-Advisor: Die Maschine machts, Finanztest 08/2018, 42, 43.
61 BaFin, Robo-Advice und Auto-Trading – Plattformen zur automatisierten Anlageberatung und automatischem Trading, Stand April 2016.
62 BaFin, Robo-Advice und Auto-Trading – Plattformen zur automatisierten Anlageberatung und automatischem Trading, Stand April 2016; *Grischuk*, Robo-Advice, BaFin Journal 8/2017, 18, 19; *Stiftung Warentest*, Beratung ist Programm, Finanztest 1/2017, 56.
63 *Giesen*, Vom Robo Advice zum Robo Wealth Management, in: Everling/Lempka, Finanzdienstleister der nächsten Generation, 2016, S. 187, 191.
64 *Grischuk*, Robo-Advice, BaFin Journal 8/2017, 18, 19.
65 *Giesen*, Vom Robo Advice zum Robo Wealth Management, in: Everling/Lempka, Finanzdienstleister der nächsten Generation, 2016, S. 187, 191; *Wedlich*, Wie wirken sich Verhaltensanomalien von Anlegern auf Robo-Advisory aus?, CF 2018, 225; *Weiß/Koloczek*, Künstliche Intelligenz in der Finanzindustrie anhand eines realen Anwendungsbeispiels, CF 2018, 216, 217.
66 *Tertilt/Scholz*, To Advise, or Not to Advise – How Robo-Advisors Evaluate the Risk Preferences of Private Investors, 12.6.2017, S. 14, abrufbar unter https://ssrn.com/abstract=2913178.

2. Erteilung einer Anlageempfehlung

Im zweiten Schritt generiert der Robo Advisor mit Hilfe eines Algorithmus auf Basis der Kundenangaben eine Anlageempfehlung.[67] Der Prozess ist beim Robo Advisor der ersten Generation meist relativ simpel. Dem Kunden wird ein *vorgefertigtes Anlageportfolio* vorgeschlagen, das zum Risiko-Ziel-Profil der Anlegergruppe passt.[68] Diese Musterportfolios setzen sich vorwiegend aus Anteilen an ETFs zusammen. Diese sind als passiv verwaltete Indexfonds kostengünstiger als klassische Investmentfonds.[69] Die Risikosteuerung erfolgt hauptsächlich über die Gewichtung von Aktien- und Anleihenfonds. Kunden mit geringer Risikobereitschaft wird ein Portfolio mit einem höheren Anteil an Anleihen-ETFs empfohlen, während risikofreudigeren Anlegern ein Portfolio mit höherem Aktienanteil empfohlen wird.[70] Die Musterportfolios sind meist in defensive, ausgewogene und wachstumsorientierte Strategien eingeteilt. Das Geld wird zu festen Anteilen auf Aktien- und Anleihenfonds aufgeteilt.[71] In der einfachsten Variante erfolgt etwa eine Allokation von 30/70 bei einer defensiven Strategie, 50/50 bei einer ausgewogenen und 70/30 bei einer wachstumsorientierten Strategie in Bezug auf Aktien- und Anleihen-ETFs. Robo Advisor der ersten Generation arbeiten in der Regel auf Basis einer fixen Asset-Allokation. Sie reagieren nicht dynamisch auf Marktentwicklungen, sondern folgen starren

---

67 *Linardatos*, Automatisierte Finanzentscheidungen im Finanzwesen am Beispiel der Robo Advisory, InTeR 2017, 216, 217; *Baumanns*, FinTechs als Anlageberater? Die aufsichtsrechtliche Einordnung von Robo-Advisory, BKR 2016, 366, 367; *Oppenheim/Lange-Hausstein*, Robo Advisor, WM 2016, 1966; *Wedlich*, Wie wirken sich Verhaltensanomalien von Anlegern auf Robo-Advisory aus?, CF 2018, 225; *Weiß/Koloczek*, Künstliche Intelligenz in der Finanzindustrie anhand eines realen Anwendungsbeispiels, CF 2018, 216, 217.
68 *Giesen*, Vom Robo Advice zum Robo Wealth Management, in: Everling/Lempka, Finanzdienstleister der nächsten Generation, 2016, S. 187, 191.
69 Ausführlich *Harrer*, Exchange Traded Funds (ETFs), 2016, S. 84 f.; *Bioy/Garcia-Zarate*, Every Little Helps: Comparing the Costs of Investing in ETPs versus Index Funds, Morningstar ETF Research, 2013, S. 7.
70 *Baumanns*, FinTechs als Anlageberater? Die aufsichtsrechtliche Einordnung von Robo-Advisory, BKR 2016, 366, 368.
71 *Alvares de Souza Soares/Böschen*, Digitale Vermögensverwalter, Manager Magazin 3/2016, 100, 102.

Anlagequoten.[72] Zur Auswahl stehen selten mehr als zehn Musterportfolios.[73] Teilweise werden neben ETFs auch bestimmte Aktien, Aktienfonds und Tages- oder Festgeldanlagen als Investitionsobjekt angeboten.[74] Das Gros der Anbieter beschränkt sich allerdings auf passive Investments. Welche konkreten Finanzprodukte bei der Auswahl berücksichtigt werden, variiert je nach Anbieter. Die Produktpalette ist jedoch bei allen Anbietern beschränkt.

3. Umsetzung

Um die Umsetzung der Anlageempfehlung muss sich der Kunde bei Robo Advice der ersten Generation selbst kümmern, indem er das entsprechende Finanzprodukt aktiv erwirbt. Das für den Kauf der Wertpapiere notwendige Depot kann er je nach Organisationsstruktur des Robo Advisors entweder direkt beim Anbieter oder bei einem Kooperationspartner eröffnen. Typischerweise arbeiten FinTechs bei der Umsetzung der Anlageempfehlung mit einer depotführenden Bank zusammen.[75] In diesem Fall muss der Kunde bei der Kooperationsbank ein Wertpapierdepot eröffnen. Sofern eine klassische Bank selbst Robo Advice anbietet, wird das Depot bei dieser geführt.[76] Abb. 1 stellt das Geschäftsmodell des Robo Advisors der ersten Generation dar.

---

72 *Alvares de Souza Soares/Böschen*, Digitale Vermögensverwalter, Manager Magazin 3/2016, 100, 102.
73 *Giesen*, Vom Robo Advice zum Robo Wealth Management, in: Everling/Lempka, Finanzdienstleister der nächsten Generation, 2016, S. 187, 192; *Wedlich*, Wie wirken sich Verhaltensanomalien von Anlegern auf Robo-Advisory aus?, CF 2018, 225, 226.
74 *Möslein/Lordt*, Rechtsfragen des Robo-Advice, ZIP 2017, 793, 794.
75 *Möslein/Lordt*, Rechtsfragen des Robo-Advice, ZIP 2017, 793, 798.
76 Zu den Organisationsformen siehe erster Teil: § 2 B.

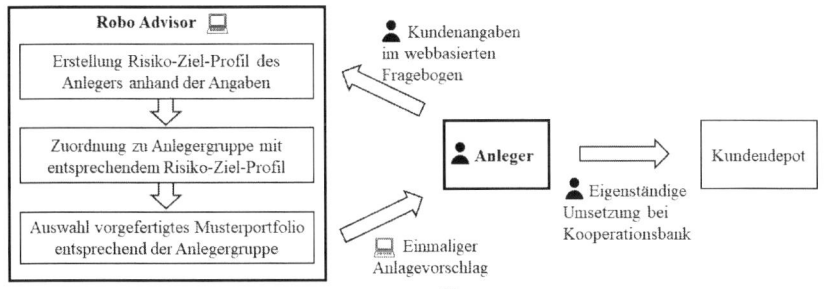

Abb. 1: Robo Advice der ersten Generation[77]

Einige Robo Advisor der ersten Generation bieten ihren Kunden zudem ein sog. *Rebalancing* an. Beim Rebalancing wird nach einer gewissen Zeit überprüft, ob das Depot noch der vom Anleger gewünschten Soll-Allokation entspricht. Falls die tatsächliche Verteilung der einzelnen Werte im Portfolio von der ursprünglich festgelegten prozentualen Verteilung abweicht, erhält der Kunde eine Nachricht und kann die Gewichtung und Zusammensetzung durch entsprechende Kauf- und Verkaufsaufträge wieder an die Soll-Allokation anpassen.[78]

4. Vergütung

Ohne Registrierung geben viele Anbieter nur Einblicke in die Strategie, erteilen aber noch keine konkreten Empfehlungen.[79] So wollen die Robo Advisor verhindern, dass die Anleger die vorgeschlagenen Finanzprodukte im Wege eines Execution-Only-Geschäfts erwerben und sie selbst leer ausgehen. Die Einholung der Anlagevorschläge auf der Website des Robo Advisors ist bei Robo Advice der ersten Generation kostenlos. Gebühren fallen erst bei der Umsetzung der Anlageempfehlung an. Zumeist bieten die Robo Advisor eine sog. *All-in-fee* an.[80] Hierbei handelt es sich um ein pauschales

---

77   Eigene Darstellung.
78   *Baumanns*, FinTechs als Anlageberater? Die aufsichtsrechtliche Einordnung von Robo-Advisory, BKR 2016, 366, 368; *Alvares de Souza Soares/Böschen*, Digitale Vermögensverwalter, Manager Magazin 3/2016, 100, 102.
79   *Stiftung Warentest*, Beratung ist Programm, Finanztest 01/2017, 56, 60.
80   BaFin, Robo-Advice und Auto-Trading – Plattformen zur automatisierten Anlageberatung und automatischem Trading, Stand April 2016; *Rauch/Lebeau/Thiele*, Steuerrechtliche sowie aufsichtsrechtliche Herausforderungen bei der Entwicklung hin zur automatisierten Anlageempfehlung (Robo-Advice), RdF 2017, 227, 230.

Entgelt, das sämtliche Dienstleistungen des Anbieters umfasst. Die jährlichen Gebühren liegen zwischen 0,2 und 1,5 Prozent des Anlagebetrags.[81] Dazu kommt bei einzelnen Anbietern eine Erfolgsbeteiligung.[82] Gebühren fallen erst im Rahmen der Depotführung bzw. bei einer Auftragserteilung an und werden von der depotführenden Bank erhoben.[83] Sofern der Robo Advisor mit einer Vollbank kooperiert, wird er im Innenverhältnis an den Gebühren beteiligt.

II. Robo Advice der zweiten Generation

Die BaFin nennt Robo Advice, bei dem Kunden das Kundenvermögen fortlaufend verwaltet wird, auf ihrer Website *automatisierte Finanzportfolioverwaltung*.[84] Die Wissenschaft,[85] die Anbieter selbst[86] und auch die Wirtschaftspresse[87] bezeichnen diese Anbieter als *Robo Advisor der zweiten Generation*. Zu den bekannten deutschen Anbietern gehören unter anderem *Investify, Scalable Capital, Whitebox, Vaamo, Fintego* und *Quirion*.

---

81 *Sennewald*, Ginmon: Robo Advisor, in: Tiberius/Rasche, FinTechs, 2016, S. 111, 115.
82 *Alvares de Souza Soares/Böschen*, Digitale Vermögensverwalter, Manager Magazin 3/2016, 100, 104.
83 *Rauch/Lebeau/Thiele*, Steuerrechtliche sowie aufsichtsrechtliche Herausforderungen bei der Entwicklung hin zur automatisierten Anlageempfehlung (Robo-Advice), RdF 2017, 227, 230.
84 BaFin, Automatisierte Finanzportfolioverwaltung, Stand April 2016.
85 *Baumanns*, FinTechs als Anlageberater? Die aufsichtsrechtliche Einordnung von Robo-Advisory, BKR 2016, 366, 368; *Rauch/Lebeau/Thiele*, Steuerrechtliche sowie aufsichtsrechtliche Herausforderungen bei der Entwicklung hin zur automatisierten Anlageempfehlung (Robo-Advice), RdF 2017, 227, 228; *Möslein/Lordt*, Rechtsfragen des Robo-Advice, ZIP 2017, 793, 796; *Oppenheim/Lange-Hausstein*, Robo Advisor, WM 2016, 1966.
86 *Salome Preiswerk*, die Gründerin des FinTechs Whitebox, das automatisierte Finanzportfolioverwaltung betreibt, erbringt nach eigener Darstellung Robo Advice der zweiten Generation, Interview mit DasInvestment v. 6.8.2016, abrufbar unter www.dasinvestment.com/die-grosse-robo-advisor-interview-reihe-whitebox-teil-2-seit-anfang-2016-gibt-es-robo-advisor-der-zweiten-generation/.
87 Etwa *Kaiser-Neubauer*, Roboter können mehr, SZ v. 2.11.2017, S. 29; *Klemm*, Würden Sie diesem Roboter Ihr Geld geben?, FAS v. 27.9.2015, S. 40; *Tilmes*, Der Robo Advisor ist keine Lösung, FAZ v. 24.7.2015, S. 25; *Schneider/Rezmer*, Automatisch, günstig, für alle, Handelsblatt v. 8.9.2015, S. 30.

1. Datenerhebung und Analyse

Bei Robo Advice der zweiten Generation macht der Kunde, analog zu Robo Advice der ersten Generation, in einem webbasierten Fragenkatalog Angaben zu seinen persönlichen Umständen, den Anlagezielen sowie den anlagerelevanten Kenntnissen und Handelserfahrungen.[88] Auf Basis dieser Angaben erstellt der Robo Advisor automatisch ein *Risiko-Ziel-Profil* des Anlegers, das Grundlage der Zuordnung zu einer bestimmten Anlegergruppe mit entsprechendem Risiko-Ziel-Profil ist. Maßgebliches Zuordnungskriterium ist in der Praxis die Risikoneigung.

2. Zuordnung zu einer Anlagestrategie

Für jede Anlegergruppe gibt es eine bestimmte Anlagestrategie.[89] Die Individualität der Anlagestrategien variiert zwischen den verschiedenen Anbietern. Jedoch bietet keiner der am deutschen Markt vertretenen Robo Advisor seinen Kunden eine hundertprozentig individuelle Anlagestrategie.[90] Die meisten Anbieter arbeiten mit einem *Musterportfolio*. Dieses enthält geeignete Wertpapiere für die jeweilige Anlegergruppe in der aktuellen Marktsituation.[91] Viele Robo Advisor beschränken sich bei der Produktauswahl auf passive ETF-Fonds, um die Kosten für das Portfolio niedrig zu halten.[92] Einige Anbieter, wie *Investify*, *Liqid* oder *Visualvest*, bieten zusätzlich Musterportfolios mit aktiv gemanagten Fonds und alternativen Finanzprodukten an.[93] Diese Musterportfolios passt der Robo Advisor dynamisch an geänderte Umstände und Marktsituationen an. Grundlage sind teilweise komplexe Finanzmodelle, die oft von Investmentbanken und Hedgefonds stammen.[94] Manche Anbieter arbeiten mit einem *Value-at-Risk-*

---

88 BaFin, Automatisierte Finanzportfolioverwaltung, Stand April 2016.
89 *Giesen*, Vom Robo Advice zum Robo Wealth Management, in: Everling/Lempka, Finanzdienstleister der nächsten Generation, 2016, S. 187, 191.
90 *Möslein/Lordt*, Rechtsfragen des Robo-Advice, ZIP 2017, 793, 796.
91 *Rauch/Lebeau/Thiele*, Steuerrechtliche sowie aufsichtsrechtliche Herausforderungen bei der Entwicklung hin zur automatisierten Anlageempfehlung (Robo-Advice), RdF 2017, 227, 231.
92 *Schneider-Sickert*, LIQID: digitale Vermögensverwaltung, in: Tiberius/Rasche, FinTechs, 2016, S. 147, 150.
93 *Kaiser-Neubauer*, Roboter können mehr, SZ v. 2.11.2017, S. 29.
94 *Alvares de Souza Soares/Böschen*, Digitale Vermögensverwalter, Manager Magazin 3/2016, 100, 102.

Modell, welches das maximale Verlustrisiko vorhersagen soll.[95] Sind beispielsweise Aktien-ETFs in der gegenwärtigen Marktlage zu riskant, nimmt der Robo Advisor vermehrt Indexfonds in das Musterportfolio, die auf sichere Staatsanleihen setzen.[96] Der Anbieter *Scalable Capital* gestaltet beispielsweise sein »VAR 20%« Portfolio so, dass der jährliche Verlust mit einer Wahrscheinlichkeit von 95 Prozent nicht mehr als 20 Prozent betragen soll.[97] Das erfordert teilweise eine tägliche Anpassung des Portfolios und kann zu einer ungewöhnlichen Zusammensetzung führen.[98] Mitunter werden Investitionsentscheidungen für die Musterdepots auch von menschlichen Beratungskomitees getroffen, die die automatischen Verwaltungsprogramme ergänzen und steuern.[99] Diese Vermögensverwalter werden als *Cyborg Berater* bezeichnet.[100] Der Robo Advisor der zweiten Generation operiert im Gegensatz zum Robo Advisor der ersten Generation also nicht mit starren Anlagequoten, sondern reagiert flexibel auf Marktentwicklungen.

3. Umsetzung

Bei Robo Advice der zweiten Generation erhält der Anleger nicht eine einmalige Anlageempfehlung, die er eigenständig umsetzt. Der Robo Advisor verwaltet das Kundenportfolio fortlaufend und setzt die Anlagestrategie für den Anleger selbstständig um. Er bietet eine fast vollständige Automatisierung der Anlageprozesse.[101] Das Kundenvermögen wird nach den Vorgaben eines zur Anlegergruppe passenden Standardportfolios investiert.[102]

---

95 *Stiftung Warentest*, Robo-Advisor: Die Maschine machts, Finanztest 08/2018, 42, 43.
96 *Alvares de Souza Soares/Böschen*, Digitale Vermögensverwalter, Manager Magazin 3/2016, 100, 102.
97 *Stiftung Warentest*, Robo-Advisor: Die Maschine machts, Finanztest 08/2018, 42, 43.
98 *Stiftung Warentest*, Robo-Advisor: Die Maschine machts, Finanztest 08/2018, 42, 43.
99 *Baumanns*, FinTechs als Anlageberater? Die aufsichtsrechtliche Einordnung von Robo-Advisory, BKR 2016, 366, 369.
100 *Alvares de Souza Soares/Böschen*, Digitale Vermögensverwalter, Manager Magazin 3/2016, 100, 102; *Baumanns*, FinTechs als Anlageberater? Die aufsichtsrechtliche Einordnung von Robo-Advisory, BKR 2016, 366, 368.
101 *Bloch/Vins*, Robo Advice – die Zukunft der Geldanlage, in: Everling/Lempka, Finanzdienstleister der nächsten Generation, 2016, S. 171, 177.
102 *Alvares de Souza Soares/Böschen*, Digitale Vermögensverwalter, Manager Magazin 3/2016, 100, 102; *Möslein/Lordt*, Rechtsfragen des Robo-Advice, ZIP 2017, 793, 796.

Der Robo Advisor der zweiten Generation bietet dem Anleger eine Komplettlösung an: Er übernimmt für den Kunden etwa die Asset-Allokation, die Fondsauswahl, die Transaktionsausführung, das Rebalancing, also die regelmäßige Anpassung des Anlageportfolios an die ursprüngliche bzw. strategische Asset-Allokation, und die Wiederanlage von Dividenden oder sonstigen Ausschüttungen.[103] Das setzt voraus, dass der Anleger über ein Wertpapierdepot beim Anbieter bzw. dessen Kooperationsbank verfügt. In der Praxis schließt der Kunde bei Robo Advice der zweiten Generation daher neben dem Vermögensverwaltungsvertrag mit dem Robo Advisor zusätzlich auch einen Depotvertrag mit dessen Kooperationspartner. Eine hinsichtlich jeder einzelnen Transaktion individualisierte Anlageentscheidung bieten die Robo Advisor der zweiten Generation nicht. Vielmehr wird die Entscheidung zur Umschichtung jeweils für die Musterdepots jeder Anlegergruppe getroffen. Sofern ein Anleger nach seinem Risiko-Ziel-Profil dieser Anlegergruppe zugeordnet ist, werden die Transaktionen für sein Konto nachvollzogen.[104] Nach der erstmaligen Umsetzung der gewählten Anlagestrategie können die Kunden die Anlageentscheidungen sowie die Wertentwicklung in ihren Portfolios tagesaktuell über die Website des Robo Advisors verfolgen.[105] Da der Anbieter bei diesem Geschäftsmodell eine umfassendere Dienstleistung erbringt, indem er dem Kunden die Umsetzung und fortlaufende Verwaltung abnimmt, spricht man von *Robo Advice der zweiten Generation*.[106] Teilweise wird diese Dienstleistung auch als *Full-Service-Angebot* bezeichnet.[107] Abb. 2 stellt das Geschäftsmodell des Robo Advisors der zweiten Generation dar.

---

103 *Bloch/Vins*, Robo Advice – die Zukunft der Geldanlage, in: Everling/Lempka, Finanzdienstleister der nächsten Generation, 2016, S. 171, 177.
104 *Möslein/Lordt*, Rechtsfragen des Robo-Advice, ZIP 2017, 793, 796.
105 *Schneider-Sickert*, LIQID: digitale Vermögensverwaltung, in: Tiberius/Rasche, FinTechs, 2016, S. 147, 149.
106 *Alvares de Souza Soares/Böschen*, Digitale Vermögensverwalter, Manager Magazin 3/2016, 100, 102; *Baumanns*, FinTechs als Anlageberater? Die aufsichtsrechtliche Einordnung von Robo-Advisory, BKR 2016, 366, 368.
107 *Rauch/Lebeau/Thiele*, Steuerrechtliche sowie aufsichtsrechtliche Herausforderungen bei der Entwicklung hin zur automatisierten Anlageempfehlung (Robo-Advice), RdF 2017, 227.

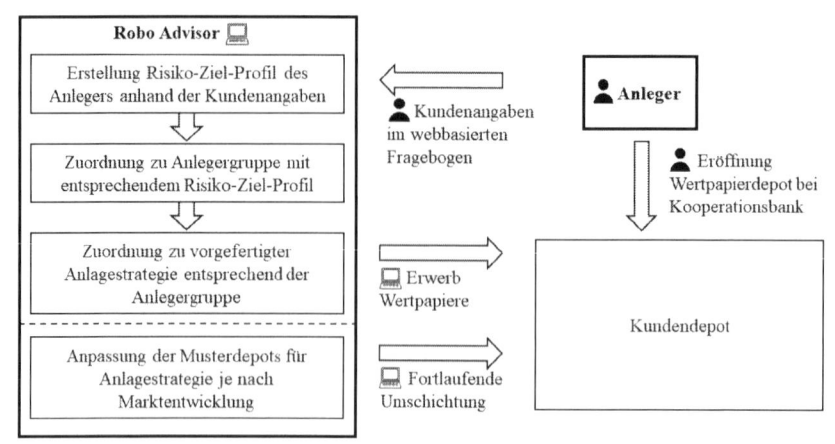

Erster Teil: Robo Advice – Problemstellung und Grundlagen

Abb. 2: Robo Advice der zweiten Generation[108]

4. Vergütung

Robo Advisor der zweiten Generation erheben regelmäßig eine All-in-fee.[109] Diese umfasst sämtliche Transaktionsgebühren, die Depotführungsgebühren und die Mehrwertdienstleistungen des Robo Advisors, wie die Gebühren für die Beratung und Verwaltung.[110] Sämtliche direkte Kosten der Anlage sind für den Kunden dadurch transparent und übersichtlich. Die Preise sind nach Anlagevolumen gestaffelt oder werden prozentual zum Depotvolumen ermittelt. Die Gebühren liegen typischerweise zwischen 0,4 und 1,2 Prozent der Anlagesumme pro Jahr.[111] Je höher der Anlagebetrag,

---

108 Eigene Darstellung.
109 BaFin, Robo-Advice und Auto-Trading – Plattformen zur automatisierten Anlageberatung und automatischem Trading, Stand April 2016; *Rauch/Lebeau/Thiele*, Steuerrechtliche sowie aufsichtsrechtliche Herausforderungen bei der Entwicklung hin zur automatisierten Anlageempfehlung (Robo-Advice), RdF 2017, 227, 230.
110 BaFin, Robo-Advice und Auto-Trading – Plattformen zur automatisierten Anlageberatung und automatischem Trading, Stand April 2016; *Bloch/Vins*, Robo Advice – die Zukunft der Geldanlage, in: Everling/Lempka, Finanzdienstleister der nächsten Generation, 2016, S. 171, 179; *Rauch/Lebeau/Thiele*, Steuerrechtliche sowie aufsichtsrechtliche Herausforderungen bei der Entwicklung hin zur automatisierten Anlageempfehlung (Robo-Advice), RdF 2017, 227, 230.
111 *Schneider-Sickert*, LIQID: digitale Vermögensverwaltung, in: Tiberius/Rasche, FinTechs, 2016, S. 147, 151; *Stiftung Warentest*, Robo-Advisor: Die Maschine

desto niedriger die prozentuale Verwaltungsgebühr.[112] Rückvergütungen und Vertriebsprovisionen der Produktanbieter erstatten die Robo Advisor ihren Kunden.[113] Die laufenden Kosten der jeweiligen Anlageprodukte, wie die Verwaltungsgebühr der Fonds, kommen zu den Gesamtkosten hinzu und werden direkt aus dem Fondsvermögen abgeführt.[114] Einige Anbieter verlangen neben der pauschalen Verwaltungsgebühr auch eine Erfolgsbeteiligung.[115] Andere Robo Advisor berechnen unabhängig vom investierten Vermögen eine monatliche Abo-Gebühr. Dieses Modell bildet jedoch die Ausnahme.[116]

III. Abgrenzung von verwandten Geschäftsmodellen

1. Intelligente Produktsuche

Einige Dienstleister bieten eine *intelligente Produktsuche* für Anleger an. Diese Kategorie wird teilweise auch als *Self-Service* bezeichnet.[117] Ein bekannter Anbieter am deutschen Markt ist *JustETF*. *JustETF* stellt dem Nutzer eine umfangreiche ETF-Datenbank mit zahlreichen Such- und Filterfunktionen zur Verfügung. Dieser kann so ETFs anhand von Rendite-, Kosten- und Risikokennzahlen vergleichen. Da der Dienstleister ausschließlich Informationen zu verschiedenen Finanzprodukten zur Verfügung stellt und

---

machts, Finanztest 08/2018, 42, 44, 46, 47; *Stiftung Warentest*, Beratung ist Programm, Finanztest 01/2017, 56, 60.

112 *Kurz/Dreher*, Robo Advisors, Revolution oder Evolution, Whitepaper der syracom AG v. 26.4.2016, S. 19, abrufbar unter www.syracom.de/uploads/media/Syracom_Whitepaper_RoboAdvisor.pdf; *Giesen*, Vom Robo Advice zum Robo Wealth Management, in: Everling/Lempka, Finanzdienstleister der nächsten Generation, 2016, S. 187, 192.

113 *Bloch/Vins*, Robo Advice – die Zukunft der Geldanlage, in: Everling/Lempka, Finanzdienstleister der nächsten Generation, 2016, S. 171, 179; *Stiftung Warentest*, Robo-Advisor: Die Maschine machts, Finanztest 08/2018, 42, 44.

114 *Bloch/Vins*, Robo Advice – die Zukunft der Geldanlage, in: Everling/Lempka, Finanzdienstleister der nächsten Generation, 2016, S. 171, 179; *Stiftung Warentest*, Beratung ist Programm, Finanztest 01/2017, 56, 60.

115 BaFin, Automatisierte Finanzportfolioverwaltung, Stand April 2016.

116 *Giesen*, Vom Robo Advice zum Robo Wealth Management, in: Everling/Lempka, Finanzdienstleister der nächsten Generation, 2016, S. 187, 192.

117 *Rauch/Lebeau/Thiele*, Steuerrechtliche sowie aufsichtsrechtliche Herausforderungen bei der Entwicklung hin zur automatisierten Anlageempfehlung (Robo-Advice), RdF 2017, 227; *Stiftung Warentest*, Beratung ist Programm, Finanztest 01/2017, 56, 58.

keinen individualisierten Anlagevorschlag unterbreitet, erbringt er keine Wertpapierdienstleistung. Der Übergang zwischen intelligenter Produktsuche und Robo Advice der ersten Generation ist oftmals fließend und hängt von der Darstellung und/oder Formulierung der Suchergebnisse ab.[118] Abb. 3 gibt einen Überblick über den Leistungsumfang bei der intelligenten Produktsuche und Robo Advice.

		Robo Advice der ersten Generation	**Robo Advice der zweiten Generation**
Intelligente Produktsuche		Punktelle Anlageempfehlung und eigenständige Umsetzung und Anpassung des Portfolios durch Anleger	Portfolioerstellung und laufende Verwaltung des Kundenportfolios durch Robo Advisor
Übersicht über das Fondsuniversum (Kein Robo Advice)			

Leistungsumfang →

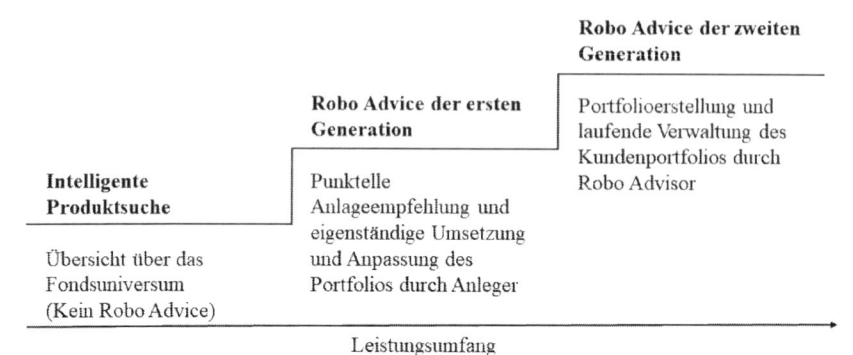

Abb. 3: Geschäftsmodelle und Leistungsumfang bei Robo Advice[119]

2. Social Trading

Abzugrenzen ist Robo Advice weiterhin vom sog. *Social Trading*. Wie Robo Advice ist das Social Trading eine neuartige digitale Anlageform, die sich in den letzten Jahren entwickelt hat. Dabei handelt es sich, vereinfacht gesagt, um eine Symbiose von klassischem Börsenhandel und sozialen Medien. Beim Social Trading veröffentlichen Wertpapierhändler oder Marktexperten ihre Meinung zu bestimmten Finanzprodukten oder ihr komplettes Portfolio auf einer Website[120] oder in sozialen Netzwerken. Die Anleger können die Strategie oder das Portfolio in Echtzeit einsehen und die Transaktionen nachvollziehen.[121] Die Anleger vertrauen beim Social Trading nicht auf die Beratung traditioneller Finanzdienstleister wie Banken oder

---

118 Dazu siehe zweiter Teil: § 4 B. I. 1.
119 Eigene Darstellung.
120 Deutscher Marktführer für Social Trading ist ayondo, abrufbar unter www.ayondo.de.
121 *Kern*, Wikifolio: Social Trading, in: Tiberius/Rasche, FinTechs, 2016, S. 189, 191; *Mohr*, Vom Erfolg anderer Anleger profitieren, FAZ v. 29.8.2017, S. 23; *Oehler/Horn/Wendt*, Nicht-professionelle Investoren in der digitalen Welt, WD 2016, 640, 641.

Vermögensberater, sondern machen sich die kollektive Intelligenz anderer Anleger zunutze. So entsteht eine neutrale Instanz für Finanzprodukte auf Grundlage der Erfahrungen anderer, vergleichbar mit dem Reisemarkt, wo sich Kunden auf Plattformen wie *TripAdvisor* oder *Holidaycheck* selbst informieren.[122] Social Trading kann als das Ableiten von Entscheidungen für eigene Finanzmarkttransaktion auf Grundlage der von einer Community zur Verfügung gestellten Informationen definiert werden.[123]

a) Copy Trading

Eine Ausprägung von Social Trading ist das sog. *Copy Trading*. Bei dieser Spielart wird das Portfolio eines bestimmten Wertpapierhändlers automatisch nachgebildet. Wenn dieser Käufe und Verkäufe tätigt, werden Handelssignale zur Ausführung entsprechender Transaktionen an das Brokerkonto des Anlegers weitergeleitet. Dort wird die Anlagestrategie des gewählten Traders vollautomatisch kopiert und die Transaktionen in Echtzeit und proportional zur Größe des Anlagebetrags umgesetzt.[124] Im Gegensatz zu Robo Advice steht beim Social Trading der Händler als Mensch im Mittelpunkt und keine programmierten Algorithmen.[125] Da dem Kunden keine passgenaue Anlageempfehlung angeboten wird, sondern er lediglich das Verhalten anderer kopiert, fällt diese Ausprägung nicht unter den hier zugrunde gelegten Begriff des Robo Advice.

b) Musterportfolios

Bei einer anderen Form des Social Trading verbriefen die Anbieter Musterportfolios in eigenen Zertifikaten. Die Anleger können diese Finanzprodukte dann erwerben und handeln.[126] *Easyfolio* offeriert dem Kunden etwa

---

122 *Brylewski/Lempka*, Social Trading: die moderne Geldanlage, in: Everling/Lempka, Finanzdienstleister der nächsten Generation, 2016, S. 135, 138.
123 *Brylewski/Lempka*, Social Trading: die moderne Geldanlage, in: Everling/Lempka, Finanzdienstleister der nächsten Generation, 2016, S. 135, 138.
124 *Brylewski/Lempka*, Social Trading: die moderne Geldanlage, in: Everling/Lempka, Finanzdienstleister der nächsten Generation, 2016, S. 135, 138.
125 *Mohr*, Vom Erfolg anderer Anleger profitieren, FAZ v. 29.8.2017, S. 23.
126 *Brylewski/Lempka*, Social Trading: die moderne Geldanlage, in: Everling/Lempka, Finanzdienstleister der nächsten Generation, 2016, S. 135, 140.

verschiedene Fonds als *Fertig-Mix*[127], die in jedes Wertpapierdepot gekauft werden können. Typischerweise setzen sich diese Fonds ihrerseits aus verschiedenen EFTs zusammen. Sie unterscheiden sich in der Aktien- und Anleihequote. Portfolios für Anleger mit höherer Risikoneigung enthalten eine höhere Aktienquote, Portfolios für Anleger mit niedrigerer Risikoneigung eine höhere Anleihequote. *Easyfolio* bietet potentiellen Kunden auf seiner Website zudem einen Test an, um den eigenen Anlegertyp zu ermitteln. Je nach Anlegertyp wird dem Kunden im Anschluss ein passender *Fertig-Mix* vorgeschlagen. Diese Dienstleistung wird in der Presse teilweise ebenfalls als Robo Advice bezeichnet.[128] Tatsächlich handelt es sich dabei jedoch um eine Form des Social Trading, da der zur Verfügung gestellte Fonds bzw. das Musterportfolio Kern der Dienstleistung ist und keine individuelle Empfehlung erteilt wird.

3. Onlineberatung

Im Zuge der Digitalisierung nimmt auch die Onlineberatung zu. Der Begriff der Onlineberatung ist nicht klar umrissen. Darunter können etwa die Informationsweitergabe in einem Chat oder auch Videokonferenzen via Webcam fallen. Beim klassischen Chat kann der Anlageinteressent über einen Link, der z.B. auf der Website einer Bank hinterlegt ist, in die Konversation mit einem Bankmitarbeiter eintreten. Dort können kleinere Fragen und Anliegen beantwortet werden.[129] Bei einer Beratung per Videokonferenz ist der Anlageinteressent während des Beratungsgesprächs über Bild und Ton mit dem Anlageberater verbunden. Tatsächlich ist die Beratung via Webcam nichts anderes als ein Telefonat mit Bild, also eine telefonische Anlageberatung. Da bei der Onlineberatung immer eine direkte Kommunikation zwischen einem menschlichen Anlageberater und dem Anlageinteressenten stattfindet, ist das Angebot nicht mit Robo Advice vergleichbar.[130]

---

127 So die Bezeichnung auf der Website von easyfolio, abrufbar unter www.easyfolio.de.
128 So etwa *Kuls*, Große Vermögensverwalter setzen auf Anlageroboter, FAZ v. 2.9.2015, S. 25; *Wolff*, Kann man dem Computer sein Geld anvertrauen?, FAZ v. 3.6.2017, S. 29.
129 *Meusel*, Vorsicht: Onlineberatung!, in: Everling/Lempka, Finanzdienstleister der nächsten Generation, 2016, S. 271, 274.
130 *Buck-Heeb*, Entwicklung und Perspektiven des Anlegerschutzes, JZ 2017, 279, 287.

B. Organisationsstruktur

Neben den Geschäftsmodellen variiert bei Robo Advice auch die Organisationsstruktur. Abgesehen von FinTechs bieten auch etablierte Geschäftsbanken ihren Kunden eine digitale Anlageberatung oder Vermögensverwaltung an.[131] Bei der Erbringung von Finanz- und Bankdienstleistungen sind aufsichtsrechtliche Vorgaben zu beachten. Betreibt ein Unternehmen gewerbsmäßig oder in einem Umfang, der einen in kaufmännischer Weise eingerichteten Geschäftsbetrieb erfordert, Bankgeschäfte, ist es ein Kreditinstitut und bedarf nach §§ 1 Abs. 1 Satz 1, 32 KWG einer Erlaubnis der BaFin, der sog. *Banklizenz*.[132] Der Betrieb eines Bankgeschäfts ohne die erforderliche Lizenz kann mit Freiheitsstrafe bis zu fünf Jahren oder mit Geldstrafe geahndet werden, § 54 KWG. Für die Depotverwaltung und den An- und Verkauf von Wertpapieren ist eine Banklizenz zwingend erforderlich: Das Depotgeschäft ist nach § 1 Abs. 1 Satz 2 Nr. 5 KWG ein Bankgeschäft, der An- und Verkauf von Wertpapieren nach § 1 Abs. 1 Satz 2 Nr. 4 KWG. Ursprünglich wurde Robo Advice von FinTechs etabliert. Grundsätzlich können auch Startups Inhaber einer Banklizenz sein. Diese ist aber an hohe Voraussetzungen gebunden. So muss das Unternehmen etwa entsprechende finanzielle Mittel und ein umfassendes Know-How nachweisen, § 33 KWG.[133] Insbesondere für Startups stellen die Anforderungen eine erhebliche Hürde dar.[134] Daher kooperieren sie häufig mit lizensierten Banken. Die Bankgeschäfte werden dann über die Vollbank abgewickelt. Solche *Kooperationsmodelle* gibt es sowohl bei Robo Advice der ersten Generation, als auch bei Robo Advice der zweiten Generation. Für klassische Banken ist eine Zusammenarbeit vorteilhaft, da sie so neue Kundengruppen erschließen. Gleichzeitig partizipieren sie an neuen, digitalen Geschäftsmodellen. Solche Kooperationen sind jedoch auch mit Risiken für die Banken verbunden: Das Kreditinstitut verliert den direkten Kontakt zum Kunden

---

131 *Möslein/Lordt*, Rechtsfragen des Robo-Advice, ZIP 2017, 793, 794.
132 Zur Erlaubnispflicht von Robo Advice siehe zweiter Teil: § 6; ausführlich zur Banklizenz: *Wenzel*, Bankgeschäftsrisiken bei Gesellschaften der Realwirtschaft, NZG 2013, 161.
133 *Niehage*, FinTechs erobern die Bankenwelt, in: Everling/Lempka, Finanzdienstleister der nächsten Generation, 2016, S. 33, 41.
134 *Scholz-Fröhling*, FinTechs und die bankaufsichtsrechtlichen Lizenzpflichten, BKR 2017, 133 139; *Kröner*, Best of Both Worlds: Banken vs. FinTech?, in: Tiberius/Rasche, FinTechs, 2016, S. 27, 30.

und wird zum reinen Abwicklungsdienstleister. Das eigentliche Bankgeschäft wird zur Hintergrundaktivität und die Bank folglich austauschbar.[135] In der Praxis kooperieren daher hauptsächlich Geldinstitute mit FinTechs, die bereits viel mit Finanzvertrieben und Vermittlern zusammenarbeiten und selbst keinen oder nur wenig direkten Kundenkontakt haben. In Deutschland ist beispielsweise die *Baader Bank* häufig depotführende Stelle für FinTechs und insbesondere auch Robo Advice.[136]

Als Reaktion auf die digitale Konkurrenz bieten viele etablierte Banken wie die *Deutsche Bank* oder die *Commerzbank* selbst Robo Advice an. Diese verfügen aufgrund ihrer gewöhnlichen Geschäftstätigkeit bereits über die notwendige Infrastruktur für das Depotgeschäft und den Erwerb von Wertpapieren. Teilweise fehlt ihnen jedoch das digitale Know-how. Einige Banken arbeiten daher im Hintergrund mit FinTechs zusammen, um die nötige Expertise zu gewinnen. Andere haben eigene Abteilungen, die Technologien rund um das Bankgeschäft entwickeln.[137] Das Innovation Lab der schweizer Großbank *UBS* soll selbst Neuerungen entwickeln, die in den kommenden Jahren für das Bankgeschäft unverzichtbar werden.[138] Die *Deutsche Bank* etablierte unter den Namen Deutsche Bank Labs eine Schnittstelle, die den Kontakt zwischen jungen Internetentwicklern und verschiedenen Geschäftsbereichen der *Deutschen Bank* herstellen soll, um neue Start-up-Ideen aus aller Welt zu sichten.[139] In dieser Konstellation ist die Bank nicht nur Abwicklungsstelle für die Geschäfte der FinTechs, sondern tritt gegenüber den Kunden selbst als Anbieter der (Robo Advice-) Dienstleistung auf.

---

135 *Freitag*, FinTech-Banken-Kooperationen – Strategien, Praxis, Erfahrungen, in: Everling/Lempka, Finanzdienstleister der nächsten Generation, 2016, S. 329, 336.
136 *Stiftung Warentest*, Robo-Advisor: Die Maschine machts, Finanztest 08/2018, 42, 47; siehe auch die Beschreibung auf der Website der Baader Bank: »Als Komplettanbieter mit Vollbanklizenz ist die Baader Bank der optimale Kooperationspartner für Vermögensverwalter, Fintechs und Kapitalsammelstellen.«, abrufbar unter www.baaderbank.de/Geschaeftsfelder/Banking-Services-285.
137 *Siedenbiedel*, Revolution im Bankenviertel, FAS v. 2.8.2015, S. 25.
138 *Siedenbiedel*, Revolution im Bankenviertel, FAS v. 2.8.2015, S. 25.
139 *Klemm*, Deutsche Bank zeigt sich innovativ, FAZ v. 3.6.2015, S. 29.

C. Chancen und Risiken von Robo Advice

I. Chancen von Robo Advice

Robo Advice bietet sowohl Anlegern, als auch Finanzintermediären, eine Vielzahl neuer Möglichkeiten und Chancen. Diese werden im Folgenden dargestellt und bewertet.

1. Reduzierung der Kosten

Robo Advice kann die Kosten für die Erbringung von Wertpapierdienstleistungen für Anbieter langfristig erheblich senken. In einem ersten Schritt entstehen zwar hohe Investitions- und Einführungskosten, um die notwendige Expertise aufzubauen und die zugrundeliegenden IT-Systeme zu entwickeln. Dem steht aber ein Einsparungspotential bei den laufenden Kosten gegenüber. Da die Beratungsleistung weitgehend durch Algorithmen erbracht wird, können im Vergleich zur herkömmlichen Anlageberatung Personalkosten in erheblichem Umfang gespart werden.[140] Deshalb sind die marginalen Kosten, also die Kosten, die bei der Beratung eines weiteren Anlegers anfallen, relativ gering.[141] Für Anbieter von Robo Advice macht es auf Kostenseite keinen Unterschied, ob sie 5.000 oder 50.000 Kunden beraten.

Vorteilhaft ist die Einführung von Robo Advice auch bei der Verwaltung und Historisierung von Daten. Die Anbieter müssen eine Vielzahl persönlicher Angaben abfragen und archivieren, beispielsweise die Kundenanga-

---

[140] Joint Committee of the European Supervisory Authorities, Joint Committee Discussion Paper on automation in financial advice v. 4.12.2015, JC 2015 080, S. 19; BaFin, Robo-Advice und Auto-Trading – Plattformen zur automatisierten Anlageberatung und automatischem Trading, Stand April 2016; *Schneider-Sickert*, LIQID: digitale Vermögensverwaltung, in: Tiberius/Rasche, FinTechs, 2016, S. 147, 152; *Sennewald*, Ginmon: Robo Advisor, in: Tiberius/Rasche, Fin-Techs, 2016, S. 111, 115; *Herring/Kunschke/Bachmann*, in: Kunschke/Schaffelhuber, FinTech, 2018, Teil II D Rn. 6; *Weiß/Koloczek*, Künstliche Intelligenz in der Finanzindustrie anhand eines realen Anwendungsbeispiels, CF 2018, 216, 217; *Maume*, Regulating Robo Advisory, April 2018, unter II D. 1, abrufbar unter https://ssrn.com/ abstract=3167137.

[141] Joint Committee of the European Supervisory Authorities, Joint Committee Discussion Paper on automation in financial advice v. 4.12.2015, JC 2015 080, S. 19.

ben im Rahmen der Kundenexploration und die Orderdaten. Bei Robo Advice werden diese Daten elektronisch erfasst und gespeichert. Bei der herkömmlichen Anlageberatung müssen diese gesondert analog, etwa durch Schriftstücke, erhoben und archiviert werden.[142] Der Bundesverband deutscher Banken erwartet, dass die Einsparungen der digitalen Anlageberatung und Vermögensverwaltung die Einführungskosten mittelfristig überwiegen werden.[143] Der Robo Advisor kann diese geringen Kosten an die Kunden weitergeben und seine Dienstleistung preiswerter anbieten als herkömmliche Berater.[144] Da bei Robo Advice typischerweise ETFs vertrieben werden, können die Kunden zudem bei den Produktkosten sparen.[145] ETFs sind bei den anfänglichen und laufenden Verwaltungskosten deutlich günstiger als klassische Investmentfonds.[146] Die traditionellen Banken empfehlen ihren Kunden zumeist teure Eigenprodukte oder Produkte von Kooperationspartnern, bei denen sie auch an der Verwaltungsgebühr verdienen. Indexfonds, die deutlich günstiger sind, werden hingegen nicht oder nur auf Nachfrage angeboten.[147]

2. Keine Mindestanlagesumme für die Vermögensverwaltung

Aufgrund der hohen Mindestanlagesummen ist die herkömmliche Vermögensverwaltung für den überwiegenden Teil der Anleger keine Option. Diese wird in Deutschland von Sparkassen, Privat- und Genossenschaftsbanken, aber auch von unabhängigen Vermögensverwaltern angeboten, die

---

142 *Bankenverband*, Positionspapier zu Robo-Advice v. 10.3.2017, S. 5.
143 *Bankenverband*, Positionspapier zu Robo-Advice v. 10.3.2017, S. 5.
144 Joint Committee of the European Supervisory Authorities, Joint Committee Discussion Paper on automation in financial advice v. 4.12.2015, JC 2015 080, S. 16; *Baumanns*, FinTechs als Anlageberater? Die aufsichtsrechtliche Einordnung von Robo-Advisory, BKR 2016, 366, 367; *Bankenverband*, Positionspapier zu Robo-Advice v. 10.3.2017, S. 3; *Bloch/Vins*, Robo Advice, in: Everling/Lempka, Finanzdienstleister der nächsten Generation, 2016, S. 171, 177.
145 *Dorfleitner/Hornuf*, FinTech – Markt in Deutschland, Abschlussbericht im Auftrag des BMF v. 17.10. 2016, S. 41, abrufbar unter www.bundesfinanzministerium.de/Content/DE/Standardartikel/Themen/Internationales_Finanzmarkt/2016-11-21-Gutachten-Langfassung.pdf?__blob= publicationFile&v=3; *Bankenverband*, Positionspapier zu Robo-Advice v. 10.3.2017, S. 5.
146 *Harrer*, Exchange Traded Funds (ETFs), 2016, S. 84 f.; *Bioy/Garcia-Zarate*, Every Little Helps: Comparing the Costs of Investing in ETPs versus Index Funds, Morningstar ETF Research, 2013, S. 7.
147 *De la Motte*, Defizite bei der Anlageberatung, Handelsblatt v. 4.1.2018, S. 32.

nicht gleichzeitig Bankgeschäfte betreiben.[148] In der Praxis wird eine individuelle und maßgeschneiderte Finanzportfolioverwaltung erst ab einer Größenordnung von 100.000 bis 5 Millionen Euro angeboten. Das ist darauf zurückzuführen, dass bei einer individuellen Vermögensbetreuung erhebliche Kosten anfallen.[149] Ein Robo Advisor der zweiten Generation kann wegen der geringen laufenden Kosten die digitale Vermögensverwaltung auch ohne Mindestanlagebetrag kostendeckend anbieten.[150] Bei einigen Anbietern beträgt die Mindestanlagesumme daher 0 Euro.[151] Dadurch werden auch Anleger mit niedrigem und mittlerem Vermögen angesprochen.[152] So erhält ein breites Spektrum von Verbrauchern, die von den klassischen Vermögensverwaltern nicht bedient werden, Zugang zu dieser Wertpapierdienstleistung.[153]

3. Vereinfachter Zugriff auf Wertpapierdienstleistungen

Robo Advice ist über das Internet oder per App abrufbar. Dadurch können grundsätzlich unbeschränkt viele Kunden auf die Beratungsdienstleistun-

---

148 *Schäfer*, in: Assmann/Schütze, Handbuch des Kapitalanlagerechts, 4. Aufl. 2015, § 23 Rn. 2.
149 *Möslein*, in: Langenbucher/Bliesener/Spindler, Bankrechts-Kommentar, 2. Aufl. 2016, Kap. 34 Rn. 3; *Schäfer*, in: Assmann/Schütze, Handbuch des Kapitalanlagerechts, 4. Aufl. 2015, § 23 Rn. 3.
150 Die Mindestanlage beträgt etwa bei Investify 5.000 Euro; bei Scalable Capital 10.000 Euro.
151 *Dorfleitner/Hornuf*, FinTech – Markt in Deutschland, Abschlussbericht im Auftrag des BMF v. 17.10. 2016, S. 41, abrufbar unter www.bundesfinanzministerium.de/Content/DE/Standardartikel/Themen/Internationales_Finanzmarkt/2016-11-21-Gutachten-Langfassung.pdf?__blob= publicationFile&v=3.
152 *Dorfleitner/Hornuf*, FinTech – Markt in Deutschland, Abschlussbericht im Auftrag des BMF v. 17.10. 2016, S. 41, abrufbar unter www.bundesfinanzministerium.de/Content/DE/ Standardartikel/Themen/Internationales_Finanzmarkt/2016-11-21-Gutachten-Langfassung.pdf? __blob=publicationFile&v=3; Joint Committee of the European Supervisory Authorities, Joint Committee Discussion Paper on automation in financial advice v. 4.12.2015, JC 2015 080, S. 19.
153 Joint Committee of the European Supervisory Authorities, Joint Committee Discussion Paper on automation in financial advice v. 4.12.2015, JC 2015 080, S. 16; BaFin, Robo-Advice und Auto-Trading – Plattformen zur automatisierten Anlageberatung und automatischem Trading, Stand April 2016.

gen zugreifen. Das Angebot richtet sich dabei oft an wenig erfahrene Anleger.[154] Die neuen digitalen Geschäftsmodelle fokussieren sich konsequent auf die Bedürfnisse der Kunden und wollen für diesen ein neuartiges digitales Nutzererlebnis bei Finanz- und Anlageangeboten schaffen.[155] Wesentliche Elemente sind daher eine benutzerfreundliche Handhabung und der Zugang zu einfach und verständlich aufbereiteten Informationen über komplexe Produkte und Prozesse.[156] So werden auch Kunden angesprochen, die normalerweise keinen menschlichen Anlageberater aufsuchen würden, da sie der Meinung sind, nicht über genug Geld zu verfügen oder fürchten, im Gespräch zu unvorteilhaften Anlageentscheidungen gedrängt zu werden.[157] Bei dieser Gruppe dürfte die Hemmschwelle niedriger sein, sich online über Anlagemöglichkeiten zu informieren.[158] Das ist auch für die Anbieter von Robo Advice von Vorteil, da sie so ein neues Klientel erschließen. Privatkunden der jüngeren Generation möchten sich oftmals online über Finanzprodukte informieren und entsprechende Produkte auch online erwerben. In einer aktuellen Studie gaben 60 Prozent der jungen Arbeitnehmer an, keine persönliche Beratung in der Bankfiliale in Anspruch nehmen zu wollen, sondern sich lieber selbstständig im Internet zu informieren.[159] Digitale Angebote sprechen insbesondere die junge, online-affine Generation an.[160] Ein

---

154 *Bloch/Vins*, Robo Advice, in: Everling/Lempka, Finanzdienstleister der nächsten Generation, 2016, S. 171, 176.
155 *Bloch/Vins*, Robo Advice, in: Everling/Lempka, Finanzdienstleister der nächsten Generation, 2016, S. 171, 176.
156 *Dorfleitner/Hornuf*, FinTech – Markt in Deutschland, Abschlussbericht im Auftrag des BMF v. 17.10. 2016, S. 41, abrufbar unter www.bundesfinanzministerium.de/Content/DE/Standardartikel/Themen/Internationales_Finanzmarkt/2016-11-21-Gutachten-Langfassung.pdf?__blob= publicationFile&v=3; *Bankenverband*, Positionspapier zu Robo-Advice v. 10.3.2017, S. 3; *Bloch/Vins*, Robo Advice, in: Everling/Lempka, Finanzdienstleister der nächsten Generation, 2016, S. 171, 176.
157 Joint Committee of the European Supervisory Authorities, Joint Committee Discussion Paper on automation in financial advice v. 4.12.2015, JC 2015 080, S. 16, 17.
158 BaFin, Robo-Advice und Auto-Trading – Plattformen zur automatisierten Anlageberatung und automatischem Trading, Stand April 2016; *Bankenverband*, Positionspapier zu Robo-Advice v. 10.3.2017, S. 3; *Schneider-Sickert*, LIQID: digitale Vermögensverwaltung, in: Tiberius/Rasche, FinTechs, 2016, S. 147, 149.
159 *Reiter/Frère/Zureck/Bensch*, Finanzberatung – Eine empirische Analyse bei Young Professionals, 5. Aufl. 2016, S. 21.
160 Joint Committee of the European Supervisory Authorities, Joint Committee Discussion Paper on automation in financial advice v. 4.12.2015, JC 2015 080, S. 16; *Bankenverband*, Positionspapier zu Robo-Advice v. 10.3.2017, S. 5.

weiterer Aspekt ist, dass Robo Advice, im Gegensatz zur herkömmlichen Anlageberatung, unabhängig von den Öffnungszeiten klassischer Banken abrufbar ist. Diese ständige Verfügbarkeit erleichtert es den Kunden, Wertpapiergeschäfte in den Arbeitsalltag zu integrieren.[161]

4. Hohe Transparenz

Die meisten Robo Advisor bieten eine hohe Transparenz im Hinblick auf den Beratungsprozess, die Geldanlage, aber auch die mit der Geldanlage verbundenen Kosten.[162] Da Robo Advice komplett online und ohne mündliche Konversation erfolgt, kann der Beratungsprozess sauber und vollständig dokumentiert werden. Die Anbieter können beispielsweise dem Verbraucher alle Phasen des Beratungsprozesses als Historie zur Verfügung stellen.[163] Die Anleger können über Onlineportale jederzeit die Wertentwicklung ihres Depots verfolgen. Darüber hinaus können sie anhand entsprechender Prognoserechnungen nachvollziehen, ob sie die gesteckten Anlageziele erreichen können. Bei unerwarteten Entwicklungen können sie so frühzeitig reagieren.[164] Schließlich besteht bei Robo Advice eine hohe Kostentransparenz, da sich in der Praxis eine Pauschalgebühr für sämtliche Leistungen, sog. *All-in-fee*, durchgesetzt hat.[165] Kunden können die Dienstleistung verschiedener Anbieter außerdem leicht miteinander vergleichen, da sämtliche Angebote über das Internet abrufbar sind.[166] Bei der klassischen Anlageberatung werden nur wenige Kunden das Beratungsgespräch mit mehreren verschiedenen Banken suchen. Diese erleichterte Vergleichbarkeit erhöht den Wettbewerb zugunsten der Kunden.

---

161 Joint Committee of the European Supervisory Authorities, Joint Committee Discussion Paper on automation in financial advice v. 4.12.2015, JC 2015 080, S. 17; *Bankenverband*, Positionspapier zu Robo-Advice v. 10.3.2017, S. 3.
162 *Herring/Kunschke/Bachmann*, in: Kunschke/Schaffelhuber, FinTech, 2018, Teil II D Rn. 6.
163 Joint Committee of the European Supervisory Authorities, Joint Committee Discussion Paper on automation in financial advice v. 4.12.2015, JC 2015 080, S. 17; BaFin, Robo-Advice und Auto-Trading – Plattformen zur automatisierten Anlageberatung und automatischem Trading, Stand April 2016.
164 *Bloch/Vins*, Robo Advice, in: Everling/Lempka, Finanzdienstleister der nächsten Generation, 2016, S. 171, 179.
165 Zur Vergütung bei Robo Advice siehe erster Teil: § 2 A. I. 4. bzw. § 2 A. II. 4.
166 Joint Committee of the European Supervisory Authorities, Joint Committee Discussion Paper on automation in financial advice v. 4.12.2015, JC 2015 080, S. 16; *Bankenverband*, Positionspapier zu Robo-Advice v. 10.3.2017, S. 3.

5. Bessere Beratungsqualität

a) Rationalere Anlageentscheidung und Vermeidung von Beratungsfehlern

Robo Advice bietet eine emotionsfreie und regelbasierte Geldanlage.[167] Bei herkömmlichen Wertpapierdienstleistungen werden die meisten Entscheidungen im Gespräch mit dem Anlageberater bzw. Vermögensverwalter getroffen und daher auch von persönlichen Beziehungen und Emotionen beeinflusst. Nach den Erkenntnissen der *Behavioral Finance* Forschung handelt der Anleger bei der Geldanlage häufig irrational.[168] Durch die Nutzung automatisierter Prozesse kann irrationales Anlegerverhalten vermieden oder zumindest reduziert werden.[169] Da Robo Advice auf einem Algorithmus basiert, wird die Dienstleistung ohne Eingriffe menschlicher Berater erbracht. Naturgemäß schließt das subjektive Fehler einzelner Berater aus.[170]

b) Überprüfbarkeit des Einflusses von Provisionen

Die herkömmlichen Anlageberater arbeiten meist auf Provisionsbasis.[171] Daher bestehen regelmäßig Interessenkonflikte. Um persönliche oder unternehmensinterne Zielvorgaben zu erfüllen, könnte der Berater das Produkt mit der höchsten Provision und nicht das für den Kunden beste Produkt empfehlen. Das setzt nicht unbedingt vorsätzliches Verhalten voraus, der

---

167 *Herring/Kunschke/Bachmann*, in: Kunschke/Schaffelhuber, FinTech, 2018, Teil II D Rn. 6.
168 *Möllers/Kernchen*, Information Overload am Kapitalmarkt, ZGR 2011, 1, 7 f.; *Möllers/Hailer*, Management- und Vertriebsvergütungen bei Alternativen Investmentfonds – Überlegungen zur Umsetzung der Vergütungsvorgaben der AIFM-RL in das deutsche Recht, ZBB 2012, 179, 186; *Buck-Heeb*, Entwicklungen und Perspektiven des Anlegerschutzes, JZ 2017, 279, 286.
169 *Wedlich*, Wie wirken sich Verhaltensanomalien von Anlegern auf Robo-Advisory aus?, CF 2018, 225; BaFin, Robo-Advice und Auto-Trading – Plattformen zur automatisierten Anlageberatung und automatischem Trading, Stand April 2016.
170 *Bankenverband*, Positionspapier zu Robo-Advice v. 10.3.2017, S. 3; *Maume*, Regulating Robo Advisory, April 2018, unter II D. 1, abrufbar unter https://ssrn.com/ abstract=3167137.
171 *Emmerich*, in: MünchKomm-BGB, 7. Aufl. 2016, § 311 Rn. 131.

Berater kann sich auch unbewusst für eine bestimmte Empfehlung entscheiden.[172] Der Faktor Mensch ist bei automatisierter Beratung nicht relevant. Interessenkonflikte in der Person des Anlageberaters spielen daher keine Rolle bei der Anlageempfehlung.[173] Der Einfluss von Provisionen auf die Beratung ist bei Robo Advice leicht überprüfbar. Die Anlageempfehlung folgt einem ex ante festgelegten Entscheidungsbaum.[174] Ein gut gestalteter Algorithmus kann folglich ein einheitliches Qualitätsniveau sichern.[175] Dieser sollte unternehmensintern durch Risikomanagement oder Compliance-Fachleute kontrolliert werden. Zudem können Aufsichtsbehörden oder Gerichte den Algorithmus überprüfen. Dadurch wird ein höheres Schutzniveau für Anleger erreicht.

c) Berücksichtigung wissenschaftlicher Erkenntnisse und komplexer Finanzmodelle

Viele Robo Advisor werben damit, dass ihre Empfehlung auf wissenschaftlichen Erkenntnissen der Portfoliotheorie beruht. Die Anlagestrategien der Robo Advisor unterscheiden sich meist nur im Detail. Fast alle verfolgen Portfolioansätze, bei denen eine breite Diversifikation der Anlagen über verschiedene Anlageklassen, Industriesektoren oder Länder im Mittelpunkt steht. Entsprechend der wissenschaftlichen Erkenntnisse der *Modernen Portfoliotheorie* nach *Markowitz* wird ein optimales Rendite-Risiko-Verhältnis für die Kunden angestrebt.[176] Zahlreiche Studien belegen zudem, dass aktiv gemanagte Fonds nur selten besser als der Marktindex abschneiden. Passiv gemanagte Fonds sind somit aufgrund der geringeren Kosten

---

172 Analog für Interessenkonflikte bei Ratings: *Dreher/Ballmaier*, Die Nutzung externer Ratings durch Versicherungsunternehmen, WM 2015, 1357, 1368.
173 Öko-Test, Computergestützte Geldanlage – Viel heiße Luft, 6/2016, 131, 132; *Maume*, Regulating Robo Advisory, April 2018, unter II D. 1, abrufbar unter https://ssrn.com/ abstract=3167137.
174 Joint Committee of the European Supervisory Authorities, Joint Committee Discussion Paper on automation in financial advice v. 4.12.2015, JC 2015 080, S. 19.
175 Joint Committee of the European Supervisory Authorities, Joint Committee Discussion Paper on automation in financial advice v. 4.12.2015, JC 2015 080, S. 17.
176 *Bloch/Vins*, Robo Advice, in: Everling/Lempka, Finanzdienstleister der nächsten Generation, 2016, S. 171, 179.

meist vorzuziehen.[177] Daher setzen die meisten Robo Advisor auf passiv gemanagte Investmentfonds wie ETFs. Beim Robo Advisor der zweiten Generation wird das Kapital der Anleger entsprechend der Marktbedingungen flexibel umgeschichtet. Teilweise kommen komplexe Finanzmodelle zum Einsatz.[178] Der Anbieter *Scalable Capital* arbeitet beispielsweise mit einem *Value-at-Risk-Modell*, um das maximale Verlustrisiko vorherzusagen.[179] Der Robo Advisor *Whitebox* setzt auf eine Variante dieses Ansatzes, die zudem den Höchstverlust für den Fall eines Börsencrashs vorhersagen soll, das sog. *Conditional Value-at-Risk-Modell*.[180]

6. Berücksichtigung aktueller Entwicklungen

Der Anbieter kann unverzüglich auf neue Marktentwicklungen und geänderte rechtliche Rahmenbedingen reagieren, da die hinter Robo Advice stehenden Algorithmen schnell umprogrammiert und angepasst werden können. Die fachliche Fortbildung menschlicher Berater dauert länger und ist mit höheren Kosten verbunden.[181] Deshalb können auch neue Dienstleistungsangebote, etwa der Vertrieb neuer Produkte, bei Robo Advice schneller entwickelt und implementiert werden.[182] Weiterhin können automatisierte Tools größere und komplexere Datenvolumina schneller erfassen und analysieren als menschliche Berater. Für den Kunden hat das den Vorteil, dass ein größeres Spektrum an Finanzprodukten geprüft werden kann.[183]

---

177 *Harrer*, Exchange Traded Funds (ETFs), 2016, S. 84 f.; *Bioy/Garcia-Zarate*, Every Little Helps: Comparing the Costs of Investing in ETPs versus Index Funds, Morningstar ETF Research, 2013, S. 7.
178 *Alvares de Souza Soares/Böschen*, Digitale Vermögensverwalter, Manager Magazin 3/2016, 100, 102.
179 *Stiftung Warentest*, Robo-Advisor: Die Maschine machts, Finanztest 08/2018, 42, 43.
180 *Alvares de Souza Soares/Böschen*, Digitale Vermögensverwalter, Manager Magazin 3/2016, 100, 103.
181 BaFin, Robo-Advice und Auto-Trading – Plattformen zur automatisierten Anlageberatung und automatischem Trading, Stand April 2016; *Feger*, Herausforderungen des Robo-Advice aus Sicht der Compliance-Funktion nach WpHG, CB 2017, 359.
182 *Bankenverband*, Positionspapier zu Robo-Advice v. 10.3.2017, S. 5.
183 Joint Committee of the European Supervisory Authorities, Joint Committee Discussion Paper on automation in financial advice v. 4.12.2015, JC 2015 080, S. 17; BaFin, Robo-Advice und Auto-Trading – Plattformen zur automatisierten Anlageberatung und automatischem Trading, Stand April 2016.

II. Risiken von Robo Advice

1. Datenschutz

Neben vielen Vorteilen ist Robo Advice auch mit Risiken für Anbieter und Kunden verbunden. Im Wertpapiergeschäft werden viele und sensible Kundendaten abgefragt. Bei der automatisierten Anlageberatung werden diese vom Anbieter verarbeitet und gespeichert. Das ist notwendig, um eine fundierte Anlageempfehlung geben zu können. Zudem ist die Abfrage gewisser Kundendaten bei der Anlageberatung gesetzlich vorgeschrieben. Für Verbraucher besteht die Gefahr, dass der Anbieter die Daten auch für andere Zwecke verwendet oder an Dritte weitergibt.[184] Die Einhaltung von Datenschutzbestimmungen ist daher im Kundeninteresse notwendig. Insbesondere vor dem Hintergrund der mit der europäischen Datenschutz-Grundverordnung[185] zusammenhängenden Neuerungen besteht für die Anbieter die Gefahr, gegen Datenschutzbestimmungen zu verstoßen, was zu hohen Bußgeldern, Schadensersatzansprüchen und in Ausnahmefällen sogar zu Haftstrafen führen kann.

2. Kein Ratgeber bei Verständnisproblemen

Aus fehlerhaften Kundeninformationen resultiert in der Regel eine ungeeignete Anlageempfehlung. Robo Advice bietet den Kunden eine vollständig automatisierte Anlageempfehlung bzw. Vermögensverwaltung. Diese basiert auf einem Algorithmus, der nach einer eindeutigen Regel Anlegerangaben zur Ermittlung der optimalen Geldanlage im Einzelfall verarbeitet. Daraus folgt, dass das Arbeitsergebnis des Robo Advisors maßgeblich von den zugrunde gelegten Daten abhängt. Im webbasierten Fragenkatalog muss der Kunde umfangreiche und inhaltlich zum Teil sensible Fragen zu seinem Einkommen oder finanziellen Verpflichtungen beantworten. Die

---

[184] BaFin, Robo-Advice und Auto-Trading – Plattformen zur automatisierten Anlageberatung und automatischem Trading, Stand April 2016; *Baker/Dellaert*, Regulating Robo Advice Across the Financial Services Industry, 103 Iowa L. Rev. 713, 715 (2018).

[185] Verordnung (EU) 2016/679 des Europäischen Parlaments und des Rates vom 27. April 2016 zum Schutz natürlicher Personen bei der Verarbeitung personenbezogener Daten, zum freien Datenverkehr und zur Aufhebung der Richtlinie 95/46/EG, ABl. Nr. L 119 v. 4.5.2016, S. 1–88 (Datenschutz-Grundverordnung).

Empfehlung wird anschließend automatisch generiert, ohne dass ein Mensch die Angaben auf Schlüssigkeit prüft. Im Gegensatz zur herkömmlichen Anlageberatung steht bei Verständnisproblemen üblicherweise kein Ansprechpartner zur Verfügung, der Unklarheiten erläutern oder Fehlvorstellungen des Anlegers korrigieren kann.[186] Es besteht beispielsweise die Gefahr, dass der potentielle Anleger nicht versteht, welche Informationen bereitzustellen sind. So könnte er etwa Netto- und Bruttoeinkommen verwechseln.[187] Daher müssen die Fragen für den Anleger weitgehend selbsterklärend sein.[188] Außerdem ist es möglich, dass der Anleger wesentliche Informationen wie Disclaimer oder Vertragsbedingungen nicht oder nicht sorgfältig liest, wenn ihm die Bedingungen nicht in einem persönlichen Gespräch erläutert werden.[189] Beruht die Anlageempfehlung auf unvollständigen oder unzutreffenden Anlegerinformationen, hat das erhebliche Auswirkungen auf die Qualität der Dienstleistung. Um diese Risiken zu minimieren, sind bei Robo Advice die Besonderheiten der digitalen und automatisierten Dienstleistungserbringung angemessen zu berücksichtigen. So ist eine umfassende Aufklärung im Rahmen der Kundenexploration zwingend notwendig, um die Beratungsqualität zu sichern.[190] Schließlich besteht die Gefahr, dass der potentielle Anleger nicht versteht, wie seine persönlichen Angaben vom zugrundeliegenden Algorithmus verarbeitet werden. Ohne Kenntnis der dem Beratungstool zugrundeliegenden Annahmen, Methoden und Beschränkungen ist es möglich, dass der Anleger die Empfehlung falsch interpretiert.[191]

---

186 *Maume*, Regulating Robo Advisory, April 2018, unter II D. 2, abrufbar unter https://ssrn.com/ abstract=3167137.
187 Joint Committee of the European Supervisory Authorities, Joint Committee Discussion Paper on automation in financial advice v. 4.12.2015, JC 2015 080, S. 22.
188 *Geyer*, Evolution in der Fonds-Vermögensverwaltung, in: Everling/Lempka, Finanzdienstleister der nächsten Generation, 2016, S. 389, 402; Joint Committee of the European Supervisory Authorities, Joint Committee Discussion Paper on automation in financial advice v. 4.12.2015, JC 2015 080, S. 21.
189 Joint Committee of the European Supervisory Authorities, Joint Committee Discussion Paper on automation in financial advice v. 4.12.2015, JC 2015 080, S. 22.
190 Dazu ausführlich dritterTeil: § 7 G.
191 Joint Committee of the European Supervisory Authorities, Joint Committee Discussion Paper on automation in financial advice v. 4.12.2015, JC 2015 080, S. 22.

3. Gefahr fehlerhafter Algorithmen

Der zugrundeliegende Algorithmus ist entscheidend für die Qualität von Robo Advice. Es besteht die besondere Gefahr, dass Algorithmen fehlerhaft programmiert sind und unzutreffende Marktannahmen zugrunde legen oder die abgefragten Anlegerinformationen nicht oder nur teilweise bei der Empfehlung berücksichtigen. Selbst eine umfangreiche und ordnungsgemäße Exploration ist daher keine Garantie für eine geeignete Anlagestrategie bzw. eine geeignete Anlageempfehlung. Ebenso entscheidend ist ein ordnungsgemäß programmierter Algorithmus. Ungeeignete Beratungsergebnisse können auch daraus resultieren, dass der Algorithmus nicht regelmäßig an geänderte rechtliche oder tatsächliche Rahmenbedingungen angepasst wird.[192] Besonders problematisch erscheint, dass ein Programmierungsfehler aufgrund der großen Reichweite der Onlineangebote und dem hohen Grad der Standardisierung immer eine Vielzahl von Anlegern betrifft.[193]

4. Unklare rechtliche Rahmenbedingungen

Der geltende Rechtsrahmen ist für die herkömmliche, analoge Anlageberatung konzipiert. Spezielle Vorschriften für Robo Advice gibt es bislang nicht. Zudem gibt es noch keine Rechtsprechung zu Robo Advice. Anbieter digitaler Angebote müssen sich daher am allgemeinen Rechtsrahmen orientieren, obwohl dieser nicht für ihre Dienstleistung konzipiert ist. Unklarheit besteht insbesondere, wie die verschiedenen Tätigkeiten und Beratungsdienstleistungen rechtlich zu qualifizieren sind und welche Verhaltenspflichten sich daraus ergeben. Hier soll diese Arbeit im Folgenden Abhilfe schaffen, indem die aufsichtsrechtlichen Pflichten für Robo Advice unter Berücksichtigung der Besonderheiten der digitalen Dienstleistungserbringung aufgezeigt werden.

---

192 BaFin, Robo-Advice und Auto-Trading – Plattformen zur automatisierten Anlageberatung und automatischem Trading, Stand April 2016.
193 *Maume*, Regulating Robo Advisory, April 2018, unter II D 2., abrufbar unter https://ssrn.com/ abstract=3167137.

D. Ergebnis zu § 2

1. Unter dem Begriff Robo Advice werden alle technischen Systeme zusammengefasst, mit denen Anleger Kapital investieren oder ihr Vermögen verwalten lassen können. Entscheidendes Merkmal ist, dass der Kontakt zwischen Kunde und Anbieter ausschließlich digital erfolgt und die Anlagestrategie oder Empfehlung durch computerbasierte Algorithmen oder Entscheidungsbäume generiert wird.
2. Das Spektrum der Robo-Advice-Angebote lässt sich in zwei Grundmodelle einteilen: Bei Robo Advice der ersten Generation wird dem Anleger einmalig eine Anlageempfehlung erteilt. Robo Advice der zweiten Generation bietet dem Anleger eine eigenständige und fortlaufende Verwaltung des Kundenvermögens anhand einer Anlagestrategie, die permanent an aktuelle Marktentwicklungen angepasst wird.
3. Die intelligente Produktsuche und Social Trading fallen nach dem hier zugrunde gelegten Begriffsverständnis nicht unter Robo Advice, da keine Empfehlung ausgesprochen wird. Bei der Onlineberatung werden herkömmliche Wertpapierdienstleistungen über digitale Kommunikationskanäle erbracht.
4. Unabhängig vom Geschäftsmodell lässt sich Robo Advice in drei Schritte unterteilen: (1) Erfassung und Analyse der Anlegerinformationen, (2) Erteilung der Anlageempfehlung bzw. Zuordnung zu einer Anlagestrategie und (3) Umsetzung.
5. Robo Advice wird entweder von einer Universalbank als ergänzendes Angebot oder von FinTechs angeboten. Da die Depotverwaltung und der An- und Verkauf von Wertpapieren einer Banklizenz bedürfen, kooperieren viele Robo Advisor bei der Abwicklung der Geschäfte mit herkömmlichen Banken.
6. Robo Advisor der ersten und zweiten Generation erheben in der Regel eine All-in-fee als pauschales Entgelt für sämtliche Dienstleistungen. Diese wird von der depotführenden Bank eingezogen und gegebenenfalls im Innenverhältnis an das FinTech weitergeleitet.
7. Die digitale Anlageberatung und Vermögensverwaltung hat sowohl für den Kunden, als auch für den Anbietern viele Vorteile. Das Angebot bietet einer Vielzahl potentieller Privatanleger Zugang zum Kapitalmarkt zu geringen Kosten und kann ein einheitliches Qualitätsniveau bei Finanzdienstleistungen sicherstellen.

8. Dem steht das Risiko gegenüber, dass potentielle Anleger die Empfehlung oder wesentliche Informationen ohne die Erläuterung durch menschliche Berater falsch verstehen. Weitere Gefahren bestehen aufgrund fehlender Rechtssicherheit.

§ 3 Rechtsgrundlagen des Robo Advice

Das Kapitalanlagerecht ist kein eigenes Rechtsgebiet.[194] Insbesondere gibt es kein eigenständiges Kapitalmarktgesetz.[195] Rechtsquellen sind neben den unmittelbar geltenden europäischen Verordnungen verschiedene nationale Gesetze wie das WpHG, das KWG oder das KAGB, die überwiegend auf europäischen Richtlinien beruhen. Das Kapitalmarktrecht ist janusköpfig. Die Rechtsbeziehungen zwischen den Kapitalmarktteilnehmern, insbesondere zwischen Kreditinstituten und Anlegern, sind zivilrechtlicher Natur. Die allgemeinen zivilrechtlichen Regelungen werden von zahlreichen kapitalmarkt- und wertpapierhandelsrechtlichen Sonderbedingungen flankiert, die öffentliches Aufsichtsrecht sind.[196] Zudem bestehen öffentlich-rechtliche Pflichten, die bei der Erbringung von Wertpapierdienstleistungen zu beachten sind. Letztere sind Gegenstand dieser Arbeit.

A. Keine speziellen gesetzlichen Regelungen für Robo Advice

Seit langem gilt der Grundsatz *neue Technik bringt neues Recht*.[197] Dies gilt für Robo Advice bislang nicht. Einzig die unmittelbar geltende DelVO MiFID II (EU) 2017/565[198] trifft in Art. 54 Abs. 1 Unterabs. 1 eine Regelung für die Geeignetheitsprüfung bei Robo Advice: Auch bei Einsatz eines voll- oder halbautomatischen Systems liegt die vollständige Verantwortung für die Durchführung der Eignungsbeurteilung bei der Wertpapierfirma und beschränkt sich nicht auf den Einsatz des

---

194 *Assmann*, in: Assmann/Schütze Handbuch des Kapitalanlagerechts, 4. Aufl. 2015, § 1 Rn. 1.
195 *Buck-Heeb*, Kapitalmarktrecht, 9. Aufl. 2017, Rn. 22.
196 *Spindler*, in: Langenbucher/Bliesener/Spindler, Bankrechts-Kommentar, 2. Aufl. 2016, Kap. 33 Rn. 8; *Hirte/Heinrich*, in: KK-WpHG, 2. Aufl. 2014, Einl. Rn. 6; *Buck-Heeb*, Kapitalmarktrecht, 9. Aufl. 2017, Rn. 22.
197 So bereits *Ehmann*, Informationsschutz und Informationsverkehr im Zivilrecht, AcP 188 (1988), 230, 259.
198 Delegierte Verordnung (EU) 2017/565 der Kommission v. 25.4.2016 zur Ergänzung der Richtlinie 2014/65/EU des Europäischen Parlaments und des Rates in Bezug auf die organisatorischen Anforderungen an Wertpapierfirmen und die Bedingungen für die Ausübung ihrer Tätigkeit sowie in Bezug auf die Definition bestimmter Begriffe für die Zwecke der genannten Richtlinie, ABl. Nr. L 87 v. 31.3.2017, S. 1–83 (DelVO MiFID II (EU) 2017/565).

Algorithmus. Diese Norm begründet jedoch keine besonderen Pflichten für Robo Advice, sondern hat lediglich klarstellenden Charakter.[199]

Im Gegensatz zum Gesetzgeber befassen sich die Aufsichtsbehörden vertieft mit der digitalen Anlageberatung und Vermögensverwaltung. Bei der BaFin nahm Ende 2015 eine interne Projektgruppe zum Thema FinTech ihre Arbeit auf.[200] Ende Juni 2016 richtete die BaFin die Konferenz *BaFinTech 2016* aus. Ein Workshop war dem Thema Robo Advice gewidmet. Zudem veröffentlichte die BaFin auf ihrer Website Beiträge zu den Themen »Automatisierte Finanzportfolioverwaltung«[201] und »Robo-Advice und Auto Trading – Plattformen zur automatisierten Anlageberatung und automatischem Trading«[202]. Diese stellen die verschiedenen Geschäftsmodelle kurz dar, ordnen sie aufsichtsrechtlich ein und erläutern mögliche gesetzliche Pflichten. Die Ausführungen bleiben jedoch sehr oberflächlich. Die Beiträge schließen mit häufig gestellten Fragen. Auf deutscher Ebene fand am 22. März 2017 die erste Sitzung des *FinTech Rates* statt. Dieser setzt sich aus Vertretern von FinTechs, Banken und Versicherungen sowie Wissenschaftlern zusammen. Er soll das Bundesfinanzministerium in Fragen der digitalen Finanztechnologie beraten und dazu beitragen, die Rahmenbedingungen für diesen Sektor weiter zu verbessern.[203] Konkrete Ergebnisse wurden vom FinTechRat bislang nicht formuliert.

Auf europäischer Ebene veröffentlichten die drei europäischen Aufsichtsbehörden ESMA (European Securities and Markets Authority), EBA (European Banking Authority) und EIOPA (European Insurance and Occupational Pensions Authority) Ende 2015 ein gemeinsames Diskussionspapier zur automatisierten Finanzberatung.[204] Im Abschlussbericht zum Diskussionspapier[205] stellten die Aufsichtsbehörden zwar keinen unmittelbaren Handlungsbedarf fest, sehr wohl aber die Notwendigkeit, die Entwicklung

---

199 So Erwägungsgrund 86 Del VO MiFID II (EU) 2017/565.
200 *Danker*, FinTechs: Junge IT-Unternehmen auf dem Finanzmarkt, BaFin Journal 1/2016, 16.
201 BaFin, Automatisierte Finanzportfolioverwaltung, Stand April 2016.
202 BaFin, Robo-Advice und Auto-Trading – Plattformen zur automatisierten Anlageberatung und automatischem Trading, Stand April 2016.
203 Pressemitteilung des Bundesfinanzministeriums v. 22.3.2017, abrufbar unter www.bundesfinanzministerium.de/Content/DE/Pressemitteilungen/Finanzpolitik/2017/03/2017-03-22-pm-fintech.html.
204 Joint Committee of the European Supervisory Authorities, Joint Committee Discussion Paper on automation in financial advice v. 4.12.2015, JC 2015 080.
205 Joint Committee of the European Supervisory Authorities, Report on automation in financial advice v. 16.12.2016.

aufmerksam weiterzuverfolgen.²⁰⁶ Die Leitlinien der europäischen Wertpapier- und Marktaufsichtsbehörde ESMA zur Geeignetheitsprüfung enthalten dennoch neue und teilweise detaillierte Anforderungen im Falle des Einsatzes von automatisierten Robo-Advice-Systemen.²⁰⁷ Diese Vorgaben sollen sicherstellen, dass der Pflichtenumfang bei Robo Advice nicht hinter dem Pflichtenumfang der klassischen Anlageberatung zurückbleibt.

Die verschiedenen Aktivitäten auf deutscher und europäischer Ebene zeigen, dass sich die Aufsichtsbehörden und der Gesetzgeber den rechtlichen Herausforderungen, die durch neue digitale Geschäftsmodelle entstehen, durchaus bewusst sind. Aus Sicht des Gesetzgebers ergab sich bislang jedoch nicht die Notwendigkeit, besondere gesetzliche Rahmenbedingungen zu schaffen.

B. Geltung der allgemeinen Regelungen

Mangels spezieller Regelungen gelten für Robo Advice die allgemeinen kapitalmarktrechtlichen Bestimmungen.²⁰⁸ Für die aufsichtsrechtliche Einordnung von Robo Advice sind insbesondere die allgemeinen Regelungen des WpHG und KWG maßgeblich. Diese Normen beruhen zu weiten Teilen auf Europarecht: Bereits 2009 basierten mehr als 80 Prozent der nationalen kapitalmarktrechtlichen Regelungen auf europäischer Gesetzgebung,²⁰⁹ aktuell dürften es sogar mehr als 95 Prozent sein. Dem ist gegebenenfalls durch eine europarechtskonforme Auslegung Rechnung zu tragen.²¹⁰

---

206 Joint Committee of the European Supervisory Authorities, Report on automation in financial advice v. 16.12.2016, S. 15 f.
207 ESMA, Final Report: Guidelines on certain aspects of the MiFID II suitability requirements v. 28.5.2018, ESMA35-43-869.
208 *Feger*, Herausforderungen des Robo-Advice aus Sicht der Compliance-Funktion nach WpHG, CB 2017, 359, 362.
209 *Hoppe*, Die Europäisierung der Gesetzgebung: Der 80-Prozent-Mythos lebt, EuZW 2009, 168; *Merkt*, Kapitalmarktrecht, in: FS Hopt, 2010, S. 2207, 2222.
210 *Möllers*, Juristische Methodenlehre, 2017, § 8 Rn. 46; *Roth*, in: KK-WpHG, 2. Aufl. 2014, § 2 Rn. 4; *Möllers*, Die unionskonforme und die richtlinienkonforme Interpretation, in: GS Wolf, 2011, S. 669, 673.

I. Europäische Rechtsquellen

Seinen Ursprung hat das europäische Kapitalmarktrecht im *Segré-Bericht* von 1966.[211] Auf europäischer Ebene wurde das Wertpapierdienstleistungsrecht erstmals 1993 durch die Wertpapierdienstleistungsrichtlinie[212] harmonisiert. Im Mai 1999 stellte die Kommission den Aktionsplan Finanzdienstleistungen (*Financial Services Action Plan – FSAP*)[213] vor, der 42 Maßnahmen zur Schaffung eines funktionsfähigen Finanzbinnenmarkts beinhaltet. Die meisten aktuellen kapitalmarktrechtlichen Richtlinien und Verordnungen beruhen auf dem FSAP.[214] Viele dieser Rechtsakte wurden im Anschluss an die Finanzkrise 2007 grundlegend reformiert.[215] Zur Umsetzung des FSAP und zur Verbesserung der Effizienz der europäischen Rechtsetzung wurde ein eigenes Rechtsetzungsverfahren entwickelt, das sog. *Lamfalussy-Verfahren*.[216] Das Verfahren umfasst insgesamt vier Ebenen, drei Ebenen der Rechtsetzung und eine Ebene der Überwachung.[217] Durch den Vertrag von Lissabon[218] wurde das Lamfalussy-Verfahren reformiert und die delegierte Rechtsetzung primärrechtlich in Art. 290 und Art. 291 AEUV

---

211 EWG-Kommission, Der Aufbau eines europäischen Kapitalmarkts: Bericht einer von der EWG-Kommission eingesetzten Sachverständigengruppe, 1966.
212 Richtlinie 93/22/EWG des Rates vom 10. Mai 1993 über Wertpapierdienstleistungen, ABl. Nr. L 141 v. 11.6.1993, S. 27–46 (Wertpapierdienstleistungs-RL).
213 Mitteilung der Kommission v. 11.5.1999, Umsetzung des Finanzmarktrahmens: Aktionsplan, KOM(1999) 232 endg.
214 *Möllers*, Europäische Gesetzgebungslehre 2.0: Die dynamische Rechtsharmonisierung im Kapitalmarktrecht am Beispiel von MiFID II und PRIIP, ZEuP 2016, 325, 327; *Möllers*, Normschaffung und Normdurchsetzung im europäischen Kapitalmarktrecht, in: Stelmach/Schmidt/Hellwege/Soniewicka, Krakauer-Augsburger Rechtsstudien, 2017, S. 175, 177.
215 *Lutter/Bayer/Schmidt*, Europäisches Unternehmens- und Kapitalmarktrecht, 6. Aufl. 2018, § 14 Rn. 14.28.
216 Schlussbericht des Ausschusses der Weisen über die Regulierung der europäischen Wertpapiermärkte (Lamfalussy-Verfahren) v. 15.2. 2001.
217 *Möllers*, Europäische Gesetzgebungslehre 2.0: Die dynamische Rechtsharmonisierung im Kapitalmarktrecht am Beispiel von MiFID II und PRIIP, ZEuP 2016, 325, 327; *Möllers*, Europäische Methoden- und Gesetzgebungslehre im Kapitalmarktrecht, ZEuP 2008, 480, 483; *Lutter/Bayer/Schmidt*, Europäisches Unternehmens- und Kapitalmarktrecht, 6. Aufl. 2018, § 14 Rn. 14.46; *Schmolke*, Der Lamfalussy-Prozess im Europäischen Kapitalmarktrecht – eine Zwischenbilanz, NZG 2005, 912.
218 Vertrag von Lissabon zur Änderung des Vertrags über die Europäische Union und des Vertrags zur Gründung der Europäischen Gemeinschaft, ABl. Nr. C 306 v. 17.12.2007, S. 1–271.

geregelt. Trotz der Änderungen bleibt das Grundkonzept der Rechtsetzung auf vier Ebenen bestehen (sog. *Lamfalussy II-Verfahren*).[219]

1. Europäische Rahmenrechtsakte (Level 1)

Auf der ersten Ebene erlassen die Kommission, der Rat und das Parlament Basisrechtsakte, die nur Grundprinzipien regeln und auf der zweiten und dritten Ebene weiter konkretisiert werden müssen.[220] Für Robo Advice als Rahmenrichtlinie relevant sind die MiFID I[221] bzw. die MiFID II und die MiFIR[222]. Diese Rechtsakte werden auch als *Grundgesetz des Wertpapierhandels* bezeichnet.[223] Die MiFID I löste im Jahr 2004 die Wertpapierdienstleistungsrichtlinie ab. Mit dem Ziel, den Anlegerschutz zu verbessern, verabschiedeten das Europäische Parlament und der Rat 2014 die MiFID II und eine begleitende Verordnung, die MiFIR, zur Ablösung der MiFID I. Diese Regelungswerke sollten ursprünglich bis zum 3. Juli 2016, also zwei Jahre nach Inkrafttreten, im nationalen Recht der EU-Mitgliedsstaaten umgesetzt sein. Da die Kommission und die ESMA den Zeitplan zum Erlass

---

219 *Lutter/Bayer/Schmidt*, Europäisches Unternehmens- und Kapitalmarktrecht, 6. Aufl. 2018, § 14 Rn. 14.46; *Walla*, Die Europäische Wertpapier- und Marktaufsichtsbehörde (ESMA) als Akteur bei der Regulierung der Kapitalmärkte Europas, BKR 2012, 265, 267; *Klöhn*, in: Klöhn, Marktmissbrauchsverordnung, 2018, Einl. Rn. 32.
220 *Möllers*, Europäische Methoden- und Gesetzgebungslehre im Kapitalmarktrecht, ZEuP 2008, 480, 483; *Klöhn*, in: Langenbucher, Europäisches Privat- und Wirtschaftsrecht, 4. Aufl. 2017, § 6 Rn. 22; *Schmolke*, Der Lamfalussy-Prozess im Europäischen Kapitalmarktrecht – eine Zwischenbilanz, NZG 2005, 912.
221 Richtlinie 2004/39/EG des Europäischen Parlaments und des Rates vom 21. April 2004 über Märkte für Finanzinstrumente, zur Änderung der Richtlinien 85/611/EWG und 93/6/EWG des Rates und der Richtlinie 2000/12/EG des Europäischen Parlaments und des Rates und zur Aufhebung der Richtlinie 93/22/EWG des Rates, ABl. Nr. L 145 v. 30.4.2004, S. 1–44 (MiFID I).
222 Verordnung (EU) Nr. 600/2014 des Europäischen Parlaments und des Rates vom 15. Mai 2014 über Märkte für Finanzinstrumente und zur Änderung der Verordnung (EU) Nr. 648/2012, ABl. Nr. L 173 v. 12.6.2014, S. 84–148 (MiFIR).
223 *Lutter/Bayer/Schmidt*, Europäisches Unternehmens- und Kapitalmarktrecht, 6. Aufl. 2018, § 14 Rn. 14.32.

der ergänzenden Durchführungsrechtsakte nicht einhalten konnten,[224] wurde der Geltungsbeginn auf den 3. Januar 2018 verschoben.[225]

Relevant für Robo Advice sind die Vorgaben der MiFID II zur Erbringung von Wertpapierdienstleistungen, Art. 21 ff. MiFID II, die in Art. 16 MiFID II normierten organisatorischen Anforderungen an Wertpapierfirmen sowie die grundlegenden Begriffsbestimmungen, Art. 4 MiFID II.

2. Europäische Durchführungsrechtsakte (Level 2)

Auf der zweiten Ebene des Lamfalussy-Verfahrens konkretisieren Durchführungsbestimmungen die Rahmenregelungen der ersten Stufe.[226] Zu unterscheiden ist zwischen delegierten Rechtsakten und Durchführungsrechtsakten.[227] Die delegierten Rechtsakte sind in Art. 290 AEUV geregelt. Es handelt es sich um exekutive Rechtsetzung durch die Kommission zur Ergänzung nicht wesentlicher Vorschriften.[228] Diese übt legislative Befugnisse aus, die ihr durch den Rahmenrechtsakt übertragen wurden. Für die Durchführung der Rechtsakte sind nach Art. 291 Abs. 1 AEUV grundsätz-

---

224 *Lutter/Bayer/Schmidt*, Europäisches Unternehmens- und Kapitalmarktrecht, 6. Aufl. 2018, § 32 Rn. 32.4.
225 Richtlinie (EU) 2016/1034 des Europäischen Parlaments und des Rates vom 23. Juni 2016 zur Änderung der Richtlinie 2014/65/EU über Märkte für Finanzinstrumente, ABl. Nr. L 175 v. 30.6.2016, S. 8–11; Verordnung (EU) 2016/1033 des Europäischen Parlaments und des Rates vom 23. Juni 2016 zur Änderung der Verordnung (EU) Nr. 600/2014 über Märkte für Finanzinstrumente, der Verordnung (EU) Nr. 596/2014 über Marktmissbrauch und der Verordnung (EU) Nr. 909/2014 zur Verbesserung der Wertpapierlieferungen und -abrechnungen in der Europäischen Union und über Zentralverwahrer, ABl. L 175 v. 30.6.2016, S. 1–7; zur Komplexität der des europäischen Regelungssystems: *Möllers*, Europäische Gesetzgebungslehre 2.0: Die dynamische Rechtsharmonisierung im Kapitalmarktrecht am Beispiel von MiFID II und PRIIP, ZEuP 2016, 325, 330.
226 Schlussbericht des Ausschusses der Weisen über die Regulierung der europäischen Wertpapiermärkte (Lamfalussy-Verfahren) v. 15.2.2001, S. 35.
227 *Möllers*, Europäische Gesetzgebungslehre 2.0: Die dynamische Rechtsharmonisierung im Kapitalmarktrecht am Beispiel von MiFID II und PRIIP, ZEuP 2016, 325, 328; *Lutter/Bayer/Schmidt*, Europäisches Unternehmens- und Kapitalmarktrecht, 6. Aufl. 2018, § 14 Rn. 14.48; *Kalss*, in: Riesenhuber, Europäische Methodenlehre, 2015, § 20 Rn. 9 f.
228 EuGH, Beschl. v. 13.9.2012, C-495/11P, ECLI:EU:C:2012:571, Rn. 84 – Total und Elf Aquitaine/Kommission; *Gellermann*, in: Streinz, EUV/AEUV, 3. Aufl. 2018, Art. 290 AEUV Rn. 1 f.; *Ruffert*, in: Calliess/Ruffert, EUV/AEUV, 5. Aufl. 2016, Art. 290 AEUV Rn. 2.

lich die Mitgliedsstaaten zuständig. Nur wenn es einheitlicher Durchführungsbedingungen bedarf, werden diese Befugnisse auf Unionsorgane übertragen. Durch dieses *Regel-Ausnahme-Verhältnis* soll dem unionsrechtlichen *Subsidiaritätsprinzip* entsprochen werden.[229] Wenn dies im Basisrechtsakt vorgesehen ist, kann die Kommission Durchführungsrechtsakte zur Konkretisierung von Tatbestandsmerkmalen oder dem Anwendungsbereich erlassen.

Maßgeblicher Level 2-Rechtsakt für Robo Advice ist die DelVO MiFID II (EU) 2017/565. Sie konkretisiert die organisatorischen Anforderungen an Wertpapierfirmen und die Bedingungen für die Ausübung der Dienstleistung. Daneben regelt die Delegierte Richtlinie 2017/593/EU[230] Produktüberwachungspflichten und die Entgegennahme von Zuwendungen und Provisionen. Da es sich um eine Richtlinie handelt, sind die Vorgaben nicht unmittelbar anwendbar, sondern müssen vom nationalen Gesetzgeber umgesetzt werden. Daneben kann die zuständige europäische Aufsichtsbehörde Technische Regulierungsstandards (*regulatory technical standards* – RTS) und Technische Durchführungsstandards (*implementing technical standards* – ITS) erlassen, wenn dies im Basisrechtsakt vorgesehen ist. Diese werden anschließend von der Kommission, meist als Verordnung, umgesetzt. Inhaltlich sind diese im Gegensatz zu delegierten Rechtsakten oder Durchführungsrechtsakten rein technischer Natur. Sie enthalten keine strategischen oder politischen Entscheidungen, Art. 10 Abs. 1 und Art. 15 Abs. 2 ESMA VO[231].

---

229 *Ruffert*, in: Calliess/Ruffert, EUV/AEUV, 5. Aufl. 2016, Art. 291 AEUV Rn. 2; *Möllers*, Juristische Methodenlehre, 2017, § 2 Rn. 80.
230 Delegierte Richtlinie (EU) 2017/593 der Kommission v. 7.4.2016 zur Ergänzung der Richtlinie 2014/65/EU des Europäischen Parlaments und des Rates im Hinblick auf den Schutz der Finanzinstrumente und Gelder von Kunden, Produktüberwachungspflichten und Vorschriften für die Entrichtung beziehungsweise Gewährung oder Entgegennahme von Gebühren, Provisionen oder anderen monetären oder nicht-monetären Vorteilen, ABl. Nr. L 87 v. 31.3.2017, S. 500–517.
231 Verordnung (EU) Nr. 1095/2010 des Europäischen Parlaments und des Rates v. 24.11.2010 zur Errichtung einer Europäischen Aufsichtsbehörde (Europäische Wertpapier- und Marktaufsichtsbehörde), zur Änderung des Beschlusses Nr. 716/2009/EG und zur Aufhebung des Beschlusses 2009/77/EG der Kommission, ABl. Nr. L 331 v. 15.12.2010, S. 84–119 (ESMA VO).

3. Europäische Leitlinien und Empfehlungen (Level 3)

Auf Level 3 entwickeln die europäischen Aufsichtsbehörden sog. Empfehlungen und Leitlinien für die Aufsichtspraxis, um eine einheitliche Umsetzung und Anwendung der Unionsrechtsakte in den Mitgliedsstaaten zu gewährleisten.[232] Für Robo Advice relevant sind insbesondere die Maßnahmen der Aufsichtsbehörde für den Wertpapiersektor, ESMA. Die Level 3 Maßnahmen sind nach Art. 288 Abs. 5 AEUV keine verbindlichen Rechtsakte. Sie werden deshalb teilweise als norminterpretierende Leitlinien eingeordnet.[233] Die nationalen Aufsichtsbehörden sind aber gemäß Art. 16 Abs. 3 ESMA VO verpflichtet, diesen Leitlinien und Empfehlungen nachzukommen oder gegenüber der ESMA unter Angabe von Gründen zu erklären, warum sie abweichen, sog. *Comply or explain-Mechanismus*. Deshalb entfalten die Leitlinien und Empfehlungen zumindest eine faktische Bindungswirkung.[234] Der EuGH verlangt, dass die Mitgliedsstaaten die Empfehlungen für das nationale Recht berücksichtigen.[235] *Möllers* ordnet sie daher als sekundäre Rechtsquellen ein, die mehr als nur eine faktische Bindungswirkung erzeugen.[236] So müssen sich auch die nationalen Gerichte

---

[232] *Möllers*, Europäische Gesetzgebungslehre 2.0: Die dynamische Rechtsharmonisierung im Kapitalmarktrecht am Beispiel von MiFID II und PRIIP, ZEuP 2016, 325, 328; *Möllers*, Auf dem Weg zu einer neuen europäischen Finanzmarktstruktur, NZG 2010, 285, 286; *Lutter/Bayer/Schmidt*, Europäisches Unternehmens- und Kapitalmarktrecht, 6. Aufl. 2018, § 14 Rn. 14.51; *Klöhn*, in: Langenbucher, Europäisches Privat- und Wirtschaftsrecht, 4. Aufl. 2017, § 6 Rn. 25; *Kalss*, in: Riesenhuber, Europäische Methodenlehre, 2015, § 20 Rn. 14.

[233] *Buck-Heeb*, Entwicklung und Perspektiven des Anlegerschutzes, JZ 2017, 279, 280.

[234] *Klöhn*, in: Langenbucher, Europäisches Privat- und Wirtschaftsrecht, 4. Aufl. 2017, § 6 Rn. 25; *Frank*, Die Level-3-Verlautbarungen der ESMA – ein sicherer Hafen für den Rechtsanwender?, ZBB 2015, 213, 214; *Rötting/Lang*, Das Lamfalussy-Verfahren im Umfeld der Neuordnung der europäischen Finanzaufsichtsstrukturen, EuZW 2012, 8, 10.

[235] EuGH, Urt. v. 18.3.2010, C-317-320/08, ECLI:EU:C:2010:146 – Rosalba Alassini; *Nettesheim*, in: Grabitz/Hilf/Nettesheim, Das Recht der Europäischen Union, 64. EL Mai 2018, Art. 288 AEUV Rn. 206; *Frank*, Die Level-3-Verlautbarungen der ESMA – ein sicherer Hafen für den Rechtsanwender?, ZBB 2015, 213, 216.

[236] *Möllers*, Juristische Methodenlehre, 2017, § 3 Rn. 71; *Möllers*, Europäische Gesetzgebungslehre 2.0: Die dynamische Rechtsharmonisierung im Kapitalmarktrecht am Beispiel von MiFID II und PRIIP, ZEuP 2016, 325, 328; *Möllers*, Europäische Methoden- und Gesetzgebungslehre im Kapitalmarktrecht, ZEuP 2008, 480, 491 ff.; *Möllers*, Standards als sekundäre Rechtsquellen, in: Möllers, Geltung von Faktizität und Standards, 2009, S. 143, 162 f.; *Möllers*, Sekundäre

mit den Empfehlungen und Leitlinien befassen.[237] Zudem begründen sie eine Richtigkeitsvermutung, sodass die Marktteilnehmer darauf vertrauen dürfen, dass sie sich ordnungsgemäß verhalten, wenn sie die Leitlinien einhalten.[238]

Mit der zunehmenden Bedeutung europäischer Gesetze für die Kapitalmarktregulierung, nehmen auch Bedeutung und Umfang der Leitlinien und Empfehlungen zu. Zur MiFID II existieren insgesamt 79 Level 3-Rechtsakte.[239] Relevant für Robo Advice sind insbesondere die im Mai 2018 erlassenen ESMA Leitlinien zu bestimmten Aspekten der Geeignetheitsprüfung.[240] Um den jüngsten technologischen Entwicklungen gerecht zu werden, konkretisiert die ESMA darin aufsichtsrechtliche Anforderungen an Robo Advice. Neben Informations- und Verhaltenspflichten beim Einsatz von Algorithmen existieren Vorgaben für den Außenauftritt der Robo Advisor: Diese sollen etwa bei der grafischen Aufbereitung ihres Angebots besonders darauf achten, dass aufsichtsrechtlich relevante Angaben hervorgehoben werden.[241]

II. Nationale Rechtsquellen

Neben den europäischen Rechtsakten sind auch nationale Rechtsquellen für die aufsichtsrechtliche Qualifikation und die Verhaltenspflichten bei Robo

---

Rechtsquellen – Eine Skizze zur Vermutungswirkung und zum Vertrauensschutz bei Urteilen, Verwaltungsvorschriften und privater Normsetzung, in: FS Buchner, 2009, S. 649, 651 f.; *Möllers*, Auf dem Weg zu einer neuen europäischen Finanzmarktaufsichtsstruktur, NZG 2010, 285, 286; ihm folgend auch BVerwG, Urt. v. 25.5.2011, 7 C 6/10, NVwZ 2011, 1012, 1015; *Spindler/Hupka*, Bindungswirkung von Standards im Kapitalmarktrecht, in: Möllers, Geltung von Faktizität und Standards, 2009, S. 117, 127 f.

237 *Möllers*, Auf dem Weg zu einer neuen europäischen Finanzmarktaufsichtsstruktur, NZG 2010, 285, 286; *Frank*, Die Level-3-Verlautbarungen der ESMA – ein sicherer Hafen für den Rechtsanwender?, ZBB 2015, 213, 216; *Gurlit*, Handlungsformen der Finanzmarktaufsicht, ZHR 177 (2013), 862, 876.

238 *Frank*, Die Level-3-Verlautbarungen der ESMA – ein sicherer Hafen für den Rechtsanwender?, ZBB 2015, 213, 218.

239 *Nathmann*, Bedeutung der Regulierung bei der Beurteilung von FinTechs, CF 2018, 248, 249.

240 ESMA, Final Report: Guidelines on certain aspects of the MiFID II suitability requirements v. 28.5.2018, ESMA35-43-869.

241 Dazu ausführlich dritter Teil: § 7 F. IV. und § 7 G.; ESMA, Final Report: Guidelines on certain aspects of the MiFID II suitability requirements v. 28.5.2018, ESMA35-43-869, S. 44 f.

Advice maßgeblich. Dort gibt es ebenfalls drei rechtlich relevante Ebenen. Auf der ersten Stufe stehen die ordentlichen Gesetze, gefolgt von nationalen Rechtsverordnungen (Level 2) und Verlautbarungen der Aufsichtsbehörde BaFin auf der dritten Stufe.

1. Nationale Gesetze

Die für Robo Advice zentralen kapitalmarktrechtlichen Gesetze auf deutscher Ebene sind das WpHG und das KWG. Das WpHG ist das *Grundgesetz des Kapitalmarktrechts* in Deutschland und regelt die Grundlagen des Handels in Wertpapieren.[242] Für die rechtliche Beurteilung von Robo Advice sind insbesondere die Marktverhaltensregeln relevant. Konkrete Verpflichtungen für Anbieter von Robo Advice ergeben sich aus den Organisations- und Verhaltenspflichten. Durch die MiFID II wurden diese Pflichten auf europäischer Ebene nochmals verschärft. Die Umsetzung in nationales Recht erfolgte durch das Honoraranlageberatungsgesetz[243], das Kleinanlegerschutzgesetz[244] und das 2. FiMaNoG[245]. Diese neuen Vorschriften gelten seit dem 3.1.2018. Das KWG dient der Sicherung und Erhaltung der Funktionsfähigkeit der Kreditwirtschaft. Wegen der Schlüsselfunktion bestimmter Finanzdienstleistungsinstitute bei der Vermittlung von Investoren und ihrer besonderen Vertrauensstellung ist eine Banklizenz für bestimmte Finanzdienstleistungen Voraussetzung.[246] Ob für Robo Advice eine Banklizenz erforderlich ist, beurteilt sich nach dem KWG.

2. Nationale Verordnungen

Aufgrund von Ermächtigungen im WpHG erlassen die BaFin oder das Bundesministerium für Finanzen auf der zweiten nationalen Ebene Verordnungen, die keine wesentlichen inhaltlichen Entscheidungen enthalten. Zur

---

242 *Hirte/Heinrich*, in: KK-WpHG, 2. Aufl. 2014, Einl. Rn. 3.
243 Gesetz zur Förderung und Regulierung einer Honorarberatung über Finanzinstrumente (Honoraranlageberatungsgesetz) v. 15.7.2013, BGBl. I, S. 2390.
244 Kleinanlegerschutzgesetz v. 3.7.2015, BGBl. I, S. 1114.
245 Zweites Gesetz zur Novellierung von Finanzmarktvorschriften auf Grund europäischer Rechtsakte (Zweites Finanzmarktnovellierungsgesetz – 2. FiMaNoG) v. 23.6.2017, BGBl. I, S. 1693.
246 *Fischer/Müller*, in: Boos/Fischer/Schulte-Mattler, KWG, CRR-VO, 5. Aufl. 2016, § 32 KWG Rn. 5.

weiteren Konkretisierung der Wohlverhaltenspflichten der § 31 ff. WpHG a.F. erließ das Bundesministerium der Finanzen 2007 die WpDVerOV a.F.[247] Eine Vielzahl der Regelungen zur Konkretisierung der Wohlverhaltenspflichten ergeben sich nunmehr unmittelbar aus der DelVO MiFID II (EU) 2017/565. Daher wurde die WpDVerOV im Zuge der Umsetzung der MiFID II und deren Durchführungsbestimmungen bereinigt neu gefasst.[248] Die WpDVerOV ist im Gegensatz zur alten Rechtslage nach neuem Recht für Robo Advice kaum von Bedeutung. Die für Robo Advice relevanten Konkretisierungsbestimmungen sind vorwiegend unmittelbar auf europäischer Ebene geregelt.

Die Organisations- und Verhaltenspflichten des WpHG sind nicht anwendbar, wenn der Robo Advisor seine Tätigkeit im Rahmen der Bereichsausnahme des § 2 Abs. 6 Satz 1 Nr. 8 KWG bzw. § 3 Abs. 1 Nr. 7 WpHG erbringt.[249] Die Tätigkeit fällt dann in den Anwendungsbereich der FinVermV[250]. Die Verordnung soll beim Vertrieb von Anlageprodukten über Finanzanlagenvermittler ein vergleichbares Schutzniveau wie beim Vertrieb über Banken gewährleisten.[251] Eine Anpassung der FinVermV an die geänderten Vorgaben der MiFID II erfolgte bislang nicht. Das ist problematisch, da diese inhaltlich in einigen Punkten hinter den anlegerschützenden Vorgaben der MiFID II zurückbleibt.

3. BaFin Verlautbarungen

Auf Ebene 3 des nationalen Rechts erlässt die BaFin eine Vielzahl von Verlautbarungen, die auf ihrer Website abrufbar sind.[252] Verlautbarungen um-

---

247 Verordnung zur Konkretisierung der Verhaltensregeln und Organisationsanforderungen für Wertpapierdienstleistungsunternehmen (WpDVerOV a.F.) v. 20.7.2007, BGBl. I 2007 S. 1432.
248 Verordnung zur Konkretisierung der Verhaltensregeln und Organisationsanforderungen für Wertpapierdienstleistungsunternehmen (Wertpapierdienstleistungs-Verhaltens- und -Organisationsverordnung - WpDVerOV) v. 17.10.2017, BGBl. I S. 3566.
249 Zu den Voraussetzungen der Bereichsausnahme zweiter Teil: § 6 B. I.
250 Finanzanlagenvermittlungsverordnung (FinVermV) v. 9.5.2012, BGBl. I Nr. 19 v. 6.5.2012, S. 1006–1018.
251 Regierungsentwurf Gesetzes zur Novellierung des Finanzanlagenvermittler- und Vermögensanlagenrechts, BT-Drs. 17/6051 S. 45; *Schönleiter*, in: Landmann/Rohmer, Gewerbeordnung, 77. EL Oktober 2017, § 34f GewO Rn. 6.
252 www.bafin.de

fassen als Sammelbegriff Auslegungsentscheidungen, Rundschreiben, Mitteilungsblätter, Richtlinien, Leitfäden, FAQs und viele weitere Regelungssätze.[253] Mangels gesetzlicher Grundlagen sind diese Verlautbarungen keine Allgemeinverfügungen i.S.v. § 35 Satz 2 VwVfG, sondern werden von der Rechtsprechung und der überwiegenden Mehrheit im Schrifttum als rechtlich unverbindliches, norminterpretierendes Verwaltungshandeln eingeordnet.[254] Da die Verlautbarungen bei der Auslegung einzelner Tatbestandsmerkmale oder zu strittigen Fragen zu beachten sind, entfalten sie für den Rechtsanwender aber eine enorme faktische Bindungswirkung.[255] *Möllers* ordnet die Verwaltungsvorschriften der BaFin als sekundäre Rechtsquellen ein, mit denen sich auch die Gerichte zwingend auseinandersetzen müssen.[256]

---

253   *Schädle*, Exekutive Normsetzung in der Finanzmarktaufsicht, 2007, S. 78; *Fekonja*, BaFin- Verlautbarungen, 2013, S. 65.
254   BGH, Urt. v. 8.5.2001, XI ZR 192/00, BGHZ 147, 343, 350; BGH Beschl. v. 25.2.2008, II ZB 9/07, NJW-RR 2008, 865; *Möllers*, Juristische Methodenlehre, 2017, § 3 Rn. 54; *Möllers/Ganten*, Wohlverhaltensrichtlinie des BAWe im Lichte der neuen Fassung des WpHG, ZGR 1998, 773, 881 f.; *Hupka*, Kapitalmarktaufsicht im Wandel – Rechtswirkungen der Empfehlungen des Committee of European Securities Regulators (CESR) im deutschen Kapitalmarktrecht, WM 2009, 1351, 1352 f.; *Fekonja*, BaFin-Verlautbarungen, 2013, S. 72; *Schädle*, Exekutive Normsetzung in der Finanzmarktaufsicht, 2007, S. 91 f.; *Fleischer*, Ad-hoc-Publizität beim einvernehmlichen vorzeitigen Ausscheiden des Vorstandsvorsitzenden, NZG 2007, 401, 404.
255   *Möllers*, Europäische Methoden- und Gesetzgebungslehre im Kapitalmarktrecht, ZEuP 2008, 480, 491; *Walther*, in: Schimansky/Bunte/Lwowski, Bankrechts-Handbuch, 5. Aufl. 2017, § 42 Rn. 57; *Fekonja*, BaFin-Verlautbarungen, 2013, S. 85; *Nathmann*, Bedeutung der Regulierung bei der Beurteilung von FinTechs, CF 2018, 248, 249.
256   *Möllers*, Juristische Methodenlehre, 2017, § 3 Rn. 57; *Möllers*, Europäische Methoden- und Gesetzgebungslehre im Kapitalmarktrecht, ZEuP 2008, 480, 491 ff.; *Möllers*, Standards als sekundäre Rechtsquellen, in: Möllers, Geltung von Faktizität und Standards, 2009, S. 143, 162 f.; *Möllers*, Sekundäre Rechtsquellen – Eine Skizze zur Vermutungswirkung und zum Vertrauensschutz bei Urteilen, Verwaltungsvorschriften und privater Normsetzung, in: FS Buchner, 2009, S. 649, 651 f.; *Möllers*, Auf dem Weg zu einer neuen europäischen Finanzmarktaufsichtsstruktur, NZG 2010, 285, 286; ihm folgend auch BVerwG, Urt. v. 25.5.2011, 7 C 6/10, NVwZ 2011, 1012, 1015; *Spindler/Hupka*, Bindungswirkung von Standards im Kapitalmarktrecht, in: Möllers, Geltung von Faktizität und Standards, 2009, S. 117, 127 f.

Zur Präzisierung der einzelnen Verhaltens-, Organisations- und Transparenzpflichten wurde von der BaFin ein Rundschreiben zu den Mindestanforderungen an die Compliance (MaComp)[257] erstellt. Dort sind sämtliche Veröffentlichungen der BaFin zu den §§ 63 ff. WpHG gebündelt. Speziell zu Robo Advice[258] sowie zur automatisierten Finanzportfolioverwaltung[259] finden sich Publikationen auf der Website der BaFin. Diese Beiträge stellen das Geschäftsmodell der Finanzdienstleistung knapp vor, ordnen es aufsichtsrechtlich ein und nehmen Stellung zur Erlaubnispflichtigkeit. Sie schließen mit häufig gestellten Fragen. Diese Veröffentlichungen sind keine Leitfäden, Rundschreiben oder Richtlinien,[260] sondern sind als sonstige Verlautbarungen einzuordnen. Dennoch entfalten sie dieselbe rechtliche Wirkung.[261] Für die aufsichtsrechtliche Qualifikation von Robo Advice sind schließlich auch die Merkblätter der BaFin zur Konkretisierung des Tatbestands der verschiedenen Wertpapierdienstleistungen zu beachten.[262]

III. Spezifische Besonderheiten des digitalen Vertriebs

Die aufsichtsrechtliche Qualifikation der Finanzdienstleistungen erfolgt nach den allgemein bekannten Kriterien des WpHG. Ob die Empfehlung oder Anlageentscheidung durch menschliche Berater oder automatisierte Algorithmen erbracht wird, macht für die Klassifizierung grundsätzlich keinen Unterschied.[263] Allerdings fällt die Abgrenzung zwischen einer Informationserteilung und einer Anlageempfehlung deutlich schwerer, wenn

---

257 BaFin, Rundschreiben 05/2018 (WA) - Mindestanforderungen an die Compliance-Funktion und weitere Verhaltens-, Organisations- und Transparenzpflichten – MaComp v. 24.4.2018, Stand 9.5.2018.
258 BaFin, Robo-Advice und Auto-Trading – Plattformen zur automatisierten Anlageberatung und automatischem Trading, Stand April 2016.
259 BaFin, Automatisierte Finanzportfolioverwaltung, Stand April 2016.
260 Im Detail zu den Begriffen: *Fekonja*, BaFin-Verlautbarungen, 2013, S. 66 f.
261 *Möllers*, Europäische Methoden- und Gesetzgebungslehre im Kapitalmarktrecht, ZEuP 2008, 480, 491 ff.; *Fekonja*, BaFin-Verlautbarungen, 2013, S. 72 ff.
262 Etwa das Merkblatt zur Finanzportfolioverwaltung, zur Anlageverwaltung oder das Gemeinsame Informationsblatt der Bundesanstalt für Finanzdienstleistungsaufsicht und der Deutschen Bundesbank zum Tatbestand der Anlageberatung.
263 *Oppenheim/Lange-Hausstein*, Robo Advisor, WM 2016, 1966, 1967; *Möslein/Lordt*, Rechtsfragen des Robo-Advice, ZIP 2017, 793, 795; Joint Committee of the European Supervisory Authorities, Report on automation in financial advice v. 16.12.2016, S. 21.

kein persönliches Gespräch stattfindet. So kann der Anbieter von Robo Advice auf seiner Website bewusst nur wenige Fragen zu den persönlichen Umständen des Anlegers stellen, anstatt alle in § 64 Abs. 10 Satz 1 WpHG gesetzlich geforderten Angaben einzuholen.[264] Wann in solchen Konstellationen eine Anlageberatung gegeben ist, richtet sich nach den Kundenerwartungen.[265] Bei genauer Betrachtung fällt zudem auf, dass die bestehenden gesetzlichen Vorschriften von einer persönlichen Anlageberatung durch einen menschlichen Anlageberater ausgehen.[266] Gesetzliche Sonderregeln gibt es für die telefonische Beratung, § 83 Abs. 3 WpHG. Für die digitale Anlageberatung existieren keine entsprechenden Sonderbestimmungen. Bereits existierende rechtliche Kategorien und Vorgaben können dennoch sinnhaft zur Roboterregulierung eingesetzt werden.[267] Dies setzt einen entsprechenden Abstraktionsgrad der gesetzlichen Bestimmungen voraus. Obwohl viele der allgemeinen Regelungen aus der Zeit vor der Digitalisierung stammen und daher nicht explizit für den Einsatz künstlicher Intelligenz oder automatisierter Systeme konzipiert wurden, sind die Pflichten in weiten Teilen so abstrakt formuliert, dass sie bei Robo Advice uneingeschränkt anwendbar sind. Eine komplette Neuregelung ist folglich nicht erforderlich.

C. Ergebnis zu § 3

1. In § 3 wurde der Rechtsrahmen für Robo Advice abgesteckt. Die europarechtlichen Vorgaben führen im Zusammenspiel mit den nationalen Gesetzen dazu, dass bei insgesamt sechs rechtlich relevanten Ebenen zu beachten sind. Diese bilden ein komplexes System mit einer intensiven Regelungsdichte.
2. Da es keine besonderen Vorgaben für Robo Advice gibt, gelten die allgemeinen kapitalmarktrechtlichen Gesetze und Verordnungen. Einzig die unmittelbar geltende DelVO MiFID II (EU) 2017/565 regelt in Art. 54 Abs. 1 Unterabs. 1, dass die vollständige Verantwortung für die Durchführung der Geeignetheitsprüfung beim Einsatz automatisierter Robo-Advice-

---

264 *Oppenheim/Lange-Hausstein*, Robo Advisor, WM 2016, 1966, 1968; *Möslein/Lordt*, Rechtsfragen des Robo-Advice, ZIP 2017, 793, 795.
265 *Oppenheim/Lange-Hausstein*, Robo Advisor, WM 2016, 1966, 1968; *Möslein/Lordt*, Rechtsfragen des Robo-Advice, ZIP 2017, 793, 795.
266 *Baumanns*, FinTechs als Anlageberater? Die aufsichtsrechtliche Einordnung von Robo-Advisory, BKR 2016, 366, 373.
267 *Eidenmüller*, The Rise of Robots and the Law of Humans, ZEuP 2017, 765, 766.

Systeme bei der Wertpapierfirma verbleibt. Diese Norm begründet jedoch keine zusätzlichen Pflichten für Robo Advice, sondern hat lediglich klarstellenden Charakter.

3. Zusätzliche Spannung erhält die Regulierung durch die umfassenden Änderungen im Zuge der Umsetzung der MiFID II. Seit dem 3.1.2018 gelten die neuen Bestimmungen in den Mitgliedsstaaten. Die Anwendung dieser Vorgaben ist mit Startschwierigkeiten verbunden, da bei der Umsetzung einiger Regeln teilweise noch Unklarheit besteht. So wurde etwa die Finanzanlagenvermittlerverordnung noch nicht an die neuen Vorgaben der MiFID II angepasst. Anlageberater im Anwendungsbereich der FinVermV arbeiten daher noch im Graubereich.

Zweiter Teil: Aufsichtsrechtliche Qualifikation und Erlaubnispflicht

Sämtliche Geschäftsmodelle von Robo Advice sind darauf ausgelegt, dass die komplette Dienstleistung digital und ohne menschliche Interaktion erbracht wird.[268] Abgesehen von dieser Gemeinsamkeit differieren die verschiedenen Geschäftsmodelle erheblich. Wie bereits in Teil 1 dargestellt, ist grundlegend zwischen der Erteilung einer einmaligen Anlageempfehlung (*Robo Advice der ersten Generation*) und der fortlaufenden Verwaltung des Kundenvermögens (*Robo Advice der zweiten Generation*) zu unterscheiden.[269] Die aufsichtsrechtliche Bewertung ist im Einzelfall auf Grundlage der konkreten Ausgestaltung des Geschäftsmodells vorzunehmen und erfolgt anhand der allgemeinen Gesetze. Maßgeblich sind die Begriffsbestimmungen und Definitionen des WpHG und KWG.[270] Für die rechtliche Einordnung der Dienstleistung bedeutsam sind der Fragenkatalog, die Art der Empfehlung und die einzelnen Schritte, die der Kunde im Beratungsprozess durchläuft.[271] Aufgrund der Vielzahl der Geschäftsmodelle, vermeidet die BaFin eine pauschale aufsichtsrechtliche Qualifikation von Robo Advice.[272] Als Wertpapierdienstleistungen kommen Anlageberatung, Anlagevermittlung, Abschlussvermittlung oder Finanzportfolioverwaltung in Betracht.[273]

---

268 *Oppenheim/Lange-Hausstein*, Robo Advisor, WM 2016, 1966, 1967; *Feger*, Herausforderungen des Robo-Advice aus Sicht der Compliance-Funktion nach WpHG, CB 2017, 359, 360.
269 Siehe erster Teil: § 2 A.
270 Zum rechtlichen Rahmen soeben erster Teil: § 3.
271 *Möllers/Brosig*, Providing investment advice in light of MiFID I and II, in: Hugo/Möllers, Transnational Impacts on Law: Perspectives from South Africa and Germany, 2017, S. 217, 231; *Oppenheim/Lange-Hausstein*, Robo Advisor, WM 2016, 1966, 1967; *Nathmann*, Bedeutung der Regulierung bei der Beurteilung von FinTechs, CF 2018, 248, 250.
272 BaFin, Robo-Advice und Auto-Trading – Plattformen zur automatisierten Anlageberatung und automatischem Trading, Stand April 2016.
273 *Altmann/Becker*, BaFinTech 2016, Workshop 3: Robo-Advice, S. 7; *Oppenheim/Lange-Hausstein*, Robo Advisor, WM 2016, 1966, 1968; *Möslein/Lordt*, Rechtsfragen des Robo-Advice, ZIP 2017, 793, 794; *Reiter/Methner*, Rechtsprobleme der Beratung durch Robo Advisors, in: Taeger, Recht 4.0, 2017,

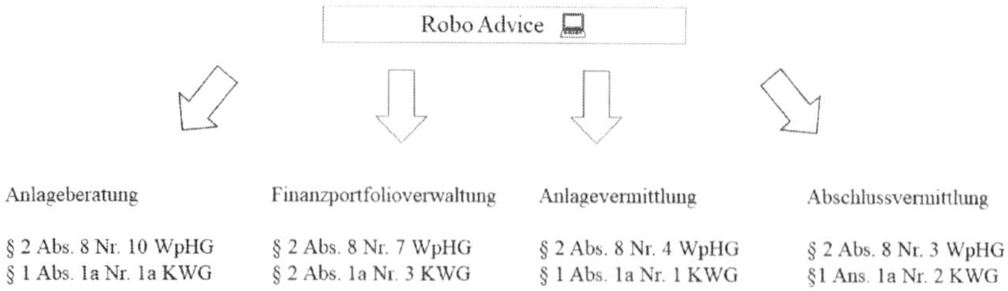

```
                          ┌─────────────────┐
                          │  Robo Advice 🖥 │
                          └─────────────────┘
         ↙               ↓                 ↓                ↘

Anlageberatung      Finanzportfolioverwaltung   Anlagevermittlung    Abschlussvermittlung
§ 2 Abs. 8 Nr. 10 WpHG   § 2 Abs. 8 Nr. 7 WpHG   § 2 Abs. 8 Nr. 4 WpHG   § 2 Abs. 8 Nr. 3 WpHG
§ 1 Abs. 1a Nr. 1a KWG   § 2 Abs. 1a Nr. 3 KWG   § 1 Abs. 1a Nr. 1 KWG   § 1 Ans. 1a Nr. 2 KWG
```

Abb. 4: Aufsichtsrechtliche Qualifikation von Robo Advice[274]

Welche aufsichtsrechtliche Qualifikation für welches Geschäftsmodell in Frage kommt, ist im Folgenden zu erörtern. Sofern der Robo Advisor eine Wertpapierdienstleistung erbringt, unterliegt er besonderen öffentlich-rechtlichen Anforderungen. Das Angebot kann dann erlaubnispflichtig sein.[275] Zudem ist die rechtliche Einordnung zentraler Anknüpfungspunkt für den Umfang der Organisations- und Verhaltenspflichten nach dem WpHG.[276]

§ 4 Robo Advice als Anlageberatung

A. Grundlagen der Anlageberatung

Die Anlageberatung ist in § 2 Abs. 8 Nr. 10 WpHG legaldefiniert. Demnach ist Anlageberatung

> »die Abgabe von persönlichen Empfehlungen im Sinne des Artikels 9 der Delegierten Verordnung (EU) 2017/565 an Kunden oder deren Vertreter, die sich auf Geschäfte mit bestimmten Finanzinstrumenten beziehen, sofern die Empfehlung auf eine Prüfung der persönlichen Umstände des Anlegers gestützt oder als für ihn geeignet dargestellt wird und nicht ausschließlich über Informationsverbreitungskanäle oder für die Öffentlichkeit bekannt gegeben wird (Anlageberatung).«

Eine entsprechende Definition findet sich auch in § 1 Abs. 1a Satz 2 Nr. 1a KWG. Ursprünglich war die Anlageberatung eine Wertpapierneben-dienstleistung. Im Zuge der Umsetzung der MiFID I wurde sie durch das

---

S. 587, 589 f.; *Herring/Kunschke/Bachmann*, in: Kunschke/Schaffelhuber, Fin-Tech, 2018, Teil II D Rn. 7 ff.; *Nießner/Schlupp*, in: Kunschke/Schaffelhuber, FinTech, 2018, Teil II A Rn. 15.
274   Eigene Darstellung.
275   Siehe zweiter Teil: § 6.
276   *Assmann*, in: Assmann/Schneider, WpHG, 6. Aufl. 2012, § 2 Rn. 63; *Poelzig*, Kapitalmarktrecht, 2018, Rn. 739.

Finanzmarktrichtlinie-Umsetzungsgesetz (FRUG) zu einer Wertpapierdienstleistung hochgestuft.[277] Wegen der wachsenden Zahl der Privatanleger, die aufgrund ihrer Unerfahrenheit bei der Finanzanlage von einer Beratung abhängig sind, wollte der europäische Gesetzgeber die Anlageberatung als Wertpapierdienstleistung einordnen.[278] Diese Klassifizierung wurde in der MiFID II beibehalten. Da sich eine europäische Legaldefinition der Anlageberatung nur in Art. 4 Abs. 1 Nr. 4 MiFID II findet, muss diese im deutschen Recht umgesetzt werden. § 2 Abs. 8 Nr. 10 WpHG entfaltet daher nicht nur deklaratorische Wirkung. Der direkt anwendbare Art. 9 DelVO MiFID II (EU) 2017/565 definiert den Tatbestand der Anlageberatung nicht umfassend, sondern konkretisiert einzelne Tatbestandsmerkmale. Für die Auslegung dieser Merkmale ist unmittelbar auf die europäischen Bestimmungen zurückzugreifen.

Persönliche Empfehlungen haben für die Kunden bei der Geldanlage eine unverändert hohe Bedeutung. Da die Komplexität der Finanzmarktinstrumente zunimmt, war es nach Auffassung des europäischen Gesetzgebers sogar notwendig, die Wohlverhaltenspflichten in der MiFID II weiter zu verschärfen, um den Anlegerschutz zu verbessern.[279] Diese anlegerschützenden Bestimmungen in Abschnitt 2 der MiFID II gelten nur für Wertpapierdienstleistungen. Ein umfassender Anlegerschutz erfordert mithin ein breites Begriffsverständnis des Tatbestands der Anlageberatung.

B. Robo Advice der ersten Generation als Anlageberatung

Robo Advice erfüllt den Tatbestand der Anlageberatung gem. § 2 Abs. 8 Nr. 10 WpHG, wenn (1) eine persönliche Empfehlung (2) gegenüber einem Kunden oder dessen Vertreter abgegeben wird, die sich (3) auf bestimmte

---

277 Art. 1 Nr. 2 f Gesetz zur Umsetzung der Richtlinie über Märkte für Finanzinstrumente und der Durchführungsrichtlinie der Kommission (Finanzmarktrichtlinie-Umsetzungsgesetz) v. 16.7.2007 BGBl. I Nr. 31 v. 19.7.2007, S. 13, 30; Regierungsentwurf FRUG, BT-Drs. 16/4028, S. 56; *Fuchs*, in: Fuchs, WpHG, 2. Aufl. 2016, § 2 Rn. 114; *Poelzig*, Kapitalmarktrecht, 2018, Rn. 747; *Assmann*, in: Assmann/Schneider, WpHG, 6. Aufl. 2012, § 2 Rn. 111; *Petow*, in: Heidel, Aktienrecht und Kapitalmarktrecht, 4. Aufl. 2014, § 2 WpHG Rn. 37; *Grundmann*, in: Staub, HGB, Bd. 11/2, 5. Aufl. 2018, 8. Teil Rn. 82.
278 Erwägungsgrund 3 MiFID I.
279 Erwägungsgründe 70 und 86 MiFID II; *Mock/Stüber*, Das neue Wertpapierhandelsrecht, 2018, S. 8; *Einsele*, Verhaltenspflichten im Bank- und Kapitalmarktrecht, ZHR 180 (2016), 233, 241.

Finanzinstrumente bezieht; Diese Empfehlung darf (4) nicht ausschließlich über Informationsverbreitungskanäle bekannt gegeben werden oder für die Öffentlichkeit bestimmt sein. Da die Anlageberatung immer eine *einmalige Empfehlung* zum Gegenstand hat, kommt diese Wertpapierdienstleistung nur bei Robo Advice der ersten Generation in Betracht. Eine fortlaufende Verwaltung, wie sie der Robo Advisor der zweiten Generation anbietet, ist hingegen keine Anlageberatung.[280]

I. Abgabe einer persönlichen Empfehlung

1. Empfehlung

Kernelement der Anlageberatung ist die *Abgabe einer Empfehlung*.[281] Art. 4 Abs. 1 Nr. 4 MiFID II, der der nationalen Regelung zugrunde liegt, stellt ebenfalls auf die »Abgabe persönlicher Empfehlungen« ab. Als europäische Level 3-Rechtsquelle sind insbesondere die Q&A des Committee of European Securities Regulators (CESR) zur Definition der Beratung nach der MiFID I relevant.[282] Die ESMA ist nach Art. 76 Abs. 4 ESMA VO[283] Rechtsnachfolgerin des CESR. Daher gelten nicht ausdrücklich aufgehobene Verlautbarungen des CESR zur MiFID I grundsätzlich weiterhin. Da die Anlageberatung in MiFID I und MiFID II wortgleich definiert ist, sind die zur MiFID I erlassenen Q&A auch bei Anwendung der MiFID II zu berücksichtigen. Eine Empfehlung ist nach den Level 3-Bestimmungen des CESR gegeben, wenn eine bestimmte Handlung als *im Interesse des Anlegers liegend oder für ihn vorteilhaft dargestellt* wird bzw. ihm zu einem

---

280 Robo Advice der zweiten Generation kann aber den Tatbestand der Finanzportfolioverwaltung erfüllen, siehe zweiter Teil: § 5.0
281 *Grundmann*, in: Staub, HGB, Bd. 11/2, 5. Aufl. 2018, 8. Teil Rn. 82; *Roth*, in: KK-WpHG, 2. Aufl. 2014, § 2 Rn. 186; *Assmann*, in: Assmann/Schneider, WpHG, 6. Aufl. 2012, § 2 Rn. 113; *Veil*, Anlageberatung im Zeitalter der MiFID, WM 2007, 1821; *Veil*, in: Veil, Europäisches Kapitalmarktrecht, 2. Aufl. 2014, § 25 Rn. 3.
282 CESR, Question & Answers – Understanding the definition of advice under MiFID, Stand 19.4.2010, CESR/10-293.
283 Verordnung (EU) Nr. 1095/2010 des Europäischen Parlaments und des Rates vom 24. November 2010 zur Errichtung einer Europäischen Aufsichtsbehörde (Europäische Wertpapier- und Marktaufsichtsbehörde), ABl. Nr. L 331/84 v. 15.12.2010, S. 84–119 (ESMA VO).

bestimmten Verhalten geraten wird.[284] Eine Empfehlung liegt mit anderen Worten immer dann vor, wenn der Berater zumindest konkludent erklärt, wie er selbst an Stelle des Kunden handeln würde.[285]

Bei Robo Advice der ersten Generation wird dem Kunden im Anschluss an die Exploration ein bestimmtes Portfolio vorgeschlagen.[286] Ob das im Einzelfall eine Empfehlung im Sinne des WpHG ist, ist aus *Sicht des Erklärungsempfängers*, also aus der Kundenperspektive, zu beurteilen.[287] Entscheidend sind daher die konkreten Ausgestaltung des Leistungsangebots auf der Website und die Kundenkommunikation. Abzugrenzen ist die Empfehlung von bloßen Erläuterungen oder Informationen. Der Plattformbetreiber spricht keine Empfehlung aus, wenn er in einer neutralen Art und Weise die Funktionsweise bestimmter Finanzinstrumente erklärt.[288] Auch wenn sich das Angebot darin erschöpft, dass er tagesaktuelle Informationen zu Finanzprodukten bzw. deren Emittenten zur Verfügung stellt, ist die Schwelle zur aufsichtsrelevanten Anlageberatung nicht überschritten.[289] Anerkannt ist das etwa bei Kapitalanlagemagazinen, Börsenbriefen, Bör-

---

284   CESR, Question & Answers – Understanding the definition of advice under MiFID, Stand 19.4.2010, CESR/10-293, S. 7 Nr. 14; ebenso: *Baum*, in: KK-WpHG, 2. Aufl. 2014, § 2 Rn. 186; *Spindler*, in: Langenbucher/Bliesener/Spindler, Bankrechts-Kommentar, 2. Aufl. 2016, Kap. 33 Rn. 36; *Schäfer*, in: Boos/Fischer/Schulte-Mattler, KWG, CRR-VO, 5. Aufl. 2016, § 1 KWG Rn. 143; *Petow*, in: Heidel, Aktienrecht und Kapitalmarktrecht, 4. Aufl. 2014, § 2 WpHG Rn. 37.
285   *Fuchs*, in: Fuchs, WpHG, 2. Aufl. 2016, § 2 Rn. 117; *Kühne/Eberhardt*, Erlaubnispflicht eines „Family Office" unter Berücksichtigung des neuen Finanzdienstleistungstatbestandes der Anlageberatung, BKR 2008, 133, 135.
286   Im Detail siehe oben erster Teil: § 2 A. I. 2.
287   *Veil*, Anlageberatung im Zeitalter der MiFID, WM 2007, 1821, 1822; *Assmann*, in: Assmann/ Schneider, WpHG, 6. Aufl. 2012, § 2 Rn. 113; *Poelzig*, Kapitalmarktrecht, 2018, Rn. 748; *Oppenheim/Lange-Hausstein*, Robo Advisor, WM 2016, 1966, 1968.
288   *Assmann*, in: Assmann/Schneider, WpHG, 6. Aufl. 2012, § 2 Rn. 113; *Kühne/Eberhardt*, Erlaubnispflicht eines „Family Office" unter Berücksichtigung des neuen Finanzdienstleistungstatbestandes der Anlageberatung, BKR 2008, 133, 135; *Grischuk*, Robo-Advice, BaFin Journal 8/2017, 18, 20; *Spindler*, in: Langenbucher/Bliesener/Spindler, Bankrechts-Kommentar, 2. Aufl. 2016, Kap. 33 Rn. 36; *Schäfer*, in: Boos/Fischer/Schulte-Mattler, KWG, CRR-VO, 5. Aufl. 2016, § 1 KWG Rn. 143.
289   *Pfüller*, in: Hoeren/Sieber/Holznagel, Multimedia-Recht, 46. EL Januar 2018, Teil 13.7 Rn. 30.

seninformationsdiensten oder elektronischen Programmen für Kursprognosen.[290] Der Kunde vertraut dort auf die Richtigkeit der Informationen, bekommt aber keine Handlungsempfehlung.

Problematisch ist insbesondere die Abgrenzung zwischen dem Robo Advisor der ersten Generation und einer *intelligenten Produktsuche*.[291] Bei diesem Angebot kann der Anleger mit einer interaktiven Suchfunktion Finanzprodukte nach objektiven Produktmerkmalen wie der Risikoklasse, den Kosten oder dem Zielmarkt eingrenzen. Die Software selektiert das Produktspektrum entsprechend der Suchanfrage. Der Anleger kann sich beispielsweise nur ETFs anzeigen lassen, die nach ihrer Zielmarktbestimmung einen langfristigen Anlagehorizont haben. Durch seine Suchanfrage hat der Nutzer entscheidenden Einfluss auf das Ergebnis der Anfrage. Sofern der Anbieter die Finanzprodukte lediglich in einer neutralen Art und Weise nach objektiven Produktmerkmalen sortiert, erteilt er keine Handlungsempfehlung.[292] Er agiert daher unterhalb der Schwelle zur Anlageberatung. Wenn er konkrete Anlagevorschläge als Ergebnis der Auswertung der Kundenexploration präsentiert, suggeriert der Anbieter hingegen, wie er selbst an Stelle des Kunden handeln würde. Diese Vorschläge sind eine Empfehlung i.S.v. § 2 Abs. 8 Nr. 10 WpHG und erfüllen somit den Tatbestand der Anlageberatung.[293]

2. Persönlich

Zur Konkretisierung des Merkmals *persönlich* normiert Art. 9 Abs. 2 der unmittelbar anwendbaren DelVO MiFID II (EU) 2017/565:

»Diese Empfehlung muss als für die betreffende Person geeignet dargestellt werden oder auf eine Prüfung der Verhältnisse der betreffenden Person gestützt sein […].«

Es handelt sich somit um eine persönliche Empfehlung, wenn diese als für den Anleger geeignet dargestellt wird, unabhängig davon, ob die Umstände

---

290 *Kumpan*, in: Baumbach/Hopt, HGB, 37. Aufl. 2016, § 2 WpHG Rn. 24.
291 Zur intelligenten Produktsuche siehe erster Teil: § 2 A. III. 1.
292 *Grischuk*, Robo-Advice, BaFin Journal 8/2017, 18, 20.
293 *Oppenheim/Lange-Hausstein*, Robo Advisor, WM 2016, 1966, 1968; *Fuchs*, in: Fuchs, WpHG, 2. Aufl. 2016, § 2 Rn. 117; *Spindler*, in: Langenbucher/Bliesener/Spindler, Bankrechts-Kommentar, 2. Aufl. 2016, Kap. 33 Rn. 36; *Assmann*, in: Assmann/Schneider, WpHG, 6. Aufl. 2012, § 2 Rn. 113.

im Einzelfall geprüft wurden (Variante 1) oder die Empfehlung tatsächlich auf eine Prüfung der persönlichen Umstände gestützt ist (Variante 2).[294]

a) Prüfung persönlicher Umstände als objektiver Maßstab

Voraussetzung von Variante 2 ist eine tatsächliche Berücksichtigung der persönlichen Umstände des Anlegers. Ausschlaggebend ist ein objektiver Maßstab. Um die Anlegerinformationen prüfen zu können, müssen diese dem Anbieter bekannt sein.[295] Voraussetzung ist daher eine Kundenexploration. In einem zweiten Schritt muss der Robo Advisor die persönlichen Umstände tatsächlich berücksichtigen.[296] Das setzt voraus, dass der Algorithmus so programmiert ist, dass die Kundeninformationen wesentliche Parameter sind. Werden die Kundenangaben geändert, muss sich das auf die Anlageempfehlung auswirken.

aa) Begriff der persönlichen Umstände

Wie in Teil 1 gezeigt,[297] variiert die Ausgestaltung des Fragenkatalogs zwischen den Anbietern von Robo Advice erheblich. Je nach Art und Umfang stehen unterschiedliche Anlegerinformationen zur Verfügung. Nicht jede eingeholte Information ist ein persönlicher Umstand.[298] Entscheidend ist, was unter *persönlichen Umständen des Anlegers* zu verstehen ist.[299] Für die Auslegung maßgeblich sind die konkretisierenden Vorgaben des Art. 9 DelVO MiFID II (EU) 2017/565. Diese Norm fordert eine »Prüfung der Verhältnisse der betreffenden Person«. Die Formulierung hilft nicht, den Begriff zu präzisieren.[300] Die englische Sprachfassung bleibt vergleichbar

---

294 *Poelzig*, Kapitalmarktrecht, 2018, Rn. 748; *Baum*, in: KK-WpHG, 2. Aufl. 2014, § 2 Rn. 186; Assmann, in: Assmann/Schneider, WpHG, 6. Aufl. 2012, § 2 Rn. 115; *Schäfer*, in: Boos/Fischer/Schulte-Mattler, KWG, CRR-VO, 5. Aufl. 2016, § 1 KWG Rn.146.
295 *Möslein/Lordt*, Rechtsfragen des Robo-Advice, ZIP 2017, 793, 795.
296 *Möslein/Lordt*, Rechtsfragen des Robo-Advice, ZIP 2017, 793, 796; *Oppenheim/Lange-Hausstein*, Robo Advisor, WM 2016, 1966, 1968.
297 Siehe erster Teil: § 2 A.
298 *Grischuk*, Robo-Advice, BaFin Journal 8/2017, 18, 19.
299 *Baumanns*, FinTechs als Anlageberater? Die aufsichtsrechtliche Einordnung von Robo-Advisory, BKR 2016, 366, 370.
300 *Baumanns*, FinTechs als Anlageberater? Die aufsichtsrechtliche Einordnung von Robo-Advisory, BKR 2016, 366, 370.

vage und spricht von *circumstances of that person*. Daher ist anhand der gängigen Auslegungskriterien zu ermitteln, was unter *persönlichen Umständen* i.S.v. § 2 Abs. 8 Nr. 10 WpHG zu verstehen ist. Ausgangspunkt der Auslegung ist der Wortlaut.[301] Dabei ist vorrangig auf den juristischen Sprachgebrauch durch die Vorgaben des Gesetzes abzustellen.[302] Eine Legaldefinition findet sich nicht. Die den europäischen Rechtsakten vorangestellten Erwägungsgründe sind bei der Ermittlung der ratio legis maßgeblich zu beachten.[303] Ausweislich der Erwägungsgründe wollte der europäische Gesetzgeber den Anlegern ein hohes und umfassendes Schutzniveau bieten.[304] Da der Anwendungsbereich der Organisations- und Wohlverhaltenspflichten durch den Tatbestand der Anlageberatung determiniert wird, ist dieser Gesetzeszweck auch bei der Auslegung des Tatbestandsmerkmals persönliche Umstände zu berücksichtigen.[305] Gesetze sind so auszulegen, dass der Regelungsgehalt der Norm erhalten bleibt.[306] Dieses Umgehungsverbot ist Teil der teleologischen Auslegung,[307] die sowohl auf nationaler, als auch auf europäischer Ebene eine herausragende Rolle einnimmt.[308] Ein Verhalten ist dann verbotene Gesetzesumgehung, wenn der Sinn und Zweck der Norm ohne Verwirklichung des Tatbestandsmerkmals unterlaufen wird.[309] Beschränkt man den Begriff der persönlichen Verhältnisse auf die finanzielle Situation des Anlegers, würde das im Ergebnis dazu führen, dass der Robo Advisor den Tatbestand der Anlageberatung nicht erfüllt, wenn er keine Informationen zu den finanziellen Verhältnissen einholt. In

---

301 *Riesenhuber*, in: Riesenhuber, Europäische Methodenlehre, 2015, § 10 Rn. 13; *Möllers*, Juristische Methodenlehre, 2017, § 4 Rn. 39.
302 *Möllers*, Juristische Methodenlehre, 2017, § 4 Rn. 39; *Vogel*, Juristische Methodik, 1998, S. 114 f.
303 *Riesenhuber*, in: Riesenhuber, Europäische Methodenlehre, 2015, § 10 Rn. 41 f.; *Möllers*, Juristische Methodenlehre, 2017, § 5 Rn. 6.
304 Erwägungsgrund 2 und 31 MiFID I bzw. 86 MiFID II.
305 Im Ergebnis so auch *Veil*, Anlageberatung im Zeitalter der MiFID, WM 2007, 1821, 1822; *Fuchs*, in: Fuchs, WpHG, 2. Aufl. 2016, § 2 Rn. 118.
306 *Riesenhuber*, in: Riesenhuber, Europäische Methodenlehre, 2015, § 10 Rn. 45; *Möllers*, Juristische Methodenlehre, 2017, § 5 Rn. 48; *Diederichsen*, Die „reductio ad absurdum" in der Jurisprudenz, in: FS Larenz, 1973, S. 155, 177.
307 *Möllers*, Juristische Methodenlehre, 2017, § 5 Rn. 48; *Wank*, Die Auslegung von Gesetzen, 6. Aufl. 2015, S. 73.
308 *Möllers*, Juristische Methodenlehre, 2017, § 5 Rn. 3, 4; *Honsell*, in: Staudinger, BGB, Neubearb. 2013, Einl zum BGB Rn. 151; *Hager*, Rechtsmethoden in Europa, 2009, Kap. 6 Rn. 11.
309 *Möllers*, Juristische Methodenlehre, 2017, § 5 Rn. 48; *Wank*, Die Auslegung von Gesetzen, 6. Aufl. 2015, S. 73; *Riesenhuber*, in: Riesenhuber, Europäische Methodenlehre, 2015, § 10 Rn. 45.

diesem Fall wäre er nicht Adressat der Organisations- und Wohlverhaltenspflichten und könnte so durch die Gestaltung der Informationsabfrage die anlegerschützenden Bestimmungen umgehen. Daher sind nicht nur die finanziellen Verhältnisse als persönliche Umstände zu klassifizieren, sondern *sämtliche personenbezogene Aspekte*, die eine Bedeutung für die Wertpapierdienstleitung haben.[310] Das umfasst etwa die Kenntnisse und Erfahrungen, die Anlageziele und die Risikobereitschaft. Auch individuelle Gesichtspunkte, wie das Alter oder der eheliche Güterstand, sind für die Beratung bedeutsam und daher als persönliche Umstände einzuordnen.[311] Nicht unter den Begriff der persönlichen Umstände fallen hingegen Angaben zum Anlagebetrag oder die monatlichen Sparraten.[312] Diese sind zwar für die Anlageempfehlung bedeutsam, sie sind aber nicht auf die Person des Anlegers bezogen und daher nicht persönlich im Sinne des Tatbestands.

bb) Umfang der Exploration

Die Unterschiede zwischen den Anbietern von Robo Advice betreffen neben der Art der gestellten Fragen auch den Umfang der eingeholten Kundenangaben. Während einige Anbieter umfassende Informationen einholen, ist der Fragenkatalog bei anderen eher knapp gehalten. Eine Empfehlung ist persönlich, wenn sie tatsächlich auf einer Prüfung der persönlichen Umstände beruht.[313] Nicht maßgeblich ist, ob bei der Auswahl des Finanzprodukts nur ein persönlicher Umstand berücksichtigt wird oder mehrere. Eine umfassende Exploration ist nach § 64 Abs. 3 WpHG bei der Erbringung von Anlageberatung verpflichtend. Da eine umfassende Kundenexploration Rechtsfolge der Qualifizierung als Anlageberatung ist, kann sie nicht gleichzeitig Tatbestandsvoraussetzung sein. Die Verhaltenspflichten würden sonst leerlaufen. Auch in der Verwaltungspraxis der BaFin ist die Zahl

---

310 So auch die Definition von *Grischuk*, Robo-Advice, BaFin Journal 8/2017, 18, 20.
311 CESR, Question & Answers – Understanding the definition of advice under MiFID, Stand 19.4.2010, CESR/10-293, S. 12 Nr. 52; *Grischuk*, Robo-Advice, BaFin Journal 8/2017, 18, 20.
312 *Grischuk*, Robo-Advice, BaFin Journal 8/2017, 18, 19.
313 *Poelzig*, Kapitalmarktrecht, 2018, Rn. 748; *Baum*, in: KK-WpHG, 2. Aufl. 2014, § 2 Rn. 186; *Assmann*, in: Assmann/Schneider, WpHG, 6. Aufl. 2012, § 2 Rn. 115.

der abgefragten persönlichen Umstände für den Tatbestand der Anlageberatung nicht relevant.[314] Voraussetzung ist, dass mindestens ein persönlicher Umstand abgefragt und dieser bei der Anlageempfehlung tatsächlich zugrunde gelegt wird.[315]

b) Subjektiver Anschein Berücksichtigung persönlicher Umstände

Unabhängig von einer tatsächlichen Prüfung ist die Anlageempfehlung nach der ersten Tatbestandsvariante persönlich, wenn diese als *für den Kunden geeignet dargestellt* wird.[316] Maßgeblich ist die objektive Kundenperspektive.[317] Ein berechtigter Anschein ist begründet, wenn beim Kunden aufgrund der konkreten Interaktion mit dem Anbieter das berechtigte Vertrauen entsteht, dass dieser seine persönlichen Umstände berücksichtigt und ihm eine individuelle Handlungsempfehlung erteilt.[318] Voraussetzung ist, dass der Dienstleister zurechenbar den Anschein erweckt, er habe die persönlichen Verhältnisse der Kunden bei der Empfehlung mit einbezogen.[319] Für den Kunden entsteht dieser Eindruck, wenn der Robo Advisor die An-

---

314 BaFin, Robo-Advice und Auto-Trading – Plattformen zur automatisierten Anlageberatung und automatischem Trading, Stand April 2016; *Grischuk*, Robo-Advice, BaFin Journal 8/2017, 18, 19; *Baumanns*, FinTechs als Anlageberater? Die aufsichtsrechtliche Einordnung von Robo-Advisory, BKR 2016, 366, 370.
315 *Grischuk*, Robo-Advice, BaFin Journal 8/2017, 18, 19.
316 *Assmann*, in: Assmann/Schneider, WpHG, 6. Aufl. 2012, § 2 Rn. 115; *Fuchs*, in: Fuchs, WpHG, 2. Aufl. 2016, § 2 Rn. 118; *Schäfer*, in: Boos/Fischer/Schulte-Mattler, KWG, CRR-VO, 5. Aufl. 2016, § 1 KWG Rn. 146; *Baum*, in: KK-WpHG, 2. Aufl. 2014, § 2 Rn. 187.
317 *Seyfried*, Die Richtlinie über Märkte für Finanzinstrumente (MiFID) – Neuordnung der Wohlverhaltensregeln, WM 2006, 1375, 1381; *Balzer*, Umsetzung der MiFID: Ein neuer Rechtsrahmen für die Anlageberatung, ZBB 2007, 333, 335; *Oppenheim/Lange-Hausstein*, Robo Advisor, WM 2016, 1966, 1968; *Möslein/Lordt*, Rechtsfragen des Robo-Advice, ZIP 2017, 793, 796.
318 *Linardatos*, Automatisierte Finanzentscheidungen im Finanzwesen am Beispiel der Robo Advisory, InTer 2017, 216, 217; *Assmann*, in: Assmann/Schneider, WpHG, 6. Aufl. 2012, § 2 Rn. 113; *Oppenheim/Lange-Hausstein*, Robo Advisor, WM 2016, 1966, 1968.
319 *Balzer*, Umsetzung der MiFID: Ein neuer Rechtsrahmen für die Anlageberatung, ZBB 2007, 333, 335; *Baum*, in: KK-WpHG, 2. Aufl. 2014, § 2 Rn. 187; *Assmann*, in: Assmann/Schneider, WpHG, 6. Aufl. 2012, § 2 Rn. 115; *Schönleiter*, in: Landmann/Rohmer, Gewerbeordnung, 77. EL Oktober 2017, § 34f GewO Rn. 46; *Kumpan*, in: Schwark/Zimmer, KMRK, 4. Aufl. 2010, § 2 WpHG Rn. 95.

lageempfehlung als Resultat der Auswertung des individualisierten Fragebogens präsentiert.[320] Kein entsprechender Vertrauenstatbestand ist gegeben, wenn der Robo Advisor keinerlei persönliche Umstände[321] abfragt. Das ist etwa bei Discount-Brokern der Fall, die ein Execution-only-Geschäft anbieten.[322] Bei dieser Vertriebsform muss der Kunde ausdrücklich darüber informiert werden, dass er nicht durch die Wohlverhaltenspflichten der § 63 ff WpHG geschützt wird.[323]

In welchem Umfang der Empfehlungsgeber Auskünfte einholt, ist nicht entscheidend.[324] Auch die Abfrage weniger Informationen erweckt auf Kundenseite den Eindruck, dass diese bei der Anlageempfehlung berücksichtigt werden.[325] Da in der Praxis alle Robo Advisor persönliche Kundenangaben einholen und als Ergebnis der Abfrage mögliche Investitionsobjekte präsentieren, entsteht aus der der maßgeblichen objektiven Kundenperspektive immer der Anschein, dass diese Informationen bei der Auswahl der Produkte zugrunde gelegt werden. In der Praxis sind die Algorithmen der meisten Robo Advisor so programmiert, dass die Anlageempfehlung objektiv auf Basis der Kundenangaben erstellt wird. Ein Rückgriff auf den subjektiven Anschein, dass persönliche Umstände zugrunde gelegt wurden, ist dann nicht erforderlich.

II. Empfehlung gegenüber Kunden oder deren Vertretern

Die Empfehlung muss gegenüber dem Kunden oder dessen Vertreter erfolgen. Art. 9 Abs. 1 DelVO MiFID II (EU) 2017/565 stellt klar, dass die Empfehlung an eine Person in ihrer Eigenschaft als Anleger oder potentieller

---

320 *Linardatos*, Automatisierte Entscheidungsprozesse im Finanzwesen am Beispiel der Robo Advisory, InTeR 2017, 216, 218; *Assmann*, in: Assmann/Schneider, WpHG, 6. Aufl. 2012, § 2 Rn. 115.
321 Zum Begriff soeben zweiter Teil: § 4 B. I. 2. a) aa).
322 BGH, Urt. v. 5.10.1999, XI ZR 296/98, BGHZ 142, 345 ff.; BGH, Urt. v. 19.3.2013, XI ZR 431/11, BGHZ 196, 370 ff.; *Linardatos*, Automatisierte Finanzentscheidungen im Finanzwesen am Beispiel der Robo Advisory, InTer 2017, 216, 217.
323 *Möllers*, in: KK-WpHG, 2. Aufl. 2014, § 31 Rn. 410; *Braun/Lang/Loy*, in: Ellenberger/Schäfer/Clouth/Lang, Praktikerhandbuch Wertpapier- und Derivategeschäft, 4. Aufl. 2011, Teil 2 B Rn. 611.
324 *Schönleiter*, in: Landmann/Rohmer, Gewerbeordnung, 77. EL Oktober 2017, § 34f GewO Rn. 46.
325 *Linardatos*, Automatisierte Entscheidungsprozesse im Finanzwesen am Beispiel der Robo Advisory, InTeR 2017, 216, 218.

Anleger bzw. als Beauftragter eines solchen Anlegers gerichtet sein muss. Da auch Anlageinteressenten als potentielle Anleger erfasst sind, ist jeder Nutzer eines Robo-Advice-Angebots Kunde im Sinne der WpHG-Definition.[326]

III. Bezug auf Geschäfte mit bestimmten Finanzinstrumenten

1. Geschäfte

Die Anlageberatung setzt tatbestandlich voraus, dass sich die Empfehlung auf Geschäfte mit bestimmten Finanzinstrumenten bezieht. *Geschäfte* i.S.v. § 2 Abs. 8 Nr. 10 WpHG bzw. § 1 Abs. 1a Satz 2 Nr. 1a KWG sind nach Art. 9 Abs. 2 lit a DelVO MiFID II (EU) 2017/565 insbesondere alle Rechtsgeschäfte, die einen Kauf oder Verkauf von Finanzinstrumenten zum Gegenstand haben. Bei Robo Advice der ersten Generation wird dem Anlageinteressenten regelmäßig der Kauf von Fonds vorgeschlagen.[327]

2. Bestimmte Finanzinstrumente

Gegenstand der Robo-Empfehlung sind in der Praxis meist ETFs. Als Investmentvermögen i.S.d. § 1 Abs. 1 KAGB sind diese *Finanzinstrumente* i.S.v. § 2 Abs. 4 Nr. 2 WpHG bzw. § 1 Abs. 11 KWG.[328] Die Einordnung

---

326 Bereits vor Inkrafttreten der DelVO MiFID II (EU) 2017/565 umfasst der Kundenbegriff auch potentielle Anleger: *Schäfer*, in: Boos/Fischer/Schulte-Mattler, KWG, CRR-VO, 5. Aufl. 2016, § 1 KWG Rn. 145; *Baum*, in: KK-WpHG, 2. Aufl. 2014, § 2 Rn. 189; *Assmann*, in: Assmann/Schneider WpHG, 6. Aufl. 2012, § 2 Rn. 114.
327 Siehe erster Teil: § 2 A. I. 2.
328 BaFin, Auslegungsschreiben zum Anwendungsbereich des KAGB und zum Begriff des „Investmentvermögens", Stand März 2015; *Kloyer*, Der Anwendungsbereich des KAGB nach § 1 Abs. 1 des Gesetzes in der Beratungspraxis, in: Möllers/Kloyer, Das neue Kapitalanlagegesetzbuch, 2013, Rn. 252; *Harrer*, Exchange Traded Funds (ETFs), 2016, S. 175.

der Tätigkeit als Anlageberatung setzt zudem voraus, dass sich die Empfehlung auf *bestimmte* Finanzinstrumente bezieht.[329] Dazu muss der Dienstleister die einzelnen Wertpapiere konkret benennen.[330] Nicht ausreichend sind generische Empfehlungen, also Ratschläge, bestimmte Aktiengattungen oder Wertpapiere einer bestimmten Branche zu erwerben.[331] Ein konkreter Vorschlag beinhaltet eine eindeutige Bezeichnung des Finanzprodukts.[332]

Die meisten Robo Advisor der ersten Generation schlagen ihren Kunden einen oder mehrere ETFs unter Nennung der ISIN vor. Teilweise sind die Empfehlungen optisch so aufbereitet, dass dem Anlageinteressenten zunächst nur eine bestimmte Portfoliostruktur empfohlen wird, etwa eine Empfehlung, zu 40 Prozent in Aktienfonds und zu 60 Prozent in Anleihefonds zu investieren. Erst in einem zweiten Schritt oder nach der Registrierung erhält der Kunde Zugang zu einer konkreten Anlageempfehlung unter Nennung der jeweiligen Fondskennung für jede Kategorie.[333] Für die aufsichtsrechtliche Qualifikation ist entscheidend, ob der Anleger überhaupt eine konkrete Empfehlung erhält. Zwischenschritte im Beratungsprozess oder bei der Darstellung der Anlageempfehlung sind unschädlich. Hier ist eine Parallele zum persönlichen Beratungsgespräch zu ziehen: Dort ist es ebenfalls unbeachtlich, wenn der Berater zunächst allgemeine Ausführungen zur Portfoliostruktur oder Anlagestrategie macht, bevor er eine konkrete Empfehlung ausspricht.

---

329 Regierungsentwurf FRUG, BT-Drs. 16/4028, S. 56.
330 *Assmann*, in: Assmann/Schneider, WpHG, 6. Aufl. 2012, § 2 Rn. 118; *Kumpan*, in: Schwark/ Zimmer, KMRK, 4. Aufl. 2010, § 2 WpHG Rn. 97; *Petow*, in: Heidel, Aktienrecht und Kapitalmarktrecht, 4. Aufl. 2014, § 2 WpHG Rn. 37.
331 CESR, Question & Answers – Understanding the definition of advice under MiFID, Stand 19.4.2010, CESR/10-293, S. 10 Nr. 34 f.; *Koller*, Beratung und Dokumentation nach dem § 34 Abs. 2a WpHG, in: FS Schneider, 2011, S. 651, 657; *Baum*, in: KK-WpHG, 2. Aufl. 2014, § 2 Rn. 188; *Petow*, in: Heidel, Aktienrecht und Kapitalmarktrecht, 4. Aufl. 2014, § 2 WpHG Rn. 37.
332 BaFin, Robo-Advice und Auto-Trading – Plattformen zur automatisierten Anlageberatung und automatischem Trading, Stand April 2016.
333 *Stiftung Warentest*, Beratung ist Programm, Finanztest 01/2017, 56, 60.

3. Auswahlmöglichkeit für Kunden

Einige Robo-Advice-Plattformen schlagen ihren Kunden nicht nur ein Finanzprodukt vor, sondern unterbreiten eine Reihe konkreter Anlagevorschläge. Der Kunde entscheidet nicht nur, *ob* er die Geldanlage tätigen möchte, sondern auch über die konkrete Ausgestaltung, also das *Wie*. Eine hinreichend bestimmte Empfehlung ist immer dann gegeben, wenn der Anleger diese unmittelbar umsetzen kann. Sofern lediglich eine bestimmte Gattung, Art oder Klasse von Finanzinstrumenten empfohlen wird, ist das nicht ohne weitere Recherche möglich.[334] Dem Erfordernis der Bestimmtheit ist jedoch Genüge getan, wenn der Berater verschiedene konkrete Empfehlungen unterbreitet und der Anleger diese durch eine bloße Auswahlentscheidung erwerben kann.[335]

4. Konkrete Empfehlung nicht einzige Voraussetzung

Die BaFin stellt für die aufsichtsrechtliche Qualifikation eines Robo Advisors als Anlageberater in erster Linie darauf ab, ob dieser konkrete Finanzinstrumente empfiehlt.[336] Die Tätigkeit

> »wird in der Regel dann als erlaubnispflichtige Anlageberatung eingestuft, wenn der Kunde aufgrund seiner Angaben konkrete, auf bestimmte Finanzinstrumente bezogene Anlagevorschläge erhält«.[337]

Den anderen Tatbestandsmerkmalen scheint die BaFin nur untergeordnete Bedeutung zukommen zu lassen.[338] Sofern wie die BaFin die Nennung eines konkreten Finanzinstruments als entscheidendes Tatbestandsmerkmal

---

334 *Assmann*, in: Assmann/Schneider, WpHG, 6. Aufl. 2012, § 2 Rn. 118.
335 CESR, Question & Answers – Understanding the definition of advice under MiFID, Stand 19.4.2010, CESR/10-293, S. 10 Nr. 39 f.; *Baum*, in: KK-WpHG, 2. Aufl. 2014, § 2 Rn. 188; *Assmann*, in: Assmann/Schneider, WpHG, 6. Aufl. 2012, § 2 Rn. 118; *Petow*, in: Heidel, Aktienrecht und Kapitalmarktrecht, 4. Aufl. 2014, § 2 WpHG Rn. 37; *Fuchs*, in: Fuchs, WpHG, 2. Aufl. 2016, § 2 Rn. 119.
336 BaFin, Robo-Advice und Auto-Trading – Plattformen zur automatisierten Anlageberatung und automatischem Trading, Stand April 2016; *Altmann/Becker*, BaFinTech 2016, Workshop 3: Robo-Advice, S. 10.
337 BaFin, Robo-Advice und Auto-Trading – Plattformen zur automatisierten Anlageberatung und automatischem Trading, Stand April 2016.
338 *Baumanns*, FinTechs als Anlageberater? Die aufsichtsrechtliche Einordnung von Robo-Advisory, BKR 2016, 366, 369.

versteht, muss man sämtliche Robo Advisor der ersten Generation als Anlageberater klassifizieren. Das schließt auch Plattformen ein, die so wenige persönliche Kundeninformationen einholen, dass eine Prüfung der persönlichen Umstände aus Sicht eines verständigen Anlegers nicht möglich ist.[339] Die Praxis der BaFin hat den Vorteil, dass die aufsichtsrechtliche Qualifikation von Robo Advice anhand eines eindeutigen Kriteriums möglich ist: Ob der Robo Advisor ein konkretes Finanzprodukt empfiehlt, ist auch für Laien unmittelbar erkennbar. Diese Klarheit fördert die Rechtssicherheit und Durchsetzbarkeit der Verhaltenspflichten. Grundsätzlich sind solche Effektivitäts- und Praktikabilitätserwägungen sinnvoll, um den Willen des Gesetzgebers optimal zu verwirklichen.[340] Dem steht jedoch der eindeutige Wortlaut des Gesetzes entgegen. Der Tatbestand der Anlageberatung hat neben der konkreten Empfehlung weitere Voraussetzungen und muss etwa persönlich sein, § 2 Abs. 8 Nr. 10 WpHG. Ein Unternehmen erbringt nur dann Anlageberatung, wenn sämtliche Tatbestandsmerkmale kumulativ vorliegen.

Die BaFin hat keine vom Gesetzgeber ausgestaltete allgemeine Normsetzungsbefugnis, sondern konkretisiert die Auslegung des bestehenden Rechts durch Verlautbarungen.[341] Da die BaFin selbst kein Recht schaffen kann, ist es ihr im Umkehrschluss auch verwehrt, den Tatbestand einer Norm derart einzuschränken, dass bei der Gesetzesanwendung nur einzelne Merkmale beachtlich sind. Dadurch würde sie das Gesetz in vergleichbarer Weise wie bei der Schaffung neuer Normen modifizieren. Bei Auslegung des Tatbestands im Kontext der herkömmlichen Anlageberatung, hält die BaFin alle Voraussetzungen für gleichermaßen relevant.[342] Da der Tatbestand der Anlageberatung unionsrechtlich determiniert ist, ist das notwendig, um eine einheitliche Anwendung von Unionsrecht zu gewährleisten.[343]

---

339 So *Baumanns*, FinTechs als Anlageberater? Die aufsichtsrechtliche Einordnung von Robo-Advisory, BKR 2016, 366, 369.
340 *Vogel*, Juristische Methodik, 1998, S. 127; *Möllers*, Juristische Methodenlehre, 2017, § 5 Rn. 87; *Wank*, Die Auslegung von Gesetzen, 6. Aufl. 2015, S. 72.
341 *Halfpap*, Normsetzungsbefugnisse von Kapitalmarktaufsichtsbehörden, BKR 2009, 65, 66; *Walther*, in: Schimansky/Bunte/Lwowski, Bankrechts-Handbuch, 5. Aufl. 2017, § 42 Rn. 57.
342 BaFin/Deutsche Bundesbank, Gemeinsames Informationsblatt zum Tatbestand der Anlageberatung, Stand November 2017, Nr. 1, 4 sieht die Prüfung der persönlichen Umstände als wesentliches Element.
343 *Möllers*, Juristische Methodenlehre, 2017, § 2 Rn. 71; *Obwexer*, in: von der Groeben/Schwarze/ Hatje, Europäisches Unionsrecht, 7. Aufl. 2015, Art. 4 EUV Rn. 99.

Dasselbe muss auch für die digitale Anlageberatung gelten: Die Empfehlung eines konkreten Finanzinstruments ist notwendige, aber nicht hinreichende Bedingung für den Tatbestand der Anlageberatung bei Robo Advice.

IV. Ausnahme: Öffentliche Empfehlung

Es gibt eine für Robo Advice relevante Tatbestandsausnahme: Eine Empfehlung, die ausschließlich über sogenannte Informationsverbreitungskanäle oder für die Öffentlichkeit bekannt gegeben wird, ist keine Anlageberatung i.S.v. § 2 Abs. 8 Nr. 10 WpHG.[344] Wird die Empfehlung an das breite Publikum gerichtet, also einem unbestimmten Personenkreis zugänglich gemacht, handelt es sich um eine Finanzanalyse i.S.d. Art. 20 Abs. 1 MAR. De facto ist diese Ausnahme ein weiteres Merkmal zur Konkretisierung des Begriffs der persönlichen Empfehlung.[345]

1. Internet als Informationsverbreitungskanal

Allein die Verbreitung der Empfehlung über das Internet als öffentlich zugänglicher Informationsverbreitungskanal, ist für den Tatbestand der Anlageberatung kein Ausschlussgrund.[346] Nach Art. 9 Abs. 3 DelVO MiFID II (EU) 2017/565 fällt nur eine Empfehlung, mit der die allgemeine Öffentlichkeit angesprochen wird, unter den Ausnahmetatbestand.[347] *Personali-*

---

344 *Grischuk*, Robo-Advice, BaFin Journal 8/2017, 18, 20; *Veil*, in: Veil, Europäisches Kapitalmarktrecht, 2. Aufl. 2014, § 25 Rn. 4.
345 *Teuber*, Finanzmarkt-Richtlinie (MiFID) – Auswirkungen auf Anlageberatung und Vermögensverwaltung im Überblick, BKR 2006, 429, 430; *Kumpan*, in: Schwark/Zimmer, KMRK, 4. Aufl. 2010, § 2 WpHG Rn. 99; *Assmann*, in: Assmann/Schneider, WpHG, 6. Aufl. 2012, § 2 Rn. 117; *Baum*, in: KK-WpHG, 2. Aufl. 2014, § 2 Rn. 190; *Grundmann*, in: Staub, HGB, Bd. 11/2, 5. Aufl. 2018, 8. Teil Rn. 82.
346 *Roth/Blessing*, Die neuen Vorgaben nach MiFID II – Teil 1, CCZ 2016, 258, 259.
347 Erwägungsgrund 14 DelVO MiFID II (EU) 2017/565.

sierte E-Mails, Websites oder Börsenbriefe, die einen individuell bestimmbaren Personenkreis ansprechen, können daher als Anlageberatung zu qualifizieren sein.[348]

2. Bekanntgabe für die Öffentlichkeit

Art. 9 Abs. 3 DelVO MIFID II (EU) 2017/565 konkretisiert das Merkmal *für die Öffentlichkeit bekannt gegeben* dahingehend, dass eine Empfehlung nicht als persönliche Empfehlung betrachtet wird, wenn sie *ausschließlich für die Öffentlichkeit* abgegeben wird. Das CESR fasst die Verbreitung von Anlageempfehlungen über Zeitungen, Magazine, Fernsehen, Radio oder andere Medien, die an die Öffentlichkeit gerichtet sind (z.B. Websites) unter den Begriff.[349] Dieselben Kriterien finden sich in der juristischen Kommentarliteratur.[350]

Zu untersuchen ist, ob Robo Advice mit diesen Kommunikationsformen vergleichbar ist. Sofern es sich im Wesentlichen um gleichartige Fälle handelt, ist Robo Advice auch rechtlich gleich zu beurteilen und daher nicht als Anlageberatung einzuordnen.[351] Allen beispielhaft aufgeführten Medien ist gemein, dass Anlagevorschläge über Massenkommunikationsmittel und ohne Berücksichtigung der Umstände des Einzelnen erteilt werden.[352] Der Anlageinteressent kann die Anlageempfehlung in der Zeitung oder im Fernsehen nicht beeinflussen. Als verallgemeinerungsfähiger Gedanke lässt sich ableiten, dass in den genannten Fällen keine Interaktion zwischen Anleger

---

348 Erwägungsgrund 14 DelVO MiFID II (EU) 2017/565; *Roth/Blessing*, Die neuen Vorgaben nach MiFID II – Teil 1, CCZ 2016, 258, 259; *Mansen*, Die neuen Anlageberatungsregelungen der MiFID II, 2018, S. 35.
349 CESR, Question & Answers – Understanding the definition of advice under MiFID, Stand 19.4.2010, CESR/10-293, S. 13 Nr. 60.
350 *Kumpan*, in: Schwark/Zimmer, KMRK, 4. Aufl. 2010, § 2 WpHG Rn. 99; *Assmann*, in: Assmann/Schneider, WpHG, 6. Aufl. 2012, § 2 Rn. 117; *Fuchs*, in: Fuchs, WpHG, 2. Aufl. 2016, § 2 Rn. 118; *Baum*, in: KK-WpHG, 2. Aufl. 2014, § 2 Rn. 190; *Schwennicke*, in: Schwennicke/Auerbach, KWG, 3. Aufl. 2016, § 2 Rn. 96; *Weber/Seifert*, in: Luz/Neus/Schaber/Schneider/Wagner/Weber, KWG und CRR, 3. Aufl. 2015, § 2 KWG Rn. 50.
351 Zum Ähnlichkeitsargument: *Möllers*, Juristische Methodenlehre, 2017, § 6 Rn. 88.
352 *Kumpan*, in: Schwark/Zimmer, KMRK, 4. Aufl. 2010, § 2 WpHG Rn. 99; *Baumanns*, FinTechs als Anlageberater? Die aufsichtsrechtliche Einordnung von Robo-Advisory, BKR 2016, 366, 371.

und Ratgeber stattfindet. Daher fehlt es an einer Individualisierung der Empfehlung.[353]

Im Gegensatz zu den eben genannten Medien gibt es bei Robo Advice ein interaktives Element. Der Anlageinteressent gibt über den webbasierten Fragebogen persönliche Informationen preis, die Grundlage der Empfehlung sind.[354] Daher handelt sich unabhängig vom Kommunikationskanal um eine individualisierte Dienstleistung.[355] Um die Speicherung und Verarbeitung der Kundenangaben zu ermöglichen, wird der Anlageinteressent bei Robo Advice durch den Algorithmus zudem technisch bedingt individualisiert.[356] Die konkrete Empfehlung wird nur gegenüber der Person bekannt gegeben, die die Kundenangaben gemacht hat. Auf Zeitschriften oder Magazine können hingegen eine Vielzahl von Personen zugreifen. Folglich besteht eine Ungleichheit gegenüber den Fällen, in denen eine Bekanntgabe für die Öffentlichkeit durch das CESR angenommen wird. Das rechtfertigt es, Robo Advice der ersten Generation tatbestandlich als Anlageberatung zu klassifizieren.

V. Umsetzung der Empfehlung nicht entscheidend

Da der Tatbestand der Anlageberatung an die Erteilung der Empfehlung anknüpft, ist es gleichgültig, ob der Anlageinteressent den Ratschlag des Robo Advisors auch umsetzt.[357] Daraus folgt, dass die Modalitäten der Umsetzung für die aufsichtsrechtliche Qualifikation unbeachtlich sind.[358] Somit spielt es keine Rolle, ob der Robo Advisor zur Umsetzung mit einer Depotbank kooperiert oder diese als Vollbank selbst anbietet.

---

353 *Schäfer*, in: Boos/Fischer/Schulte-Mattler, KWG, CRR-VO, 5. Aufl. 2016, § 1 KWG Rn. 143; *Fuchs*, in: Fuchs, WpHG, 2. Aufl. 2016, § 2 Rn. 118.
354 *Baumanns*, FinTechs als Anlageberater? Die aufsichtsrechtliche Einordnung von Robo-Advisory, BKR 2016, 366, 371.
355 *Grischuk*, Robo-Advice, BaFin Journal 8/2017, 18, 22.
356 *Grischuk*, Robo-Advice, BaFin Journal 8/2017, 18, 22.
357 *Baum*, in: KK-WpHG, 2. Aufl. 2014, § 2 Rn. 186; *Assmann*, in: Assmann/Schneider, WpHG, 6. Aufl. 2012, § 2 Rn. 113.
358 *Grischuk*, BaFin Journal 8/2017, 18, 21.

VI. Unabdingbarkeit durch Disclaimer oder AGB

Gerade in der Anfangszeit von Robo Advice, als viele neue Anbieter auf den Markt drängten, erklärten die meisten Robo Advisor auf der Website und in ihren AGB, dass sie keine Anlageberatung erbrächten.[359] Einige Anbieter klassifizierten sich selbst als beratungsfreie Vermittler.[360] Durch die Hinweise auf ihrer Website bzw. die AGB verfolgten und verfolgen die meisten Anbieter zwei Ziele: Zum einen wollen sie dem Eindruck entgegentreten, dass die Empfehlung auf den persönlichen Umständen des Anlegers beruht. Dann wäre die Tätigkeit schon tatbestandlich keine Anlageberatung. Zum anderen wollen viele Anbieter die aufsichtsrechtliche Einordnung oder die daraus resultierenden Verhaltenspflichten vertraglich ausschließen.

1. Erschütterung des Anscheins der Berücksichtigung persönlicher Umstände

Viele Anbieter von Robo Advice der ersten Generation verwenden Disclaimer, um dem Anschein entgegenzutreten, der Anleger erhalte eine auf seine persönlichen Verhältnisse zugeschnittene Anlageempfehlung.[361] Sie platzieren während des kompletten Beratungsprozesses gut sichtbar einen Hinweis auf der Website, dass sie keine Anlageberatung erbringen, sondern dem Kunden durch den automatisierten Prozess lediglich eine bessere eigenverantwortliche Entscheidung ermöglichen.[362] Fraglich ist, ob diese Disclaimer den Anschein erschüttern können, dass bei der Anlageempfehlung persönliche Umstände des Anlegers berücksichtigt werden. Disclaimer entfalten keine Wirkung, wenn die Anlageempfehlung nach der zweiten Tatbestandsvariante von Art. 9 Abs. 2 DelVO MiFID II (EU) 2017/565 tatsächlich auf einer Prüfung der persönlichen Umstände gestützt ist. Dieses

---

359 *Baumanns*, FinTechs als Anlageberater? Die aufsichtsrechtliche Einordnung von Robo-Advisory, BKR 2016, 366, 369, 371; *Möslein/Lordt*, Rechtsfragen des Robo-Advice, ZIP 2017, 793, 795; Öko-Test, Computergestützte Geldanlage – Viel heiße Luft, 6/2016, 131, 133.
360 Öko-Test, Computergestützte Geldanlage – Viel heiße Luft, 6/2016, 131, 133.
361 *Oppenheim/Lange-Hausstein*, Robo Advisor, WM 2016, 1966, 1968; *Möslein/Lordt*, Rechtsfragen des Robo-Advice, 2017, ZIP 2017, 793, 796; *Baumanns*, FinTechs als Anlageberater? Die aufsichtsrechtliche Einordnung von Robo-Advisory, BKR 2016, 366, 370.
362 *Oppenheim/Lange-Hausstein*, Robo Advisor, WM 2016, 1966, 1969.

Merkmal ist objektiv zu bestimmen: Wurden der Anlageempfehlung entsprechende Angaben zugrunde gelegt, dann ist diese eo ipso auf eine Prüfung der persönlichen Umstände des Anlegers gestützt. Der subjektiven Kundenwahrnehmung kommt dann keine Bedeutung zu.[363]

In der ersten Tatbestandsvariante ist die subjektive Wahrnehmung des Anlegers maßgeblich. Nach Auffassung von *Baumanns* kann ein Disclaimer den Anschein verhindern, dass die Empfehlung des Robo Advisors auf den persönlichen Umständen des Anlegers beruht.[364] Auch das CESR misst entsprechenden Hinweisen Bedeutung zu, stellt aber in den Q&A gleichzeitig klar, dass die Kundenwahrnehmung nicht alleine durch Disclaimer bestimmt wird.[365] Entscheidend ist, was der Kunde aufgrund seines Gesamteindrucks annehmen muss. Wenn ein Robo Advisor anlagerelevante Kundeninformationen erfragt, wird dem Anleger suggeriert, dass diese bei der Empfehlung berücksichtigt werden. Andernfalls wäre die Abfrage überflüssig.[366] Daher reicht ein Disclaimer im Regelfall nicht aus, um den subjektiven Kundeneindruck zu erschüttern, dass seine Angaben der Empfehlung zugrunde liegen. Der Hinweis verhindert die Qualifikation der Tätigkeit als Anlageberatung daher nicht. Führt der Robo Advisor hingegen keine Exploration durch, verfügt der Anbieter über keine Angaben zu persönlichen Umständen. Eine Empfehlung wird dann nicht als für den Kunden geeignet dargestellt.

2. Ausschluss aufsichtsrechtlicher Pflichten

Grundsätzlich können die Parteien ihre Rechtsbeziehungen eigenverantwortlich gestalten. Die freie Gestaltung der Verträge durch die Parteien ist als Teil der allgemeinen Handlungsfreiheit grundrechtlich geschützt. Art. 2

---

363 Dazu soeben zweiter Teil: § 4 B. I. 2. a).
364 *Baumanns*, FinTechs als Anlageberater? Die aufsichtsrechtliche Einordnung von Robo-Advisory, BKR 2016, 366, 370; ihr folgend: *Möslein/Lordt*, Rechtsfragen des Robo-Advice, ZIP 2017, 793, 796.
365 CESR, Question & Answers – Understanding the definition of advice under MiFID, Stand 19.4.2010, CESR/10-293, S. 12 Nr. 49, 50, 59. Das CESR ist Rechtsvorgänger des ESMA. Nicht ausdrücklich aufgehobene CESR-Verlautbarungen gelten grundsätzlich weiterhin.
366 CESR, Question & Answers – Understanding the definition of advice under MiFID, Stand 19.4.2010, CESR/10-293, S. 12 Nr. 54, 57.

Abs. 1 GG gewährleistet die Privatautonomie.[367] Ihr Kernbestandteil ist die Vertragsfreiheit.[368] Die Privatautonomie wird aber notwendigerweise durch gesetzliche Vorschriften begrenzt.[369] Insbesondere bei der strukturellen Unterlegenheit eines Vertragspartners kann der Gesetzgeber Regelungen erlassen, um das Verhandlungsungleichgewicht wiederherzustellen. Ein strukturelles Ungleichgewicht besteht dann, wenn eine Partei den Vertragsinhalt faktisch einseitig bestimmen kann.[370] Bei der Anlageberatung besteht ein starkes Informationsgefälle zwischen dem Anleger und dem Anlageberater.[371] Diese Informationsasymmetrie soll durch umfangreiche öffentlich-rechtliche Aufklärungs- und Beratungspflichten minimiert werden.[372] Eine Begrenzung der Privatautonomie ist insoweit geboten. Die Legaldefinition der Wertpapierdienstleistungen in § 2 Abs. 8 WpHG und die Wohlverhaltenspflichten der § 63 ff. WpHG sind Regelungen des Aufsichtsrechts.[373] Da diese Gegenstand staatlicher Kontrolle sind, unterliegen sie nicht der Parteidisposition und können nicht durch individualvertragliche Vereinbarung ausgeschlossen werden.[374] Die Unabdingbarkeit erstreckt sich auch

---

367 BVerfG, Beschl. v. 19.10.1993, 1 BvR 567/89, BVerfGE 89, 214, 321; *Köhler*, BGB Allgemeiner Teil, 42. Aufl. 2018, § 5 Rn. 1.
368 *Köhler*, BGB Allgemeiner Teil, 42. Aufl. 2018, § 5 Rn. 1.
369 BVerfG, Beschl. v. 19.10.1993, 1 BvR 567/89, BVerfGE 89, 214, 231.
370 BVerfG, Beschl. v. 19.10.1993, 1 BvR 567/89, BVerfGE 89, 214, 232; BVerfG, Beschl. v. 7.2.1990, 1 BvR 26/84, BVerfGE 81, 242, 255.
371 *Möllers*, in: KK-WpHG, 2. Aufl. 2014, § 31 Rn. 4; *Fleischer*, Empfiehlt es sich, im Interesse des Anlegerschutzes und zur Förderung des Finanzplatzes Deutschland das Kapitalmarkt- und Börsenrecht neu zu regeln?, Gutachten F zum 64. Deutschen Juristentag 2002, F23; *Mülbert*, Anlegerschutz und Finanzmarktregulierung, ZHR 177 (2013), 160, 182.
372 *Fleischer*, Empfiehlt es sich, im Interesse des Anlegerschutzes und zur Förderung des Finanzplatzes Deutschland das Kapitalmarkt- und Börsenrecht neu zu regeln?, Gutachten F zum 64. Deutschen Juristentag 2002, F23.
373 BGH, Urt. v. 7.5.2002, XI ZR 197/01, WM 2002, 1442, 1445; BGH, Urt. v. 5.10.1999, XI ZR 296/98, NJW 2000. 359, 316; *Möllers*, in: KK-WpHG, 2. Aufl. 2014, § 31 Rn. 27; *Buck-Heeb*, Verhaltenspflichten beim Vertrieb, ZHR 177 (2013), 310, *Leisch*, Informationspflichten nach § 31 WpHG, 2004, S. 5 f.; *Bliesener*, Aufsichtsrechtliche Verhaltenspflichten, 1998, S. 102 ff.; *Lange*, Informationspflichten von Finanzdienstleistern, 2000, S. 300 ff.; *Hadding/Henrichs*, Devisentermingeschäfte – Prolongation und Aufklärungspflichten, in: FS Claussen,1997, S. 447, 460.
374 *Möllers*, in: KK-WpHG, 2. Aufl. 2014, § 31 Rn. 27; *Leisch*, Informationspflichten nach § 31 WpHG, 2004, S. 125 ff.; *Reich*, Informations-, Aufklärungs- und Warnpflichten beim Anlagengeschäft unter besonderer Berücksichtigung des „execution-only-business" (EOB), WM 1997 1601, 1606; *Cahn*, Grenzen des

auf die Legaldefinitionen des § 2 Abs. 8 WpHG, da ein individualvertraglicher Ausschluss des Tatbestands der Anlageberatung im Ergebnis ebenfalls zum Ausschluss der Pflichten führt. Zum selben Ergebnis kommt die ESMA in ihren Leitlinien zur Geeignetheitsprüfung: Weder der Charakter der Dienstleistung, noch der Pflichtenumfang kann durch Disclaimer oder vergleichbare Erklärungen zum Nachteil des Anlegers modifiziert werden.[375]

C. Abgrenzung zur Anlage- und Abschlussvermittlung

Neben Anlageberatung und Finanzportfolioverwaltung kann Robo Advice grundsätzlich auch als Anlage- oder Abschlussvermittlung zu qualifizieren sein.[376] In diesen Fällen erteilt der Anbieter keine Empfehlung, sondern unterstützt den Kunden lediglich bei der Umsetzung der Finanzanlage.[377]

I. Robo Advice als Anlagevermittlung

Die Anlagevermittlung ist die Vermittlung von Geschäften über die Anschaffung und die Veräußerung von Finanzinstrumenten, §§ 2 Abs. 8 Nr. 4

Markt- und Anlegerschutzes durch das WpHG, ZHR (1998), 1, 34; *Schrödermeier*, Nachforschungspflichten einer Bank als Vermögensverwalterin zur Person ihres Kunden, WM 1995, 2053, 2055; *Wieneke*, Discount-Broking und Anlegerschutz, 1999, S. 104; entsprechend für den Ausschluss zivilrechtlichen Pflichten durch Disclaimer: *Möllers/Puhle*, Know your product – Ermittlungspflichten von Zertifikate-Emittenten, JZ 2012, 592, 599.

375 ESMA, Final Report: Guidelines on certain aspects of the MiFID II suitability requirements v. 28.5.2018, ESMA35-43-869, S. 35 Nr 19.
376 *Altmann/Becker*, BaFinTech 2016, Workshop 3: Robo-Advice, S. 7; *Oppenheim/Lange-Hausstein*, Robo Advisor, WM 2016, 1966, 1968; *Baumanns*, FinTechs als Anlageberater? Die aufsichtsrechtliche Einordnung von Robo-Advisory, BKR 2016, 366, 368; *Möslein/Lordt*, Rechtsfragen des Robo-Advice, ZIP 2017, 793, 794; *Reiter/Methner*, Rechtsprobleme der Beratung durch Robo Advisors, in: Taeger, Recht 4.0, 2017, S. 587, 589 f.; *Herring/Kunschke/Bachmann*, in: Kunschke/Schaffelhuber, FinTech, 2018, Teil II D Rn. 7 ff.
377 *Möslein/Lordt*, Rechtsfragen des Robo-Advice, ZIP 2017, 793, 796.

WpHG bzw. § 1 Abs. 1a Nr. 1 KWG. Ein Anlagevermittler vertreibt Finanzinstrumente für einen kapitalsuchenden Dritten.[378] Die Grenzen zur Anlageberatung können dabei fließend sein.[379] Kern der Anlageberatung ist die Abgabe einer persönlichen Empfehlung.[380] Von einem Anlagevermittler werden hingegen nur korrekte und vollständige Auskünfte über das Anlageprodukt erwartet.[381] Dabei steht der werbende und anpreisende Charakter der Informationen im Vordergrund.[382]

Obwohl eine Beratungstätigkeit nicht Inhalt der Leistung ist, bezeichnen die BaFin[383] und Stimmen in der Literatur[384] Vermittlungsangebote dieser Art auch als Robo Advice. Anlagevermittlung kommt aber nur als Wertpapierdienstleistung in Betracht, wenn der Anleger aufgrund der Ausgestaltung der Website nicht mehr als eine korrekte Produktbeschreibung erwartet.[385] Wird etwa ein Anleger selbst auf ein bestimmtes Finanzprodukt aufmerksam und möchte dieses über einen Robo Advisor erwerben, handelt der Anbieter lediglich als Anlagevermittler.[386] Es findet sich derzeit kein

---

378 *Bamberger*, in: Derleder/Knops/Bamberger, Deutsches und europäisches Bank- und Kapitalmarktrecht, 3. Aufl. 2017, § 53 Rn. 13; *Baum*, in: KK-WpHG, 2. Aufl. 2014, § 2 Rn. 161.
379 *Edelmann*, in: Assmann/Schütze, Handbuch des Kapitalanlagerechts, 4. Aufl. 2015, § 3 Rn. 4.
380 BGH, Urt. v. 25.11.1981 IVa ZR 286/60, NJW 1982, 1095, 1096.
381 BGH, Urt. v. 25.11.1981, IVa ZR 286/60, NJW 1982, 1095, 1096; BaFin, Merkblatt Anlagevermittlung, Stand Juli 2017, Nr. 1.a); *Kumpan*, in: Schwark/Zimmer, KMRK, 4. Aufl. 2010, § 2 WpHG Rn. 69; *Fuchs*, in: Fuchs, WpHG, 2. Aufl. 2016, § 2 Rn. 97; *Schäfer*, in: Schäfer/Hamann, Kapitalmarktgesetze, 7. Aktualisierung 2013, § 2 Rn. 67; *Baum*, in: KK-WpHG, 2. Aufl. 2014, § 2 Rn. 161; *Assmann*, in: Assmann/Schneider, WpHG, 6. Aufl. 2012, § 2 Rn. 81; *Schönleiter*, in: Landmann/Rohmer, Gewerbeordnung, 77. EL Oktober 2017, § 34f GewO Rn. 37; *Schwennicke*, in: Schwennicke/Auerbach, KWG, 3. Aufl. 2016, § 1 Rn. 83.
382 *Edelmann*, in: Assmann/Schütze, Handbuch des Kapitalanlagerechts, 4. Aufl. 2015, § 3 Rn. 8; *Baum*, in: KK-WpHG, 2. Aufl. 2014, § 2 Rn. 161; *Weber/Seifert*, in: Luz/Neus/Schaber/Schneider/Wagner/Weber, KWG und CRR, 3. Aufl. 2015, § 1 KWG Rn. 48.
383 BaFin, Robo-Advice und Auto-Trading – Plattformen zur automatisierten Anlageberatung und automatischem Trading, Stand April 2016.
384 *Reiter/Methner*, Rechtsprobleme der Beratung durch Robo Advisors, in: Taeger, Recht 4.0, 2017, S. 587, 589.
385 *Oppenheim/Lange-Hausstein*, Robo Advisor, WM 2016, 1966, 1968.
386 BaFin, Robo-Advice und Auto-Trading – Plattformen zur automatisierten Anlageberatung und automatischem Trading, Stand April 2016; *Rauch/Lebeau/Thiele*, Steuerrechtliche sowie aufsichtsrechtliche Herausforderungen bei der Entwicklung hin zur automatisierten Anlageempfehlung (Robo-Advice), RdF 2017, 227, 228.

entsprechendes Robo-Advice-Angebot am deutschen Markt, da Kern des Geschäftsmodells ist, den Kunden aktiv bei der Auswahl der Finanzprodukte zu unterstützen oder für ihn die vollstände Verwaltung des Vermögens zu übernehmen.[387] Der Abschluss von Geschäften, die der Dienstleister aufgrund einer vorausgegangenen Anlageberatung für den Kunden durchführt, fällt nicht unter den Tatbestand der Anlagevermittlung, da diese auf der Beratung beruhen.[388]

II. Robo Advice als Abschlussvermittlung

Die Abschlussvermittlung wird sowohl in § 2 Abs. 8 Nr. 3 WpHG, als auch in § 1 Abs. 1a Nr. 2 KWG als die Anschaffung und die Veräußerung von Finanzinstrumenten in fremdem Namen für fremde Rechnung definiert. Bei dieser Wertpapierdienstleistung übernimmt der Dienstleister den Geschäftsabschluss als Vertreter des Kunden.[389] Erfasst sind Fälle der offenen Stellvertretung i.S.d. § 164 BGB beim Erwerb von Wertpapieren.[390] Voraussetzung ist, dass der Vermittler zum Abschluss der Wertpapiergeschäfte bevollmächtigt ist und die getätigten Geschäfte den Anleger binden.[391] Eine persönliche Anlageempfehlung erhält der Anleger auch bei der Abschlussvermittlung nicht. Nach der hier zugrunde gelegten Begriffsdefinition werden unter Robo Advice alle technischen Systeme zusammengefasst, mit denen Anleger Kapital investieren oder verwalten lassen können.[392] Grundsätzlich kann ein Robo Advisor daher auch als Abschlussvermittler tätig sein.[393] Die am deutschen Markt verfügbaren Anbieter beschränken sich jedoch nicht darauf, dem Kunden bei der Umsetzung von Finanzprodukten

---

387 Zum Geschäftsmodell siehe erster Teil: § 2.
388 *Assmann*, in: Assmann/Schneider, WpHG, 6. Aufl. 2012, § 2 Rn. 82.
389 *Baum*, in: KK-WpHG, 2. Aufl. 2016, § 2 Rn. 160; *Assmann*, in: Assmann/Schneider, 6. Aufl. 2012, § 2 Rn. 78; *Poelzig*, Kapitalmarktrecht, 2018, Rn. 746.
390 *Schäfer*, in: Boos/Fischer/Schulte-Mattler, KWG, CRR-VO, 5. Aufl. 2016, § 1 KWG Rn. 157; *Kumpan*, in: Schwark/Zimmer, KMRK, 4. Aufl. 2010, § 2 WpHG Rn. 68; *Baum*, in: KK-WpHG, 2. Aufl. 2014, § 2 Rn. 160; *Fuchs*, in: Fuchs, WpHG, 2. Aufl. 2016 § 2 Rn. 94; *Assmann*, in: Assmann/Schneider, 6. Aufl. 2012, § 2 Rn. 78.
391 BaFin, Merkblatt Abschlussvermittlung, Stand September 2014, Nr. 1.b); *Fuchs*, in: Fuchs, WpHG, 2. Aufl. 2016 § 2 Rn. 94.
392 Siehe erster Teil: § 1 A. II.
393 BaFin, Robo-Advice und Auto-Trading – Plattformen zur automatisierten Anlageberatung und automatischem Trading, Stand April 2016; *Altmann/Becker*,

zu helfen, sondern wollen den Anleger auch bei der Auswahl der Finanzprodukte unterstützen.[394] Die Klassifizierung von Robo Advice als Abschlussvermittlung ist daher rein theoretischer Natur.

D. Ergebnis zu § 4

1. Wegen der verschiedenen Geschäftsmodelle verbietet sich eine pauschale aufsichtsrechtliche Qualifikation von Robo Advice. Diese muss im Einzelfall nach den allgemeinen Gesetzen anhand der konkreten Ausgestaltung von Leistungsangebot, Plattformgestaltung und Kundeninteraktion erfolgen.
2. Da die Anlageberatung eine einmalige Empfehlung zum Gegenstand hat, kommt eine entsprechende Klassifikation nur bei Robo Advice der ersten Generation in Betracht. Voraussetzung ist, dass das Angebot unter den Tatbestand von § 2 Abs. 8 Nr. 10 WpHG fällt und demzufolge eine persönliche Empfehlung bestimmter Finanzprodukte darstellt, die nicht für die Öffentlichkeit bestimmt ist.
3. Robo Advisor erteilen aus Sicht des maßgeblichen Erklärungsempfängers eine Empfehlung, wenn dem Anleger zu einer bestimmten Handlung geraten wird. Die Präsentation von Finanzprodukten als Ergebnis der Auswertung der Kundenexploration suggeriert, dass der Anbieter an Stelle des Kunden diese Produkte erwerben würde und ist daher eine Empfehlung.
4. Eine Empfehlung ist persönlich, wenn der Robo Advisor mindestens einen persönlichen Umstand des Anlegers abfragt und der Algorithmus so programmiert ist, dass er die Information tatsächlich für die Anlageempfehlung berücksichtigt. Alternativ ist eine Empfehlung persönlich, wenn für den Kunden subjektiv der berechtigte Anschein entsteht, dass seine Angaben Grundlage für die Auswahl der Finanzprodukte waren.
5. Der Begriff der persönlichen Umstände umfasst sämtliche Informationen über die Person des Anlegers und ist nicht auf Angaben zur finanziellen Situation beschränkt. Informationen, die ausschließlich die Anlage betreffen, beispielsweise die Anlagedauer oder der gewünschte Anlagebetrag, sind keine persönlichen Umstände.
6. Entgegen der Auffassung der BaFin ist die Tätigkeit eines Robo Advisors nicht bereits dann als Anlageberatung zu qualifizieren, wenn dieser

---

BaFinTech 2016, Workshop 3: Robo-Advice, S. 7; *Oppenheim/Lange-Hausstein*, Robo Advisor, WM 2016, 1966, 1968; *Möslein/Lordt*, Rechtsfragen des Robo-Advice, ZIP 2017, 793, 796.
394 Zum Geschäftsmodell siehe erster Teil: § 2.

dem Anleger ein konkretes Finanzinstrument vorschlägt. Robo Advice ist nur dann Anlageberatung, wenn die Dienstleistung sämtliche Tatbestandsvoraussetzungen der gesetzlichen Definition erfüllt. Die Empfehlung eines konkreten Finanzinstruments ist dafür notwendige, nicht aber hinreichende Bedingung.

7. Obwohl ein unbeschränkter Personenkreis über das Internet Zugriff auf das Robo-Advice-Angebot hat, handelt es sich aufgrund der individuellen Interaktion zwischen Kunde und Anbieter um eine Empfehlung, die sich an einen individuell bestimmbaren Personenkreis richtet. Unabhängig vom Kommunikationskanal wird die Anlageempfehlung bei Robo Advice der ersten Generation daher nicht für die Öffentlichkeit bekannt gegeben und die Dienstleistung ist im Regelfall als Anlageberatung zu qualifizieren.

8. Weder der Charakter der Dienstleistung, noch der Pflichtenumfang, kann bei Robo Advice durch privatrechtliche Vereinbarungen, etwa durch Disclaimer oder AGB, zum Nachteil des Anlegers modifiziert werden. Diese Vorgaben sind Gegenstand staatlicher Kontrolle und unterliegen nicht der Parteidisposition.

9. Die BaFin nennt die Anlage- und Abschlussvermittlung als mögliche Wertpapierdienstleistung bei Robo Advice. Diese Kategorien sind jedoch nur theoretischer Natur, da sämtliche Robo Advisor am deutschen Markt darauf ausgelegt sind, den Anleger bei der Auswahl der Finanzprodukte zu unterstützen und nicht nur bei der Umsetzung.

§ 5 Robo Advice als Finanzportfolioverwaltung

A. Grundlagen der Finanzportfolioverwaltung

Die Finanzportfolioverwaltung ist gem. § 2 Abs. 3 Nr. 7 WpHG eine Wertpapierdienstleistung. Das WpHG definiert Finanzportfolioverwaltung als

»die Verwaltung einzelner oder mehrerer in Finanzinstrumenten angelegter Vermögen für andere mit Entscheidungsspielraum (Finanzportfolioverwaltung).«

Eine fast gleichlautende Legaldefinition findet sich in § 1 Abs. 1a Satz 2 Nr. 3 KWG. In der Praxis werden die Begriffe Finanzportfolioverwaltung und Vermögensverwaltung weitgehend synonym verwendet, da die Finanzportfolioverwaltung der wichtigste Anwendungsfall der Vermögensverwaltung ist.[395]

B. Robo Advice der zweiten Generation als Finanzportfolioverwaltung

Einige Anbieter wie *Investify*, *Liqid*, *Fintego*, *Whitebox*, *Scalable Capital* und *Quirion* bieten ausweislich der Angaben auf ihrer Website Vermögensverwaltung an. Maßgeblich für die aufsichtsrechtliche Qualifikation ist jedoch nicht die Selbsteinschätzung, sondern der Tatbestand von § 2 Abs. 3 Nr. 7 WpHG bzw. § 1 Abs. 1a Satz 2 Nr. 3 KWG. Ein Robo Advisor erbringt Finanzportfolioverwaltung, wenn er (1) einzelne Vermögen verwaltet, die (2) in Finanzinstrumenten angelegt sind. Die Verwaltung muss (3) für andere erfolgen und erfordert (4) einen Entscheidungsspielraum. Da die Finanzportfolioverwaltung immer eine *fortlaufende Verwaltung* zum Gegenstand hat, kommt diese Wertpapierdienstleistung nur bei Robo Advice der zweiten Generation in Betracht. Robo Advice der ersten Generation ist hingegen meist als Anlageberatung zu klassifizieren, da ein einmaliger Anlagevorschlag erteilt wird.[396]

---

[395] *Möslein*, in: Langenbucher/Bliesener/Spindler, Bankrechts-Kommentar, 2. Aufl. 2016, Kap. 34 Rn. 3; *Balzer*, in: Derleder/Knops/Bamberger, Deutsches und europäisches Bank- und Kapitalmarktrecht, 3. Aufl. 2017, § 53 Rn. 1; *Baum*, in: KK-WpHG, 2. Aufl. 2014, § 2 Rn. 173.

[396] Siehe dazu zweiter Teil: § 4.

I. Verwaltung einzelner Vermögen

1. Verwaltung als Dauerschuldverhältnis

Wesentliches Tatbestandsmerkmal ist die Verwaltung. Eine Verwaltung erschöpft sich nicht in einer einmaligen Anlageentscheidung, sondern ist auf eine gewisse Dauer angelegt.[397] Der Verwaltungsbegriff enthält daher ein Zeitmoment und erfasst die *laufende Anlage und Überwachung von Vermögensobjekten* in Interesse eines Kunden.[398] Eine einmalige Verwaltungstätigkeit reicht hingegen nicht aus.[399] Diese Abgrenzung ist auch bei Robo Advice ein entscheidendes Kriterium für die aufsichtsrechtliche Qualifikation. Der Robo Advisor der zweiten Generation betreut das angelegte Vermögen des Kunden fortlaufend nach Maßgabe der zwischen Anleger und Robo Advisor vereinbarten Anlagerichtlinien.[400] In der Praxis schließen sämtliche Robo Advisor der zweiten Generation dazu mit dem Kunden ausdrücklich einen unbefristeten Vermögensverwaltungsvertrag, der dem Anbieter rechtsgeschäftlich die Befugnis einräumt, nach eigenem Ermessen fortlaufend Anlageentscheidungen für den Anleger zu treffen.[401]

---

397 BaFin, Merkblatt – Hinweise zum Tatbestand der Finanzportfolioverwaltung, Stand Juli 2018, Nr. 1a); *Baum*, in: KK-WpHG, 2. Aufl. 2014, § 2 Rn. 173; *Kumpan*, in: Schwark/Zimmer, KMRK, 4. Aufl. 2010, § 2 WpHG Rn. 79; *Assmann*, in: Assmann/Schneider, WpHG, 6. Aufl. 2012, § 2 Rn. 102, 104; *Fuchs*, in: Fuchs, WpHG, 2. Aufl. 2016, § 2 Rn. 107.

398 BaFin, Merkblatt – Hinweise zum Tatbestand der Finanzportfolioverwaltung, Stand Juli 2018, Nr. 1a); BVerwG, Urt. v. 22.9.2004, 6 C 29.03, BVerwGE 122, 29, 35; *Sethe*, in: Schäfer/Sethe/Lang, Handbuch Vermögensverwaltung, 2. Aufl. 2016, § 5 Rn. 46; BGH, Urt. v. 28.10.1997, XI ZR260/96, BHGZ 137, 69; *Schäfer*, in: Assmann/Schütze, Handbuch des Kapitalanlagerechts, 4. Aufl. 2015, § 23 Rn. 3; *Möslein*, in: Langenbucher/Bliesener/Spindler, Bankrechts-Kommentar, 2. Aufl. 2016, Kap. 34 Rn. 1; *Balzer*, in: Derleder/Knops/Bamberger, Deutsches und europäisches Bank- und Kapitalmarktrecht, 3. Aufl. 2017, § 53 Rn. 1; *Schäfer*, in: Schwintowski, Bankrecht, 5. Aufl. 2018, Kap. 18 Rn. 8.

399 *Baum*, in: KK-WpHG, 2. Aufl. 2014, § 2 Rn. 173; *Kumpan*, in: Schwark/Zimmer, KMRK, 4. Aufl. 2010, § 2 WpHG Rn. 79; *Assmann*, in: Assmann/Schneider, WpHG, 6. Aufl. 2012, § 2 Rn. 102, 104; *Schwennicke*, in: Schwennicke/Auerbach, KWG, 3. Aufl. 2016, § 1 Rn. 113; a.A. BaFin, Merkblatt – Hinweise zum Tatbestand der Finanzportfolioverwaltung, Stand Juli 2018, Nr. 1a).

400 Siehe erster Teil: § 2 A. II.; BaFin, Automatisierte Finanzportfolioverwaltung, Stand April 2016; *Oehler/Horn/Wendt*, Nicht-professionelle Investoren in der digitalen Welt, WD 2016, 640, 641; *Möslein/Lordt*, Rechtsfragen des Robo Advice, ZIP 2017, 793, 796.

401 *Stiftung Warentest*, Robo-Advisor: Die Maschine machts, Finanztest 08/2018, 42, 45.

2. Individuelle Verwaltung

Weiterhin muss die Vermögensverwaltung für einzelne Vermögen erfolgen, § 2 Abs. 3 Nr. 7 WpHG bzw. § 1 Abs. 1a Satz 2 Nr. 3 KWG. Diesem Tatbestandsmerkmal liegt Art. 4 Abs. 1 Nr. 8 MiFID II zugrunde,[402] der eine individuelle Vermögensverwaltung fordert.[403] Das ist bei der Auslegung zwingend zu berücksichtigen.[404] Bei Robo Advice erfolgt die Verwaltung in der Regel nicht gänzlich individuell. Eine Investitionsentscheidung wird immer *für sämtliche Anleger einer bestimmten Anlegergruppe* getroffen. Anschließend wird die Transaktion für alle Anleger dieser Anlegergruppe nachvollzogen, indem die Kundendepots entsprechend umgeschichtet werden.[405] Es ist daher zu untersuchen, ob diese zusammengefasste Verwaltung mehrerer Kundenvermögen eine individuelle Verwaltung im Sinne der Finanzportfolioverwaltung ist.

---

[402] Der Tatbestand der Finanzportfolioverwaltung beruht auf der Wertpapierdienstleistungsrichtlinie 93/22/EWG. Nach dem Wortlaut von Anhang A der Wertpapierdienstleistungsrichtlinie setzte der Tatbestand der Portfolioverwaltung eine individuelle Verwaltung einzelner Portfolios mit einem Ermessensspielraum im Rahmen eines Mandats der Anleger voraus. Art. 4 Abs. 1 Nr. 9 MiFID I übernahm diese Regelungstechnik und forderte eine Verwaltung auf Einzelkundenbasis. Diese Definition findet sich nun wortlautgetreu in Art. 4 Abs. 1 Nr. 8 MiFID II.

[403] *Schwennicke*, in: Schwennicke/Auerbach, KWG, 3. Aufl. 2016, § 1 Rn. 114; *Sethe*, in: Schäfer/Sethe/Lang, Handbuch Vermögensverwaltung, 2. Aufl. 2016, § 5 Rn. 51; *Fuchs*, in: Fuchs, WpHG, 2. Aufl. 2016, § 2 Rn. 110; *Eßer*, Kollektive Anlagemodelle als Finanzportfolioverwaltung, WM 2008, 671, 675.

[404] *Möllers*, Juristische Methodenlehre, 2017, § 8 Rn. 46; *Roth*, in: KK-WpHG, 2. Aufl. 2014, § 2 Rn. 4; *Möllers*, Die unionskonforme und die richtlinienkonforme Interpretation, in: GS Wolf, 2011, S. 669, 673; *Assmann*, in: Assmann/Schneider, WpHG, 4. Aufl. 2012, Einl. Rn. 75.

[405] Erster Teil: § 2 A. I. 3.; *Möslein/Lordt*, Rechtsfragen des Robo Advice, ZIP 2017, 793, 796.

a) Kollektive Vermögensverwaltung

Abzugrenzen ist die *individuelle Verwaltung* bzw. die Verwaltung des *einzelne Vermögens* von der kollektiven Vermögensverwaltung, die nicht unter den Tatbestand der Finanzportfolioverwaltung fällt.[406] Typischer Anwendungsfall der *kollektiven Vermögensverwaltung* sind Investmentfonds, bei denen ein Fondsmanager ein einheitliches Sondervermögen betreut.[407] Dort sind die individuellen Anlageziele der Fondsinhaber unbeachtlich oder haben nur mittelbaren Einfluss auf die Gesamtstrategie des Fonds. Diese Tätigkeit von Kapitalanlagegesellschaften i.S.d. § 17 KAGB ist im KAGB spezialgesetzlich geregelt, so dass für die Anwendung der Definitionen des KWG bzw. WpHG kein Raum bleibt.[408]

Wie bei der kollektiven Vermögensverwaltung wird jede Investitionsentscheidung auch bei Robo Advice der zweiten Generation immer für eine Anlegergruppe getroffen. Im Unterschied zu Investmentfonds verwalten Robo Advisor das Kundenvermögen jedoch nicht als gemeinsames Depot oder Sondervermögen. Jeder Anleger ist *Eigentümer der Vermögensgegenstände in seinem eigenen Depot* und die Vermögenswerte bleiben ihm zugeordnet. Weiterhin richtet der Robo Advisor die Verwaltung individuell am Interesse der Anleger bzw. der Anlegergruppen aus: Anders als bei Investmentvermögen kann der Kunde seine *persönliche Anlagestrategie individuell anpassen*. Ändert er seine Angaben zur Risikopräferenz oder zu den finanziellen Verhältnissen, ordnet der Robo Advisor den Kunden einer neuen Anlegergruppe mit einer anderen Anlagestrategie zu. Bei kollektiven Anlagemodellen hat der Kunde hingegen keinen Einfluss darauf, wie sein Vermögen investiert wird.[409] Obwohl die Anlageentscheidung bei Robo

---

406 *Schäfer*, in: Schwintowski, Bankrecht, 5. Aufl. 2018, Kap. 18 Rn. 14; *Fuchs*, in: Fuchs, WpHG, § 2 Rn. 110; *Eßer*, Kollektive Anlagemodelle als Finanzportfolioverwaltung, WM 2008, 671, 675; *Sethe*, in: Schäfer/Sethe/Lang, Handbuch Vermögensverwaltung, 2. Aufl. 2016, § 5 Rn. 41; *Assmann*, in: Assmann/Schneider, WpHG, 6. Aufl. 2012, § 2 Rn. 105.

407 *Sethe*, in: Schäfer/Sethe/Lang, Handbuch Vermögensverwaltung, 2. Aufl. 2016, § 5 Rn. 41.

408 *Assmann*, in: Assmann/Schneider, WpHG, 6. Aufl. 2012, § 2 Rn. 102, 105; *Kumpan*, in: Schwark/Zimmer, KMRK, 4. Aufl. 2010, § 2 WpHG Rn. 84; *Baum*, in: KK-WpHG, 2. Aufl. 2014, § 2 Rn. 176; *Fuchs*, in: Fuchs, WpHG, 2. Aufl. 2016, § 2 Rn. 110.

409 *Sethe*, in: Schäfer/Sethe/Lang, Handbuch Vermögensverwaltung, 2. Aufl. 2016, § 5 Rn. 41; *Fuchs*, in: Fuchs, WpHG, 2. Aufl. 2016, § 2 Rn. 110; *Baum*, in: KK-WpHG, 2. Aufl. 2014, § 2 Rn. 176; *Assmann*, in: Assmann/Schneider, WpHG, 6. Aufl. 2012, § 2 Rn. 102.

§ 5 Robo Advice als Finanzportfolioverwaltung

Advice immer für eine Anlegergruppe getroffen wird, ist die Dienstleistung aufgrund dieser Unterschiede keine Form der kollektiven Vermögensverwaltung.

b) Standardisierte Vermögensverwaltung

In Deutschland bietet derzeit kein Robo Advisor eine gänzlich individuelle Vereinbarung der Anlagerichtlinien an. Der Anleger wird anhand seiner persönlichen Angaben einer Anlegergruppe zugeordnet. Die Investitionsentscheidung erfolgt nicht individuell, sondern wird immer für die Anlegergruppe getroffen.[410] Ist der Kunde nach seinem Risiko-Ziel-Profil dieser Anlegergruppe zugeordnet, werden die Transaktionen für sein Depot nachvollzogen.[411] Auch bei der herkömmlichen Finanzportfolioverwaltung findet sich für kleinere und mittlere Vermögen eine Zusammenfassung von Kundenvermögen zum Zwecke der einheitlichen Verwaltung.[412] Dieses Modell wird als *standardisierte Vermögensverwaltung* bezeichnet.[413] Das Kreditinstitut vereinbart mit dem Kunden je nach Risikobereitschaft und persönlichen Umständen eine Anlagestrategie anhand von vorgegebenen Grundmodellen (z.B. konservativ oder chancenorientiert). Für diese Grundmodelle stellt das Kreditinstitut Musterportfolios zusammen, die sie fortlaufenden nach Maßgabe der Grundstrategie verwaltet und an die aktuelle Marktsituation anpasst.[414] Eine gemeinsame Verwahrung im depotrechtlichen Sinne erfolgt im Gegensatz zur kollektiven Vermögensverwaltung aber nicht. Die Vermögenswerte sind nach Kunden getrennt.[415] Das Prozedere entspricht der Konzeption von Robo Advice der zweiten Generation. Nach *Walz* ist diese Form der standardisierten Vermögensverwaltung eine kollektive Vermögensverwaltung, die der Regulierung durch das KAGB

---

410 Siehe erster Teil: § 2 A. II.; *Möslein/Lordt*, Rechtsfragen des Robo-Advice, ZIP 2017, 793, 796.
411 Siehe erster Teil: § 2 A. II.; *Möslein/Lordt*, Rechtsfragen des Robo-Advice, ZIP 2017, 793, 796.
412 *Walz*, in: Schimansky/Bunte/Lwowski, Bankrechts-Handbuch, 5. Aufl. 2017, § 111 Rn. 11.
413 *Sethe*, in: Schäfer/Sethe/Lang, Handbuch Vermögensverwaltung, 2. Aufl. 2016, § 5 Rn. 42; *Benicke*, Wertpapiervermögensverwaltung, 2006, S. 301.
414 *Walz*, in: Schimansky/Bunte/Lwowski, Bankrechts-Handbuch, 5. Aufl. 2017, § 111 Rn. 11.
415 *Sethe*, in: Schäfer/Sethe/Lang, Handbuch Vermögensverwaltung, 2. Aufl. 2016, § 5 Rn. 42.

unterfällt.[416] Dem ist indes nicht zu folgen: Ausweislich der Gesetzesbegründung zur Einführung des Tatbestands der Finanzportfolioverwaltung kann das Vermögen verschiedener Kunden zur Verwaltung zusammengefasst werden.[417] Solange die Verwahrung nicht in einem gemeinsamen Depot erfolgt und die Vermögenswerte den Anlegern individuell zugeordnet sind, ist die Grenze zur kollektiven Vermögensverwaltung nicht überschritten. Eine individuelle Vermögensverwaltung ist damit auch bei dieser Gestaltung gewährleistet.[418] Das gilt ebenso für die standardisierten Verwaltung durch einen Robo Advisor.[419]

II. Finanzinstrumente

Die Finanzportfolioverwaltung setzt voraus, dass das verwaltete Vermögen *in Finanzinstrumenten angelegt* ist. Der Begriff der Finanzinstrumente ist in § 2 Abs. 4 WpHG bzw. § 1 Abs. 11 KWG definiert. Umfasst sind insbesondere Wertpapiere wie etwa Aktien, Geldmarktinstrumente und Anteile an Investmentvermögen i.S.d. § 1 Abs. 1 KAGB. Für den Tatbestand der Finanzportfolioverwaltung ist ausreichend, dass das betreffende Vermögen teilweise in Finanzinstrumente investiert ist.[420] Sämtliche Robo Advisor legen das Kundenvermögen in Fonds, zumeist ETFs, an. Diese sind als Investmentvermögen i.S.v. § 1 Abs. 1 KAGB Finanzinstrumente im Sinne des

---

416 *Walz*, in: Schimansky/Bunte/Lwowski, Bankrechts-Handbuch, 5. Aufl. 2017, § 111 Rn. 11; entsprechend *Eßer*, Kollektive Anlagemodelle als Finanzportfolioverwaltung, WM 2008, 671, 675.
417 Regierungsentwurf, BT-Drs. 13/7142, S. 66; *Sethe*, in: Schäfer/Sethe/Lang, Handbuch Vermögensverwaltung, 2. Aufl. 2016, § 5 Rn. 42; *Möslein*, in: Langenbucher/Bliesener/Spindler, Bankrechts-Kommentar, 2. Aufl. 2016, Kap. 34 Rn. 9.
418 BVerwG, Urt. v. 22.9.2004, 6 C 29/03, BVerwGE 122, 29, 35 f.; *Möslein*, in: Langenbucher/Bliesener/Spindler, Bankrechts-Kommentar, 2. Aufl. 2016, Kap. 34 Rn. 9; *Sethe*, in: Schäfer/Sethe/Lang, Handbuch Vermögensverwaltung, 2. Aufl. 2016, § 5 Rn. 42; *Schwennicke*, in: Schwennicke/Auerbach, KWG, 3. Aufl. 2016, § 1 Rn. 114; *Weber/Seifert*, in: Luz/Neus/Schaber/Schneider/Wagner/Weber, KWG und CRR, 3. Aufl. 2015, § 1 KWG Rn. 54.
419 *Möslein/Lordt*, Rechtsfragen des Robo-Advice, ZIP 2017, 793, 796.
420 BVerwG, Urt. v. 22.9.2004, 6 C 29.03, BVerwGE 122, 29, 35; BaFin, Merkblatt – Hinweise zum Tatbestand der Finanzportfolioverwaltung, Stand Juli 2018, Nr. 1b); *Baum*, in: KK-WpHG, 2. Aufl. 2014, § 2 Rn. 174.

WpHG bzw. KWG.[421] Ausweislich des Gesetzeswortlauts ist Finanzportfolioverwaltung die Verwaltung *angelegter Vermögen*. Das setzt aber nicht voraus, dass die Vermögensgegenstände bereits in Finanzinstrumente investiert sind. Auch die Übernahme von Geldvermögen zur Erstanlage ist vom Tatbestand der Finanzportfolioverwaltung umfasst.[422] Aufgrund des hohen Standardisierungsgrades bieten Robo Advisor ihren Kunden keine Analyse und Umstrukturierung bestehender Depots an, sodass immer eine Erstanlage von Geld Ausgangspunkt der Dienstleistung ist. Diese erfüllt den Tatbestand der Vermögensverwaltung.

III. Für andere

Das Merkmal *für andere* grenzt die Finanzportfolioverwaltung von der Verwaltung des eigenen Vermögens ab.[423] Es ist bei jedem Handeln gegeben, das nicht in eigenem Namen und auf eigene Rechnung erfolgt.[424] Dieses Tatbestandsmerkmal ist bei Vermögensverwaltungen wie Investmentclubs entscheidend, die in gesellschaftsrechtliche Gestaltungen eingekleidet sind. Dort sammelt eine juristische Person Gelder von Anlegern ein, um diese selbst zu investieren. Der Anleger erhält im Gegenzug Gesellschaftsanteile oder gewinnabhängige Schuldverschreibungen.[425] Ähnliche Gestaltungen finden sich bei Robo Advice nicht: Das Vermögen bleibt dem einzelnen Kunden zugeordnet und die Verwaltung erfolgt für den Anleger.

---

421 Siehe zweiter Teil: § 4 B. III. 2.; *Harrer*, Exchange Traded Funds (EFTs), 2016, S. 173 f.
422 BVerwG, Urt. v. 22.9.2004, 6 C 29.03, BVerwGE 122, 29, 35; BaFin, Merkblatt – Hinweise zum Tatbestand der Finanzportfolioverwaltung, Stand Juli 2018, Nr. 1a); *Baum*, in: KK-WpHG, 2. Aufl. 2014, § 2 Rn. 174; *Assmann*, in: Assmann/Schneider, WpHG, 6. Aufl. 2012, § 2 Rn. 102.
423 BVerwG, Urt. v. 22.9.2004, 6 C 29/03, BVerwGE 122, 29; BaFin, Merkblatt – Hinweise zum Tatbestand der Finanzportfolioverwaltung, Stand Juli 2018, Nr. 1c); *Sethe*, in: Schäfer/Sethe/Lang, Handbuch Vermögensverwaltung, 2. Aufl. 2016, § 5 Rn. 48.
424 BaFin, Merkblatt – Hinweise zum Tatbestand der Finanzportfolioverwaltung, Stand Juli 2018, Nr. 1c); *Baum*, in: KK-WpHG, 2. Aufl. 2014, § 2 Rn. 176; *Kumpan*, in: Schwark/Zimmer, KMRK, 4. Aufl. 2010, § 2 WpHG Rn. 82; *Assmann*, in: Assmann/Schneider, WpHG, 6. Aufl. 2012, § 2 Rn. 102.
425 *Fuchs*, in: Fuchs, WpHG, 2. Aufl. 2016, § 2 Rn. 110.

IV. Entscheidungsspielraum

1. Vereinbarung von Anlagerichtlinien

Ein Vermögensverwalter muss bei der Anlageentscheidung über einen Entscheidungsspielraum verfügen und befugt sein, über den Abschluss der Geschäfte selbstständig zu entscheiden.[426] Ausweislich der Gesetzesbegründung ist ein Entscheidungsspielraum gegeben, wenn die *konkrete Anlageentscheidung letztlich auf dem eigenen Ermessen des Verwalters beruht.*[427] An einem Entscheidungsspielraum fehlt es hingegen, wenn der Vermögensverwalter vor jeder Transaktion die Zustimmung des Anlegers einholen muss.[428] Bei Robo Advice der zweiten Generation vereinbaren die Vertragsparteien meist Anlagerichtlinien, die die Anlagestrategie und -ziele des Kunden definieren. An diese Vorgaben ist der Vermögensverwalter bei Auswahl der Investitionsobjekte gebunden.[429] Anlagerichtlinien geben aber nur einen groben Rahmen vor, sodass dem Verwalter ein Entscheidungsspielraum verbleibt.[430]

---

[426] BaFin, Merkblatt – Hinweise zum Tatbestand der Finanzportfolioverwaltung, Stand Juli 2018, Nr. 1d); *Baum*, in: KK-WpHG, 2. Aufl. 2014, § 2 Rn. 175; *Kumpan*, in: Schwark/Zimmer, KMRK, 4. Aufl. 2010, § 2 WpHG Rn. 81; *Assmann*, in: Assmann/Schneider, WpHG, 6. Aufl. 2012, § 2 Rn. 102b; *Schwennicke*, in: Schwennicke/Auerbach, KWG, 3. Aufl. 2016, § 1 Rn. 118; *Schäfer*, in: Assmann/Schütze, Handbuch des Kapitalanlagerechts, 4. Aufl. 2015, § 23 Rn. 3; *Möllers*, Vermögensbetreuungsvertrag, graue Vermögensverwaltung und Zweitberatung, WM 2008, 93; *Balzer*, in: Derleder/Knops/Bamberger, Deutsches und europäisches Bank- und Kapitalmarktrecht, 3. Aufl. 2017, § 53 Rn. 1.
[427] Regierungsentwurf, BT-Drs. 13/7142, S. 101.
[428] *BVerwG*, Urt. v. 22.9.2004, 6 C 29.03, BVerwGE 122, 29, 43; BaFin, Merkblatt – Hinweise zum Tatbestand der Finanzportfolioverwaltung, Stand Juli 2018, Nr. 1d); *Sethe*, in: Schäfer/Sethe/Lang, Handbuch Vermögensverwaltung, 2. Aufl. 2016, § 5 Rn. 53; *Fuchs*, in: Fuchs, WpHG, 2. Aufl. 2016, § 2 Rn. 108; *Baum*, in: KK-WpHG, 2. Aufl. 2014, § 2 Rn. 174.
[429] *Balzer*, in: Derleder/Knops/Bamberger, Deutsches und europäisches Bank- und Kapitalmarktrecht, 3. Aufl. 2017, § 53 Rn. 13; *Fuchs*, in: Fuchs, WpHG, 2. Aufl. 2016, § 2 Rn. 108; *Möslein*, in: Langenbucher/Bliesener/Spindler, Bankrechts-Kommentar, 2. Aufl. 2016, Kap. 34 Rn. 19.
[430] *Fuchs*, in: Fuchs, WpHG, 2. Aufl. 2016, § 2 Rn. 108; *Baum*, in: KK-WpHG, 2. Aufl. 2014, § 2 Rn. 175; *Sethe*, in: Schäfer/Sethe/Lang, Handbuch Vermögensverwaltung, 2. Aufl. 2016, § 5 Rn. 54; *Schäfer*, in: Schäfer/Hamann, Kapitalmarktgesetze, 7. Aktualisierung 2013, § 2 Rn. 81.

2. Anwendung von Algorithmen beim Entscheidungsprozess

Als die Vermögensverwaltung 1997 durch das Gesetz zur Umsetzung von EG-Richtlinien zur Harmonisierung bank- und wertpapieraufsichtsrechtlicher Vorschriften[431] als Wertpapierdienstleistung in das WpHG eingeführt wurde, existierte noch keine digitale Vermögensverwaltung. Der Gesetzgeber hatte das Bild eines analogen Dienstleisters vor Augen, der die Investitionsentscheidung für jeden Kunden individuell trifft. Im Gegensatz dazu erfolgt die Verwaltung der Kundenportfolios bei Robo Advice der zweiten Generation automatisiert mithilfe von komplexen Finanzmodellen, die dynamisch auf Marktentwicklungen reagieren.[432] Teilweise werden Investitionsentscheidungen getroffen und umgesetzt, ohne dass ein Mensch Kenntnis davon hat. Hier ist zu untersuchen, ob der Vermögensverwalter auch dann einen Entscheidungsspielraum hat, wenn die Investitionsentscheidung von einem Algorithmus getroffen wird.

Nach *Baum* besteht kein Entscheidungsspielraum des Verwalters, wenn die Anlageentscheidungen durch ein *Programm* fest vorgegeben sind.[433] Dabei bezieht er sich jedoch nicht auf ein Computerprogramm, sondern »z.B. die Weisungen zum Nachvollzug der Veränderungen bei einer Indexzusammensetzung«.[434] Schreiben die Anlagerichtlinien die Nachbildung eines bestimmten Index verbindlich vor, ist der Vermögensverwalter bei der Auswahl und Gewichtung der Anlageobjekte strikt an diese Vorgaben gebunden.[435] Ein eigener Entscheidungsspielraum besteht dann naturgemäß nicht. In der Praxis investieren Robo-Vermögensverwalter häufig in Indexfonds wie Aktien- oder Anleihen-ETFs. Sie bilden jedoch keinen bestimmten Index nach, sondern wählen für den Anleger geeignete Indexfonds aus dem Fondsuniversum aus und gewichten diese entsprechend der Anlegerpräferenzen. Das Auswahl- und Entscheidungsermessen verbleibt beim Robo Advisor.

---

431 Gesetz zur Umsetzung von EG-Richtlinien zur Harmonisierung bank- und wertpapieraufsichtsrechtlicher Vorschriften v. 22.10.1997, BGBl. I, S. 2518.
432 Siehe erster Teil: § 2 A. II. 3.; *Alvares de Souza Soares/Böschen*, Digitale Vermögensverwalter, Manager Magazin 3/2016, 100, 102.
433 *Baum*, in: KK-WpHG, 2. Aufl. 2014, § 2 Rn. 175.
434 *Baum*, in: KK-WpHG, 2. Aufl. 2014, § 2 Rn. 175.
435 *Fuchs*, in: Fuchs, WpHG, 2. Aufl. 2016, § 2 Rn. 108; *Kumpan*, in: Schwark/Zimmer, KMRK, 4. Aufl. 2010, § 2 WpHG Rn. 81; *Baum*, in: KK-WpHG, 2. Aufl. 2014, § 2 Rn. 175; *Assmann*, in: Assmann/Schneider WpHG, 6. Aufl. 2012, § 2 Rn. 103.

Das Tatbestandsmerkmal *mit Entscheidungsspielraum* regelt das Verhältnis zwischen dem Anleger und dem Vermögensverwalter. Ein Entscheidungsspielraum ist nicht gegeben, wenn es sich um eine weisungsgebundene Tätigkeit handelt oder die Entscheidungen des Vermögensverwalters unter dem Vorbehalt der Zustimmung des Anlegers stehen.[436] Setzt der Robo Advisor bei der Vermögensverwaltung einen Algorithmus ein, betrifft das die Ausgestaltung seines Entscheidungsspielraums. Dessen Nutzung setzt das Bestehen eines Entscheidungsspielraums zwingend voraus. Der Robo Advisor der zweiten Generation verfügt demnach bei der Anlage des Kundenvermögens über einen Entscheidungsspielraum.

V. Eigentumsrechtliche Formen der Vermögensverwaltung

Die Vermögensverwaltung kann als Treuhand- oder Vertretermodell ausgestaltet sein. Bei der Treuhandverwaltung überträgt der Anleger das Vermögen auf den Vermögensverwalter, der treuhänderischer Eigentümer wird.[437] Folglich verfügt er über das Kundenvermögen als Eigentümer in eigenem Namen, wirtschaftlich handelt er hingegen für den Kunden.[438] Im Innenverhältnis ist der Verwalter an die vertraglich vereinbarten Abreden mit dem Anleger gebunden. Bei Beendigung des Vermögensverwaltungsvertrags hat der Kunde einen schuldrechtlichen Anspruch auf Rückübertragung der Vermögenswerte.[439] Beim Vertretermodell bleibt der Anleger hingegen auch während der Dauer der Vermögensverwaltung Eigentümer seines Vermögens. Der Verwalter tätigt die Ausführungsgeschäfte als offener

---

436 BaFin, Merkblatt – Hinweise zum Tatbestand der Finanzportfolioverwaltung, Stand Juli 2018, Nr. 1d); *Weber/Seifert*, in: Luz/Neus/Schaber/Schneider/Wagner/Weber, KWG und CRR, 3. Aufl. 2015, § 1 KWG Rn. 54; *Sethe*, in: Schäfer/Sethe/Lang, Handbuch Vermögensverwaltung, 2. Aufl. 2016, § 5 Rn. 55; *Assmann*, in: Assmann/Schneider, WpHG, 6. Aufl. 2012, § 2 Rn. 103.
437 *Schäfer*, in: Assmann/Schütze, Handbuch des Kapitalanlagerechts, 4. Aufl. 2015, § 23 Rn. 15; *Balzer*, in: Derleder/Knops/Bamberger, Deutsches und europäisches Bank- und Kapitalmarktrecht, 3. Aufl. 2017, § 53 Rn. 7; *Walz*, in: Schimansky/Bunte/Lwowski, Bankrechts-Handbuch, 5. Aufl. 2017, § 111 Rn. 9.
438 So beispielsweise BGH, Urt. v. 3.12.1998, III ZR 288/96, NJW 1999, 1026, *Schäfer*, in: Assmann/Schütze, Handbuch des Kapitalanlagerechts, 4. Aufl. 2015, § 23 Rn. 15.
439 *Balzer*, in: Derleder/Knops/Bamberger, Deutsches und europäisches Bank- und Kapitalmarktrecht, 3. Aufl. 2017, § 53 Rn. 7; *Schäfer/Sethe/Lang*, in: Schäfer/Sethe/Lang, Handbuch Vermögensverwaltung, 2. Aufl. 2016, § 1 Rn. 43.

Stellvertreter nach § 164 Abs. 1 Satz 1 BGB im Namen des Vermögensinhabers.[440] Regelmäßig ist er auch nach § 185 Abs. 1 BGB ermächtigt, selbstständig Verfügungen über das verwaltete Vermögen zu treffen.[441]

Sämtliche Robo Advisor bieten ihren Kunden eine Vermögensverwaltung nach dem Vertretermodell. Das hat den Vorteil, dass sie keine Banklizenz für die Verwahrung und Verwaltung der Wertpapiere für die Kunden benötigen.[442] Da viele Robo Advisor eine relativ kurze Firmentradition haben, fehlt es für eine sachenrechtliche Übereignung der Vermögenswerte häufig am Vertrauen der Anleger. Erbringt der Robo Advisor seine Dienstleistung als Vertreter, ist eine Übertragung nicht erforderlich. Schließlich ist das Treuhandmodell auch bei der klassischen Vermögensverwaltung in Deutschland nicht verbreitet.[443]

C. Abgrenzung von verwandten Wertpapierdienstleistungen

Neben der Finanzportfolioverwaltung ist auch bei anderen Wertpapierdienstleistungen die Wahrnehmung fremder Vermögensinteressen geschuldet. Daher ist die Tätigkeit des Robo Advisors der zweiten Generation von verwandten Wertpapierdienstleistungen abzugrenzen.

I. Abgrenzung vom Depotgeschäft

Beim Depotgeschäft verwaltet die Bank das Kapital des Vermögensinhabers. Im Unterschied zur Finanzportfolioverwaltung, beschränkt sich die Dienstleistung auf eine technische Verwaltung, etwa indem Zinsen oder Di-

---

440 *Balzer*, in: Derleder/Knops/Bamberger, Deutsches und europäisches Bank- und Kapitalmarktrecht, 3. Aufl. 2017, § 53 Rn. 8; *Schäfer*, in: Assmann/Schütze, Handbuch des Kapitalanlagerechts, 4. Aufl. 2015, § 23 Rn. 14.
441 *Balzer*, in: Derleder/Knops/Bamberger, Deutsches und europäisches Bank- und Kapitalmarktrecht, 3. Aufl. 2017, § 53 Rn. 8; *Schäfer/Sethe/Lang*, in: Schäfer/Sethe/Lang, Handbuch Vermögensverwaltung, 2. Aufl. 2016, § 1 Rn. 52.
442 *Balzer*, in: Derleder/Knops/Bamberger, Deutsches und europäisches Bank- und Kapitalmarktrecht, 3. Aufl. 2017, § 53 Rn. 10; *Schäfer*, in: Assmann/Schütze, Handbuch des Kapitalanlagerechts, 4. Aufl. 2015, § 23 Rn. 21.
443 *Schäfer*, in: Assmann/Schütze, Handbuch des Kapitalanlagerechts, 4. Aufl. 2015, § 23 Rn. 15.

videnden eingezogen und im Kundendepot verbucht werden. Eine Disposition über das Vermögen des Kunden erfolgt nicht.[444] Bei Robo Advice der zweiten Generation wird das Depot in der Praxis bei einer Kooperationsbank geführt, der Robo Advisor selbst erbringt keine depotgeschäftliche Verwaltung.[445]

II. Abgrenzung von der Anlageberatung

Abzugrenzen ist die Vermögensverwaltung auch von der Anlageberatung. Sowohl die Anlageberatung, als auch die Vermögensverwaltung unterstützen den Kunden bei der Vermögensanlage.[446] Die beiden Dienstleistungen unterscheiden sich jedoch hinsichtlich der rechtlichen Befugnis des Anbieters. Der Vermögensverwalter kann ohne Rücksprache nach eigenem Ermessen über das Anlagevermögen disponieren. Er ist berechtigt, dingliche Verfügungen über das Vermögen zu treffen.[447] Der Anlageberater unterstützt lediglich bei der Auswahl geeigneter Vermögensanlagen, die Anlageentscheidung trifft jedoch der Kunde.[448] Hier liegt der entscheidende Unterschied zwischen Robo Advice der ersten Generation und Robo Advice der zweiten Generation: Der Robo Advisor der ersten Generation empfiehlt dem Anlageinteressenten auf Grundlage seiner persönlichen Angaben ein konkretes Finanzprodukt. Dieses kann der Anleger im Anschluss eigenständig erwerben.[449] Im Gegensatz dazu verwaltet der Robo Advisor der zwei-

---

[444] *Schäfer*, in: Schwintowski, Bankrecht, 5. Aufl. 2018, Kap. 18 Rn. 9; *Schäfer/Sethe/Lang*, in: Schäfer/Sethe/Lang, Handbuch Vermögensverwaltung, 2. Aufl. 2016, § 1 Rn. 31; *Möslein*, in: Langenbucher/Bliesener/Spindler, Bankrechts-Kommentar, 2. Aufl. 2016, Kap. 34 Rn. 7; *Schäfer*, in: Assmann/Schütze, Handbuch des Kapitalanlagerechts, 4. Aufl. 2015, § 23 Rn. 12.
[445] Siehe erster Teil: § 2 A. II. 3.
[446] *Möllers*, in: KK-WpHG, 2. Aufl. 2014, § 31 Rn. 335.
[447] OLG Karlsruhe, Urt. v. 16.3.2000, 12 U 127/99, WM 2001, 805; *Möllers*, Vermögensbetreuungsvertrag, graue Vermögensverwaltung und Zweitberatung, WM 2008, 93; *Möllers*, in: KK-WpHG, 2. Aufl. 2014, § 31 Rn. 335; *Balzer*, in: Derleder/Knops/Bamberger, Deutsches und europäisches Bank- und Kapitalmarktrecht, 3. Aufl. 2017, § 53 Rn. 2; *Köndgen*, Die Entwicklung des privaten Bankrechts in den Jahren 1999–2003; NJW 2004, 1288, 1299.
[448] *Möllers*, Vermögensbetreuungsvertrag, graue Vermögensverwaltung und Zweitberatung, WM 2008, 93; *Möllers*, in: KK-WpHG, 2. Aufl. 2014, § 31 Rn. 335; *Balzer*, in: Derleder/Knops/Bamberger, Deutsches und europäisches Bank- und Kapitalmarktrecht, 3. Aufl. 2017, § 53 Rn. 2.
[449] Siehe erster Teil: § 2 A. I.

ten Generation das Vermögen des Anlegers fortlaufend und setzt selbstständig die vereinbarte Anlagestrategie um.[450] Entsprechend dieser Abgrenzung erbringt der Robo Advisor der ersten Generation Anlageberatung und der Robo Advisor der zweiten Generation Finanzportfolioverwaltung.

D. Ergebnis zu § 5

1. Robo Advice der zweiten Generation ist aufsichtsrechtlich im Regelfall als Finanzportfolioverwaltung zu qualifizieren, da der Anbieter das Vermögen mit Entscheidungsspielraum selbstständig anlegt und fortlaufend entsprechend der Anlagerichtlinien verwaltet.
2. Bei Robo Advice erfolgt die Vermögensverwaltung regelmäßig standardisiert. Eine Investitionsentscheidung wird immer für eine komplette Anlegergruppe getroffen und anschließend für die einzelnen Kunden nachvollzogen. Sofern die Kundenvermögen in getrennten Depots verwaltet werden, besteht eine ausreichende Individualisierung. Diese Form der standardisierten Vermögensverwaltung fällt unter den Tatbestand der Finanzportfolioverwaltung.
3. Setzen Robo Advisor bei der Investitionsentscheidung einen Algorithmus ein, betrifft das die Nutzung ihres Entscheidungsspielraums. Einer Klassifizierung als Finanzportfolioverwaltung steht das nicht entgegen, da Tatbestandsvoraussetzung von § 2 Abs. 3 Nr. 7 WpHG das Bestehen eines Entscheidungsspielraums ist.
4. Robo Advisor der zweiten Generation verwalten das Kundenvermögen fortlautend und setzen die vereinbarte Anlagestrategie selbstständig um. Im Gegensatz dazu erteilen Robo Advisor der ersten Generation eine einmalige Anlageempfehlung. Entsprechend dieser Abgrenzung erbringen Robo Advisor der ersten Generation Anlageberatung und Robo Advisor der zweiten Generation Finanzportfolioverwaltung.

---

450   Siehe erster Teil: § 2 A. II.

§ 6 Erlaubnispflichtigkeit von Robo Advice

Nicht alle Finanzdienstleistungen sind per se erlaubnispflichtig. Nach dem Willen des Gesetzgebers bedürfen nur Dienstleistungen der Aufsicht, die erhebliche Risiken für potentielle Kunden und das Finanzsystem mit sich bringen.[451] Der Grad der aufsichtsrechtlichen Anforderungen und die Zulassungspflicht richtet sich nach dem spezifischen Risikogehalt der Tätigkeit.[452] Im Interesse des Anlegerschutzes und der Stabilität des Finanzsystems ist eine aufsichtsrechtliche Erlaubnis Voraussetzung für die gewerbliche Erbringung von Bankgeschäften oder Finanzdienstleistungen.[453] Der Robo Advisor bietet je nach Geschäftsmodell Anlageberatung oder Finanzportfolioverwaltung an.[454] Diese Dienstleistungen sind Finanzdienstleistungen im aufsichtsrechtlichen Sinne. Daher ist auch die Erbringung von Robo Advice grundsätzlich erlaubnispflichtig.[455] Welche Art der Erlaubnis erforderlich ist, lässt sich nicht generell beantworten, da die Geschäftsmodelle und der Leistungsinhalt variieren.[456] Neben der bankrechtlichen Erlaubnis i.S.v. § 32 Abs. 1 KWG kommt auch eine gewerberechtlichen Erlaubnis nach § 34f Abs. 1 GewO in Betracht.[457]

---

451 *Nießner/Schlupp*, in: Kunschke/Schaffelhuber, FinTech, 2018, Teil II A Rn. 2.
452 *Nießner/Schlupp*, in: Kunschke/Schaffelhuber, FinTech, 2018, Teil II A Rn. 2.
453 *Lutter/Bayer/Schmidt*, Europäisches Unternehmens- und Kapitalmarktrecht, 6. Aufl. 2018, § 32 Rn. 32.14.
454 Zur aufsichtsrechtlichen Qualifikation von Robo Advice siehe 2. Teil.
455 BaFin, Robo-Advice und Auto-Trading – Plattformen zur automatisierten Anlageberatung und automatischem Trading, Stand April 2016; BaFin, Automatisierte Finanzportfolioverwaltung, Stand April 2016; *Altmann/Becker*, BaFinTech 2016, Workshop 3: Robo-Advice, S. 7; *Oppenheim/Lange-Hausstein*, Robo Advisor, WM 2016, 1966, 1969; *Möslein/Lordt*, Rechtsfragen des Robo-Advice, ZIP 2017, 793, 797; *Rauch/Lebeau/Thiele*, Steuerrechtliche sowie aufsichtsrechtliche Herausforderungen bei der Entwicklung hin zur automatisierten Anlageempfehlung (Robo-Advice), RdF 2017, 227; *Reiter/Methner*, Rechtsprobleme der Beratung durch Robo Advisors, in: Taeger, Recht 4.0, 2017, S. 587, 591 f.
456 *Oppenheim/Lange-Hausstein*, Robo Advisor, WM 2016, 1966, 1969.
457 *Baumanns*, FinTechs als Anlageberater? Die aufsichtsrechtliche Einordnung von Robo-Advisory, BKR 2016, 366, 371; *Oppenheim/Lange-Hausstein*, Robo Advisor, WM 2016, 1966, 1969; *Möslein/Lordt*, Rechtsfragen des Robo-Advice, ZIP 2017, 793, 797.

A. Erlaubnispflicht nach § 32 KWG

Ein zentrales Mittel der Bankenaufsicht sind Marktzugangsbeschränkungen. Kreditinstitute unterliegen nach § 32 KWG einem Tätigkeitsverbot mit Erlaubnisvorbehalt.[458] Werden Bankgeschäfte ohne die erforderliche Erlaubnis betrieben, kann die BaFin gemäß § 37 KWG die sofortige Einstellung des Geschäftsbetriebs anordnen.[459] Außerdem ist es nach § 54 KWG strafbar, Finanzdienstleistungen ohne Erlaubnis anzubieten. Für die Erlaubnispflicht ist bei Robo Advice zwischen zwei organisatorischen Grundkonstellationen zu unterscheiden: (1) Die digitale Anlageberatung bzw. Vermögensverwaltung wird von einer Vollbank als zusätzliche Dienstleistung angeboten oder (2) der Robo Advisor ist ein organisatorisch selbstständiges Unternehmen.

I. Universalbank erbringt Robo Advice

Verschiedene Universalbanken, beispielsweise die *Deutsche Bank* oder die *Commerzbank*, stellen ihren Kunden auf der Website Robo Advice zur Unterstützung bei der Anlageentscheidung zur Verfügung.[460] Die Dienstleistung erweitert das herkömmliche Angebot der Bank. Für seine Grundgeschäfte benötigt das Geldinstitut eine Banklizenz i.S.v. § 32 Abs. 1 KWG. Die BaFin kann diese Erlaubnis zwar auf einzelne Bankgeschäfte oder Finanzdienstleistungen beschränken und eine Teilkonzession erteilen,[461] Universalbanken erbringen in der Praxis aber eine Vielzahl verschiedener Bankgeschäfte und verfügen daher über eine umfassende Erlaubnis, sog.

---

458 *Geschwandtner*, in: Münchner Anwaltshandbuch Bank- und Kapitalmarktrecht, 2. Aufl. 2018, § 2 Rn. 43; *Wieland*, Unternehmen der „Realwirtschaft" als Adressaten des Bank- und Finanzaufsichtsrechts, BB 2012, 917, 918; *Hippeli*, Verbotsirrtum über die Erlaubnispflicht von Bankgeschäft oder Finanzdienstleistung bei Auskunft der Aufsichtsbehörde, WM 2018, 253.

459 Deutsche Bundesbank, Merkblatt über die Erteilung einer Erlaubnis zum Erbringen von Finanzdienstleistungen gemäß § 32 Absatz 1 KWG, Stand 3. Januar 2018, S. 2; *Nießner/Schlupp*, in: Kunschke/Schaffelhuber, FinTech, 2018, Teil II A Rn. 38.

460 Siehe erster Teil: § 2 B.

461 *Schneider*, Nichtanwendbarkeit des KWG bzw. WpHG trotz Erbringung regulierter Tätigkeiten, WM 2008, 285, 287; *von Goldbeck*, in: Luz/Neus/Schaber/Schneider/Wagner/Weber, KWG und CRR, 3. Aufl. 2015, § 32 KWG Rn. 36; *Fischer/Müller*, in: Boos/Fischer/Schulte-Mattler, KWG, CRR-VO, 5. Aufl. 2016, § 32 KWG Rn. 7; *Nießner/Schlupp*, in: Kunschke/Schaffelhuber, FinTech, 2018, Teil II A Rn. 5.

Vollkonzession. Im Rahmen dieser Erlaubnis kann die Vollbank sowohl Robo Advice der ersten Generation (Anlageberatung), als auch Robo Advice der zweiten Generation (Finanzportfolioverwaltung) anbieten.

II. FinTech erbringt Robo Advice

Nur wenn Robo Advice von einer Universalbank als Zusatzleistung angeboten wird, ist der Anbieter bereits Inhaber einer Banklizenz. In den übrigen Fällen ist explizit für Robo Advice eine Erlaubnis zu beantragen. Für FinTechs bilden die hohen Voraussetzungen der BaFin-Erlaubnis nach § 32 KWG oft eine kaum überwindbare Markteintrittshürde. Neben hohen Anforderungen an das Anfangskapital, § 33 Satz 1 Nr. 1 KWG, stellt diese in § 25c KWG Mindestanforderungen an die fachliche Eignung und persönliche Zuverlässigkeit der Geschäftsleiter.[462] Daher zielen viele Anbieter darauf ab, Robo Advice im Rahmen der Bereichsausnahme des § 2 Abs. 6 Satz 1 Nr. 8 KWG zu erbringen.[463] Voraussetzung der Geschäftstätigkeit ist dann eine Gewerbeerlaubnis nach § 34f GewO. Wegen der erheblichen Rechtsrisiken[464] und der weitreichenden Konsequenzen einer Erbringung von Finanzdienstleistungen ohne Erlaubnis, insbesondere der Strafbarkeit nach § 54 KWG, ist im Folgenden zu untersuchen, wann Robo Advice erlaubnispflichtig ist.

1. Anwendungsbereich der Erlaubnispflicht

Nach § 32 Abs. 1 KWG bedarf einer schriftlichen Erlaubnis der BaFin, wer (1) im Inland (2) gewerbsmäßig oder in einem Umfang, der einen in kauf-

---

462 *Möslein/Lordt*, Rechtsfragen des Robo Advice, ZIP 2017, 793, 797; *Oppenheim/Lange-Hausstein*, Robo Advisor, WM 2016, 1966, 1969; *Kröner*, Best of Both Worlds: Banken vs. FinTech?, in: Tiberius/Rasche, FinTechs, 2016, S. 27, 30.
463 *Oppenheim/Lange-Hausstein*, Robo Advisor, WM 2016, 1966, 1969, dazu später zweiter Teil: § 6 B.
464 *Grischuk*, Robo-Advice, BaFin Journal 8/2017, 18; *Oppenheim/Lange-Hausstein*, Robo Advisor, WM 2016, 1966, 1970.

männischer Weise eingerichteten Geschäftsbetrieb erfordert, (3) Bankgeschäfte betreiben oder Finanzdienstleistungen erbringen will.[465] Bei juristischen Person ist das Unternehmen Adressat der Erlaubnispflicht.[466]

a) Bankgeschäft oder Finanzdienstleistung

Für welche gewerblichen Tätigkeiten eine bankrechtliche Erlaubnis erforderlich ist, regelt § 32 KWG i.V.m. § 1 Abs. 1 KWG bzw. § 1 Abs. 1a KWG. Demnach bedarf einer Erlaubnis, wer *Bankgeschäfte* oder *Finanzdienstleistungen* erbringen will. Robo Advice ist Finanzdienstleistung zu qualifizieren, da der Anbieter Anlageberatung (Robo Advice der ersten Generation) bzw. Finanzportfolioverwaltung (Robo Advice der zweiten Generation) erbringt.[467]

b) Gewerbsmäßig bzw. kaufmännischer Geschäftsbetrieb

Eine KWG-Erlaubnis ist nur erforderlich, wenn die Finanzdienstleistungen *gewerbsmäßig* oder *in einem Umfang betrieben werden, der einen kaufmännischen Geschäftsbetrieb erforderlich* macht. Wann ein Geschäft gewerbsmäßig betrieben wird, ist nicht gesetzlich definiert und ergibt sich aus dem Zweck des jeweiligen Gesetzes.[468] In Anlehnung an den handelsrechtlichen Gewerbebegriff werden Geschäfte im Kontext des KWG gewerbsmäßig betrieben, wenn der Betrieb auf eine gewisse Dauer angelegt ist und

---

465 BaFin, Merkblatt zur Erlaubnispflicht von grenzüberschreitend betriebenen Geschäften, Stand April 2005; *Schwennicke*, in: Schwennicke/Auerbach, KWG, 3. Aufl. 2016, § 32 Rn. 4; *Samm*, in: Beck/Samm/Kokemoor, Kreditwesengesetz mit CRR, 201. Aktualisierung 2018, § 32 KWG Rn. 82; *Albert*, in: Reischauer/Kleinhans, KWG, Aktualisierung 4/18 2018, § 32 Anm. 3; *Schwennicke*, in: Schwennicke/Auerbach, KWG, 3. Aufl. 2016, § 32 Rn. 4; *Nießner/Schlupp*, in: Kunschke/Schaffelhuber, FinTech, 2018, Teil II A Rn. 5.
466 *Fischer/Müller*, in: Boos/Fischer/Schulte-Mattler, KWG, CRR-VO, 5. Aufl. 2016, § 32 KWG Rn. 37; *von Goldbeck*, in: Luz/Neus/Schaber/Schneider/Wagner/Weber, KWG und CRR, 3. Aufl. 2015, § 32 KWG Rn. 13.
467 Zur aufsichtsrechtlichen Qualifikation siehe 2. Teil.
468 *Hopt*, in: Baumbach/Hopt, HGB, 38. Aufl. 2018, § 1 Rn. 11; *Fischer/Müller*, in: Boos/Fischer/Schulte-Mattler, KWG, CRR-VO, 5. Aufl. 2016, § 32 KWG Rn. 7.

mit Gewinnerzielungsabsicht verfolgt wird.[469] Nicht maßgeblich ist, ob tatsächlich ein Gewinn erzielt wird.[470] In der Literatur wird, entsprechend der handelsrechtlichen Auslegung,[471] anstatt auf die Gewinnerzielungsabsicht für den KWG-rechtlichen Gewerbebegriff auf die *Entgeltlichkeit* der erbrachten Leistung abgestellt.[472]

Folgt man dieser Auffassung, ist Voraussetzung, dass der Robo Advisor seine Dienstleistungen entgeltlich anbietet. Der Robo Advisor der zweiten Generation erhebt meist eine All-in-fee für sämtliche Leistungen.[473] Problematischer ist die Entgeltlichkeit bei Robo Advice der ersten Generation. Dort ist die Einholung der Anlagevorschläge oft kostenlos auf der Website möglich. Gebühren fallen erst für die Umsetzung an und werden von der depotführenden (Kooperations-) Bank erhoben.[474] Der Tatbestand der Anlageberatung ist, unabhängig von der Umsetzung, in dem Zeitpunkt erfüllt, in dem der Robo Advisor die Anlageempfehlung ausspricht.[475] Auch wenn die Empfehlung selbst kostenlos ist, vergütet der Kunde die Beratungsleistung mittelbar: Bei Kooperationsmodellen zieht die depotführende Bank eine All-in-fee für sämtliche Leistungen ein, an der sie den Robo Advisor im Innenverhältnis beteiligt. Eine solche Absicht, mittelbar am Kundenent-

---

[469] *Wieland*, Unternehmen der „Realwirtschaft" als Adressaten des Bank- und Finanzaufsichtsrechts, BB 2012, 917, 919; *von Goldbeck*, in: Luz/Neus/Schaber/Schneider/Wagner/Weber, KWG und CRR, 3. Aufl. 2015, § 32 KWG Rn. 13; *Fischer/Müller*, in: Boos/Fischer/Schulte-Mattler, KWG, CRR-VO, 5. Aufl. 2016, § 32 KWG Rn. 37.

[470] BGH, Urt. v. 2.7.1985, X ZR 77/84, BGHZ 95, 155; *Roth*, in: Koller/Kindler/Roth/Morck, HGB, 8. Aufl. 2015, § 1 Rn. 9.

[471] *Hopt*, in: Baumbach/Hopt, HGB, 38. Aufl. 2018, § 1 Rn. 16; *Canaris*, Handelsrecht, 24. Aufl. 2006, § 2 Rn. 14; *Roth*, in: Koller/Kindler/Roth/Morck, HGB, 8. Aufl. 2015, § 1 Rn. 10; *Schmidt*, in: MünchKomm-HGB, 4. Aufl. 2016, § 1 Rn. 31; *Kindler*, in: Ebenroth/Boujong/Joost/Strohn, HGB, 3. Aufl. 2014, § 1 Rn. 27.

[472] *Brogl*, in: Reischauer/Kleinhans, KWG, Aktualisierung 4/18 2018, § 1 Anm. 22; *von Goldbeck*, in: Luz/Neus/Schaber/Schneider/Wagner/Weber, KWG und CRR, 3. Aufl. 2015, § 32 KWG Rn. 13; *Fischer/Müller*, in: Boos/Fischer/Schulte-Mattler, KWG, CRR-VO, 5. Aufl. 2016, § 32 KWG Rn. 37; *Schneider*, Nichtanwendbarkeit des KWG bzw. WpHG trotz Erbringung regulierter Tätigkeiten, WM 2008, 285, 287.

[473] Siehe erster Teil: § 2 A. II. 4.

[474] Siehe erster Teil: § 2 A. I. 4.0

[475] *Baum*, in: KK-WpHG, 2. Aufl. 2014, § 2 Rn. 186; *Assmann*, in: Assmann/Schneider, WpHG, 6. Aufl. 2012, § 2 Rn. 113.

gelt beteiligt zu werden, genügt nach Auffassung der BaFin den Anforderungen an den KWG-Gewerbebegriff.[476] Der Tatbestandsvariante des in kaufmännischer Weise eingerichteten Geschäftsbetriebs kommt daher in der Praxis keine Bedeutung zu. Dieses Merkmal wird nur relevant, wenn eine Gewinnerzielungsabsicht oder Entgeltlichkeit zu verneinen sind.[477]

c) Inlandsbezug: Vertriebsbezogene Auslegung versus institutsbezogene Auslegung

Nach dem Wortlaut von § 32 KWG besteht eine Erlaubnispflicht nur, wenn die Dienstleistung *im Inland* erbracht wird. Ist ein Unternehmen in Deutschland ansässig, betreibt es Geschäfte im Inland.[478] Wird Robo Advice von einem deutschen Unternehmen angeboten, besteht immer ein Inlandsbezug. Wertpapierhandelsunternehmen aus Staaten des Europäischen Wirtschaftsraums dürfen nach § 53b KWG ohne BaFin-Erlaubnis Robo Advice in Deutschland anbieten, wenn sie in ihrem Herkunftsland zugelassen sind, sog. *Europäischer Pass*.[479]

Umstritten sind hingegen Fälle, in denen ein Unternehmen aus einem Drittstaat ohne physische Präsenz im Inland grenzüberschreitend Wertpapierdienstleistungen auf dem deutschen Markt anbietet. Das ist bei Robo Advice möglich, da die komplette Erbringung der Dienstleistung über das Internet Kern des Geschäftsmodells ist. Da die physische Präsenz Anknüpfungspunkt der BaFin-Aufsicht ist, besteht bei Robo Advice die besondere Gefahr, dass unseriöse Anbieter durch grenzüberschreitende Angebote eine

---

476 BaFin/Deutsche Bundesbank, Gemeinsames Informationsblatt zum Tatbestand der Anlageberatung, Stand November 2017, Nr. 6.
477 *Fischer/Müller*, in: Boos/Fischer/Schulte-Mattler, KWG, CRR-VO, 5. Aufl. 2016, § 32 KWG Rn. 8.
478 *Samm*, in: Beck/Samm/Kokemoor, Kreditwesengesetz mit CRR, 201. Aktualisierung 2018, § 32 KWG Rn. 26; *von Goldbeck*, in: Luz/Neus/Schaber/Schneider/Wagner/Weber, KWG und CRR, 3. Aufl. 2015, § 32 KWG Rn. 12; *Albert*, in: Reischauer/Kleinhans, KWG, Aktualisierung 4/18 2018, § 32 Anm. 6; *Freiwald*, Erlaubnispflicht nach § 32 Abs. 1 KWG für grenzüberschreitende Bank- und Finanzdienstleistungen, WM 2008, 1537, 1544.
479 *Brocker*; in: Schwennicke/Auerbach, KWG, 3. Aufl. 2016, § 53b Rn. 8; *Vahldiek*, in: Boos/Fischer/Schulte-Mattler, KWG, CRR-VO, 5. Aufl. 2016, § 53b KWG Rn. 8; *Albert*, in: Reischauer/Kleinhans, KWG, Aktualisierung 4/18 2018, § 32 Anm. 6; *Hanten*, Aufsichtsrechtliche Erlaubnispflicht bei grenzüberschreitenden Bankgeschäften und Finanzdienstleistungen, WM 2003, 1412, 1415.

Beaufsichtigung durch die BaFin gezielt vermeiden. Vor diesem Hintergrund ist im Folgenden zu untersuchen, wie das Inlandsmerkmal in § 32 Abs. 1 KWG auszulegen ist.

aa) Institutsbezogene Auslegung

Nach der institutsbezogenen Auslegung werden Geschäfte nur dann im Inland betrieben, wenn das ausländische Unternehmen eine Zweigniederlassung oder eine sonstige *physische Präsenz* in Deutschland unterhält, die den Geschäftsabschluss zumindest fördert.[480] Grenzüberschreitende Geschäfte ohne inländische Präsenz, also etwa über das Internet oder Telefon, sind hingegen nicht erlaubnispflichtig.[481] Die Vertreter der institutsbezogenen Auslegung argumentieren mit dem *historischen Willen* des Gesetzgebers. Dieser sei bei Erlass des KWG 1961 davon ausgegangen, dass das KWG nur dann für ausländische Kreditinstitute gelte, wenn diese über eine inländische Tochtergesellschaft oder Zweigstelle verfügen. Im Übrigen würden diese nicht in den Anwendungsbereich des KWG fallen.[482] Deutlich werde das in der Gesetzesbegründung zu § 58 KWG a.F. (jetzt § 53 KWG):

»Für Zweigstellen ausländischer Kreditinstitute, die im Geltungsbereich dieses Gesetzes unterhalten werden, ist eine besondere Regelung erforderlich, weil für diese

---

480 OLG Frankfurt a.M., Urt. v. 15.1.1986, 16 W 2/86, WM 1987, 899; Hess. VGH, Beschl. v. 21.1.2005, 6 TG 1568/04, ZIP 2005, 610; *Schwennicke*, in: Schwennicke/Auerbach, KWG, 3. Aufl. 2016, § 32 Rn. 8; *Fischer/Müller*, in: Boos/Fischer/Schulte-Mattler, KWG, CRR-VO, 5. Aufl. 2016, § 32 KWG Rn. 19; *Albert*, in: Reischauer/Kleinhans, KWG, Aktualisierung 4/18 2018, § 32 Anm. 6; *von Goldbeck*, in: Luz/Neus/Schaber/Schneider/Wagner/Weber, KWG und CRR, 3. Aufl. 2015, § 32 KWG Rn. 12.
481 *von Goldbeck*, in: Luz/Neus/Schaber/Schneider/Wagner/Weber, KWG und CRR, 3. Aufl. 2015, § 32 KWG Rn. 12; *Schwennicke*; in: Schwennicke/Auerbach, KWG, 3. Aufl. 2016, § 32 Rn. 11; *Samm*, in: Beck/Samm/Kokemoor, Kreditwesengesetz mit CRR, 201. Aktualisierung 2018, § 32 KWG Rn. 26 f.
482 *Rögner*, Zur „Auslegung" des Inlandsbegriffs des § 32 KWG durch die Verwaltungspraxis der Bundesanstalt für Finanzdienstleistungsaufsicht, WM 2006, 745, 749; *Hanten*, Aufsichtsrechtliche Erlaubnispflicht bei grenzüberschreitenden Bankgeschäften und Finanzdienstleistungen, WM 2003, 1412, 1414; *Schwennicke*, in: Schwennicke/Auerbach, KWG, 3. Aufl. 2016, § 32 Rn. 14; *Christoph*, Zulässigkeit grenzüberschreitender Bankenaufsicht nach dem Marktortprinzip, ZBB 2009, 117, 118; *Steck/Campbell*, Die Erlaubnispflicht für grenzüberschreitende Bankgeschäfte und Finanzdienstleistungen, ZBB 2006, 354, 364.

Institute das KWG nicht gilt und eine unkontrollierte Tätigkeit solcher Zweigstellen nicht hingenommen werden kann.«[483]

Auch der *Wortlaut* von § 32 KWG spreche dafür, dass aufsichtspflichtige Unternehmen eine physische Präsenz im Inland unterhalten müssen. Die Formulierung »im Inland« bedeute bei natürlichem Verständnis, dass die Tätigkeit von einem Unternehmen mit Sitz im Inland erbracht wird. Eine Ausrichtung der Tätigkeit auf den deutschen Markt genüge nicht. Hätte der Gesetzgeber auch grenzüberschreitend betriebene Sachverhalte erfassen wollen, hätte er auf die Formulierung »in das Inland« zurückgreifen können.[484] Bei der Begriffsauslegung sei auch zu berücksichtigen, dass das unerlaubte Erbringen von Finanzdienstleistungen nach § 54 Abs. 1 Nr. 2 KWG strafbewährt ist. Eine Auslegung des Tatbestandsmerkmals »im Inland« dahingehend, dass auch grenzüberschreitende Geschäfte »aus dem Ausland in das Inland« erfasst werden, überschreite den Wortlaut der Norm. Daher sei diese Norminterpretation mit dem verfassungsrechtlich geschützten Grundsatz *nulla crimen sine lege scripta* nicht vereinbar, Art. 103 Abs. 2 GG.[485]

Die *Gesetzessystematik* stützt ebenfalls die institutsbezogene Auslegung. Die im fünften Abschnitt des KWG enthaltenen Sondervorschriften für ausländische Kreditinstitute seien systematisch eine Ausnahme von der Regel, dass diese grundsätzlich nicht unter die Erlaubnispflicht fallen.[486] Eine Erlaubnispflicht bestehe nur soweit diese nach §§ 53 ff. KWG explizit angeordnet werde. Eine entsprechende Regel existiere für ausländische Unter-

---

483 Regierungsentwurf KWG, BT-Drs. 3/1114, S. 45.
484 *Hanten*, Aufsichtsrechtliche Erlaubnispflicht bei grenzüberschreitenden Bankgeschäften und Finanzdienstleistungen, WM 2003, 1412, 1414; *Rögner*, Zur „Auslegung" des Inlandsbegriffs des § 32 KWG durch die Verwaltungspraxis der Bundesanstalt für Finanzdienstleistungsaufsicht, WM 2006, 745, 748.
485 *Hanten*, Aufsichtsrechtliche Erlaubnispflicht bei grenzüberschreitenden Bankgeschäften und Finanzdienstleistungen, WM 2003, 1412, 1414; *Rögner*, Zur „Auslegung" des Inlandsbegriffs des § 32 KWG durch die Verwaltungspraxis der Bundesanstalt für Finanzdienstleistungsaufsicht, WM 2006, 745, 749.
486 *Rögner*, Zur „Auslegung" des Inlandsbegriffs des § 32 KWG durch die Verwaltungspraxis der Bundesanstalt für Finanzdienstleistungsaufsicht, WM 2006, 745, 749; *Hanten*, Aufsichtsrechtliche Erlaubnispflicht bei grenzüberschreitenden Bankgeschäften und Finanzdienstleistungen, WM 2003, 1412, 1414; *Steck/Campbell*, Die Erlaubnispflicht für grenzüberschreitende Bankgeschäfte und Finanzdienstleistungen, ZBB 2006, 354, 364.

nehmen mit Zweigstellen im Inland. Im Übrigen verbiete sich eine Anwendung der allgemeinen § 32 KWG-Erlaubnispflicht.[487] Die Erbringung grenzüberschreitender Finanzdienstleistungen sei daher für Unternehmen ohne Zweigstellen erlaubnisfrei.[488]

Bietet ein Robo Advisor aus einem Drittland seine Dienstleistung auf dem deutschen Markt an, erbringt er nach dieser Auffassung nur dann eine erlaubnispflichtige Tätigkeit, wenn er eine Zweigstelle bzw. physische Präsenz in Deutschland unterhält. Die Endgeräte, auf denen die Kunden Robo Advice abrufen, erfüllen diese Anforderungen nicht. Eine Zweigstelle im Sinne des KWG muss auf gewisse Dauer angelegt und aus sachlichen und personellen Mitteln des Unternehmens aufgebaut sein.[489] Im Ergebnis wäre die Erbringung von Robo Advice aus einen Drittland nach der institutsbezogenen Auslegung keine erlaubnispflichtige Tätigkeit. Das birgt jedoch die Gefahr, dass ein Anbieter Robo Advice gezielt aus einem Drittland erbringt, um die Erlaubnispflicht der BaFin zu umgehen. Insbesondere vor dem Hintergrund, dass es für den Kunden oft nicht erkennbar ist, wo der Anbieter von Robo Advice seine physische Präsenz unterhält, würde das zu erheblichen Risiken für potentielle Anleger führen.

---

487 OLG Frankfurt a.M., Urt. v. 15.1.1986, 16 W 2/86, WM 1987, 899; Hess. VGH, Beschl. v. 21.1.2005, 6 TG 1568/04, ZIP 2005, 610; *Hanten*, Aufsichtsrechtliche Erlaubnispflicht bei grenzüberschreitenden Bankgeschäften und Finanzdienstleistungen, WM 2003, 1412, 1414; *Rögner*, Zur „Auslegung" des Inlandsbegriffs des § 32 KWG durch die Verwaltungspraxis der Bundesanstalt für Finanzdienstleistungsaufsicht, WM 2006, 745, 748; *Schwennicke*; in: Schwennicke/Auerbach, KWG, 3. Aufl. 2016, § 32 Rn. 14; *Steck/Campbell*, Die Erlaubnispflicht für grenzüberschreitende Bankgeschäfte und Finanzdienstleistungen, ZBB 2006, 354, 364.

488 *Rögner*, Zur „Auslegung" des Inlandsbegriffs des § 32 KWG durch die Verwaltungspraxis der Bundesanstalt für Finanzdienstleistungsaufsicht, WM 2006, 745, 749; *Steck/Campbell*, Die Erlaubnispflicht für grenzüberschreitende Bankgeschäfte und Finanzdienstleistungen, ZBB 2006, 354, 364.

489 *Schwennicke*, in: Schwennicke/Auerbach, KWG, 3. Aufl. 2016, § 53 Rn. 10; *Vahldiek*, in: Boos/Fischer/Schulte-Mattler, KWG, CRR-VO, 5. Aufl. 2016, § 53 KWG Rn. 14; nach der Teilaktstheorie liegt eine Zweigstelleneigenschaft nach § 53 Abs. 1 KWG dann vor, wenn eine Stelle im Inland am Zustandekommen bankgeschäftlicher Verträge oder deren Abwicklung mitwirkt. Daher lösen daher bereits wesentliche Teilakte der Geschäftsabwicklung im Inland eine erlaubnispflichtige Tätigkeit aus (BaFin, Merkblatt Drittstaateneinlagenvermittlung, Stand Dezember 2009, Nr. 2). Voraussetzung ist ein physischer Anknüpfungspunkt der Tätigkeit im Inland. Da Robo Advice komplett über das Internet angeboten wird, lässt sich bei grenzüberschreitenden Angeboten keine Erlaubnispflicht begründen. In der aktuellen Literatur und Rechtsprechung wird die Teilaktstheorie nicht mehr vertreten.

bb) Vertriebsbezogene Auslegung

Nach der vertriebsbezogenen Auslegung betreiben ausländische Unternehmen in Deutschland erlaubnispflichtige Geschäfte, wenn sie sich *zielgerichtet an den deutschen Markt wenden*, um dort wiederholt Finanzdienstleistungen anzubieten.[490] Eine irgendwie geartete physische Präsenz ist demnach nicht alleiniger Anknüpfungspunkt der Erlaubnispflicht.[491]

Die Vertreter der vertriebsbezogenen Auffassung argumentieren, der *Wortlaut* von § 32 KWG »im Inland« beziehe sich nicht auf den Betreiber, sondern auf die Vornahme des Bankgeschäfts.[492] Dafür spreche die offene Formulierung des Subjekts (»Wer ... betreiben will«).[493] Demzufolge setze der weite Wortlaut weder einen inländischen Sitz, noch eine physische Präsenz im Inland voraus.[494]

Weiterhin spreche der *Regelungszweck* für die vertriebsbezogene Auslegung. Zweck des durch § 32 KWG geschaffenen Verbots mit präventivem Erlaubnisvorbehalt sei es, die Erbringung von Finanzdienstleistungen durch fachlich oder persönlich ungeeignete Personen oder nicht überlebensfähige Unternehmen zu verhindern.[495] Für einen umfassenden Schutz der Integrität

---

490 BaFin, Merkblatt zur Erlaubnispflicht von grenzüberschreitend betriebenen Geschäften, Stand April 2005; *Albert*, in: Reischauer/Kleinhans, KWG, Aktualisierung 4/18 2018, § 32 Anm. 6; *Schwennicke*, in: Schwennicke/Auerbach, KWG, 3. Aufl. 2016, § 32 Rn. 11; *Seebach*, Die Reichweite des Marktortprinzips im Inlandsmerkmal des § 32 Abs. 1 Satz 1 KWG, WM 2010, 733; *Freiwald*, Erlaubnispflicht nach § 32 Abs. 1 KWG für grenzüberschreitende Bank- und Finanzdienstleistungen, WM 2008, 1537.

491 *Voge*, Zur Erlaubnispflicht grenzüberschreitend betriebener Bank- und Finanzdienstleistungsgeschäfte, WM 2007, 381, 382.

492 BVerwG, Urt. v. 22.4.2009, 8 C 2.09, BVerwGE 133, 358, 369; *Albert*, in: Reischauer/Kleinhans, KWG, Aktualisierung 4/18 2018, § 32 Anm. 6.

493 BVerwG, Urt. v. 22.4.2009, 8 C 2.09, BVerwGE 133, 358, 369.

494 BVerwG, Urt. v. 22.4.2009, 8 C 2.09, BVerwGE 133, 358, 368; *Freiwald*, Erlaubnispflicht nach § 32 Abs. 1 KWG für grenzüberschreitende Bank- und Finanzdienstleistungen, WM 2008, 1537, 1541; *Christoph*, Zulässigkeit grenzüberschreitender Bankenaufsicht nach dem Marktortprinzip, ZBB 2009, 117, 119.

495 Regierungsentwurf KWG, BT-Drs. 3/1114, 26; *Schwennicke*, in: Schwennicke/Auerbach, KWG, 3. Aufl. 2016, § 32 Rn. 12; *Samm*, in: Beck/Samm/Kokemoor, Kreditwesengesetz mit CRR, 201. Aktualisierung 2018, § 32 KWG Rn. 18; *Fischer/Müller*; in: Boos/Fischer/Schulte-Mattler, KWG, CRR-VO, 5. Aufl. 2016, § 32 KWG Rn. 5; *Geschwandtner*, in: Münchner Anwaltshandbuch Bank- und Kapitalmarktrecht, 2. Aufl. 2018, § 2 Rn. 46.

des Finanzsystems und der Anleger vor unseriösen Anbietern sei es notwendig, alle im Inland angebotenen Bank- und Finanzdienstleistungen umfassend zu beaufsichtigen.[496] Dabei sei unerheblich, ob der Anbieter der Finanzdienstleistung eine physische Präsenz im Inland habe oder auf Telekommunikationsmedien wie das Internet zurückgreife.[497]

Nach der vertriebsbezogenen Auslegung ist das Robo-Advice-Angebot eines Drittstaatunternehmens dann eine erlaubnispflichtige Tätigkeit, wenn der Anbieter am deutschen Markt wiederholt und geschäftsmäßig seine Finanzdienstleistung anbieten will. Das zielgerichtete Wenden an den deutschen Markt ist von Fällen der passiven Dienstleistungsfreiheit abzugrenzen. Die bloße Abrufbarkeit der Websites von Anbietern aus Drittstaaten kann eine internationale Zuständigkeit der BaFin nicht begründen.[498] Wenn im Inland ansässige Personen aus eigener Initiative auf solche Angebote zugreifen, löst das keine deutsche Erlaubnispflicht aus.[499] Bei Internet-Finanzdienstleistungen nimmt die BaFin eine Gesamtbetrachtung anhand des Inhalts der Website dahingehend vor, ob diese auf den deutschen Markt ausgerichtet ist. Indizien sind die Sprache, die Produktbeschreibung, länderspezifische Kundeninformationen, rechtliche Rahmenbedingungen und die Nennung deutscher Ansprechpartner.[500] Ein deutschsprachiges Angebot ist Anhaltspunkt dafür, dass sich ein Robo Advisor an den deutschen Markt wendet. Im Hinblick auf deutschsprachige Drittländer wie die Schweiz oder Österreich kann die Sprache allerdings nicht alleiniges Abgrenzungskriterium sein.[501] Daher sind weitere Indizien erforderlich, etwa eine spezifische

---

496 *Voge*, Zur Erlaubnispflicht grenzüberschreitend betriebener Bank- und Finanzdienstleistungsgeschäfte, WM 2007, 381, 385; BVerwG, Urt. v. 22.4.2009, 8 C 2.09, BVerwGE 133, 358, 370.
497 BVerwG, Urt. v. 22.4.2009, 8 C 2.09, BVerwGE 133, 358, 370.
498 *Fischer/Müller*, in: Boos/Fischer/Schulte-Mattler, KWG, CRR-VO, 5. Aufl. 2016, § 32 KWG Rn. 20; *Christoph*, Zulässigkeit grenzüberschreitender Bankenaufsicht nach dem Marktortprinzip, ZBB 2009, 117, 120.
499 BaFin, Merkblatt zur Erlaubnispflicht von grenzüberschreitend betriebenen Geschäften, Stand April 2005; *Albert*, in: Reischauer/Kleinhans, KWG, Aktualisierung 4/18 2018, § 32 Anm. 6; *Schwennicke*, in: Schwennicke/Auerbach, KWG, 3. Aufl. 2016, § 32 Rn. 12; *Schneider*, Nichtanwendbarkeit des KWG bzw. WpHG trotz Erbringung regulierter Tätigkeiten, WM 2008, 285, 290; *Christoph*, Zulässigkeit grenzüberschreitender Bankenaufsicht nach dem Marktortprinzip, ZBB 2009, 117, 120.
500 BaFin, Merkblatt zur Erlaubnispflicht von grenzüberschreitend betriebenen Geschäften, Stand April 2005, Nr. 1
501 *Fischer/Müller*, in: Boos/Fischer/Schulte-Mattler, KWG, CRR-VO, 5. Aufl. 2016, § 32 KWG Rn. 23; *Seebach*, Die Reichweite des Marktortprinzips im Inlandsmerkmal des § 32 Abs. 1 Satz 1 KWG, WM 2010, 733, 738.

Beratung anhand deutscher Bedürfnisse, die Berücksichtigung deutschen Rechts, eine deutsche Internetdomain oder die Einbindung deutscher Banken bei der Umsetzung der Anlageempfehlung.[502] Auch der tatsächliche Absatz der angebotenen Finanzdienstleistungen gegenüber in Deutschland ansässigen Kunden, spricht für ein zielgerichtetes Anbieten auf dem deutschen Markt.[503] Ergibt sich aus der Zusammenschau aller Umstände, dass sich ein Robo Advisor an den deutschen Markt wendet, erbringt er die Finanzdienstleistung im Inland und die Tätigkeit ist nach der vertriebsbezogenen Auslegung erlaubnispflichtig.

cc) Gewichtung der Auslegungsfiguren

Nach der institutsbezogenen Auslegung kann ein Robo Advisor seine Dienstleistung grenzüberschreitend ohne BaFin-Erlaubnis in Deutschland anbieten. Folgt man hingegen der vertriebsbezogenen Auslegung, ist eine entsprechende Erlaubnis zwingende Voraussetzung, wenn sich der Robo Advisor an den deutschen Markt richtet. Die verschiedenen Argumente für eine institutsbezogene und eine vertriebsbezogene Auslegung wurden oben gesammelt und dargestellt. Für die Frage, ob ein Robo Advisor aus einem Drittland unter den Tatbestand von § 32 KWG fällt, sind die Argumente in einem zweiten Schritt zu gewichten. Dabei sind zunächst zwingende Vorrangregelungen zu beachten.[504]

(1) Zwingende Vorrangregelungen

Die Wortlautgrenze ist aufgrund des Bestimmtheitsgebots, Art. 103 Abs. 2 GG bzw. § 1 StGB, im Strafrecht die Grenze zwischen zulässiger Auslegung und unzulässiger strafbarkeitsbegründender Rechtsfortbildung.[505] Der

---

502   BVerwG, Urt. v. 22.4.2009, 8 C 2.09, BVerwGE 133, 358, 368; *Seebach*, Die Reichweite des Marktortprinzips im Inlandsmerkmal des § 32 Abs. 1 Satz 1 KWG, WM 2010, 733, 738.
503   BaFin, Merkblatt zur Erlaubnispflicht von grenzüberschreitend betriebenen Geschäften, Stand April 2005, Nr. 1.
504   *Möllers*, Juristische Methodenlehre, 2017, § 13 Rn. 113, § 14 Rn. 100 ff.
505   *Alexy/Dreier*, Statutory Interpretation in the Federal Republic of Germany, in: MacCormick/ Summers, Interpreting Statutes, 1991, S. 73, 95; *Möllers*, Juristische Methodenlehre, 2017, § 1 Rn. 75, § 14 Rn. 103; *Möllers*, Ein Vierstufen-

Rechtsanwender muss nach dem Gesetzlichkeitsprinzip die strafrechtliche Relevanz seines Verhaltens vorhersehen können.[506] Argumentativ wären solche Einwände nur bei einer Rechtsfortbildung beachtlich, also wenn die grenzüberschreitende Erbringung von Robo Advice selbst bei umfassender Auslegung nicht unter das Merkmal »im Inland« subsumiert werden kann. Diese Formulierung ist jedoch offen und lässt beide Ansätze zu.[507] Aus diesem Grund handelt es sich nicht um Rechtsfortbildung, sondern um Wortlautauslegung.[508] Das *strafrechtliche Analogieverbot* des Art. 103 Abs. 2 GG steht einer vertriebsbezogenen Auslegung nicht als zwingende Vorrangregel entgegen.[509] Darüber hinaus können gegebenenfalls bestehende verfassungsrechtliche Bedenken bei der Anwendung der Strafnorm § 54 KWG berücksichtigt werden.[510] Die Erlaubnispflichtigkeit ist der Frage der Strafbarkeit vorgelagert. Ob eine Zuwiderhandlung im Einzelfall zu einer strafrechtlichen Verurteilung führen darf, ist unabhängig davon zu beurteilen.[511]

System zur Rationalisierung der Grenze zulässiger Rechtsfortbildung, in: FS Roth, 2011, S. 473, 487.

506 BVerfG, Beschl. v. 10.1.1995, 1 BvR 718/89, BVerfGE 92, 1, 12 – Sitzblockaden II; *Möllers*, Juristische Methodenlehre, 2017, § 1 Rn. 75.

507 BVerwG, Urt. v. 22.4.2009, 8 C 2.09, BVerwGE 133, 358, 369; VG Frankfurt a.M., Urt. v. 5.7.2007, 1 E 4355/06 (V), BKR 2007, 341, 345; *Christoph*, Zulässigkeit grenzüberschreitender Bankenaufsicht nach dem Marktortprinzip, ZBB 2009, 117, 119; *Freiwald*, Erlaubnispflicht nach § 32 Abs. 1 KWG für grenzüberschreitende Bank- und Finanzdienstleistungen, WM 2008, 1537, 1541; *Albert*, in: Reischauer/Kleinhans, KWG, Aktualisierung 4/18 2018, § 32 Anm. 6.

508 *Larenz*, Methodenlehre der Rechtswissenschaft, 6. Aufl. 1991, S. 320, 366; *Möllers*, Juristische Methodenlehre, 2017, § 13 Rn. 13.

509 *Möllers*, Juristische Methodenlehre, 2017, § 14 Rn. 103; *Möllers*, Ein Vierstufen-System zur Rationalisierung der Grenze zulässiger Rechtsfortbildung, in: FS Roth, 2011, S. 473, 487.

510 *Christoph*, Zulässigkeit grenzüberschreitender Bankenaufsicht nach dem Marktortprinzip, ZBB 2009, 117, 120; *Voge*, Zur Erlaubnispflicht grenzüberschreitend betriebener Bank- und Finanzdienstleistungsgeschäfte, WM 2007, 381, 386; *Vahldiek*, in: Boos/Fischer/Schulte-Mattler, KWG, CRR-VO, 5. Aufl. 2016, § 53 KWG Rn. 181.

511 Hess. VGH, Urt. v. 13.12.2006, 6 UE 3083/05, WM 2007, 1459, 1462; *Vahldiek*, in: Boos/Fischer/Schulte-Mattler, KWG, CRR-VO, 5. Aufl. 2016, § 53 KWG Rn. 181; *Voge*, Zur Erlaubnispflicht grenzüberschreitend betriebener Bank- und Finanzdienstleistungsgeschäfte, WM 2007, 381, 386; diese gespaltene Auslegung wird bisweilen mit dem Argument »Einheit der Rechtsordnung« abgelehnt.

(2) Abwägung

Die verschiedenen Argumente sind schließlich gegeneinander abzuwägen. Ihnen kommt je nach Sachverhalt und Norm unterschiedliche Überzeugungskraft zu.[512] Ob Bankgeschäfte oder Finanzdienstleistungen nur dann im Inland betrieben werden, wenn eine physische Präsenz den Geschäftsabschluss zumindest befördert (institutsbezogene Auslegung), oder ob es genügt, dass sich ausländische Unternehmen zielgerichtet an den deutschen Markt wenden (vertriebsbezogene Auslegung), lässt sich nicht allein anhand des *Wortlauts* von § 32 KWG beantworten. Da dieser vage ist, greift hier keine Vermutung, dass der Wortlaut tatsächlich den Willen des Gesetzgebers wiedergibt.[513] Das Wortlautargument kann daher bei der Abwägung nicht maßgebliches Auslegungselement sein.[514]

Auch der *historische Wille des Gesetzgebers* soll im Zweifelsfall Vorrang haben.[515] Bei Erlass des KWG ging der Gesetzgeber davon aus, dass das KWG nicht für ausländische Kreditinstitute gelte.[516] Ergeben sich jedoch gewichtige Anhaltspunkte, dass der ursprüngliche Wille des Gesetzgebers nicht mehr zeitgemäß ist, nimmt die Bedeutung der historischen Auslegung ab.[517] So verhält es sich hier: Neue technologische Entwicklungen bringen neue Geschäftsmodelle mit sich. Mithilfe digitaler Kommunikationsformen wie beispielsweise dem Internet ist es möglich, Finanzdienstleistungen ohne Weiteres grenzüberschreitend anzubieten. Das konnte der Gesetzgeber bei Erlass des Gesetzes 1961 nicht vorhersehen.[518]

---

512 *Larenz/Canaris*, Methodenlehre der Rechtswissenschaft, 3. Aufl. 1995, S. 166; *Bydlinski*, Juristische Methodenlehre und Rechtsbegriff, 2. Aufl. 1991, S. 555; *Möllers*, Juristische Methodenlehre, 2017, § 14 Rn. 116.
513 *Möllers*, Juristische Methodenlehre, 2017, § 14 Rn. 107.
514 *Larenz/Canaris*, Methodenlehre der Rechtswissenschaft, 3. Aufl. 1995, S. 166; *Möllers*, Juristische Methodenlehre, 2017, § 14 Rn. 116.
515 *Möllers*, Juristische Methodenlehre, 2017, § 14 Rn. 109.
516 Dazu zweiter Teil: § 6 A. II. 1. C) aa).
517 BVerfG, Urt. v. 20.02.1952, 1 BvF 2/51, BVerfGE 1, 117, 127; BVerfG, Beschl. v. 14.2.1973, 1 BvR 112/65, BVerfGE 34, 269, 288 – Soraya; *Bydlinski*, Juristische Methodenlehre und Rechtsbegriffe, 2. Aufl. 1991, S. 453; *Christoph*, Zulässigkeit grenzüberschreitender Bankenaufsicht nach dem Marktortprinzip, ZBB 2009, 117, 118.
518 VG Frankfurt a.M., Beschl. v. 11.10.2004, 9 E 993/04 (V), WM 2005, 503, 510.

Der Gesetzesbegründung kommt daher geringere Bedeutung zu.[519] Abweichend vom subjektiven Willen des historischen Gesetzgebers ist die zeitgemäße, objektive Bedeutung der Norm zu ermitteln.[520]

Vertreter der institutsbezogenen Auslegung argumentieren mit der *Gesetzessystematik*. Aus dem systematischen Zusammenhang ergibt sich jedoch nicht zwingend eine generelle Erlaubnisfreiheit grenzüberschreitender Finanzdienstleistungen für Institute mit Sitz in einem Drittstaat.[521] Die §§ 53 ff. KWG können auch so zu lesen sein, dass sie lediglich Erleichterungen für bestimmte Institute vorsehen.[522] So ersetzt etwa § 53b KWG die Erlaubnispflicht für EWR-Institute, die über eine Erlaubnis der zuständigen Herkunftsstaatsbehörde verfügen, durch ein Anzeigeverfahren.[523] Die grundsätzliche Erlaubnispflicht nach § 32 KWG bleibt davon unberührt.[524] Daher hilft auch die Gesetzessystematik nicht zu bestimmen, wann eine erlaubnispflichtige Tätigkeit gegeben ist.

Da die eben dargestellten Erwägungen nicht zu einem eindeutigen Ergebnis führen, ist anhand des *Telos der Regelung* zu bestimmen, wann eine erlaubnispflichtige Tätigkeit des Robo Advisors im Inland vorliegt. § 32

---

519 BVerwG, Urt. v. 22.4.2009, 8 C 2.09, BVerwGE 133, 358, 369; *Christoph*, Zulässigkeit grenzüberschreitender Bankenaufsicht nach dem Marktortprinzip, ZBB 2009, 117, 119; VG Frankfurt a.M., Beschl. v. 11.10.2004, 9 E 993/04 (V), WM 2005, 503, 509; *Freiwald*, Erlaubnispflicht nach § 32 Abs. 1 KWG für grenzüberschreitende Bank- und Finanzdienstleistungen, WM 2008, 1537, 1541; *Voge*, Zur Erlaubnispflicht grenzüberschreitend betriebener Bank- und Finanzdienstleistungsgeschäfte, WM 2007, 381, 384.

520 *Larenz*, Methodenlehre der Rechtswissenschaft, 6. Aufl. 1991, S. 317 f.; *Riesenhuber*, in: Riesenhuber, Europäische Methodenlehre, 3. Aufl. 2015, § 10 Rn. 10.

521 BVerwG, Urt. v. 22.4.2009, 8 C 2.09, BVerwGE 133, 358, 370; *Voge*, Zur Erlaubnispflicht grenzüberschreitend betriebener Bank- und Finanzdienstleistungsgeschäfte, WM 2007, 381, 384; *Christoph*, Zulässigkeit grenzüberschreitender Bankenaufsicht nach dem Marktortprinzip, ZBB 2009, 117, 118; *Freiwald*, Erlaubnispflicht nach § 32 Abs. 1 KWG für grenzüberschreitende Bank- und Finanzdienstleistungen, WM 2008, 1537, 1541.

522 Hess. VGH, Beschl. v. 21.1.2005, 6 TG 1568/04, ZIP 2005, 610, 611; *Christoph*, Zulässigkeit grenzüberschreitender Bankenaufsicht nach dem Marktortprinzip, ZBB 2009, 117, 118.

523 *Voge*, Zur Erlaubnispflicht grenzüberschreitend betriebener Bank- und Finanzdienstleistungsgeschäfte, WM 2007, 381, 385.

524 *Christoph*, Zulässigkeit grenzüberschreitender Bankenaufsicht nach dem Marktortprinzip, ZBB 2009, 117, 118; *Voge*, Zur Erlaubnispflicht grenzüberschreitend betriebener Bank- und Finanzdienstleistungsgeschäfte, WM 2007, 381, 385; *Freiwald*, Erlaubnispflicht nach § 32 Abs. 1 KWG für grenzüberschreitende Bank- und Finanzdienstleistungen, WM 2008, 1537, 1541.

KWG bezweckt die Wahrung der Funktionsfähigkeit des Finanz- und Bankensystems, indem der Markt vor unseriösen Anbietern geschützt werden soll.[525] Darüber hinaus dient die Norm dem individuellen Schutz der Anleger vor unseriösen Anbietern.[526] Da die elektronische Kommunikation über das Internet die grenzüberschreitende Erbringung von Finanzdienstleistungen erheblich erleichtert, kann diese Zielsetzung nur vollständig erreicht werden, wenn auch grenzüberschreitende Angebote erlaubnispflichtig sind.[527] Robo Advice ist ein Paradebeispiel dafür, dass Anlageberatung und Vermögensverwaltung keine physische Präsenz im Inland erfordern. Dem Gesetzeszweck wird am besten Rechnung getragen, wenn nicht der Sitz des Robo Advisors maßgeblich ist, sondern der *Ort der Leistungserbringung*.[528] Nur so können der inländische Kapitalmarkt und die dort tätigen Akteure effektiv beaufsichtigt und geschützt werden.[529] Wendet sich ein Robo Advisor an einen bestimmten ausländischen Markt, um dort Kunden zu gewinnen, dann folgt daraus im Interesse des Anlegerschutzes, dass er sich den

---

525 BVerwG, Urt. v. 22.4.2009, 8 C 2.09, BVerwGE 133, 358, 371; *Christoph*, Zulässigkeit grenzüberschreitender Bankenaufsicht nach dem Marktortprinzip, ZBB 2009, 117, 119; *Voge*, Zur Erlaubnispflicht grenzüberschreitend betriebener Bank- und Finanzdienstleistungsgeschäfte, WM 2007, 381, 385; *Freiwald*, Erlaubnispflicht nach § 32 Abs. 1 KWG für grenzüberschreitende Bank- und Finanzdienstleistungen, WM 2008, 1537, 1542.

526 VG Frankfurt a.M., Urt. v. 5.7.2007, 1 E 4355/06 (V), BKR 2007, 341, 345, *Christoph*, Zulässigkeit grenzüberschreitender Bankenaufsicht nach dem Marktortprinzip, ZBB 2009, 117, 119; *Voge*, Zur Erlaubnispflicht grenzüberschreitend betriebener Bank- und Finanzdienstleistungsgeschäfte, WM 2007, 381, 385; *Freiwald*, Erlaubnispflicht nach § 32 Abs. 1 KWG für grenzüberschreitende Bank- und Finanzdienstleistungen, WM 2008, 1537, 1542.

527 *Christoph*, Zulässigkeit grenzüberschreitender Bankenaufsicht nach dem Marktortprinzip, ZBB 2009, 117, 119; *Freiwald*, Erlaubnispflicht nach § 32 Abs. 1 KWG für grenzüberschreitende Bank- und Finanzdienstleistungen, WM 2008, 1537, 1542; *Albert*, in: Reischauer/Kleinhans, KWG, Aktualisierung 4/18 2018, § 32 Anm. 6; *Wank*, Die Auslegung von Gesetzen, 6. Aufl. 2015, S. 73 f.; *Möllers*, Juristische Methodenlehre, 2017, § 5 Rn. 48 f.; *Samm*, in: Beck/Samm/Kokemoor, Kreditwesengesetz mit CRR, 201. Aktualisierung 2018, § 32 KWG Rn. 41.

528 BVerwG, Urt. v. 22.4.2009, 8 C 2.09, BVerwGE 133, 358, 367; *Christoph*, Zulässigkeit grenzüberschreitender Bankenaufsicht nach dem Marktortprinzip, ZBB 2009, 117, 119; *Albert*, in: Reischauer/Kleinhans, KWG, Aktualisierung 4/18 2018, § 32 Anm. 6; *Voge*, Zur Erlaubnispflicht grenzüberschreitend betriebener Bank- und Finanzdienstleistungsgeschäfte, WM 2007, 381, 385.

529 BVerwG, Urt. v. 22.4.2009, 8 C 2.09, BVerwGE 133, 358, 367.

Regeln dieses Markts zu unterwerfen hat.[530] Die Anknüpfung an den Ort der bestimmungsgemäßen Leistungserbringung ist konsequent, da so die zielgerichtete Ausrichtung des Onlineangebots auf einen bestimmten Markt berücksichtigt werden kann.[531] Im Ergebnis ist der vertriebsbezogenen Auffassung zu folgen.

2. Konsequenzen der Erlaubnispflichtigkeit von Robo Advice

Erbringt der Robo Advisor eine erlaubnispflichtige Tätigkeit, muss der Anbieter, also die juristischen Person, vertreten durch ihre Geschäftsführer oder Vorstände, vor Aufnahme der Tätigkeit einen Antrag auf Erlaubniserteilung nach § 32 KWG bei der BaFin stellen.[532] Im Erlaubnisverfahren überprüft die BaFin das Geschäftsmodell und den zugrundeliegenden Algorithmus.[533] Wenn ein Unternehmen aus einem Drittstaat sich mit Mitteln moderner Kommunikation vom Ausland aus zielgerichtet an inländische Kunden wendet, löst dies entsprechend der vertriebsbezogenen Auslegung eine Erlaubnispflicht aus. Die Rechtsprechung bestätigte 2009 die vertriebsbezogene Auslegung der BaFin höchstrichterlich.[534] Um erlaubnispflichtige Geschäfte in Deutschland zu erbringen, müssen Anbieter aus Drittländern eine Tochtergesellschaft oder eine Zweigniederlassung im Inland gründen und eine Erlaubnis beantragen.[535]

Bestehen Unklarheiten darüber, ob das Angebot eines Robo Advisors im Einzelfall erlaubnispflichtig ist, kann sich der Anbieter bereits vorab an die

---

530 *Christoph*, Zulässigkeit grenzüberschreitender Bankenaufsicht nach dem Marktortprinzip, ZBB 2009, 117, 119.
531 *Seebach*, Die Reichweite des Marktortprinzips im Inlandsmerkmal des § 32 Abs. 1 Satz 1 KWG, WM 2010, 733, 738.
532 *Nießner/Schlupp*, in: Kunschke/Schaffelhuber, FinTech, 2018, Teil II A Rn. 32 f.; *Fischer/Müller*, in: Boos/Fischer/Schulte-Mattler, KWG, CRR-VO, 5. Aufl. 2016, § 32 KWG Rn. 37; *von Goldbeck*, in: Luz/Neus/Schaber/Schneider/Wagner/Weber, KWG und CRR, 3. Aufl. 2015, § 32 KWG Rn. 13.
533 *Altmann/Becker*, BaFinTech 2016, Workshop 3: Robo-Advice, S. 32.
534 BVerwG, Urt. v. 22.4.2009, 8 C 2.09, BVerwGE 133, 358.
535 BaFin, Merkblatt zur Erlaubnispflicht von grenzüberschreitend betriebenen Geschäften, Stand April 2005; *Albert*, in: Reischauer/Kleinhans, KWG, Aktualisierung 4/18 2018, § 32 Anm. 6.

BaFin als zuständige Aufsichtsbehörde wenden.[536] Grundsätzlich beantwortet die BaFin Anfragen zur Erlaubnispflicht konkreter Vorhaben oder Geschäftsmodelle. Zu diesem Zweck nennt die BaFin explizit Kontaktdaten auf ihrer Website.[537] Die schriftliche Antwort der BaFin entfaltet Bindungswirkung. Die Feststellung der Erlaubnisfreiheit ist nach der Rechtsprechung des BVerwG ein feststellender Verwaltungsakt, der nur unter den Voraussetzungen der §§ 48, 49 VwVfG zurückgenommen oder widerrufen werden kann.[538]

B. Freie Finanzanlagenvermittler mit Zulassung nach § 34f GewO

Viele Robo Advisor der ersten Generation bezeichnen sich selbst als freie Finanzanlagenvermittler mit Zulassung nach der Gewerbeordnung. Diese Gestaltung ist möglich, da § 2 Abs. 6 KWG bestimmte Unternehmen, die materiell Finanzdienstleistungsinstitute sind, vom Anwendungsbereich des KWG ausnimmt.[539] Unter den Voraussetzungen der speziellen Bereichsausnahme des § 2 Abs. 6 Satz 1 Nr. 8 KWG gilt ein Robo Advisor nicht als Finanzdienstleistungsinstitut und unterliegt weder der Erlaubnispflicht nach § 32 KWG, noch der Aufsicht der BaFin nach den §§ 6 ff. WpHG.[540] Diese Bereichsausnahme bietet den Anbietern von Robo Advice eine Möglichkeit, sich der strengen Beaufsichtigung der BaFin zu entziehen und die hohen Anforderungen an die Erteilung einer KWG-Erlaubnis zu umgehen.[541]

---

536 BGH, Urt. v. 27.6.2017, VI ZR 424/16, NJW-RR 2017, 1004 Rn. 17; *Hippeli*, Verbotsirrtum über die Erlaubnispflicht von Bankgeschäft oder Finanzdienstleistung bei Auskunft der Aufsichtsbehörde, WM 2018, 253, 255.
537 Siehe www.bafin.de/DE/DieBaFin/Kontakt/Erlaubnispflicht/erlaubnispflicht_node.html.
538 BVerwG, Beschl. v. 29.1.2016, 8 B 6.16, VersR 2016, 775, 776; *Hippeli*, Verbotsirrtum über die Erlaubnispflicht von Bankgeschäft oder Finanzdienstleistung bei Auskunft der Aufsichtsbehörde, WM 2018, 253, 256.
539 BaFin, Merkblatt zur Bereichsausnahme für die Vermittlung von Investmentvermögen und Vermögensanlagen, Stand November 2017, Nr. 1; *Schwennicke*, in: Schwennicke/Auerbach, KWG, 3. Aufl. 2016, § 2 Rn. 42.
540 *Oppenheim/Lange-Hausstein*, Robo Advisor, WM 2016, 1966, 1969; *Baumanns*, FinTechs als Anlageberater? Die aufsichtsrechtliche Einordnung von Robo-Advisory, BKR 2016, 366, 371; *Möslein/Lordt*, Rechtsfragen des Robo Advice, ZIP 2017, 793, 797.
541 *Möslein/Lordt*, Rechtsfragen des Robo Advice, ZIP 2017, 793, 797; *Oppenheim/Lange-Hausstein*, Robo Advisor, WM 2016, 1966, 1969; *Nathmann*, Bedeutung der Regulierung bei der Beurteilung von FinTechs, CF 2018, 248, 252;

Für die Erbringung von Finanzdienstleistungen ist dann eine Gewerbeerlaubnis nach § 34f GewO ausreichend.[542] Diese schreibt beispielsweise kein festes Anfangskapital vor und formuliert weniger strenge Voraussetzungen an die Zuverlässigkeit der Geschäftsleiter.[543]

I. Voraussetzungen der KWG-Bereichsausnahme (§ 2 Abs. 6 Satz 1 Nr. 8 KWG)

Ein Robo Advisor erbringt seine Tätigkeit im Rahmen der Bereichsausnahme des § 2 Abs. 6 Satz 1 Nr. 8 KWG, wenn er sich auf die Erbringung von Anlageberatung oder -vermittlung beschränkt. Die Finanzdienstleistung muss sich dabei auf bestimmte Finanzinstrumente beziehen und darf nur zwischen Kunden und einem eingeschränkten Personenkreis vermittelt werden. Um den Ausnahmetatbestand zu erfüllen, darf sich der Anbieter weder Eigentum noch Besitz an Kundengeldern oder Anteilen verschaffen.

1. Erbringung von Anlageberatung oder Anlagevermittlung

Die Bereichsausnahme nach § 2 Abs. 6 Satz 1 Nr. 8 KWG gilt nur für Unternehmen, die ihr Leistungsangebot auf die Erbringung von Anlageberatung und/oder Anlagevermittlung beschränken.[544] Darüber hinaus dürfen sie keine weiteren Finanzdienstleistungen oder Bankgeschäfte betreiben.[545] Vollbanken, die neben Robo Advice weitere Wertpapierdienstleistungen anbieten, können daher nicht im Rahmen der Bereichsausnahme tätig wer-

---

Kröner, Best of Both Worlds: Banken vs. FinTech?, in: Tiberius/Rasche, FinTechs, 2016, S. 27, 30.

542 *Schwennicke*, in: Schwennicke/Auerbach, KWG, 3. Aufl. 2016, § 2 Rn. 56; *Nathmann*, Bedeutung der Regulierung bei der Beurteilung von FinTechs, CF 2018, 248, 250.

543 *Möslein/Lordt*, Rechtsfragen des Robo Advice, ZIP 2017, 793, 797.

544 BaFin, Merkblatt zur Bereichsausnahme für die Vermittlung von Investmentvermögen und Vermögensanlagen, Stand November 2017, Nr. 1; *Schäfer*, in: Boos/Fischer/Schulte-Mattler, KWG, CRR-VO, 5. Aufl. 2016, § 2 KWG Rn. 79; *Schönleiter*, in: Landmann/Rohmer, Gewerbeordnung, 77. EL Oktober 2017, § 34f GewO Rn. 49; *Schwennicke*, in: Schwennicke/Auerbach, KWG, 3. Aufl. 2016, § 2 Rn. 54.

545 BaFin, Merkblatt zur Bereichsausnahme für die Vermittlung von Investmentvermögen und Vermögensanlagen, Stand November 2017, Nr. 1.

den. Wer Robo Advice der zweiten Generation anbietet, kann die Bereichsausnahme als Finanzportfolioverwalter nicht in Anspruch nehmen.[546] Da Robo Advice der ersten Generation aufsichtsrechtlich als Anlageberatung zu qualifizieren ist, kann hier die Bereichsausnahme greifen, wenn die übrigen Voraussetzungen erfüllt sind.

2. Zulässige Vermittlungs- und Beratungsgegenstände

Der Robo Advisor muss sich weiterhin auf die Empfehlung bzw. Vermittlung von bestimmten Investmentvermögen beschränken. Diese Beschränkung auf bestimmte Finanzprodukte ist Grund der Privilegierung.[547] Investmentvermögen sind stärker standardisiert als andere Wertpapiere. Zudem unterliegen die Produktemittenten von Investmentvermögen selbst der Aufsicht, sodass die Empfehlung und Vermittlung dieser Produkte keine besonderen Risiken birgt.[548] Der Robo Advisor der ersten Generation empfiehlt regelmäßig den Erwerb von Anteilen an ETFs, die Investmentvermögen i.S.v. § 1 Abs. 1 KAGB sind.[549] Wird dieser ETF von einer inländischen Kapitalverwaltungsgesellschaft ausgegeben bzw. darf er nach den Vorgaben des KAGB vertrieben werden, ist er zulässiger Vermittlungs- bzw. Beratungsgegenstand.

3. Einschränkung der potentiellen Vertragspartner

Dem Kunden dürfen nur die in § 2 Abs. 6 Satz 1 Nr. 1 KWG genannten Unternehmen als potentielle Vertragspartner vermittelt werden. Diese ver-

---

546 Siehe zweiter Teil: § 5.
547 BaFin/Deutsche Bundesbank, Gemeinsames Informationsblatt zum Tatbestand der Anlageberatung, Stand November 2017, Nr. 7; *Weber/Seifert*, in: Luz/Neus/Schaber/Schneider/Wagner/Weber, KWG und CRR, 3. Aufl. 2015, § 2 KWG Rn. 37.
548 Regierungsentwurf 6. KWG Änderungsgesetz, BT-Drs. 13/7142, S. 71 f.; Regierungsentwurf FRUG, BT-Drs. 16/4028, S. 91; *Schäfer*, in: Boos/Fischer/Schulte-Mattler, KWG, CRR-VO, 5. Aufl. 2016, § 2 KWG Rn. 79; *Weber/Seifert*, in: Luz/Neus/Schaber/Schneider/Wagner/Weber, KWG und CRR, 3. Aufl. 2015, § 2 KWG Rn. 37; *Schwennicke*, in: Schwennicke/Auerbach, KWG, 3. Aufl. 2016, § 2 Rn. 53.
549 Siehe zweiter Teil: § 4 B. III. 1.; *Harrer*, Exchange Traded Funds (ETFs), 2016, S. 174.

fügen über eine Banklizenz nach § 32 KWG oder eine entsprechende Zulassung.[550] Sofern dem Anlageinteressenten bei der Anlageberatung ein Geschäft mit einem bestimmten Vertragspartner empfohlen wird, gelten für diesen dieselben Kriterien.[551] Der Robo Advisor kann die Tätigkeit aber auch dann im Rahmen der Bereichsausnahme anbieten, wenn er lediglich ein bestimmtes Finanzinstrument und keinen konkreten Vertragspartner für das Wertpapiergeschäft empfiehlt.[552]

4. Kein Zugriff auf Kundenvermögen

Letzte Voraussetzung ist, dass der Anbieter keine Befugnis hat, sich Eigentum oder Besitz an Geldern oder Anteilen der Kunden zu verschaffen. Der Robo Advisor darf daher nur beratend oder vermittelnd tätig werden.[553] Hintergrund ist, dass der Anlageberater keine Gelegenheit zur Veruntreuung von Kundenvermögen hat und der Anleger nicht das Insolvenzrisiko des Anbieters trägt.[554] Der Robo Advisor der ersten Generation arbeitet zur Umsetzung der Anlageempfehlung mit einer Kooperationsbank zusammen, die über eine Banklizenz i.S.v. § 32 KWG verfügt. Diese führt das Kundendepot und erwirbt und veräußert für den Kunden Finanzinstrumente. Aufgrund dieser strikten Trennung ist sichergestellt, dass der Robo Advisor der ersten Generation sich kein Eigentum oder Besitz an Kundenvermögen verschaffen kann.[555]

---

550 *Schwennicke*, in: Schwennicke/Auerbach, KWG, 3. Aufl. 2016, § 2 Rn. 54; *Weber/Seifert*, in: Luz/Neus/Schaber/Schneider/Wagner/Weber, KWG und CRR, 3. Aufl. 2015, § 2 KWG Rn. 37; *Schönleiter*, in: Landmann/Rohmer, Gewerbeordnung, 77. EL Oktober 2017, § 34f GewO Rn. 51.
551 BaFin, Merkblatt zur Bereichsausnahme für die Vermittlung von Investmentvermögen und Vermögensanlagen, Stand November 2017, Nr. 1, 3.
552 BaFin, Merkblatt zur Bereichsausnahme für die Vermittlung von Investmentvermögen und Vermögensanlagen, Stand November 2017, Nr. 1; BaFin/Deutsche Bundesbank, Gemeinsames Informationsblatt zum Tatbestand der Anlageberatung, Stand November 2017, Nr. 7.
553 BaFin, Merkblatt zur Bereichsausnahme für die Vermittlung von Investmentvermögen und Vermögensanlagen, Stand November 2017, Nr. 4; *Schwennicke*, in: Schwennicke/Auerbach, KWG, 3. Aufl. 2016, § 2 Rn. 55; *Schäfer*, in: Boos/Fischer/Schulte-Mattler, KWG, CRR-VO, 5. Aufl. 2016, § 2 KWG Rn. 79.
554 BaFin, Merkblatt zur Bereichsausnahme für die Vermittlung von Investmentvermögen und Vermögensanlagen, Stand November 2017, Nr. 4.
555 *Oppenheim/Lange-Hausstein*, Robo Advisor, WM 2016, 1966, 1969.

II. Konsequenzen der Bereichsausnahme

Erbringt ein Anbieter Robo Advice im Rahmen der Bereichsausnahme, benötigt er nach § 34f GewO die Erlaubnis der zuständigen Behörde. Der Bundesgesetzgeber hat die Zuständigkeit für die Erteilung der gewerberechtlichen Erlaubnis nicht bei der BaFin angesiedelt, sondern den Bundesländern überlassen. Für die Erlaubniserteilung sind in neun Bundesländern die IHKs und in sieben Bundesländern staatliche Stellen zuständig.[556] Zweck dieser Ausnahme vom ansonsten geltenden Prinzip der Gewerbefreiheit nach § 1 GewO ist, die Erbringung von Finanzdienstleistungen durch ungeeignete Personen oder unzulänglich ausgestattete Unternehmen zu verhindern.[557] Die Voraussetzungen für die Erteilung der gewerberechtlichen Erlaubnis sind in § 34f Abs. 1 und Abs. 2 GewO geregelt. Erforderlich sind der Nachweis der persönlichen Zuverlässigkeit und geordneter Vermögensverhältnisse des Antragstellers. Zudem muss er über eine Berufshaftpflichtversicherung verfügen und seine Sachkunde über die fachlichen und rechtlichen Grundlagen der Kundenberatung nachweisen.[558] Das Erlaubnisverfahren wird durch die auf § 34g GewO gestützte FinVermV[559] konkretisiert.[560]

Für die Erlaubnispflicht bei Robo Advice ergibt sich daher ein uneinheitliches Bild: je nachdem, ob die gleiche Dienstleistung von einem FinTech oder einer Vollbank angeboten wird, bestehen im Hinblick auf die Erlaubnispflicht unterschiedliche Standards. Diese Differenzierung ist kein spezifisches Phänomen von Robo Advice. Vielmehr wurde diese Abstufung bei

---

556 Deutscher Industrie- und Handelskammertag e.V., Finanzanlagenvermittler (§ 34f GewO)/Honorar-Finanzanlagenberater (§ 34h GewO) - Länderzuständigkeiten:, Stand August 2018, abrufbar unter www.dihk.de/ressourcen/downloads/laenderzustaendigkeiten-34f-gewo.pdf/at_download/file?mdate=140240 5315210; *Moraht*, Verbraucherschutz im Finanzdienstleistungsbereich: Gewerberechtliche Sicht der Wirtschaft, GewArch 2014, 282, 285.
557 *Schwennicke*, in: Schwennicke/Auerbach, KWG, 3. Aufl. 2016, § 32 Rn. 2; *Schulze-Werner*, Das neue Recht der Finanzanlagenvermittler in der Gewerbeordnung (§ 34f GewO), GewArch 2012, 102, 103.
558 *Glückert*, Das neue Finanzanlagenvermittlerrecht (§ 34f GewO und Finanzanlagenvermittlungsverordnung), GewArch 2012, 465; *Moraht*, Verbraucherschutz im Finanzdienstleistungsbereich: Gewerberechtliche Sicht der Wirtschaft, GewArch 2014, 282, 285.
559 Finanzanlagenvermittlungsverordnung (FinVermV) v. 9.5.2012, BGBl. I Nr. 19 v. 6.5.2012, S. 1006–1018.
560 *Schulze-Werner*, Das neue Recht der Finanzanlagenvermittler in der Gewerbeordnung (§ 34f GewO), GewArch 2012, 102, 103; *Glückert*, Das neue Finanzanlagenvermittlerrecht (§ 34f GewO und Finanzanlagenvermittlungsverordnung), GewArch 2012, 465.

der herkömmlichen Anlageberatung durch Schaffung der Bereichsausnahme im KWG vom Gesetzgeber bewusst vorgesehen. Diese gesetzlich vorgesehene Differenzierung ist bei Robo Advice nicht deshalb aufzuheben, weil die Anlageberatung automatisiert über das Internet angeboten wird. Wenn bei der herkömmlichen Anlageberatung für die Erlaubnispflicht bei der gleichen Leistung unterschiedliche Standards gelten, ist das auch bei Robo Advice zulässig.

C. Ergebnis zu § 6

1. Universalbanken verfügen aufgrund ihrer Haupttätigkeit über eine Vollkonzession, § 32 KWG. Da Robo Advice ihr Leistungsangebot lediglich ergänzt, wird keine zusätzliche Erlaubnis benötigt.

2. Robo Advice unterfällt als Finanzdienstleistung grundsätzlich der Erlaubnispflicht des § 32 KWG.

3. Die Erlaubnispflicht knüpft an eine Tätigkeit »im Inland« an. Robo Advice ist ein Paradebeispiel dafür, dass Wertpapierdienstleistungen in Zeiten elektronischer Kommunikation keine physische Präsenz im Inland erfordern. Bei Auslegung des Inlandsmerkmals ist deshalb auf den Ort der Leistungserbringung abzustellen. Erlaubnispflichtig sind somit alle Finanzdienstleistungen, die zielgerichtet am deutschen Markt angeboten werden.

4. Robo Advisor der ersten Generation können ihre Tätigkeit im Rahmen der Bereichsausnahme des § 2 Abs. 6 Satz 1 Nr. 8 KWG erbringen. Daher benötigen sie keine Erlaubnis der BaFin, sondern eine gewerberechtliche Erlaubnis nach § 34f GewO. Für FinTechs bietet das die Möglichkeit, den hohen Anforderungen einer KWG-Erlaubnis zu entgehen.

5. Robo Advice der zweiten Generation kann als Finanzportfolioverwaltung nicht im Rahmen der Bereichsausnahme erbracht werden. Eine Erlaubnis nach § 32 KWG ist zwingend erforderlich.

Dritter Teil: Organisations- und Wohlverhaltenspflichten

Als Wertpapierdienstleister sind Robo Advisor an die öffentlich-rechtlichen Organisations- und Wohlverhaltenspflichten des WpHG gebunden.[561] Im Folgenden werden die einzelnen *Verhaltenspflichten* dargestellt und die daraus resultierenden Pflichten bei Robo Advice analysiert. Sofern sich aufgrund der Eigenart des Geschäftsmodells Besonderheiten ergeben, werden diese diskutiert. Grundlegend ist zwischen Robo Advice der ersten Generation (§ 7 und § 8) und Robo Advice der zweiten Generation (§ 9) zu unterscheiden. Für die Wohlverhaltenspflichten des Robo Advisors der ersten Generation ist eine weitere Unterscheidung vorzunehmen: Wie oben gezeigt, kann ein FinTech bzw. sonstiges Unternehmen ohne Banklizenz Robo Advice im Rahmen der Bereichsausnahme von § 2 Abs. 6 Satz 1 Nr. 8 KWG erbringen.[562] Eine parallele Ausnahme regelt § 3 Abs. 1 Nr. 7 WpHG für die Wohlverhaltenspflichten des WpHG.[563] Mithin gilt für Universalbanken das volle Pflichtenprogramm des WpHG, während FinTechs nur eingeschränkten Verhaltenspflichten unterliegen.[564] Bei Robo Advice der zweiten Generation ist eine entsprechende Differenzierung nicht angezeigt, da diese Dienstleistung als Finanzportfolioverwaltung nicht in den Anwendungsbereich der WpHG-Bereichsausnahme fallen kann. Zudem

---

561 ESMA, Consultation Paper: Guidelines on certain aspects of the MiFID II suitability requirements v. 13.7.2017, ESMA35-43-748, S. 12 Nr. 20; *Altmann/Becker*, BaFinTech 2016, Workshop 3: Robo-Advice, S. 17; *Möslein/Lordt*, Rechtsfragen des Robo-Advice, ZIP 2017, 793, 800; *Oppenheim/Lange-Hausstein*, Robo Advisor, WM 2016, 1966, 1970; *Reiter/Methner*, Rechtsprobleme der Beratung durch Robo Advisors, in: Taeger, Recht 4.0, 2017, S. 587, 590; *Baumanns*, FinTechs als Anlageberater? Die aufsichtsrechtliche Einordnung von Robo-Advisory, BKR 2016, 366, 371.
562 Ausführlich dazu zweiter Teil: § 6 B.
563 *Grundmann*, in: Staub, HGB, Bd. 11/2, 5. Aufl. 2018, 8. Teil Rn. 112; zur entsprechenden Vorgängernorm § 2a WpHG a.F.: *Fuchs*, in: Fuchs, WpHG, 2. Aufl. 2016, § 2a Rn. 25; *Baum*, in: KK-WpHG, 2. Aufl. 2014, § 2a Rn. 20; *Kumpan*, in: Schwark/Zimmer, KMRK, 4. Aufl. 2010, § 2a WpHG Rn. 12.
564 Für die Voraussetzungen der Bereichsausnahme kann auf die Ausführungen zur Parallelvorschrift des KWG im zweiten Teil: § 6 B. I. verwiesen werden.

Dritter Teil: Organisations- und Wohlverhaltenspflichten

sind Robo Advisor an die *Organisationspflichten* des WpHG gebunden (§ 10).[565] Diese gelten unabhängig von der Art der Wertpapierdienstleistung für sämtliche Wertpapierdienstleistungsunternehmen.[566] In diesem Kontext ist daher keine getrennte Darstellung nach Robo Advice der ersten Generation und Robo Advice der zweiten Generation vorzunehmen.

§ 7 Wohlverhaltenspflichten bei Robo Advice der ersten Generation (Universalbank)

Die Wohlverhaltensregeln der §§ 63 ff. WpHG gelten für Wertpapierdienstleistungsunternehmen, die Wertpapierdienstleistungen gewerbsmäßig oder in einem Umfang erbringen, der einen in kaufmännischer Weise eingerichteten Geschäftsbetrieb erfordert, § 2 Abs. 10 WpHG.[567] Adressat der aufsichtsrechtlichen Pflichten ist das Wertpapierdienstleistungsunternehmen und nicht der einzelne Mitarbeiter oder Berater. Für die Anwendbarkeit der Wohlverhaltenspflichten ist es deshalb unerheblich, ob die Anlageberatung von einer natürlichen Person oder einem Algorithmus durchgeführt wird. Beim Einsatz autonomer Systeme besteht allgemein Einigkeit, dass die Verantwortung bei der Person liegt, die Algorithmen zum Zwecke der Gewinnerzielung einsetzt.[568] Somit ist es folgerichtig, dass die Anbieter als Verantwortliche an die Verhaltenspflichten des WpHG gebunden sind. Demzu-

---

[565] ESMA, Consultation Paper: Guidelines on certain aspects of the MiFID II suitability requirements v. 13.7.2017, ESMA35-43-748, S. 12 Nr. 20; *Altmann/Becker*, BaFinTech 2016, Workshop 3: Robo-Advice, S. 17; *Möslein/Lordt*, Rechtsfragen des Robo-Advice, ZIP 2017, 793, 800; *Oppenheim/Lange-Hausstein*, Robo Advisor, WM 2016, 1966, 1970; *Reiter/Methner*, Rechtsprobleme der Beratung durch Robo Advisors, in: Taeger, Recht 4.0, 2017, S. 587, 590; *Baumanns*, FinTechs als Anlageberater? Die aufsichtsrechtliche Einordnung von Robo-Advisory, BKR 2016, 366, 371.

[566] *Fett*, in: Schwark/Zimmer, KMRK, 4. Aufl. 2010, § 33 WpHG Rn. 1; *Koller*, in: Assmann/Schneider, WpHG, 6. Aufl. 2012, § 33 Rn. 1.

[567] *Grundmann*, in: Staub, HGB, Bd. 11/2, 5. Aufl. 2018, 8. Teil Rn. 88; entsprechend zu den §§ 31 ff. WpHG a.F.: *Möllers*, in: KK-WpHG, 2. Aufl. 2014, § 31 Rn. 82; *Edelmann*, in: Assmann/Schütze, Handbuch des Kapitalanlagerechts, 4. Aufl. 2014, § 3 Rn. 14; *Koller*, in: Assmann/Schneider, WpHG, 6. Aufl. 2012, § 31 Rn. 12; *Veil*, in: Veil, Europäisches Kapitalmarktrecht, 2. Aufl. 2014, § 25 Rn. 4.

[568] *Pieper*, Künstliche Intelligenz, in: Taeger, Recht 4.0, 2017, S. 555, 557.

folge formuliert die ESMA in ihrem Leitlinienentwurf zur Geeignetheitsprüfung, dass Robo Advisor, die Anlageberatung bzw. Vermögensverwaltung erbringen, an die Vorgaben der MiFID II gebunden sind:

> »Once a robo-advice tool qualifies as investment advice or portfolio management under MiFID II, the firm has to comply with the provisions of MiFID II, in particular with the requirements of the suitability assessment.«[569]

In den finalen Geeignetheitsleitlinien[570] wird dieser Gedanke nicht mehr explizit dargelegt. Da die ESMA in den Leitlinien jedoch spezielle Anforderungen für Robo Advice regelt, wird klar, dass Robo Advisor nach ihrem Verständnis an die MiFID II gebunden sind. Im WpHG ist der sachliche Anwendungsbereich der Wohlverhaltenspflichten auf Wertpapierdienstleistungen und Wertpapiernebendienstleistungen i.S.v. § 2 Abs. 8 und Abs. 9 WpHG beschränkt.[571] Ein Anbieter von Robo Advice ist unabhängig davon, ob er Anlageberatung, Finanzportfolioverwaltung, Anlagevermittlung oder Abschlussvermittlung erbringt, zur Einhaltung der aufsichtsrechtlichen Vorgaben verpflichtet.

A. Hintergrund und Regelungszweck der §§ 63 ff. WpHG

Die §§ 63 ff. WpHG beruhen maßgeblich auf den Vorgaben der MiFID II. Durch deren Vorgängerrichtlinie MiFID I sollten einheitliche Anforderungen an Wertpapierdienstleistungsfirmen geschaffen werden, um die Effizienz und Funktionsfähigkeit der Wertpapiermärkte zu sichern.[572] Daneben war es ein eigenständiges Ziel der MiFID I, den individuellen Anleger durch die Schaffung besonderer Wohlverhaltenspflichten zu schützen.[573]

---

569 ESMA, Consultation Paper: Guidelines on certain aspects of the MiFID II suitability requirements v. 13.7.2017, ESMA35-43-748, S. 12 Nr. 20.
570 ESMA, Final Report: Guidelines on certain aspects of the MiFID II suitability requirements v. 28.5.2018, ESMA35-43-869.
571 Entsprechendes ist in der zugrundeliegenden MiFID II geregelt: *Lieverse*, The Scope of MiFID II, in: Busch/Ferrarini, Regulation of the EU Financial Markets, 2017, S. 27, 28.
572 Erwägungsgrund 3 und 44 MiFID I; *Möllers*, Effizienz als Maßstab des Kapitalmarktrechts, AcP 208 (2008), 1, 28; *Grundmann*, in: Staub, HGB, Bd. 11/2, 5. Aufl. 2018, 8. Teil Rn. 37.
573 Begründung der Kommission v. 19.11.2002, Kom (2002) 625, ABl. EU Nr. C 71/E/62, S. 66, 80 ff.; vgl. auch Erwägungsgründe 3 und 44 MiFID I; *Möllers*, in: KK-WpHG, 2. Aufl. 2014, § 34 Rn. 134; *Buck-Heeb/Poelzig*, Die Verhaltenspflichten (§§ 63 ff. WpHG n.F.) nach dem 2. FiMaNoG, BKR 2017, 485;

Die Erfahrungen aus der Finanzmarktkrise 2008, die zunehmende Komplexität der Finanzprodukte sowie die stetige Weiterentwicklung der Finanzmärkte aufgrund des technologischen Fortschritts veranlassten den europäischen Gesetzgeber dazu, die Finanzmarktregulierung zu reformieren.[574] Ein zentrales Anliegen der MiFID II ist die Überarbeitung der Wohlverhaltenspflichten. Die bisher bestehenden Regelungen wurden verschärft, um den Anlegerschutz weiter zu verbessern.[575] Die Umsetzung der MiFID II erfolgte auf nationaler Ebene durch das 2. FiMaNoG[576]. Die bislang in §§ 31 ff. WpHG normierten Wohlverhaltenspflichten wurden in den §§ 63 ff. WpHG neu gefasst und teilweise erweitert.[577] Für das Vertrauen der Anleger in einen funktionierenden Wertpapiermarkt sind die Wohlverhaltenspflichten von überragender Bedeutung, da sie einen aufsichtsrechtlichen Standard vorschreiben, der staatlicher Kontrolle unterliegt.[578] Kernstück sind die §§ 63 und 64 WpHG. § 63 WpHG stellt allgemeine Verhaltensregeln im Umgang mit den Kunden für sämtliche Wertpapierdienstleistungen auf.[579] Die Norm verpflichtet Wertpapierdienstleistungsunternehmen etwa dazu, im bestmöglichen Kundeninteresse zu handeln und Interessenkonflikte nach Möglichkeit zu vermeiden. § 64 WpHG statuiert zusätzliche, wertpapierdienstleistungsspezifische Pflichten für die Anlageberatung und Vermögensverwaltung. Bei diesen Wertpapierdienstleistungen genießen

---

Koller, in: Assmann/Schneider, WpHG, 6. Aufl. 2012, § 31 Rn. 1; *Fuchs*, in: Fuchs, WpHG, 2. Aufl. 2016, Vor §§ 31 ff. Rn. 14.

574 Erwägungsgründe 5, 7 MiFID II; *Balzer*, Umsetzung von MiFID II: Auswirkungen auf die Anlageberatung und Vermögensverwaltung, ZBB 2016, 226; *Busch/Ferrarini*, Who's Afraid of MiFID II?: An Introduction, in: Busch/Ferrarini, Regulation of the EU Financial Markets, 2017, S. 3, 7.

575 Erwägungsgrund 56 und 70 MiFID II; *Veil/Lerch*, Auf dem Weg zu einem Europäischen Finanzmarktrecht: die Vorschläge der Kommission zur Neuregelung der Märkte für Finanzinstrumente, WM 2012, 1605, 1608; *Balzer*, Umsetzung von MiFID II: Auswirkungen auf die Anlageberatung und Vermögensverwaltung, ZBB 2016, 226, 227; *Roth/Blessing*, Die neuen Vorgaben nach MiFID II – Teil 1, CCZ 2016, 258.

576 Zweites Gesetz zur Novellierung von Finanzmarktvorschriften auf Grund europäischer Rechtsakte (Zweites Finanzmarktnovellierungsgesetz – 2. FiMaNoG) v. 23.6.2017, BGBl. I, S. 1693.

577 *Buck-Heeb/Poelzig*, Die Verhaltenspflichten (§§ 63 ff. WpHG n.F.) nach dem 2. FiMaNoG, BKR 2017, 485.

578 Regierungsentwurf FRUG, BT-Drs. 16/4028, S. 53, 63 ff.; *Grundmann*, in: Staub, HGB, Bd. 11/2, 5. Aufl. 2018, 8. Teil Rn. 123; *Spindler*, in: Langenbucher/Bliesener/Spindler, Bankrechts-Kommentar, 2. Aufl. 2016, Kap. 33 Rn. 73.

579 *Grundmann*, in: Staub, HGB, Bd. 11/2, 5. Aufl. 2018, 8. Teil Rn. 123.

die Anleger ein noch höheres Schutzniveau. Es besteht beispielsweise zusätzlich die Pflicht zur Durchführung einer Geeignetheitsprüfung.

B. Anlegerkategorisierung (§ 67 WpHG)

Der Umfang der Wohlverhaltenspflichten hängt maßgeblich von der Schutzbedürftigkeit der Anleger ab.[580] Das Gesetz unterscheidet in § 67 WpHG zwischen Privatkunden und professionellen Kunden.[581] Diese Differenzierung wurde durch die MiFID I eingeführt und in der MiFID II übernommen.[582] Professionelle Kunden sind nach § 67 Abs. 2 Satz 2 WpHG insbesondere institutionelle Anleger, Kreditinstitute und Wertpapierdienstleistungsunternehmen, sog. geborene professionelle Kunden. Privatkunde ist, wer nicht professioneller Kunde ist, § 67 Abs. 3 WpHG. Privatkunden genießen das höchste Schutzniveau. Bei professionellen Kunden kann der Anbieter hingegen davon ausgehen, dass diese über ausreichend Erfahrungen, Kenntnisse und Sachverstand verfügen, um eigenständig eine Anlageentscheidung zu treffen und die damit verbundenen Risiken angemessen zu beurteilen, § 67 Abs. 2 Satz 1 WpHG bzw. Art. 54 Abs. 3 DelVO MiFID II (EU) 2017/565. Aufgrund der geringeren Schutzbedürftigkeit bestehen bei

---

[580] Erwägungsgrund 86 MiFID II; *Grundmann*, in: Staub, HGB, Bd. 11/2, 5. Aufl. 2018, 8. Teil Rn. 232; *Fleischer*, Die Richtlinie über Märkte für Finanzinstrumente und das Finanzmarkt-Richtlinie-Umsetzungsgesetz, BKR 2006, 389, 394.

[581] Zur Rechtslage nach § 31a WpHG a.F.: *Weichert/Wenninger*, Die Neuregelung der Erkundigungs- und Aufklärungspflichten von Wertpapierdienstleistungsunternehmen gem. Art. 19 RiL 2004/39/EG (MiFID) und Finanzmarkt-Richtlinie-Umsetzungsgesetz, WM 2007, 627, 629; *Fleischer*, Die Richtlinie über Märkte für Finanzinstrumente und das Finanzmarkt-Richtlinie-Umsetzungsgesetz, BKR 2006, 389, 394; *Möllers*, in: KK-WpHG, 2. Aufl. 2014, § 31a Rn. 6 f.; *Kühne*, Ausgewählte Auswirkungen der Wertpapierdienstleistungsrichtlinie – MiFID, BKR 2005, 275, 277 f.; *Veil*, Der Schutz des verständigen Anlegers durch Publizität und Haftung im europäischen und nationalen Kapitalmarktrecht, ZBB 2006, 162, 170; *Duve/Keller*, MiFID: Die neue Welt des Wertpapiergeschäfts, BB 2006, 2425, 2427 ff.

[582] *Grundmann*, in: Staub, HGB, Bd. 11/2, 5. Aufl. 2018, 8. Teil Rn. 232; *Busch*, MiFID II: Stricter conduct of business rules for investment firms, 12 CMLJ 340, 347 (2017); *Balzer*, Umsetzung von MiFID II: Auswirkungen auf die Anlageberatung und Vermögensverwaltung, ZBB 2016, 226, 228; *Buck-Heeb*, Verhaltenspflichten beim Vertrieb – Zwischen Paternalismus und Schutzlosigkeit der Anleger, ZHR 177 (2013), 310, 335; *Mansen*, Die neuen Anlageberatungsregelungen der MiFID II, 2018, S. 55.

professionellen Kunden weniger umfangreiche Wohlverhaltenspflichten als bei Privatkunden.

Bei Robo Advice weiß der Anbieter im Normalfall nicht, wer sein Kunde ist, da er mit diesem ausschließlich über den webbasierten Fragebogen kommuniziert. Zwar ist eine Einstufung als professioneller Kunde grundsätzlich ohne persönlichen Kontakt auf Basis der Kundenangaben möglich, in der Praxis werden geborene professionelle Kunden jedoch kaum Robo Advice in Anspruch nehmen, da sie selbst über die notwendige Sachkompetenz verfügen. Sie sind daher nicht auf das relativ einfach gestrickte Angebot der digitalen Anlageberatung angewiesen. Nach der optischen Gestaltung und dem Geschäftsmodell richtet sich Robo Advice an eher unerfahrene Privatkunden. Grundsätzlich kann auch ein Privatkunde auf Antrag als professioneller Kunde eingestuft werden, wenn er tatsächlich weniger schutzbedürftig ist, § 67 Abs. 6 WpHG. Ein Statuswechsel ist jedoch an hohe Voraussetzungen geknüpft.[583] Der Anleger muss nach § 67 Abs. 6 Satz 3 WpHG jedenfalls zwei der folgenden drei Kriterien erfüllen: geschäftliche oder berufliche Erfahrung und ausreichende finanzielle Mittel.[584] Aufgrund der hohen Anforderungen scheidet eine Einordnung als fakultativer professioneller Kunde beim typischen Nutzer von Robo Advice in aller Regel aus. Darüber hinaus können die Anleger nicht freiwillig auf den Privatkundenstatus verzichten.[585] Daher ist es unzulässig, etwa mittels einer Tick-Box, mit sämtlichen Kunden die Klassifizierung als professioneller Kunde privatrechtlich zu vereinbaren. Eine Statusänderung setzt nach § 2 Abs. 2 WpDVerOV[586] formal voraus, dass der Privatkunde die Einstufung als professioneller Kunde zumindest in Textform beantragt, vom Wertpapierdienstleistungsunternehmen auf einem dauerhaften Datenträger eindeutig auf die

---

583 *Duve/Keller*, MiFID: Die neue Welt des Wertpapiergeschäfts, BB 2006, 2425, 2428 f.; *Poelzig*, Kapitalmarktrecht, 2018, Rn. 760.

584 *Grundmann*, in: Staub, HGB, Bd. 11/2, 5. Aufl. 2018, 8. Teil Rn. 235; *Seyfried*, Die Richtlinie über Märkte für Finanzinstrumente (MiFID) – Neuordnung der Wohlverhaltensregeln, WM 2006, 1375, 1376 f.

585 *Busch*, MiFID II: Stricter conduct of business rules for investment firms, 12 CMLJ 340, 347, 349 (2017); *Grundmann*, in: Staub, HGB, Bd. 11/2, 5. Aufl. 2018, 8. Teil Rn. 232; *Poelzig*, Kapitalmarktrecht, 2018, Rn. 761; *Buck-Heeb/Poelzig*, Die Verhaltenspflichten (§§ 63 ff. WpHG n.F.) nach dem 2. FiMaNoG, BKR 2017, 485, 486.

586 Verordnung zur Konkretisierung der Verhaltensregeln und Organisationsanforderungen für Wertpapierdienstleistungsunternehmen (Wertpapierdienstleistungs-Verhaltens- und -Organisationsverordnung – WpDVerOV) v. 17.10.2017, BGBl. I S. 3566.

rechtlichen Folgen der Neueinstufung hingewiesen wurde und in einem gesonderten Dokument bestätigt, diese Hinweise zur Kenntnis genommen zu haben. Wegen der geringen Zahl potentieller gekorener professioneller Kunden ist es ein entsprechendes *Opt-out Verfahren* bei Robo Advice *nicht praktikabel*. Umgekehrt ist eine pauschale Beratung sämtlicher Kunden nach dem höheren Schutzstandard für Privatkunden zulässig.[587] Zwar setzt der Wortlaut von § 67 Abs. 5 WpHG voraus, dass die Parteien eine abweichende Einstufung als Privatkunde gesondert vereinbaren müssen; solange der Anbieter bei den Kosten nicht nach Kundenkategorien differenziert, entsteht dem Kunden durch die einseitige Behandlung als Privatkunde aber kein Nachteil.[588] Vor diesem Hintergrund ist es bei Robo Advice zweckdienlich und in der Praxis verbreitet, alle Kunden pauschal als Privatkunden zu behandeln. Das hat zur Folge, dass die Verhaltenspflichten der § 63 f. WpHG bei sämtlichen Kunden gleichermaßen und uneingeschränkt anzuwenden sind.

C. Allgemeine Sorgfalts- und Interessenwahrungspflicht (§ 63 Abs. 1 WpHG)

I. Keine Neuerungen durch das 2. FiMaNoG

Jedes Wertpapierdienstleistungsunternehmen ist nach § 63 Abs. 1 WpHG dazu verpflichtet,

»Wertpapierdienstleistungen und Wertpapiernebendienstleistungen ehrlich, redlich und professionell im bestmöglichen Interesse seiner Kunden zu erbringen.«

Der Wortlaut der deutschen Norm wurde durch das 2. FiMaNoG modifiziert. § 31 WpHG a.F. hatte die Erbringung von Wertpapierdienstleistungen mit der erforderlichen Sachkenntnis, Sorgfalt und Gewissenhaftigkeit im Interesse der Kunden gefordert. Ausweislich der Gesetzesbegründung zum 2. FiMaNoG dient die Änderung der Klarstellung, da sich die Formulierung näher an Art. 24 Abs. 1 MiFID II orientiert.[589] Die MiFID II-Vorschrift ist

---

587 *Koller*, in: Assmann/Schneider, WpHG, 6. Aufl. 2012, § 31a Rn. 10; *Fuchs*, in: Fuchs, WpHG, 2. Aufl. 2016, § 31a Rn. 30; *Rost*, Die Bedeutung der unterschiedlichen Kundenkategorien, in: von Böhlen/Kan, MiFID-Kompendium, 2008, S. 97, 102.
588 *Sethe*, MiFID II – Eine Herausforderung für den Finanzplatz Schweiz, SJZ 2014, 477, 482.
589 Regierungsentwurf 2. FiMaNoG, BT-Drs. 18/10936, S. 233.

wortlautidentisch mit der Vorgängernorm Art. 19. Abs. 1 MiFID I. Da § 31 Abs. 1 WpHG a.F. materiell Art. 19 Abs. 1 MiFID I entsprach,[590] ergeben sich trotz der Änderung keine zusätzlichen Pflichten für Wertpapierdienstleistungsunternehmen.[591] Im Ergebnis statuiert § 63 Abs. 1 WpHG auch nach neuem Recht eine Sorgfalts- und Interessenwahrungspflicht.[592]

II. Sorgfaltspflicht

1. Leitbild des ordnungsgemäßen Wertpapierdienstleisters

Die Wertpapierdienstleistungen sind ehrlich, redlich und professionell zu erbringen. § 31 Abs. 1 Nr. 1 WpHG a.F. hatte eine Geschäftsausübung mit der erforderlichen Sachkenntnis, Sorgfalt und Gewissenhaftigkeit gefordert. Beiden Formulierungen liegt das Leitbild des ordnungsgemäßen Wertpapierdienstleisters zugrunde.[593] Dieser muss über *ausreichende professionelle Fähigkeiten verfügen* und diese bei Erbringung der Wertpapierdienstleistung einsetzen.[594] Die Ausrichtung auf professionelle Standards steht durch den neuen Wortlaut, parallel zu den Bestimmungen der MiFID II, nun auch im WpHG im Vordergrund.[595] Im Gegensatz zur alten Fassung, die ausdrücklich Sachkenntnis gefordert hatte, wird die Sorgfaltspflicht in § 63 Abs. 1 WpHG nicht hinsichtlich der einzusetzenden Mittel konkretisiert.[596] Die in § 63 Abs. 1 WpHG niedergelegten allgemeinen Anforderungen an die Geschäftserbringung werden durch das WpHG weiter ausgeformt und ergänzt: § 87 WpHG regelt etwa spezielle Qualifikationsanforderungen für Mitarbeiter, die als Anlageberater tätig sind, § 69 WpHG verpflichtet zur

---

590 *Möllers*, in: KK-WpHG, 2. Aufl. 2014, § 31 Rn. 111 f.; *Fuchs*, in: Fuchs, WpHG, 2. Aufl. 2016, § 31 Rn. 15.
591 Regierungsentwurf 2. FiMaNoG, BT-Drs. 18/10936, S. 233.
592 So auch *Grundmann*, in: Staub, HGB, Bd. 11/2, 5. Aufl. 2018, 8. Teil Rn. 128, 132; *Buck-Heeb/Poelzig*, Die Verhaltenspflichten (§§ 63 ff. WpHG n.F.) nach dem 2. FiMaNoG, BKR 2017, 485, 487.
593 *Möllers*, in: KK-WpHG, 2. Aufl. 2014, § 31 Rn. 96; *Fuchs*, in: Fuchs, WpHG, 2. Aufl. 2016, § 31 Rn. 15; *Grundmann*, in: Staub, HGB, Bd. 11/2, 5. Aufl. 2018, 8. Teil Rn. 132.
594 *Grundmann*, in: Ebenroth/Boujong/Joost/Strohn, HGB, 3. Aufl. 2015, Rn. VI 203.
595 *Grundmann*, in: Staub, HGB, Bd. 11/2, 5. Aufl. 2018, 8. Teil Rn. 128; zur MiFID II: *Enriques/Gargantini*, The Overarching Duty to Act in the Best Interest of the Client in MiFID II, in: Busch/Ferrarini, Regulation of the EU Financial Markets, 2017, S. 85, 88 f.
596 *Grundmann*, in: Staub, HGB, Bd. 11/2, 5. Aufl. 2018, 8. Teil Rn. 133.

bestmöglichen Ausführung von Kundenaufträgen. Nähere Bestimmungen ergeben sich auch aus Art. 67–70 DelVO MiFID II (EU) 2017/565. Die Sorgfaltspflicht ist bei der Erbringung sämtlicher Wertpapierdienstleistungen zu beachten. Daher ist auch ein Anbieter von Robo Advice an die Sorgfaltsstandards gebunden. Aus dem Umstand, dass die Dienstleistung bei Robo Advice ausschließlich digital über das Internet erbracht wird, resultieren im Hinblick auf die allgemeine Sorgfaltspflicht keine Besonderheiten. Diese ist so abstrakt formuliert, dass sie bei Robo Advice uneingeschränkt anwendbar ist.

2. Sachkenntnis

a) Know Your Product

Wesentlicher Bestandteil der Sorgfaltspflicht ist, dass das Wertpapierdienstleistungsunternehmen bei der Empfehlung die relevanten Eigenschaften und Risiken des Anlageobjekts berücksichtigt. Dieser unter dem Stichwort *Know Your Product*[597] bekannte Grundsatz wurde in Deutschland von den Zivilgerichten entwickelt und ausgestaltet.[598] Grundlegend ist das Bond-Urteil[599] des BGH. Die Verpflichtung beschränkt sich nicht auf die Produkteigenschaften, wie z.B. das Kursrisiko von Aktien, sondern umfasst auch die Kenntnis von Rahmenbedingungen und äußeren Umständen, die für die Produktbewertung erheblich sind.[600]

b) Neue Vorgaben zur Produktkenntnis (§ 63 Abs. 5 WpHG)

Eine ausdrückliche Pflicht, die angebotenen Finanzinstrumente zu verstehen, wurde vom europäischen Gesetzgeber in Art. 24 Abs. 2 Unterabs. 2 MiFID II kodifiziert und durch das 2. FiMaNoG in § 63 Abs. 5 WpHG umgesetzt:

---

597 *Möllers*, in: KK-WpHG, 2. Aufl. 2014, § 31 Rn. 99; *Möllers*, Europäische Gesetzgebungslehre 2.0: Die dynamische Rechtsharmonisierung im Kapitalmarktrecht am Beispiel von MiFID II und PRIIP, ZEuP 2016, 325, 332; *Rothenhöfer*, in: Schwark/Zimmer, KMRK, 4. Aufl. 2010, § 31 WpHG Rn. 19.
598 *Möllers*, in: KK-WpHG, 2. Aufl. 2014, § 31 Rn. 98, 100.
599 BGH, Urt. v. 6.7.1993, XI ZR 12/93, BGHZ 123, 126, 128 f. – Bond.
600 *Fuchs*, in: Fuchs, WpHG, 2. Aufl. 2016, § 31 Rn. 22; *Roth*, in: Assmann/Schütze, Handbuch des Kapitalanlagerechts, 4. Aufl. 2015, § 11 Rn. 37, 42; *Möllers*, in: KK-WpHG, 2. Aufl. 2014, § 31 Rn. 99.

»Ein Wertpapierdienstleistungsunternehmen muss die von ihm angebotenen oder empfohlenen Finanzinstrumente verstehen. Es muss deren Vereinbarkeit mit den Bedürfnissen der Kunden, denen gegenüber es Wertpapierdienstleistungen erbringt, beurteilen, auch unter Berücksichtigung des in § 80 Absatz 9 genannten Zielmarktes, und sicherstellen, dass es Finanzinstrumente nur anbietet oder empfiehlt, wenn dies im Interesse der Kunden liegt.«

Unklar ist der Umfang dieser Pflicht. Da die nationale WpHG-Vorschrift der Umsetzung europäischer Rechtsakte dient, darf das von der nationalen Rechtsprechung zur alten Rechtslage entwickelte Verständnis nicht ohne weiteres zur Auslegung und Konkretisierung von § 63 Abs. 5 WpHG herangezogen werden.[601] Die neue Pflicht, das angebotene oder empfohlene Finanzinstrument zu verstehen, ist daher nicht inhaltsgleich mit der Sachkenntnis im Sinne des *Know Your Product*-Grundsatzes. Um eine einheitliche Anwendung europäischen Rechts sicherzustellen, ist eine autonome Interpretation geboten.[602] Das gilt auch bei der Auslegung nationaler Begriffe, die auf europäisches Recht zurückgehen.[603] Entsprechend dem Wortlaut bezieht sich die Pflicht nur auf die jeweiligen Finanzinstrumente. Daher erfasst diese Sonderregelung nur die Kenntnis der Produkteigenschaften, wie etwa die Hebelwirkung von Optionsscheinen, nicht aber die allgemeinen Marktbedingungen.[604] Daraus folgt aber nicht, dass die Pflicht zur Kenntnis der Rahmen- und Marktbedingungen nach neuem Recht entfällt. Vielmehr ergibt sich diese weiterhin aus dem Grundsatz *Know Your Product als Teil der allgemeinen Sorgfaltspflicht* des § 63 Abs. 1 WpHG.

---

601 *Möllers*, in: KK-WpHG, 2. Aufl. 2014, § 31 Rn. 98.
602 *Lutter*, Die Auslegung angeglichenen Rechts, JZ 1992, 592, 603; *Möllers*, Zur „Unverzüglichkeit" einer Ad-hoc-Mitteilung im Kontext nationaler und europäischer Dogmatik, in: FS Horn, 2011, S. 473, 482; *Möllers*, Anlegerschutz im System des Kapitalmarktrechts, in: FS Hopt, 2010, S. 2247, 2263; *Möllers*, Juristische Methodenlehre, 2107, § 2 Rn. 71, § 3 Rn. 83.
603 *Möllers*, Juristische Methodenlehre, 2017, § 2 Rn. 71; *Möllers*, Die Rolle des Rechts im Rahmen der europäischen Integration, 1999, S. 73; *Pernice*, Die Dritte Gewalt im europäischen Verfassungsverbund, EuR 1996, 27, 33; *Zuleeg*, Die Rolle der rechtsprechenden Gewalt in der europäischen Integration, JZ 1994, 1, 2.
604 *Busch*, Product Governance und Produktintervention unter MiFID II/MiFIR, WM 2017, 409, 414; *Grundmann*, in: Staub, HGB, Bd. 11/2, 5. Aufl. 2018, 8. Teil Rn. 163.

c) Sachkenntnis bei Robo Advice

Die Sorgfaltspflicht verpflichtet den Robo Advisor als Wertpapierdienstleistungsunternehmen zur Sach- und somit auch zur Produktkenntnis. Im klassischen Bankhaus muss der Mitarbeiter, der die Wertpapierdienstleistung erbringt, über die notwendigen Kenntnisse verfügen.[605] Das ist schlüssig, da dieser letztendlich die Empfehlung zum Erwerb des konkreten Produkts ausspricht. Bei Robo Advice der ersten Generation erteilt hingegen ein Algorithmus die Anlageempfehlung. Wenn ausschließlich menschliche Anlageberater zur Sachkenntnis verpflichtet wären, würde diese Vorschrift bei Robo Advice leerlaufen. Adressat von § 63 Abs. 1 WpHG ist aber nicht der einzelne Mitarbeiter, sondern das Wertpapierdienstleistungsunternehmen. Tatsächlich sind auch an einem vollautomatisierten Beratungsprozess immer natürliche Personen beteiligt. Das sind etwa die Mitarbeiter, die für die Entwicklung des Algorithmus und die Vorauswahl bei der Empfehlung berücksichtigter Finanzprodukte zuständig sind. Nur die Anlageempfehlung selbst erfolgt bei Robo Advice mittels eines Algorithmus. Maßgeblich für die Algorithmus-Empfehlung ist, welcher Anlegergruppe der Kunde nach seinem individuell ermittelten Risiko-Ziel-Profil zugeordnet ist.[606] Für jede Anlegergruppe wird vorab meist manuell ein Musterportfolio oder eine Auswahl geeigneter Finanzprodukte durch Mitarbeiter zusammengestellt. Die gewissenhafte, sorgfältige und professionelle Auswahl dieser Finanzprodukte für die verschiedenen Anlegergruppen setzt die Kenntnis sämtlicher Risiken und Eigenschaften voraus. Hier greift bei Robo Advice der Grundsatz *Know Your Product*. Die menschlichen Entscheidungsträger, die an dieser im Verhältnis zur klassischen Anlageberatung vorgelagerten Stelle tätig sind, müssen über die notwendige Sachkenntnis verfügen. Nur dann erfüllt der Robo Advisor seine Sorgfaltspflicht gemäß § 63 Abs. 1 WpHG. Im Gegensatz dazu müssen Mitarbeiter, die rein technische Unterstützungsarbeiten durchführen, wie etwa Programmierer, nicht über entsprechende Produktkenntnisse verfügen.[607]

---

605 *Rothenhöfer*, in: Schwark/Zimmer, KMRK, 4. Aufl. 2010, § 31 WpHG Rn. 19; *Möllers*, in: KK-WpHG, 2. Aufl. 2014, § 31 Rn. 99; *Fuchs*, in: Fuchs, WpHG, 2. Aufl. 2016, § 31 Rn. 25.
606 Siehe erster Teil: § 2 A. I. 2. bzw. § 2 A. II. 2.
607 Für die Registrierungspflicht entsprechend: *Feger*, Herausforderungen des Robo-Advice aus Sicht der Compliance-Funktion nach WpHG, CB 2017, 359, 362; *Altmann/Becker*, BaFinTech 2016, Workshop 3: Robo-Advice, S. 31.

Dritter Teil: Organisations- und Wohlverhaltenspflichten

III. Allgemeine Interessenwahrungspflicht

1. Das Leitprinzip der Interessenwahrung

Die in § 63 Abs. 1 WpHG geregelte Pflicht, im bestmöglichen Interesse seiner Kunden zu handeln, beschreibt das Leitprinzip der Interessenwahrung. Wertpapierdienstleistungsunternehmen müssen die *Empfehlung am Kundeninteresse ausrichten*.[608] Das umfasst etwa das absolute Gebot, bei der Ausführung der Kundenaufträge Eigeninteressen hinten anzustellen.[609] Das Kundeninteresse ist kein objektivierter Maßstab, sondern im Einzelfall zu bestimmen.[610] Die in § 64 Abs. 3 WpHG geregelte Explorationspflicht ist Ausfluss dieser Interessenwahrungspflicht.[611] Abzustellen ist stets auf das konkret-individuelle Kundeninteresse und nicht auf das Interesse einer Kundengruppe, da letzteres eine unzulässige Bevormundung des einzelnen Kunden zur Folge hätte.[612] Dieses Leitprinzip wird durch detaillierte Organisations- und Verhaltenspflichten ergänzt. So finden sich in § 63 Abs. 3–5 WpHG spezifische Pflichten zur strikten Kundeninteressenwahrung. Auch Anbieter von Robo Advice sind nach § 63 Abs. 1 WpHG verpflichtet, Wertpapierdienstleistungen alleine an den Zielen des einzelnen Kunden auszurichten. Dieses allgemeine Prinzip ist aufgrund des Abstraktionsgrads bei Robo Advice uneingeschränkt anwendbar.

---

608 Zur alten Rechtslage: *Möllers*, in: KK-WpHG, 2. Aufl. 2014, § 31 Rn. 132; *Fuchs*, in: Fuchs, WpHG, § 31 Rn. 33.
609 *Grundmann*, in: Staub, HGB, Bd. 11/2, 5. Aufl. 2018, 8. Teil Rn. 138.
610 *Möllers*, in: KK-WpHG, 2. Aufl. 2014, § 31 Rn. 117; *Koller*, in: Assmann/Schneider, WpHG, 6. Aufl. 2012, § 31 Rn. 72; *Spindler*, in: Langenbucher/Bliesener/Spindler, Bankrechts-Kommentar, 2. Aufl. 2016, Kap. 33 Rn. 76; *Fuchs*, in: Fuchs, WpHG, § 31 Rn. 35; *Brandt*, Aufklärungs- und Beratungspflichten der Kreditinstitute bei der Kapitalanlage, 2002, S. 212; *Bliesener*, Aufsichtsrechtliche Verhaltenspflichten beim Wertpapierhandel, 1998, S. 206.
611 *Faust*, in: Schimansky/Bunte/Lwowski, Bankrechts-Handbuch, 5. Aufl. 2017, § 109 Rn. 23.
612 *Möllers*, in: KK-WpHG, 2. Aufl. 2014, § 31 Rn. 118; *Rothenhöfer*, in: Schwark/Zimmer, KMRK, 4. Aufl. 2010, § 31 WpHG Rn. 35; *Koller*, in: Assmann/Schneider, WpHG, 6. Aufl. 2012, § 31 Rn. 17; *Fuchs*, in: Fuchs, WpHG, 2. Aufl. 2016, § 31 Rn. 35; *Brandt*, Aufklärungs- und Beratungspflichten der Kreditinstitute bei der Kapitalanlage, 2002, S. 206; *Grundmann*, in: Staub, HGB, Bd. 11/2, 5. Aufl. 2018, 8. Teil Rn. 137; *Grundmann*, in: Ebenroth/Boujong/Joost/Strohn, HGB, 3. Aufl. 2015, Rn. VI 206; *Bliesener*, Aufsichtsrechtliche Verhaltenspflichten beim Wertpapierhandel, 1998, S. 212.

2. Pauschalisierende Beratung von Anlegergruppen

Bei Robo Advice werden die Anleger auf Grundlage ihrer Angaben einer bestimmten Anlegergruppe zugeordnet. Sämtlichen Kunden einer Gruppe wird die gleiche Anlageempfehlung erteilt.[613] Eine standardisierte Beratung auf Grundlage der Einteilung in Risikoklassen ist in der Praxis auch bei der herkömmlichen Anlageberatung und Vermögensverwaltung weit verbreitet, da eine flächendeckende Anlageberatung ohne Standardisierung nicht kostendeckend möglich ist.[614] Je mehr Standardportfolios zur Verfügung stehen, desto genauer kann das individuelle Interessensprofil des Anlegers berücksichtigt werden.[615] Umstritten ist, ob diese pauschalisierende Gruppenberatung den Anforderungen an die Sorgfaltspflicht entspricht. *Koller* folgert aus der Interessenwahrungspflicht, also der Pflicht, den Kunden individuell anhand seiner konkreten Interessen zu beraten, dass der Anleger nicht nach Routinen oder pauschal entsprechend der Zuordnung zu einer Anlegergruppe beraten werden darf.[616] Die herrschende Lehre hält es generell für zulässig, auf standardisierte Produktangebote wie Musterdepots zurückzugreifen.[617] Äußert der Anleger im Einzelfall besondere Interessen, sind diese stets zu berücksichtigen.[618] Im Regelfall lassen sich die Kundeninteressen de facto auf dieselben Grundfaktoren reduzieren.[619] Das sind insbesondere Sicherheit, Rendite und Liquidität.[620] Daher bietet sich eine Standardisierung der Anlagestrategie unter ökonomischen Gesichtspunkten an. Die pauschalisierende Beratung im Massengeschäft dient hauptsächlich dazu, die Abwicklung zu vereinfachen und Kosten zu sparen.[621] Der langjährige Einsatz standardisierter Produkte spricht dafür, dass diese Praxis

---

613 Siehe dazu erster Teil: § 2 A. I. 2.
614 Bereits *Kümpel*, Die allgemeinen Verhaltensregeln des Wertpapierhandelsgesetzes, WM 1995, 689, 694; *Rothenhöfer*, in: Schwark/Zimmer, KMRK, 4. Aufl. 2010, § 31 Rn. 30; *Möllers*, in: KK-WpHG, 2. Aufl. 2014, § 31 Rn. 119.
615 *Preute*, Interessengerecht Anlageberatung, 2000, S. 151.
616 *Koller*, in: Assmann/Schneider, WpHG, 6. Aufl. 2012, § 31 Rn. 17.
617 *Möllers*, in: KK-WpHG, 2. Aufl. 2014, § 31 Rn. 119; *Lang*, Informationspflichten bei Wertpapierdienstleistungen, 2003, § 7 Rn. 9; *Rothenhöfer*, in: Schwark/Zimmer, KMRK, 4. Aufl. 2010, § 31 Rn. 30; *Preute*, Interessengerecht Anlageberatung, 2000, S. 151; *Grundmann*, in: Staub, HGB, Bd. 11/2, 5. Aufl. 2018, 8. Teil Rn. 140.
618 *Möllers*, in: KK-WpHG, 2. Aufl. 2014, § 31 Rn. 119.
619 *Preute*, Interessengerecht Anlageberatung, 2000, S. 151; *Möllers*, in: KK-WpHG, 2. Aufl. 2014, § 31 Rn. 119.
620 *Möllers*, in: KK-WpHG, 2. Aufl. 2014, § 31 Rn. 119.
621 *Möllers*, in: KK-WpHG, 2. Aufl. 2014, § 31 Rn. 119.

rechtmäßig ist, sog. *normative Kraft des Faktischen*.[622] Ein Rückgriff vom Sein, also der täglichen Praxis, auf das Sollen, also die rechtlichen Vorgaben, ist jedoch problematisch. Weit verbreitete Gesetzesverstöße, wie etwa das Schwarzfahren, wären sonst zulässig.[623] Daher folgt nicht allein aus der Zweckmäßigkeit und dem Umstand, dass Anlageberater tatsächlich auf standardisierte Produktangebote zurückgreifen, dass diese Praxis der Interessenwahrungspflicht des § 63 Abs. 1 WpHG entspricht. Entscheidend ist das Maß der Bemühungen, das die aufsichtsrechtlichen Bestimmungen den Wertpapierdienstleistungsunternehmen aufgibt. Naturgemäß können eine akribischere Datenerhebung und die Berücksichtigung weiterer finanzieller oder persönlicher Umstände des Anlegers oder eine weitergehende Individualisierung das Kundeninteresse potentiell noch weiter fördern.[624] Bei der Frage nach dem erforderlichen Sorgfaltsmaßstab ist aber auch das berechtigte Interesse der Wertpapierdienstleistungsunternehmen an einer kostengünstigen Erbringung der Wertpapierdienstleistung zu berücksichtigen.[625] § 63 Abs. 1 WpHG schreibt lediglich einen Grundstandard vor. Dieser fordert, dass die Leistung im bestmöglichen Interesse des Kunden erbracht werden soll. Daraus folgt, dass gerade nicht die Empfehlung des in jeder Hinsicht optimalen Investitionsobjekts geschuldet ist.[626] Im Ergebnis ist eine pauschalisierende Beratung von Anlegergruppen unter Verwendung standardisierter Musterportfolios sowohl bei der herkömmlichen Anlageberatung, als auch bei Robo Advice zulässig und verstößt nicht gegen die Interessenwahrungspflicht des § 63 Abs. 1 WpHG.

---

622 Zur normativen Kraft des Faktischen: *Möllers*, Juristische Methodenlehre, 2017, § 5 Rn. 95.
623 *Möllers*, Juristische Methodenlehre, 2017, § 5 Rn. 95.
624 *Grundmann*, in: Ebenroth/Boujong/Joost/Strohn, HGB, 3. Aufl. 2015, Rn. VI 203.
625 *Möllers*, in: KK-WpHG, 2. Aufl. 2014, § 31 Rn. 119; *Rothenhöfer*, in: Schwark/Zimmer, KMRK, 4. Aufl. 2010, § 31 Rn. 30; *Grundmann*, in: Staub, HGB, Bd. 11/2, 5. Aufl. 2018, 8. Teil Rn. 140.
626 *Grundmann*, in: Ebenroth/Boujong/Joost/Strohn, HGB, 3. Aufl. 2015, Rn. VI 203; zum Pflichtenprogramm auch BGH, Urt. v. 6.7.1993, XI ZR 12/93 – Bond, BGHZ 123, 126, 129 f.

D. Umgang mit Interessenkonflikten

I. Pflicht zur Aufklärung über unvermeidbare Interessenkonflikten (§ 63 Abs. 2 WpHG)

1. Aufklärung als Ultima Ratio

Wertpapierdienstleistungsunternehmen sind vielfältigen, oft gegenläufigen Interessen ausgesetzt. Das birgt die Gefahr, dass sie nicht im bestmöglichen Kundeninteresse handeln. § 63 Abs. 2 WpHG verpflichtet daher zur Aufklärung über unvermeidbare Interessenkonflikte. Diese Aufklärungspflicht ist nach Art. 34 Abs. 4 DelVO MiFID II (EU) 2017/565 aber nur Ultima Ratio.[627] Vorrang haben die präventiven organisatorischen Vorkehrungen zur Vermeidung von Interessenkonflikten nach § 80 Abs. 1 Satz 2 Nr. 2 WpHG und Art. 33 ff. DelVO MiFID II (EU) 2017/565.[628] Bei einer Offenlegung bleiben die Interessenkonflikte zwar weiterhin bestehen, der Kunde kann aber in Kenntnis der Sachlage entscheiden, ob er die Wertpapierdienstleistung in Anspruch nehmen möchte.[629] Durch die seit dem 3.1.2018 geltende Neuregelung werden Wertpapierdienstleistungsunternehmen nunmehr auch verpflichtet, die zur Begrenzung von Interessenkonflikten unternommenen Schritte eindeutig darzulegen.[630] § 63 Abs. 2 Satz 2 Nr. 2 WpHG stellt für die inhaltlichen Anforderungen an die Aufklärung ausdrücklich auf den konkreten Kunden ab. Der Hinweis ist deshalb im Hinblick auf Ausführlichkeit und Verständlichkeit gezielt auf den jeweiligen Anlegertyp zuzuschneiden.[631]

---

627 Erwägungsgrund 48 DelVO MiFID II (EU) 2017/565; *Poelzig*, Kapitalmarktrecht, 2018, Rn. 772; *Grundmann*, in: Staub, HGB, Bd. 11/2, 5. Aufl. 2018, 8. Teil Rn. 147.

628 *Grundmann*, in: Staub, HGB, Bd. 11/2, 5. Aufl. 2018, 8. Teil Rn. 151; ausführlich zu den Organisationspflichten siehe unten dritter Teil: § 10.

629 *Möllers*, in: KK-WpHG, 2. Aufl. 2014, § 31 Rn. 156; *Grundmann*, in: Ebenroth/Boujong/Joost/Strohn, HGB, 3. Aufl. 2015, Rn. VI 226; *Spindler*, in: Langenbucher/Bliesener/Spindler, Bankrechts-Kommentar, 2. Aufl. 2016, Kap. 33 Rn. 84 f.; *Grundmann*, in: Staub, HGB, Bd. 11/2, 5. Aufl. 2018, 8. Teil Rn. 154; entsprechend für die zugrundeliegende Norm in der MiFID II: *Moloney*, EU Securities and Financial Markets Regulation, 3. Aufl. 2014, S. 373 f.; *Grundmann/Hacker*, Conflicts of Interest, in: Busch/Ferrarini, Regulation of the EU Financial Markets, 2017, S. 165, 179 f.

630 Regierungsentwurf 2. FiMaNoG, BT-Drs. 18/10936, S. 233.

631 *Grundmann/Hacker*, Conflicts of Interest, in: Busch/Ferrarini, Regulation of the EU Financial Markets, 2017, S. 165, 171 f.; *Möllers*, in: KK-WpHG, 2. Aufl.

2. Offenlegung struktureller Interessenkonflikte bei Robo Advice

Als Wertpapierdienstleistungsunternehmen sind Robo Advisor Adressat von § 63 Abs. 2 WpHG. Falls im Einzelfall die organisatorischen Vorkehrungen nicht ausreichen, um nach vernünftigem Ermessen das Risiko einer Beeinträchtigung der Kundeninteressen zu vermeiden, sind sie verpflichtet, ihre Interessenkonflikte offenzulegen. Fraglich ist, ob diese Offenlegungspflicht bei Robo Advice gleichermaßen anzuwenden ist wie bei der herkömmlichen Anlageberatung. Entscheidend ist, inwiefern Algorithmen in Interessenkonflikte geraten können. Obwohl im Rahmen der Digitalisierung vermehrt von autonomen Programmen oder Systemen gesprochen wird, ist schwer vorstellbar, dass diese ein Eigeninteresse verfolgen.[632] Ein Algorithmus hat kein eigenes Bewusstsein, sondern gibt eine bestimmte Vorgehensweise vor, um ein standardisiertes Problem zu lösen. Mittels dieses Lösungsplans werden in mehreren Einzelschritten Eingabedaten in Ausgabedaten umgewandelt.[633] Bei Robo Advice wird anhand der Kundendaten eine Anlageempfehlung ermittelt. Der Algorithmus geht immer nach einem bestimmten Schema vor und trifft keine eigenen Entscheidungen. Da er ausschließlich regelbasiert entscheidet, besteht nicht die Gefahr, dass der Algorithmus im Einzelfall vom vorgegebenen Lösungsplan abweicht und den Interessen des Anbieters Vorrang gegenüber dem Kundeninteresse einräumt.[634] Jedoch können die Algorithmen so programmiert werden, dass sie in Konfliktsituationen stets zugunsten des Anbieters entscheiden. Interessenkonflikte haben daher bei Robo Advice eine andere Qualität: Sie sind *nicht situativer, sondern struktureller Natur*.[635] Anders als situative Interessenkonflikte lassen sich strukturelle Interessenkonflikte durch organisatorische Vorkehrungen weitgehend minimieren. Daher kommt den Organisationspflichten bei Robo Advice entscheidende Bedeutung zu.[636] Nur sofern diese strukturellen Interessenkonflikte nicht durch präventive organisatorische Vorkehrungen verhindert werden können, besteht eine Offenlegungspflicht nach § 63 Abs. 2 WpHG.[637]

2014, § 31 Rn. 156; *Koller*, in: Assmann/Schneider, WpHG, 6. Aufl. 2012, § 31 Rn. 44; *Fuchs*, in: Fuchs, WpHG, 2. Aufl. 2016, § 31 Rn. 71.
632 *Möslein/Lordt*, Rechtsfragen des Robo-Advice, ZIP 2017, 793, 801.
633 *Leiserson/Rivest/Stein*, Algorithmen – Eine Einführung, 2010, S. 5.
634 *Oppenheim/Lange-Hausstein*, Robo Advisor, WM 2016, 1966, 1970; *Möslein/Lordt*, Rechtsfragen des Robo-Advice, ZIP 2017, 793, 801.
635 *Möslein/Lordt*, Rechtsfragen des Robo-Advice, ZIP 2017, 793, 801.
636 Zu den Organisationspflichten ausführlich dritter Teil: § 10 B.
637 *Möslein/Lordt*, Rechtsfragen des Robo-Advice, ZIP 2017, 793, 802.

II. Pflichten bezüglich der Bewertung und Vergütung von Mitarbeitern (§ 63 Abs. 3 WpHG)

1. Neue Vergütungsregelungen durch die MiFID II

§ 63 Abs. 3 WpHG wurde durch das 2. FiMaNoG neu in das WpHG eingeführt. Die Norm dient der Umsetzung von Art. 24 Abs. 10 MiFID II. Danach muss ein Wertpapierdienstleistungsunternehmen sicherstellen,

> »dass es die Leistung seiner Mitarbeiter nicht in einer Weise vergütet oder bewertet, die mit seiner Pflicht, im bestmöglichen Interesse der Kunden zu handeln, kollidiert. Insbesondere darf es bei seinen Mitarbeitern weder durch Vergütungsvereinbarungen noch durch Verkaufsziele oder in sonstiger Weise Anreize dafür setzen, einem Privatkunden ein bestimmtes Finanzinstrument zu empfehlen, obwohl das Wertpapierdienstleistungsunternehmen dem Privatkunden ein anderes Finanzinstrument anbieten könnte, das den Bedürfnissen des Privatkunden besser entspricht.«

Das Wertpapierdienstleistungsunternehmen hat also zu gewährleisten, dass die Anlageberater nicht wegen der Vergütungspraktiken oder der internen Mitarbeiterbewertung dem Anleger ein bestimmtes Produkt empfehlen, das weniger geeignet ist als ein verfügbares Alternativprodukt.[638] Aus § 63 Abs. 3 WpHG ergibt sich eine spezielle Pflicht zur Vermeidung von Interessenkonflikten, da diese auch durch besondere Vergütungs- oder Bewertungsregime entstehen können.[639] Die Norm regelt nicht unmittelbar eine Verhaltenspflicht gegenüber dem Kunden, sondern betrifft eine interne Organisationsmaßnahme. Obwohl die Vorschrift systematisch bei den Verhaltensregeln verortet ist, handelt es sich letztlich auch um eine Organisationspflicht.[640] § 81 Abs. 1 Nr. 3 WpHG überträgt der Geschäftsleitung die Festsetzung, Umsetzung und Überwachung dieser Vergütungsregelungen.

---

[638] Regierungsentwurf 2. FiMaNoG, BT-Drs. 18/10936, S. 233; *Grundmann*, in: Staub, HGB, Bd. 11/2, 5. Aufl. 2018, 8. Teil Rn. 159; *Mansen*, Die neuen Anlageberatungsregelungen der MiFID II, 2018, S. 225.

[639] *Buck-Heeb*, Kapitalmarktrecht, 9. Aufl. 2017, Rn. 781; *Grundmann*, in: Staub, HGB, Bd. 11/2, 5. Aufl. 2018, 8. Teil Rn. 159; *Poelzig*, Kapitalmarktrecht, 2018, Rn. 775.

[640] *Grundmann*, in: Staub, HGB, Bd. 11/2, 5. Aufl. 2018, 8. Teil Rn. 158; *Buck-Heeb*, Kapitalmarktrecht, 9. Aufl. 2017, Rn. 781.

2. Anwendbarkeit bei Robo Advice

Adressat der Norm ist jedes Wertpapierdienstleistungsunternehmen. Als Präventivregel zur Vermeidung von Interessenkonflikten gilt sie strikt und ohne Ausnahme.[641] Der Robo Advisor muss aus diesem Grund sicherstellen, dass seine Mitarbeiter entsprechend § 63 Abs. 3 WpHG bewertet und vergütet werden. Die Vergütung bzw. die Bewertung der Mitarbeiter darf nicht mit der Pflicht, im bestmöglichen Kundeninteresse zu handeln, kollidieren. Bei Robo Advice besteht gegenüber der herkömmlichen Anlageberatung die Besonderheit, dass die Beratungstätigkeit nicht von menschlichen Beratern, sondern von einem Algorithmus erbracht wird. Daher ist zu untersuchen, für wen die Vorgaben des § 63 Abs. 3 WpHG bei Robo Advice gelten: für den Algorithmus oder die Mitarbeiter. Da die Anlageempfehlung bei der digitalen Anlageberatung automatisiert und regelbasiert auf Grundlage eines Algorithmus ermittelt wird, besteht keine Gefahr, dass dieser vom programmierten Lösungsplan abweicht. Der Algorithmus ist daher nicht Adressat der Pflicht. Dafür spricht auch der Wortlaut der Norm: Entsprechend dem allgemeinen Sprachgebrauch kann nur eine natürliche Person Mitarbeiter sein.[642]

Tatsächlich haben Menschen auch bei Robo Advice einen erheblichen Einfluss auf die Dienstleistung: Sie konzipieren, modellieren, programmieren und implementieren die Algorithmen, die der Anwendung zugrunde liegen.[643] Wie eben gezeigt, können Algorithmen so programmiert werden, dass sie stets zugunsten des Anbieters entscheiden. Interessenkonflikte sind daher nicht situativer, sondern struktureller Natur.[644] Fraglich ist, wie sich das auf die Anwendung von § 63 Abs. 3 WpHG auswirkt. Konkretisiert werden die Vorgaben zur Mitarbeitervergütung in Art. 27 DelVO MiFID II (EU) 2017/565. Nach Abs. 2 müssen die Vergütungsgrundsätze für alle *relevanten Personen* gelten, die direkten oder indirekten Einfluss auf die Wertpapierdienstleistung oder das unternehmerische Verhalten haben. Der Begriff der relevanten Personen ist in Art. 2 DelVO MiFID II (EU) 2017/565) legaldefiniert. Bei Robo Advice fallen Leitungsorgane, Gesellschafter oder vergleichbare Personen in den Anwendungsbereich der Norm,

---

641 *Grundmann*, in: Staub, HGB, Bd. 11/2, 5. Aufl. 2018, 8. Teil Rn. 159.
642 Zur Relevanz des allgemeinen Sprachgebrauchs bei der Wortlautauslegung: *Möllers*, Juristische Methodenlehre, 2017, § 4 Rn. 48, 62.
643 *Baker/Dellaert*, Regulating Robo Advice Across the Financial Services Industry, 103 Iowa L. Rev. 713, 714 (2018).
644 Dazu soeben dritter Teil: § 7 D. I. 2.

Art. 2 Nr. 1 lit. a) und lit. b) DelVO MiFID II (EU) 2017/565. Daneben sind auch Personen, die an der Erbringung der Wertpapierdienstleistung beteiligt sind, relevante Personen, Art. 2 Nr. 1 lit. c) DelVO MiFID II (EU) 2017/565. Die Vergütungsgrundsätze sind für alle Personen zu beachten, die Einfluss auf die erbrachte Dienstleistung oder das unternehmerische Verhalten haben können.[645] Das können Kundendienstmitarbeiter, Vertriebsmitarbeiter oder sonstige Mitarbeiter sein. Auch für Personen, die das Vertriebspersonal überwachen und Finanzanalysten sollen die Vorgaben grundsätzlich gelten.[646] Welche Mitarbeiter die Norm adressiert, ist anhand von zwei Faktoren zu ermitteln: Erstens anhand des Einflusses des Mitarbeiters auf die Anlageberatung und zweitens anhand potentieller Interessenkonflikte, die durch die Vergütung bzw. die Bewertung ausgelöst oder verstärkt werden. Bei Robo Advice gilt die Vorschrift daher für alle Mitarbeiter, die bei Erbringung der Wertpapierdienstleistung eine *Schlüsselposition* einnehmen, da sie die Funktionsweise des Algorithmus entwickeln oder an der Vorauswahl der Finanzprodukte beteiligt sind.[647] Erfasst sind sämtliche Entscheidungsträger. Nur diese weite Auffassung wird dem Telos der Norm gerecht, den Verbraucherschutz zusätzlich zu stärken.[648]

III. Verbot der Annahme von Zuwendungen (§ 70 WpHG)

Zuwendungen können die Qualität der Wertpapierdienstleistung mindern, etwa wenn ein Anlageberater aufgrund von Drittzuwendungen eine Anlageempfehlung ausspricht, die nicht im Interesse des Kunden ist.[649] Da Kundenberater oft unter erheblichem Provisionsdruck stehen, werden sie in der

---

645 Erwägungsgrund 41 DelVO MiFID II (EU) 2017/565.
646 Erwägungsgrund 41 DelVO MiFID II (EU) 2017/565.
647 Entsprechendes gilt bei den Qualifikationsanforderungen, siehe dazu dritter Teil: § 10 F. II. 1.
648 Vgl. Erwägungsgrund 77 MiFID II: »Um die Verbraucher zusätzlich zu schützen, sollte auch dafür gesorgt werden, dass Wertpapierfirmen die Leistung ihrer Mitarbeiter nicht in einer Weise vergüten oder bewerten, die mit ihrer Pflicht, im bestmöglichen Interesse ihrer Kunden zu handeln, kollidiert, beispielsweise durch Vergütung, Verkaufsziele oder in anderer Weise, wodurch Anreize geschaffen werden, ein bestimmtes Finanzinstrument zu empfehlen oder zu verkaufen, obwohl ein anderes Produkt den Bedürfnissen des Kunden besser entspräche.«; entsprechend zur Meldung zum Mitarbeiterbeschwerderegister: *Altmann/Becker*, BaFinTech 2016, Workshop 3: Robo-Advice, S. 31.
649 *Möllers*, in: KK-WpHG, 2. Aufl. 2014, § 31d Rn. 25.

Praxis meist das Produkt mit der höchsten Provision vorschlagen, unabhängig davon, ob dieses am besten für den Anleger geeignet ist.[650] Zweck von § 70 WpHG ist es, den Anleger davor zu schützen, dass sich das Wertpapierdienstleistungsunternehmen von eigenen finanziellen Interessen leiten lässt und nicht im bestmöglichen Interesse des Kunden handelt.[651] Daher ist die Annahme von Zuwendungen nach § 70 WpHG grundsätzlich verboten. Ausnahmsweise sind Zuwendungen erlaubt, wenn sie darauf ausgelegt sind, die Qualität der Dienstleistung zu verbessern und einer ordnungsgemäßen Erbringung nicht entgegenstehen, § 70 Abs. 1 Satz 1 WpHG.[652] Wann eine Qualitätsverbesserung vorliegt, ergibt sich aus § 6 Abs. 2 WpDVerOV[653]. Aus dem 2. FiMaNoG resultieren keine grundlegenden Änderungen im Umgang mit Provisionen gegenüber § 31d WpHG a.F.[654] Der Robo Advisor ist auch dann zur Offenlegung verpflichtet, wenn der Algorithmus nachweislich so programmiert ist, dass Zuwendung keinen Einfluss auf die Empfehlung haben. § 31d Abs. 4 WpHG a.F. sah eine weitgehende Freistellung der Anlageberatung vom Zuwendungsverbot vor, sofern die Dienstleistung

---

650 *Uffmann*, Fehlanreize in der Anlageberatung durch interne Vertriebsvorgaben, JZ 2015, 282 ff., *Möllers*, European Legislative Practice 2.0: Dynamic Harmonisation of Capital Markets Law – MiFID II and PRIIP, 31 B.F.L.R. 141, 161 (2015). *Möllers*, Europäische Gesetzgebungslehre 2.0: Die dynamische Rechtsharmonisierung im Kapitalmarktrecht am Beispiel von MiFID II und PRIIP, ZEuP 2016, 325, 339.

651 *Möllers*, in: KK-WpHG, 2. Aufl. 2014, § 31d Rn. 1; *Poelzig*, Kapitalmarktrecht, 2018, Rn. 776; *Fuchs*, in: Fuchs, WpHG, 2. Aufl. 2016, § 31d Rn. 1a.

652 *Buck-Heeb/Poelzig*, Die Verhaltenspflichten (§§ 63 ff. WpHG n.F.) nach dem 2. FiMaNoG, BKR 2017, 485, 488; *Roth/Blessing*, Die neuen Vorgaben nach MiFID II – Teil 3, CCZ 2017, 163, 164; *Meixner*, Das Zweite Finanzmarktnovellierungsgesetz, ZAP 2017, 911, 915; *Balzer*, Einführung in das Reformvorhaben MiFID II / MiFIR, in: Teuber/Schröer, MiFID II und MiFIR, 2015, S. 3, 19.

653 Verordnung zur Konkretisierung der Verhaltensregeln und Organisationsanforderungen für Wertpapierdienstleistungsunternehmen (Wertpapierdienstleistungs-Verhaltens- und -Organisationsverordnung – WpDVerOV) v. 17.10.2017, BGBl. I S. 3566.

654 *Roth/Blessing*, Die neuen Vorgaben nach MiFID II – Teil 3, CCZ 2017, 163, 164; *Mansen*, Die neuen Anlageberatungsregelungen der MiFID II, 2018, S. 112; zur Vorgängernorm § 31d WpHG a.F.: *Mülbert*, Auswirkungen der MiFID-Rechtsakte für Vertriebsvergütungen im Effektengeschäft der Kreditinstitute, ZHR 172 (2008), 170 ff., *Möllers*, in: KK-WpHG, 2. Aufl. 2014, § 31d Rn. 15 ff.; *Möllers*, Europäische Gesetzgebungslehre 2.0: Die dynamische Rechtsharmonisierung im Kapitalmarktrecht am Beispiel von MiFID II und PRIIP, ZEuP 2016, 325, 339 f.; *Habersack*, Die Pflicht zur Aufklärung über Rückvergütungen und Innenprovisionen und ihre Grenzen, WM 2010, 1245.

tatsächlich unvoreingenommen erbracht wird.[655] Diese Ausnahme wurde 2011 vom Gesetzgeber durch das Anlegerschutz- und Funktionsverbesserungsgesetz gestrichen.[656] Diese bewusste Verschärfung der gesetzlichen Vorgaben steht einer teleologischen Reduktion der Offenlegungspflicht bei Robo Advice entgegen.[657] Die Offenlegung kann schriftlich oder mündlich erfolgen.[658] Bei Robo Advice genügt mangels besonderer Formvorschriften ein Hinweis auf der Website.

IV. Bearbeitung von Kundenaufträgen (§ 69 WpHG)

Die allgemeine Interessenkonfliktvermeidungspflicht wird in § 69 WpHG durch spezielle Vorgaben zur Ausführung von Kundenaufträgen konkretisiert.[659] Wertpapierdienstleistungsunternehmen sind nach § 69 Abs. 1 Nr. 1 und 2 WpHG dazu verpflichtet, Kundenaufträge unverzüglich und nach der Reihenfolge des Eingangs auszuführen.[660] Konkretisiert werden die Vorgaben in Art. 67–70 Del VO MiFID II (EU) 2017/565. Diese Pflicht betrifft nicht die automatische Erteilung einer Anlageempfehlung als Kern des Geschäftsmodells von Robo Advice der ersten Generation, sondern die Umsetzung der Empfehlung in einem zweiten Schritt. Dabei macht es keinen Unterschied, ob der Auftrag basierend auf der Empfehlung eines herkömmlichen Beraters oder eines Robo Advisors erteilt wird. Im Hinblick auf § 69 WpHG bestehen daher bei Robo Advice keine Besonderheiten.

---

655 *Koch*, in: Schwark/Zimmer, KMRK, 4. Aufl. 2010, § 31d WpHG Rn. 56; *Möslein/Lordt*, Rechtsfragen des Robo-Advice, ZIP 2017, 793, 802; *Rozok*, Tod der Vertriebsprovisionen oder Alles wie gehabt? – Die Neuregelungen über Zuwendungen bei der Umsetzung der Finanzmarktrichtlinie, BKR 2007, 217, 221.
656 Artikel 1 Nr. 7 Gesetz zur Stärkung des Anlegerschutzes und Verbesserung der Funktionsfähigkeit des Kapitalmarkts (AnsFuG), BGBl. I Nr. 14 v. 7.4.2011, S. 538, 540.
657 *Möslein/Lordt*, Rechtsfragen des Robo-Advice, ZIP 2017, 793, 802.
658 *Koch*, in: Schwark/Zimmer, KMRK, 4. Aufl. 2010, § 31d WpHG Rn. 50.
659 *Grundmann*, in: Staub, HGB, Bd. 11/2, 5. Aufl. 2018, 8. Teil Rn. 238.
660 Zur Vorgängernorm § 31c WpHG a.F.: *Möllers*, in: KK-WpHG, 2. Aufl. 2014, § 31c Rn. 14 ff.; *Koller*, in: Assmann/Schneider, WpHG, 6. Aufl. 2012, § 31c Rn. 2 ff.; *Koch*, in: Schwark/Zimmer, KMRK, 4. Aufl. 2010, § 31c WpHG Rn. 6 ff.; *Seiler/Geier*, in: Schimansky/Bunte/Lwowski, Bankrechts-Handbuch, 5. Aufl. 2017, § 104 Rn. 55 f.; *Kümpel*, Das Effektengeschäft im Lichte des 2. Finanzmarktförderungsgesetzes, WM 1993, 2025, 2027.

E. Zielmarktbezogene Verhaltenspflichten (§ 63 Abs. 4, 5 WpHG)

I. Pflichten für Produkthersteller und Vertreiber

Die in Art. 16 Abs. 3 und 24 Abs. 2 MiFID II eingeführte Pflicht zur Berücksichtigung des Zielmarkts stellt gegenüber der MiFID I eine echte Neuerung dar. Finanzprodukte müssen in Übereinstimmung mit einem Zielmarkt konzipiert und vertrieben werden.[661] Diese Vorgaben werden vom deutschen Gesetzgeber in § 63 Abs. 4 und 5 WpHG umgesetzt.[662] Nach § 63 Abs. 4 müssen Produkthersteller bereits im Produktgenehmigungsprozess einen Zielmarkt und eine Vertriebsstrategie für jedes Finanzprodukt bestimmen.[663] Der Zielmarkt soll allgemein festlegen, für welche Anleger das Finanzprodukt geeignet ist.[664] Insofern sind alle relevanten Risiken des konzipierten Finanzprodukts abstrakt zu evaluieren. Die ESMA legte in ihren Leitlinien zur Product Governance fünf Kriterien für die Zielmarktdefinition fest, aus deren Gesamtschau sich der Zielmarkt eines Produkts ergibt: der Zielkundentyp sowie dessen Kenntnisse und Erfahrungen, finanzielle Situation, Risikotoleranz und Anlageziele.[665] Neben den zielmarktbezogenen Pflichten für die Produkthersteller gibt es auch Vorgaben für die Vertriebsträger. Diese sind nach § 63 Abs. 5 WpHG dazu verpflichtet, die von ihnen angebotenen oder empfohlenen Finanzinstrumente zu verstehen und zu beurteilen, ob diese zu den Bedürfnissen ihrer Kunden passen.

---

661 *Busch*, Product Governance und Produktintervention unter MiFID II/MiFIR, WM 2017, 409, 410; *Beule*, Product Governance, in: Teuber/Schröer, MiFID II und MiFIR, 2015, S. 167, 173; *Glander/Kittner*, Auswirkungen des RefE eines Finanzmarktnovellierungsgesetzes auf den Fondsvertrieb, RdF 2016, 13, 14.

662 Regierungsentwurf 2. FiMaNoG, BT-Drs. 18/10936, S. 233.

663 *Sethe/Brenncke*, in: Schäfer/Sethe/Lang, Handbuch Vermögensverwaltung, 2. Aufl. 2016, § 3 Rn. 89; *Buck-Heeb/Poelzig*, Die Verhaltenspflichten (§§ 63 ff. WpHG n.F.) nach dem 2. FiMaNoG, BKR 2017, 485, 488.

664 *Grundmann*, in: Staub, HGB, Bd. 11/2, 5. Aufl. 2018, 8. Teil Rn. 161; *Beule*, Product Governance, in: Teuber/Schröer, MiFID II und MiFIR, 2015, S. 167, 182; *Buck-Heeb/Poelzig*, Die Verhaltenspflichten (§§ 63 ff. WpHG n.F.) nach dem 2. FiMaNoG, BKR 2017, 485, 488.

665 ESMA, Final Report: Guidelines on MiFID II product governance requirements v. 2.6.2017, ESMA35-43-620, S. 34 f. Nr. 18f.; *Brenncke*, Der Zielmarkt eines Finanzinstruments nach der MiFID II, WM 2015, 1173, 1174; *Grundmann*, in: Staub, HGB, Bd. 11/2, 5. Aufl. 2018, 8. Teil Rn. 161.

II. Pflicht, Zielmarkt und empfohlene Finanzinstrumente zu verstehen

§ 63 Abs. 5 WpHG fordert von Wertpapierdienstleistungsunternehmen ein, den Zielmarkt sowie die von ihm angebotenen und empfohlenen Produkte zu verstehen. Dazu muss sich der Anbieter mit dem Zielmarkt und den darin enthaltenen Kundenleitbildern auseinandersetzen.[666] Wie bereits gezeigt, werden in diesem Kontext keine Kenntnis des Markts und der Umweltfaktoren gefordert.[667] Ein Robo Advisor muss aber sicherstellen, dass relevante Mitarbeiter[668] über die notwendigen Fachkenntnisse verfügen, um die wesentlichen Merkmale und Produkteigenschaften der Finanzinstrumente zu verstehen.[669]

III. Zielmarktprüfung bei Robo Advice

Robo Advisor fungieren als reine Vertreiber und verkaufen und empfehlen von anderen hergestellte Produkte, meist ETFs.[670] Als solche stehen sie nach § 63 Abs. 5 Satz 2 WpHG in der Pflicht, die Vereinbarkeit der Finan-

---

666 *Buck-Heeb*, Compliance bei vertriebsbezogener Product Governance – Neuerungen durch die MiFID II bzw. das Kleinanlegerschutzgesetz, CCZ 2016, 2, 6; *Mansen*, Die neuen Anlageberatungsregelungen der MiFID II, 2018, S. 338; *Busch*, Product Governance und Produktintervention unter MiFID II/MiFIR, WM 2017, 409, 414; *Grundmann*, in: Staub, HGB, Bd. 11/2, 5. Aufl. 2018, 8. Teil Rn. 163; *Meixner*, Das Zweite Finanzmarktnovellierungsgesetz, ZAP 2017, 911, 913.
667 Ausführlich dritter Teil: § 7 C. II. 2. b).
668 Das sind insbesondere die Mitarbeiter, die eine Vorauswahl der Finanzprodukte für jede Anlegergruppe treffen, siehe dritter Teil: § 7 C. II. 2. c).
669 *Busch*, Product Governance und Produktintervention unter MiFID II/MiFIR, WM 2017, 409, 414; *Glander/Kittner*, Auswirkungen des RefE eines Finanzmarktnovellierungsgesetzes auf den Fondsvertrieb, RdF 2016, 13, 17.
670 *Busch*, Product Governance und Produktintervention unter MiFID II/MiFIR, WM 2017, 409, 411.

zinstrumente mit den Kundenbedürfnissen unter Berücksichtigung des Zielmarkts beurteilen.[671] Es handelt sich um eine *abstrakt generelle Prüfung*.[672] Dazu ist von jedem Vertreiber ein eigener Zielmarkt für jedes Finanzinstrument zu erstellen, der den Zielmarkt des Emittenten im Hinblick auf den individuellen Endkundenzielmarkt konkretisiert.[673] Dabei gilt der Grundsatz der Verhältnismäßigkeit: Je komplexer das Finanzprodukt, desto detaillierter muss die Zielmarktbestimmung sein.[674] Bei Massenprodukten wie etwa ETFs dürfen die Vertreiber in weiten Teilen auf die Zielmarktdefinition des Produktherstellers zurückgreifen.[675] Diese müssen sie anhand ihrer konkreten Erfahrungen plausibilisieren und präzisieren, § 12 Abs. 3 Satz 1 WpDVerOV.[676] Zur Konkretisierung sollen die Vertreiber die Bedürfnisse der Kunden, auf die sie sich beim Vertrieb konzentrieren möchten, ermitteln.[677] Nur dann ist der Anbieter in der Lage zu bewerten, welche Produkte

---

[671] *Buck-Heeb/Poelzig*, Die Verhaltenspflichten (§§ 63 ff. WpHG n.F.) nach dem 2. FiMaNoG, BKR 2017, 485, 488; *Busch*, Product Governance und Produktintervention unter MiFID II/MiFIR, WM 2017, 409, 414; *Meixner*, Das Zweite Finanzmarktnovellierungsgesetz, ZAP 2017, 911, 913; *DAV Bank- und Kapitalmarktrechtsausschuss*, Stellungnahme zum Referentenentwurf eines zweiten Gesetzes zur Novellierung von Finanzmarktvorschriften auf Grund europäischer Rechtsakte (Zweites Finanzmarktnovellierungsgesetz – 2. FiMaNoG), NZG 2016, 1301, 1302.

[672] *Glander/Kittner*, Auswirkungen des RefE eines Finanzmarktnovellierungsgesetzes auf den Fondsvertrieb, RdF 2016, 13, 14; *DAV Bank- und Kapitalmarktrechtsausschuss*, Stellungnahme zum Referentenwurf eines zweiten Gesetzes zur Novellierung von Finanzmarktvorschriften auf Grund europäischer Rechtsakte (Zweites Finanzmarktnovellierungsgesetz – 2. FiMaNoG), NZG 2016, 1301, 1302.

[673] ESMA, Final Report: Guidelines on MiFID II product governance requirements v. 2.6.2017, ESMA35-43-620, S. 38 Nr. 34; *Busch*, Product Governance und Produktintervention unter MiFID II/MiFIR, WM 2017, 409, 411; *Grundmann*, in: Staub, HGB, Bd. 11/2, 5. Aufl. 2018, 8. Teil Rn. 163.

[674] ESMA, Final Report: Guidelines on MiFID II product governance requirements v. 2.6.2017, ESMA35-43-620, S. 39 Nr. 38; *Glander/Kittner*, Auswirkungen des RefE eines Finanzmarktnovellierungsgesetzes auf den Fondsvertrieb, RdF 2016, 13, 14; *Brennicke*, Der Zielmarkt eines Finanzinstruments nach der MiFID II, WM 2015, 1173, 1176; *Lohmann/Gebauer*, Der Zielmarkt nach MiFID II: Wer muss Was für Wen?, BKR 2018, 244, 250.

[675] ESMA, Final Report: Guidelines on MiFID II product governance requirements v. 2.6.2017, ESMA35-43-620, S. 39 Nr. 38.

[676] *Lohmann/Gebauer*, Der Zielmarkt nach MiFID II: Wer muss Was für Wen?, BKR 2018, 244, 252; *Bastian/Werner*, Banken zwischen Ertragserwartungen und Regulatorik, WM 2017, 1533, 1541.

[677] *Busch*, Product Governance und Produktintervention unter MiFID II/MiFIR, WM 2017, 409, 413; *Lohmann/Gebauer*, Der Zielmarkt nach MiFID II: Wer

für welche Kundengruppen in Betracht kommen.⁶⁷⁸ Bei Robo Advice erfolgt die Anlageempfehlung anhand von Anlegergruppen, denen die Kunden entsprechend ihrem Risiko-Ziel-Profil zugeordnet werden.⁶⁷⁹ Grundlage der Zuordnung sind oft dieselben Kriterien, die auch bei Erstellung des Zielmarkts zu beachten sind. Sind die Risiko-Ziel-Profile ausreichend detailliert definiert, bilden sie die typisierten Bedürfnisse einer Kundengruppe im Sinne der Zielmarktdefinition ab. Durch die Vorauswahl der Finanzinstrumente in Form von Musterportfolios für jede Anlegergruppe, erfüllt der Robo Advisor daher zumeist die gesetzlichen Vorgaben der Zielmarktprüfung, da dieses Vorgehen den Anforderungen des § 63 Abs. 5 WpHG entspricht. Die Zielmarktprüfung erfolgt zum Zweck der Produktüberwachung. Sie ersetzt die konkret-individuelle Geeignetheitsprüfung daher nicht.⁶⁸⁰

F. Informations- und Aufklärungspflichten

I. Regelungsziel der Aufklärungspflichten

Die Informationspflichten sollen es dem Anleger ermöglichen, eine eigenverantwortliche und selbstbestimmte Anlageentscheidung auf Basis adäquater Informationen zu treffen.⁶⁸¹ Durch die Aufklärung soll der Anleger

---

muss Was für Wen?, BKR 2018, 244, 249; ESMA, Final Report: Guidelines on MiFID II product governance requirements v. 2.6.2017, ESMA35-43-620, S. 38 Nr. 32, S. 33 Nr. 14.

678 *Lange*, Product Governance - Neue Anforderungen für die Konzeption und den Vertrieb von Finanzprodukten, DB 2014, 1723, 1727; *Beule*, Product Governance, in: Teuber/Schröer, MiFID II und MiFIR, 2015, S. 167, 196; *Mansen*, Die neuen Anlageberatungsregelungen der MiFID II, 2018, S. 344.

679 Ausführlich dazu erster Teil: § 2 A. I. 2.

680 ESMA, Technical Advice to the Commission on MiFID II and MiFIR v. 19.12.2014, ESMA/2014/1569, S. 51 und 59–60 Nr. 22; ESMA, Final Report: Guidelines on MiFID II product governance requirements v. 2.6.2017, ESMA35-43-620, S. 38 Nr. 32; *Busch*, Product Governance und Produktintervention unter MiFID II/MiFIR, WM 2017, 409, 415; *DAV Bank- und Kapitalmarktrechtsausschuss*, Stellungnahme zum Referentenentwurf eines zweiten Gesetzes zur Novellierung von Finanzmarktvorschriften auf Grund europäischer Rechtsakte (Zweites Finanzmarktnovellierungsgesetz – 2. FiMaNoG), NZG 2016, 1301, 1302.

681 *Grundmann*, in: Ebenroth/Boujong/Joost/Strohn, HGB, 3. Aufl. 2015, Rn. VI 31; *Möllers*, in: KK-WpHG, 2. Aufl. 2014, § 31 Rn. 5; *Möllers/Poppele*,

auf Augenhöhe mit seinem Vertragspartner gehoben werden und Informationsasymmetrien abgebaut werden.[682] In der Theorie werden die Anleger im Sinne eines *level playing field* auf den Kenntnisstand der übrigen Marktteilnehmer versetzt.[683] Dadurch soll der Anleger dazu befähigt werden, sich selbst zu schützen.[684] Welche Informationen bereitzustellen sind, regelt der Gesetzgeber in § 63 Abs. 6 f. WpHG. Die bislang bestehenden Informationspflichten wurden im Zuge der Umsetzung der MiFID II an zahlreichen Stellen erweitert.[685]

II. Allgemeines Transparenzgebot (§ 63 Abs. 6 WpHG)

§ 63 Abs. 6 WpHG setzt allgemeine Standards fest, die bei der Informationserteilung einzuhalten sind.[686] Diese Anforderungen gelten für sämtliche

---

Paradigmenwechsel durch MiFID II, ZGR 2013, 437, 448; *Teuber*, Finanzmarkt-Richtlinie (MiFID) – Auswirkungen auf Anlageberatung und Vermögensverwaltung im Überblick, BKR 2006, 429, 432; *Buck-Heeb*, Vom Kapitalanleger- zum Verbraucherschutz, ZHR 176 (2012), 66, 70 f.; *Fleischer*, Die Richtlinie über Märkte für Finanzinstrumente und das Finanzmarkt-Richtlinie-Umsetzungsgesetz, BKR 2006, 389, 395; *Beck*, Das Chamäleon Anlegerschutz oder „Worüber reden wir eigentlich?", in: FS Schneider, 2011, S. 89, 94, 100.

682 *Langenbucher*, Anlegerschutz – Ein Bericht zu theoretischen Prämissen und legislativen Instrumenten, ZHR 177 (2013), 679, 689; *Koch*, Grenzen des informationsbasierten Anlegerschutzes, BKR 2012, 485, 487 f.; *Grigoleit*, Anlegerschutz – Produktinformationen und Produktverbote, ZHR 177 (2013), 264, 265; *Möllers/Leisch*, Neuere Gesetze und Rechtsprechung zur bank- und kapitalmarktrechtlichen Informationshaftung, JZ 2000, 1085.

683 *Möllers/Poppele*, Paradigmenwechsel durch MiFID II, ZGR 2013, 437, 448.

684 *Koch*, in: Schwark/Zimmer, KMRK, 4. Aufl. 2010, § 31d WpHG Rn. 2; *Roth*, Das Risiko im Wertpapiergeschäft, in: FS Horn, 2011, S. 835, 840 f.; *Klein*, Die Beratungsprotokollpflicht im System des europarechtlich determinierten Anlegerschutzes, 2015, S. 41.

685 *Balzer*, Umsetzung von MiFID II: Auswirkungen auf die Anlageberatung und Vermögensverwaltung, ZBB 2016, 226, 229; *Mansen*, Die neuen Anlageberatungsregelungen der MiFID II, 2018, S. 325.

686 Zur alten Fassung des § 31 Abs. 2 WpHG: *Möllers*, in: KK-WpHG, 2. Aufl. 2014, § 31 Rn. 170; *Fuchs*, in: Fuchs, WpHG, 2. Aufl. 2016, § 31 Rn. 97; *Grundmann*, in: Ebenroth/Boujong/Joost/Strohn, HGB, 3. Aufl. 2015, Rn. VI 230; *Rothenhöfer*, in: Schwark/Zimmer, KMRK, 4. Aufl. 2010, § 31 WpHG Rn. 87.

Anlegerinformationen.[687] Demnach müssen Robo Advisor als Wertpapierdienstleistungsunternehmen alle Informationen, die sie Kunden zugänglich machen, redlich, eindeutig und nicht irreführend formulieren. Ausdrücklich umfasst sind auch Marketingmitteilungen. Daher gelten die allgemeinen Transparenzanforderungen bereits in der Vorverhandlungsphase.[688] Für den Robo Advisor resultiert daraus die Pflicht, dass sämtliche Angaben auf der Website dem Transparenzgebot entsprechen müssen. Diese müssen zutreffend sein und etwaige Risiken in der gleichen Schriftgröße wie die anderen Informationen genannt werden, Art. 44 Abs. 2 b), c) DelVO MiFID II (EU) 2017/565. Viele Robo Advisor bieten eine Prognose für die Wertentwicklung anhand der früheren Performance an, um die möglichen Gewinnchancen des Anlegers darzustellen. In diesem Kontext ist ausdrücklich und deutlich darauf hinzuweisen, dass es sich dabei um eine Simulation handelt, Art. 44 Abs. 4 DelVO MiFID II (EU) 2017/565.

III. Basisinformationen (§ 63 Abs. 7 WpHG)

Nach § 63 Abs. 7 WpHG müssen Wertpapierdienstleistungsunternehmen ihren Kunden rechtzeitig und in verständlicher Form gewisse Basis- oder Standardinformationen zur Verfügung stellen.[689] Dazu zählen angemessene Angaben über das Unternehmen, seine Dienstleistungen, die Finanzinstrumente, die vorgeschlagenen Anlagestrategien, Ausführungsplätze und alle Kosten und Nebenkosten. Dadurch soll der Anleger die Möglichkeit erhalten, die Art und die Risiken der angebotenen Finanzinstrumente und Wertpapierdienstleistungen selbst zu verstehen und auf dieser Grundlage eine informierte Anlageentscheidung zu treffen. Die Norm entspricht den Vorgaben des § 31 Abs. 3 WpHG a.F.[690]

---

687 BaFin, Rundschreiben 05/2018 (WA) - Mindestanforderungen an die Compliance-Funktion und weitere Verhaltens-, Organisations- und Transparenzpflichten – MaComp v. 24.4.2018, Stand 9.5.2018, Ziff. BT 3.1.1; *Grundmann*, in: Staub, HGB, Bd. 11/2, 5. Aufl. 2018, 8. Teil Rn. 165.
688 *Grundmann*, in: Staub, HGB, Bd. 11/2, 5. Aufl. 2018, 8. Teil Rn. 167.
689 *Möllers*, in: KK-WpHG, 2. Aufl. 2014, § 31 Rn. 229; *Fuchs*, in: Fuchs, WpHG, 2. Aufl. 2016, § 31 Rn. 119; *Poelzig*, Kapitalmarktrecht, 2018, Rn. 790.
690 Zu § 31 Abs. 3 WpHG a.F.: *Möllers/Poppele*, Paradigmenwechsel durch MiFID II, ZGR 2013, 437, 449; *Fuchs*, in: Fuchs, WpHG, 2. Aufl. 2016, § 31 Rn. 118 f.; *Möllers*, in: KK-WpHG, 2. Aufl. 2014, § 31 Rn. 230 ff.; *Koller*, in: Assmann/Schneider, WpHG, 6. Aufl. 2012, § 31 Rn. 92 ff.

1. Informationen über das Wertpapierdienstleistungsunternehmen

Nach § 63 Abs. 7 WpHG sind dem Anleger Informationen über das Wertpapierdienstleistungsunternehmen und seine Dienstleistungen zur Verfügung zu stellen. Dadurch soll für den Anleger transparent werden, wer sein Vertragspartner ist.[691] Konkretisiert wird diese Informationspflicht in Art. 47 DelVO MiFID II (EU) 2017/535. Demzufolge müssen der Name und die Anschrift des Anbieters offengelegt werden. Außerdem sind Angaben zu machen, die eine effektive Kommunikation mit dem Wertpapierdienstleistungsunternehmen ermöglichen, Art. 47 Abs. 1 lit. a) DelVO MiFID II (EU) 2017/535. Dazu sind die Kommunikationsmittel anzugeben, die zwischen dem Anbieter und dem Kunden verwendet werden, Art. 47 Abs. 1 lit. c) DelVO MiFID II (EU) 2017/535.

Der Vertrieb von Finanzprodukten über das Internet ist für den Anleger besonders risikoreich, da der Vertragspartner nicht physisch anwesend ist. Der Vertragsschluss erfolgt bei Robo Advice in einer Situation der Ungewissheit. Vergleichbar ist diese Situation mit der des Verbrauchers beim Fernabsatzvertrag. Neben einem Widerrufsrecht (§312g BGB) wird der Verbraucher dort ebenfalls durch besondere Informationspflichten (§ 312d BGB) geschützt. Diese Schutzinstrumente beruhen auf unionsrechtlichen Vorgaben.[692] Bei den Informationspflichten handelt es sich um eines der klassischen Schutzinstrumente beim Fernabsatzvertrag.[693] Auch bei der aktuellen Reform des Verbraucherrechterechts, die unter anderem die digitale Kommunikation adressiert, bedient sich der europäische Gesetzgeber umfangreicher Informationspflichten.[694] Werden Wertpapierdienstleistungen

---

[691] *Möllers*, in: KK-WpHG, 2. Aufl. 2014, § 31 Rn. 271; *Rothenhöfer*, in: Schwark/Zimmer, KMRK, 4. Aufl. 2010, § 31 WpHG Rn. 198; *Fuchs*, in: Fuchs, WpHG, 2. Aufl. 2016, § 31 Rn. 119.

[692] Insbesondere Richtlinie 97/7/EG des europäischen Parlaments und des Rates vom 20. Mai 1997 über den Verbraucherschutz bei Vertragsabschlüssen im Fernabsatz, ABl. Nr. L 144 v. 4.6.1997, S. 19–27 (Fernabsatzrichtlinie).

[693] *Wendehorst*, in: MünchKomm-BGB, 7. Aufl. 2016, § 312d Rn. 1; *Schirmbacher*, in: Spindler/Schuster, Recht der elektronischen Medien, 3. Aufl. 2015, § 312d BGB Rn. 1; *Busch*, in: BeckOGK, Stand 1.11.2017, § 312c BGB Rn. 2.

[694] Richtlinie 2011/83/EU des Europäischen Parlaments und des Rates vom 25.10.2011 über die Rechte der Verbraucher, zur Abänderung der RL 93/13/EWG des Rates und der RL 1999/44/EG des Europäischen Parlaments und des Rates sowie zur Aufhebung der RL 85/577/EWG des Rates und der RL 97/7/EG des Europäischen Parlaments und des Rates, ABl. Nr. L 304 v. 25.11.2015, S. 64–88 (Verbraucherrechterichtlinie); *Wendehorst*, Das neue Gesetz zur Umsetzung der Verbraucherrechterichtlinie, NJW 2014, 577, 578.

in digitaler Form erbracht, zeigt der Vergleich zum Verbraucherrecht, dass Informationspflichten grundsätzlich ein geeignetes Schutzinstrument sind. Da nach § 64 Abs. 7 WpHG de lege lata detailliert und umfassend über Kontakt- und Kommunikationsmittel aufzuklären ist, besteht auch vor dem Hintergrund neuer Geschäftsmodelle wie Robo Advice keine Veranlassung, zusätzliche Informationspflichten zu schaffen. Dennoch stellt die ESMA in ihren Leitlinien zur Geeignetheitsprüfung für Robo Advice explizit klar, dass der Kunde darüber aufzuklären ist, wie er mit einem menschlichen Berater in Kontakt treten kann.[695]

2. Informationen über die Art des Finanzinstruments

Die Informationspflicht ist nach § 63 Abs. 7 Satz 3 Nr. 1 WpHG auf die Art des Finanzinstruments beschränkt. Wenn ein Robo Advisor ETFs empfiehlt, muss er über die charakteristischen Risiken von ETFs im Allgemeinen aufklären. Der Kunde soll den Typ des Finanzinstruments verstehen.[696] Eine Aufklärung über die konkreten Risiken des empfohlenen Anlageobjekts schreibt § 67 Abs. 7 WpHG nicht vor. Die Aufklärungspflicht wird in Art. 48 DelVO MiFID II (EU) 2017/535 durch bestimmte Mindestinhalte konkretisiert. Besonderheiten für Robo Advice ergeben sich nicht.

3. Kostentransparenz

Durch das 2. FiMaNoG wurde die Pflicht eingeführt, umfassende Informationen hinsichtlich aller Kosten und Nebenkosten zur Verfügung zu stellen, § 63 Abs. 7 Satz 3 Nr. 2 WpHG. Dadurch wurden die Anforderungen an die

---

[695] ESMA, Final Report: Guidelines on certain aspects of the MiFID II suitability requirements v. 28.5.2018, ESMA35-43-869, S. 36 Nr. 20.

[696] *Poelzig*, Kapitalmarktrecht, 2018, Rn. 791; *Möllers*, in: KK-WpHG, 2. Aufl. 2014, § 31 Rn. 285; *Rothenhöfer*, in: Schwark/Zimmer, KMRK, 4. Aufl. 2010, § 31 WpHG Rn. 218; *Fuchs*, in: Fuchs, WpHG, 2. Aufl. 2016, § 31 Rn. 118; *Buck-Heeb/Poelzig*, Die Verhaltenspflichten (§§ 63 ff. WpHG n.F.) nach dem 2. FiMaNoG, BKR 2017, 485, 487; *Grundmann*, in: Staub, HGB, Bd. 11/2, 5. Aufl. 2018, 8. Teil Rn. 173.

Dritter Teil: Organisations- und Wohlverhaltenspflichten

Transparenz von Kosten und Gebühren deutlich verschärft.[697] Diese sog. *Kostentransparenz* bezieht sich auf die Kosten der Beratungsleistung des Robo Advisors, sowie auf die Erwerbs- und Veräußerungskosten und die laufenden Verwaltungskosten der empfohlenen Finanzprodukte.[698] Die Darlegungspflicht bezieht sich nach dem Final Report der ESMA auf die *tatsächlich* vom Kunden zu tragenden Kosten und Gebühren.[699] Eine abstrakte Darstellung genügt den Anforderungen nicht.[700] Problematisch ist die Kostendarlegung, wenn der Robo Advisor eine All-in-fee als Pauschalgebühr für sämtliche Leistungen erhebt, da der Anbieter die Kosten für die Beratungsleistung, die Depotführungsgebühren und die Orderkosten zusammenfasst. Bündelt der Anbieter mehrere Produkte oder Finanzdienstleistungen, ist der Anleger darüber zu informieren, ob und zu welchen Konditionen die einzelnen Elemente dieses Pakets getrennt zu erwerben sind, § 69 Abs. 9 Satz 1 WpHG.[701] Eine entsprechende Informationspflicht besteht daher auch bei Robo Advice.

4. Spezielle Informationspflichten bei der Anlageberatung (§ 64 Abs. 1, 2 WpHG)

a) Aufklärung über Beratungsstatus

Sofern der Robo Advisor Anlageberatung erbringt, ist er auch an die wertpapierdienstleistungsspezifischen Verhaltenspflichten des § 64 Abs. 1

---

697 *Balzer*, Umsetzung von MiFID II: Auswirkungen auf die Anlageberatung und Vermögensverwaltung, ZBB 2016, 226, 229; *Roth/Blessing*, Die neuen Vorgaben zur Kostentransparenz nach MiFID II, WM 2016, 1157; *Kurz*, MiFID II – Auswirkungen auf den Vertrieb von Finanzinstrumenten, DB 2014, 1182, 1184.
698 *Roth/Blessing*, Die neuen Vorgaben zur Kostentransparenz nach MiFID II, WM 2016, 1157; *Grundmann*, in: Staub, HGB, Bd. 11/2, 5. Aufl. 2018, 8. Teil Rn. 174; *Buck-Heeb/Poelzig*, Die Verhaltenspflichten (§§ 63 ff. WpHG n.F.) nach dem 2. FiMaNoG, BKR 2017, 485, 487; *Jordans*, Zum aktuellen Stand der Finanzmarktnovellierung in Deutschland, BKR 2017, 273, 275.
699 ESMA, Technical Advice to the Commission on MiFID II and MiFIR v. 19.12.2014, ESMA/2014/1569, S. 120 Nr. 32.
700 *Poelzig*, Kapitalmarktrecht, 2018, Rn. 791; *Roth/Blessing*, Die neuen Vorgaben zur Kostentransparenz nach MiFID II, WM 2016, 1157; *Kurz*, MiFID II – Auswirkungen auf den Vertrieb von Finanzinstrumenten, DB 2014, 1182, 1184.
701 *Poelzig*, Kapitalmarktrecht, 2018, Rn. 791.

WpHG gebunden.[702] Besonderheiten gegenüber der herkömmlichen Anlageberatung bestehen nicht: So muss er dem Anleger mitteilen, ob eine unabhängige Honorar-Anlageberatung erbracht wird oder nicht. Darüber hinaus ist nach § 64 Abs. 1 Satz 1 Nr. 2 WpHG darüber zu informieren, ob sich die Anlageberatung auf eine umfangreiche oder eher eine beschränkte Analyse verschiedener Arten von Finanzinstrumenten stützt. Dabei muss insbesondere angegeben werden, ob bei der Anlageberatung nur Hausprodukte oder Finanzprodukte von Kooperationspartnern berücksichtigt werden.[703] Diese Hinweispflicht ist für die herkömmliche Anlageberatung dringend geboten: Eine Studie des Analysehauses S.W.I. für das Handelsblatt zeigte, dass deutsche Geldinstitute meist eigene Produkte oder die ihrer Kooperationspartner empfehlen.[704] Kostengünstige Indexfonds werden nicht, oder nur auf Nachfrage angeboten.[705] Bei Robo Advice der ersten Generation werden zumeist ETFs empfohlen. Sofern es sich dabei um hauseigene Produkte handelt, ist der Anlageinteressent darüber zu informieren.

Schließlich muss der Anbieter darlegen, ob er dem Kunden eine regelmäßige Beurteilung der Geeignetheit der empfohlenen Finanzinstrumente zur Verfügung stellt, § 64 Abs. 1 Satz 1 Nr. 3 WpHG.

b) Basisinformationsblätter

Da die kognitive Aufnahmekapazität der Anleger begrenzt ist, führen zu viele Informationen zu einem *Information Overload*.[706] Aus diesem Grund ist der Anleger in einem Informationsblatt in kurzer und verständlicher Form über die angebotenen Produkte aufzuklären.[707] Erbringt ein Wertpapierdienstleistungsunternehmen Anlageberatung, muss der Anbieter dem Kunden gem. § 64 Abs. 2 WpHG rechtzeitig vor dem Abschluss des Geschäfts ein solches Produktinformationsblatt zur Verfügung stellen. Von dieser Pflicht ausgenommen sind verpackte Anlageprodukte, für die bereits

---

702 *Meixner*, Das Zweite Finanzmarktnovellierungsgesetz, ZAP 2017, 911, 913.
703 *Buck-Heeb/Poelzig*, Die Verhaltenspflichten (§§ 63 ff. WpHG n.F.) nach dem 2. FiMaNoG, BKR 2017, 485, 489; *Buck-Heeb*, Anlageberatung nach der MiFID II, ZBB 2014, 221, 226 f.
704 *De la Motte*, Defizite bei der Anlageberatung, Handelsblatt v. 4.1.2018, S. 32.
705 *De la Motte*, Defizite bei der Anlageberatung, Handelsblatt v. 4.1.2018, S. 32.
706 *Möllers/Kernchen*, Information Overload am Kapitalmarkt, ZGR 2011, 1 ff.; *Stahl*, Information Overload am Kapitalmarkt, 2013, S. 68 ff.
707 *Preuße/Seitz/Lesser*, Konkretisierung der Anforderungen an Produktinformationsblätter nach § 31 Abs. 3a WpHG, BKR 2014, 70, 71.

nach der PRIIP-Verordnung (EU) 1286/2014[708] ein Produktinformationsblatt zu erstellen ist. So wird ein Nebeneinander von WpHG-Basisinformationsblatt und europäischem Produktinformationsblatt sinnvollerweise vermieden. Bei ETFs müssen die Produkthersteller nach § 164 Abs. 1 Satz 1 KAGB ein Dokument mit den wesentlichen Anlegerinformationen (Key Investor Information Document – KIID) zur Verfügung stellen. Nach § 64 Abs. 2 Nr. 1 WpHG tritt das KIID in diesem Fall an die Stelle des WpHG-Informationsblattes.

IV. Besondere Informationspflicht bei Robo Advice

Wie im ersten Teil dargestellt, birgt das Geschäftsmodell Robo Advice verschiedene Risiken.[709] Da die Anlageempfehlung bei Robo Advice unmittelbar auf dem Algorithmus basiert, ist dieser maßgeblich für die Beratungsqualität. Ohne Kenntnis der dem Beratungstool zugrundeliegenden Annahmen, Methoden und Beschränkungen ist es möglich, dass der Anleger die Empfehlung falsch interpretiert.[710] Daher ist es bei Robo Advice neben den allgemeinen Informationspflichten zusätzlich notwendig, umfassend über die Funktionsweise und den Zweck von Robo Advice aufzuklären.[711] Anknüpfungspunkt im Gesetz ist Art. 54 Abs. 1 DelVO MiFID II (EU) 2017/565, der spezielle Informationspflichten bei der Exploration normiert. Die ESMA schreibt diesbezüglich vor, dass der Anbieter den *Grad menschlicher Beteiligung* am Beratungsprozess offenlegen und erläutern muss, unter welchen Umständen diese in den Beratungsprozess eingreifen.[712] Werden beispielsweise die Musterportfolios für jede Anlegergruppe von Mitarbeitern zusammengestellt, ist der Kunde darüber zu informieren. Darüber

---

708 Verordnung (EU) Nr. 1286/2014 des Europäischen Parlaments und des Rates vom 26. November 2014 über Basisinformationsblätter für verpackte Anlageprodukte für Kleinanleger und Versicherungsanlageprodukte (PRIIP), ABl. Nr. L 352 v. 9.12.2014, S. 1–23 (PRIIP-Verordnung).
709 Ausführlich erster Teil: § 2 C. II.
710 Joint Committee of the European Supervisory Authorities, Joint Committee Discussion Paper on automation in financial advice v. 4.12.2015, JC 2015 080, S. 22.
711 ESMA, Consultation Paper: Guidelines on certain aspects of the MiFID II suitability requirements v. 13.7.2017, ESMA35-43-748, S. 17 Nr. 39.
712 ESMA, Final Report: Guidelines on certain aspects of the MiFID II suitability requirements v. 28.5.2018, ESMA35-43-869, S. 36 Nr. 20; ESMA, Consultation Paper: Guidelines on certain aspects of the MiFID II suitability requirements v. 13.7.2017, ESMA35-43-748, S. 17 Nr. 39.

hinaus sind dem Kunden Informationen über die *grundlegende Funktionsweise* von Robo Advice in verständlicher Form zur Verfügung zu stellen, insbesondere wie seine Angaben für die Empfehlung verwendet werden.[713] Ziel der Anlageberatung ist es, dass der Anleger eigenständig eine informierte Anlageentscheidung trifft.[714] Diese *Letztentscheidungskompetenz* kann er nur ausüben, wenn er die Funktionsweise von Robo Advice in Grundzügen versteht und nachvollziehen kann, wie die Anlageempfehlung zustande kommt.[715] Diese allgemeinen Informationen sind nicht auf den individuellen Anleger zugeschnitten. Eine Aufklärung kann daher standardisiert erfolgen.

G. Exploration und Geeignetheitsprüfung (§ 64 Abs. 3 WpHG)

Wertpapierdienstleister müssen nach § 63 Abs. 10 WpHG die Angemessenheit bzw. bei der Anlageberatung und Finanzportfolioverwaltung gem. § 64 Abs. 3 WpHG die Geeignetheit des Produkts für den Anleger prüfen. Die speziellen Regelungen sind dadurch begründet, dass der Anbieter bei diesen Dienstleistungen die Sorge um das Vermögen des Anlegers übernimmt.[716] Diese Pflicht besteht neben den zielmarktbezogenen Verhaltenspflichten.[717]

---

713   ESMA, Final Report: Guidelines on certain aspects of the MiFID II suitability requirements v. 28.5.2018, ESMA35-43-869, S. 36 Nr. 20; *Oehler/Horn/Wendt*, Nicht-professionelle Investoren in der digitalen Welt, WD 2016, 640, 641.

714   *Möllers/Poppele*, Paradigmenwechsel durch MiFID II, ZGR 2013, 437, 449; *Fuchs*, in: Fuchs, WpHG, 2. Aufl. 2016, § 31 Rn. 118 f.; *Mollers*, in: KK-WpHG, 2. Aufl. 2014, § 31 Rn. 230 ff.; *Koller*, in: Assmann/Schneider, WpHG, 6. Aufl. 2012, § 31 Rn. 92 ff.

715   Entsprechend für den Einsatz von Legal Tech: *Wagner*, Legal Tech und Legal Robots in Unternehmen und den sie beratenden Kanzleien – Teil 2: Folgen für die Pflichten von Vorstandsmitgliedern bzw. Geschäftsführern und Aufsichtsräten, BB 2018, 1097, 1098.

716   *Möllers*, Vermögensbetreuungsvertrag, graue Vermögensverwaltung und Zweitberatung, WM 2008, 93; *Möllers*, in: KK-WpHG, 2. Aufl. 2014, § 31 Rn. 335.

717   ESMA, Technical Advice to the Commission on MiFID II and MiFIR v. 19.12.2014, ESMA/2014/1569, S. 51 und 59–60 Nr. 22; ESMA, Final Report: Guidelines on MiFID II product governance requirements v. 2.6.2017, ESMA35-43-620, S. 38 Nr. 32; *Grundmann*, in: Staub, HGB, Bd. 11/2, 5. Aufl. 2018, 8. Teil Rn. 198; *Busch*, Product Governance und Produktintervention unter MiFID II/MiFIR, WM 2017, 409, 415; *Buck-Heeb/Poelzig*, Die Verhaltenspflichten (§§ 63 ff. WpHG n.F.) nach dem 2. FiMaNoG, BKR 2017, 485, 491;

I. Explorationspflicht: Know Your Customer

1. Neuerungen durch das 2. FiMaNoG

Zur Bestimmung des Kundeninteresses muss sich der Berater zunächst über den Kunden informieren, Prinzip des *Know Your Customer*.[718] Gegenüber der Vorgängernorm § 31 Abs. 4 WpHG a.f. ergeben sich durch das 2. FiMaNoG nur begrenzt Neuerungen.[719] Der Anbieter muss zwingend Informationen über Kenntnisse und Erfahrungen des Kunden, seine finanziellen Verhältnisse und über die Anlageziele einholen, § 64 Abs. 3 Satz 1 Nr. 1–3. Im Hinblick auf die finanziellen Verhältnisse des Kunden sind nun als objektives Kriterium zusätzlich dessen Fähigkeit, Verluste zu tragen, abzufragen und die Risikotoleranz des Kunden als zusätzliches subjektives Merkmal einzubeziehen.[720] Entsprechende Vorgaben existierten in Deutschland bereits als Level 2-Vorgabe in § 6 WpDVerOV a.F.[721] bzw.

DAV Bank- und Kapitalmarktrechtsausschuss, Stellungnahme zum Referentenentwurf eines zweiten Gesetzes zur Novellierung von Finanzmarktvorschriften auf Grund europäischer Rechtsakte (Zweites Finanzmarktnovellierungsgesetz – 2. FiMaNoG), NZG 2016, 1301, 1302; zu den zielmarktbezogenen Verhaltenspflichten dritter Teil: § 7 E.

718 *Veil*, in: Veil, Europäisches Kapitalmarktrecht, 2. Aufl. 2014, § 25 Rn. 5; *Spindler*, in: Langenbucher/Bliesener/Spindler, Bankrechts-Kommentar, 2. Aufl. 2016, Kap. 33 Rn. 97; *Möllers*, in: KK-WpHG, 2. Aufl. 2014, § 31 Rn. 338; *Möllers*, Europäische Gesetzgebungslehre 2.0: Die dynamische Rechtsharmonisierung im Kapitalmarktrecht am Beispiel von MiFID II und PRIIP, ZEuP 2016, 325, 333; *Möllers/Steinberger*, Die BGH-Entscheidung zum Telekom-Prozess und das europäische Anlegerleitbild, NZG 2015, 329, 335; *Edelmann*, in: Assmann/Schütze, Handbuch des Kapitalanlagerechts, 4. Aufl. 2015, § 3 Rn. 17; *Möllers/Wenninger*, Das Anlegerschutz- und Funktionsverbesserungsgesetz, NJW 2011, 1697, 1699.

719 *Rauch/Lebeau/Thiele*, Steuerrechtliche sowie aufsichtsrechtliche Herausforderungen bei der Entwicklung hin zur automatisierten Anlageempfehlung (Robo-Advice), RdF 2017, 227, 229; *Balzer*, Umsetzung von MiFID II: Auswirkungen auf die Anlageberatung und Vermögensverwaltung, ZBB 2016, 226, 232; *Roth/Blessing*, Die neuen Vorgaben nach MiFID II – Teil 1, CCZ 2016, 258, 261.

720 *Balzer*, Umsetzung von MiFID II: Auswirkungen auf die Anlageberatung und Vermögensverwaltung, ZBB 2016, 226, 232; *Trafkowski*, Besondere Pflichten bei der Anlageberatung, in: Teuber/Schröer, MiFID II und MiFIR, 2015, S. 77, 93.

721 Verordnung zur Konkretisierung der Verhaltensregeln und Organisationsanforderungen für Wertpapierdienstleistungsunternehmen (WpDVerOV a.F.) v. 20.7.2007, BGBl. I 2007 S. 1432.

als Level 3-Vorgabe in der alten Fassung der MaComp[722] der BaFin. Die Anforderungen an die Exploration werden insbesondere durch Art. 54 Abs. 4 und Abs. 5 DelVO MiFID II (EU) 2017/565 konkretisiert, die genau vorgeben, welche Erkundigungen eingeholt werden müssen.[723]

2. Zulässigkeit standardisierter Fragebögen bei Robo Advice

Die Kundenbefragung ist das wichtigste Mittel der Kundenexploration.[724] Im Gegensatz zur klassischen Anlageberatung erfolgt die Informationserhebung bei Robo Advice nicht in einem Beratungsgespräch,[725] sondern standardisiert mithilfe eines Fragebogens. Das hat zur Folge, dass jedem Kunden die gleichen Fragen gestellt werden, ohne auf individuelle Besonderheiten einzugehen. In der Praxis ist es auch bei der klassischen Anlageberatung verbreitet, die Kundeninformationen im Rahmen des ersten Geschäftskontakts mittels standardisierter Fragenbögen, sog. Wertpapiererhebungsbögen, einzuholen und zu fixieren.[726] Wegen der Kundenmasse im Privatkundengeschäft, ist das bei einfach gelagerten Fällen unerlässlich.[727] Da für die Exploration im Gesetz keine bestimmte Form vorgeschrieben ist,

---

722 BaFin, Rundschreiben 4/2010 (WA) – Mindestanforderungen an die Compliance-Funktion und die weiteren Verhaltens-, Organisations- und Transparenzpflichten nach §§ 31 ff. WpHG für Wertpapierdienstleistungsunternehmen v. 7.6.2010, Stand 7.8.2014, BT 7.1 Ziff. 4 und 7.5 Ziff. 3; dazu auch *Roth/Blessing*, Die neuen Vorgaben nach MiFID II – Teil 1, CCZ 2016, 258, 261.
723 *Buck-Heeb/Poelzig*, Die Verhaltenspflichten (§§ 63 ff. WpHG n.F.) nach dem 2. FiMaNoG, BKR 2017, 485, 491.
724 *Fuchs*, in: Fuchs, WpHG, 2. Aufl. 2016, § 31 Rn. 36; *Möllers*, in: KK-WpHG, 2. Aufl. 2014, § 31 Rn. 117.
725 *Rothenhöfer*, in: Schwark/Zimmer, KMRK, 4. Aufl. 2010, § 31 WpHG Rn. 235.
726 Verordnung zur Einführung einer Finanzanlagenvermittlungsverordnung, BR-Drs. 89/12 S. 39; *Schwark*, Die Verhaltensnormen der §§ 31 ff. WpHG, in: Habersack/Mülbert/Nobbe/Wittig, Bankrechtstag 1995, S. 109, 110, 115; *Than*, Die Umsetzung der Verhaltensnormen der §§ 31 ff. WpHG in den Kreditinstituten, in: Habersack/Mülbert/Nobbe/Wittig, Bankrechtstag 1995, S. 135, 142; *Beck*, Das Chamäleon Anlegerschutz oder „Worüber reden wir eigentlich?", in: FS Schneider, 2011, S. 89, 98; *Fuchs*, in: Fuchs, WpHG, 2. Aufl. 2016, § 31 Rn. 37; *Rothenhöfer*, in: Schwark/Zimmer, KMRK, 4. Aufl. 2010, § 31 WpHG Rn. 235; *Braun/Lang/Loy*, in: Ellenberger/Schäfer/Clouth/Lang, Praktikerhandbuch Wertpapier- und Derivategeschäft, 4. Aufl. 2011, Teil 2 B Rn. 292; *Koller*, in: Assmann/Schneider, WpHG, 6. Aufl. 2012, § 31 Rn. 50.
727 *Beck*, Das Chamäleon Anlegerschutz oder „Worüber reden wir eigentlich?", in: FS Schneider, 2011, S. 89, 98.

ist der Einsatz von Fragebögen prinzipiell möglich.[728] Daher ist die bei Robo Advice praktizierte Erhebung der Anlegerinformationen zulässig und entspricht den Anforderungen des § 64 Abs. 3 WpHG.

Beim Einsatz von Fragebögen ist bei der herkömmlichen Anlageberatung eine Besonderheit zu beachten: Sofern der Berater bei der Exploration Kenntnis über sonstige, individuelle Umstände des Kunden erlangt, muss er diese berücksichtigen.[729] Einige Robo Advisor bieten ihren Kunden zusätzlich die Möglichkeit, telefonisch oder per Webchat direkt mit einem Mitarbeiter in Kontakt zu treten. Sofern der Robo Advisor auf diesem Weg zusätzliche Informationen über persönliche Verhältnisse des Kunden erlangt, sind diese bei der Anlageempfehlung einzubeziehen.

3. Anforderungen an die Gestaltung des Fragebogens

Die Anlageempfehlung beruht bei Robo Advice maßgeblich auf den von den Anlegern bereitgestellten persönlichen Angaben. Diese determinieren das vom Algorithmus zugrunde gelegte Anlegerprofil und sind daher Grundlage der individuellen Anlageempfehlung.[730] Machen Anleger im Rahmen der Exploration unzutreffende oder unvollständige Angaben zu ihren persönlichen Lebensumständen oder ihrer Risikoneigung, kann das zu einer ungeeigneten Anlageempfehlung oder Anlagestrategie führen. Für die Gestaltung des Fragebogens als Kernelement der Kundenexploration gelten bei Robo Advice besondere Anforderungen. Bei der herkömmlichen Anlageberatung kann im persönlichen Gespräch sichergestellt werden, dass sich der Kunde der Reichweite seiner Angaben bewusst ist und bei Fehlvorstellungen korrigierend eingegriffen werden.[731] Diese Option steht bei Robo

---

728 *Möllers/Ganten*, Die Wohlverhaltensrichtlinie des BAWe im Lichte der neuen Fassung des WpHG – Eine kritische Bestandsaufnahme, ZGR 1998, 773, 803 ff.; *Rothenhöfer*, in: Schwark/Zimmer, KMRK, 4. Aufl. 2010, § 31 WpHG Rn. 235; *Koller*, in: Assmann/Schneider, WpHG, § 31 Rn. 50; *Spindler*, in: Langenbucher/Bliesener/Spindler, Bankrechts-Kommentar, 2. Aufl. 2016, Kap. 33 Rn. 97; *Baumanns*, FinTechs als Anlageberater? Die aufsichtsrechtliche Einordnung von Robo-Advisory, BKR 2016, 366, 374.
729 *Fuchs*, in: Fuchs, WpHG, 2. Aufl. 2016, § 31 Rn. 37.
730 Zur Funktionsweise von Robo Advice siehe erster Teil: § 2 A. I.; *Feger*, Herausforderungen des Robo-Advice aus Sicht der Compliance-Funktion nach WpHG, CB 2017, 359, 361; *Wedlich*, Wie wirken sich Verhaltensanomalien von Anlegern auf Robo-Advisory aus?, CF 2018, 225, 226.
731 Ausführlich erster Teil: § 2 C. II. 2.0; *Baumanns*, FinTechs als Anlageberater? Die aufsichtsrechtliche Einordnung von Robo-Advisory, BKR 2016, 366, 374;

Advice naturgemäß nicht zur Verfügung.[732] Daher formuliert die ESMA in ihren Leitlinien zur Geeignetheitsprüfung besondere Anforderungen an die Kundenexploration bei Robo Advice.[733] Die Fragen sind klar und verständlich zu formulieren und falls notwendig durch Tooltips oder Pop-Ups zu ergänzen.[734]

4. Umfang der Kundenexploration

Der Robo Advisor muss Informationen in dem Umfang einholen, der erforderlich ist, um ein geeignetes Finanzinstrument zu empfehlen.[735] Dabei ist der Grundsatz der Verhältnismäßigkeit zu beachten: Wollen die Kunden bezüglich ihres kompletten Portfolios beraten werden, sind mehr Informationen einzuholen, als bei Anlegern, die den Dienstleister lediglich für eine spezifische Anlageempfehlung in Anspruch nehmen.[736] Robo Advice der ersten Generation erteilt regelmäßig eine einmalige Anlageempfehlung für einen bestimmten Anlagebetrag, sodass nicht alle denkbaren Kundeninformationen zu erfragen sind. Jedoch muss der Anbieter sicherstellen, dass er über die gesetzlich vorgeschriebenen Informationen verfügt. Das sind die Kenntnisse und Erfahrungen des Kunden, seine finanziellen Verhältnisse,

---

Rauch/Lebeau/Thiele, Steuerrechtliche sowie aufsichtsrechtliche Herausforderungen bei der Entwicklung hin zur automatisierten Anlageempfehlung (Robo-Advice), RdF 2017, 229; ESMA, Consultation Paper: Guidelines on certain aspects of the MiFID II suitability requirements v. 13.7.2017, ESMA35-43-748, S. 13 Nr. 22.

732 Allgemein zu den Risiken von Robo Advice erster Teil: § 2 C. II.
733 ESMA, Final Report: Guidelines on certain aspects of the MiFID II suitability requirements v. 28.5.2018, ESMA35-43-869.
734 ESMA, Final Report: Guidelines on certain aspects of the MiFID II suitability requirements v. 28.5.2018, ESMA35-43-869, S. 39 Nr. 32; ausführlich dazu vierter Teil: § 11 C. II. 2.
735 *Möllers*, in: KK-WpHG, 2. Aufl. 2014, § 31 Rn. 338, 355; ESMA, Final Report: Guidelines on certain aspects of the MiFID II suitability requirements v. 28.5.2018, ESMA35-43-869, S. 40 Nr. 33; *Faust*, in: Schimansky/Bunte/Lwowski, Bankrechts-Handbuch, 5. Aufl. 2017, § 109 Rn. 38; *Rothenhöfer*, in: Schwark/Zimmer, KMRK, 4. Aufl. 2010, § 31 WpHG Rn. 231; *Balzer*, Umsetzung der MiFID: Ein neuer Rechtsrahmen für die Anlageberatung, ZBB 2007, 333, 338.
736 ESMA, Final Report: Guidelines on certain aspects of the MiFID II suitability requirements v. 28.5.2018, ESMA35-43-869, S. 41 Nr. 33. 38; ESMA, Consultation Paper: Guidelines on certain aspects of the MiFID II suitability requirements v. 13.7.2017, ESMA35-43-748, S. 19 Nr. 48.

einschließlich seiner Fähigkeit, Verluste zu tragen und seine Anlageziele einschließlich der Risikotoleranz. Diesbezüglich schreibt die ESMA vor, dass Robo Advisor keine Option vorsehen sollten, die den Anreiz setzt, keine Angaben zu machen. Das gelte insbesondere bei Fragen zur finanziellen Situation des Anlegers.[737] Da der Anleger gesetzlich nicht verpflichtet ist, Auskunft zu erteilen, ist es unzulässig, entsprechende Angaben im webbasierten Fragenkatalog als Pflichtfelder zu deklarieren.[738] Andererseits darf der Robo Advisor den Fragenkatalog nicht bewusst so gestalten, dass der Kunde dazu verleitet wird, keine Angaben zu machen.[739] Vor diesem Hintergrund sind die Vorgaben der ESMA so zu interpretieren, dass der Robo Advisor eine umfassende Exploration anstreben soll und nicht die Auswahlmöglichkeit »keine Angabe« als gleichwertige Antwortalternative im Fragebogen ausgestaltet.[740] Erlangt der Robo Advisor die in § 64 Abs. 3 Satz 1 WpHG vorgeschrieben Informationen nicht, darf er nach Art. 53 Abs. 8 DelVO MiFID II (EU) 2017/565 keine Empfehlung abgeben.[741] Abweichungen zur herkömmlichen Anlageberatung bestehen nicht.

---

[737] ESMA, Final Report: Guidelines on certain aspects of the MiFID II suitability requirements v. 28.5.2018, ESMA35-43-869, S. 37 Nr. 25; ESMA, Consultation Paper: Guidelines on certain aspects of the MiFID II suitability requirements v. 13.7.2017, ESMA35-43-748, S. 18 Nr. 43.

[738] *Möslein/Lordt*, Rechtsfragen des Robo-Advice, ZIP 2017, 793, 799; *Möllers*, in: KK-WpHG, 2. Aufl. 2014, § 31 Rn. 365; *Rothenhöfer*, in: Schwark/Zimmer, KMRK, 4. Aufl. 2010, § 31 WpHG Rn. 239; *Balzer*, Umsetzung der MiFID: Ein neuer Rechtsrahmen für die Anlageberatung, ZBB 2007, 333, 340; *Koller*, in: Assmann/Schneider, WpHG, 6. Aufl. 2012, § 31 Rn. 51; *Lang*, Informationspflichten bei Wertpapierdienstleistungen, 2003, § 7 Rn. 9; *Hannöver/Walz*, in: Schimansky/Bunte/Lwowski, Bankrechts-Handbuch, 5. Aufl. 2017, § 110 Rn. 49; *Teuber*, Finanzmarkt-Richtlinie (MiFID) – Auswirkungen auf Anlageberatung und Vermögensverwaltung im Überblick, BKR 2006, 429, 433.

[739] *Hannöver/Walz*, in: Schimansky/Bunte/Lwowski, Bankrechts-Handbuch, 5. Aufl. 2017, § 110 Rn. 49; *Koller*, in: Assmann/Schneider, WpHG 6. Aufl. 2012, § 31 Rn. 92; *Möllers*, in: KK-WpHG, 2. Aufl. 2014, § 31 Rn. 366.

[740] Entsprechend zum Fragebogen bei der herkömmlichen Anlageberatung: *Rothenhöfer*, in: Schwark/Zimmer, KMRK, 4. Aufl. 2010, § 31 WpHG Rn. 239; *Koller*, in: Assmann/Schneider, WpHG, 6. Aufl. 2012, § 31 Rn. 147.

[741] Zu § 31 Abs. 4 Satz 3 WpHG a.F.: *Nobbe/Zahrte*, in: MünchKomm-HGB, 3. Aufl. 2014, Anlageberatung Rn. 88; *Spindler*, in: Langenbucher/Bliesener/Spindler, 2. Aufl. 2016, Kap. 33 Rn. 95; *Balzer*, Umsetzung der MiFID: Ein neuer Rechtsrahmen für die Anlageberatung, ZBB 2007, 333, 340.

5. Nachforschungspflicht bei Robo Advice

Nach altem Recht hatte das Wertpapierdienstleistungsunternehmen keine generelle Nachforschungspflicht und konnte sich auf die Kundenangaben verlassen.[742] Eine Ausnahme bestand nur im Hinblick auf evident unzutreffende oder widersprüchliche Angaben.[743] Gleiches gilt nach den neuen Vorgaben: In Art. 54 Abs. 7 DelVO MiFID II (EU) 2017/565 wird die Explorationspflicht dahingehend präzisiert, dass das Wertpapierdienstleistungsunternehmen *angemessene Schritte* unternehmen muss, um sicherzustellen, dass die gesammelten Kundeninformationen zuverlässig sind. Hierbei handelt es sich um organisatorische Vorgaben für die Kundenexploration. Auch für Robo Advice verlangt die ESMA in ihren Leitlinien, dass die Anbieter die Zuverlässigkeit der Kundeninformationen sicherstellen müssen.[744] Die Vorgaben statuieren aber keine generelle Nachforschungspflicht. Eine Überprüfung der Kundenangaben durch gegenläufige Fragen, Rückfragen oder einen Wissenstest, ist durch das Gesetz nicht vorgegeben.

6. Umgang mit widersprüchlichen Angaben

Falls bei der herkömmlichen Anlageberatung oder Vermögensverwaltung im Rahmen der Kundenbefragung oder Evaluierung Widersprüche oder Unklarheiten offenbar werden, ist der Kunde darauf hinzuweisen, Art. 54 Abs. 7 d) DelVO MiFID II (EU) 2017/565. Der Berater muss dann in einem

---

742 *Rothenhöfer*, in: Schwark/Zimmer, KMRK, 4. Aufl. 2010, § 31 WpHG Rn. 238; *Balzer*, Umsetzung der MiFID: Ein neuer Rechtsrahmen für die Anlageberatung, ZBB 2007, 333, 339; *Koller*, in: Assmann/Schneider, WpHG, 6. Aufl. 2012, § 31 Rn. 146; *Raeschke-Kessler*, Grenzen der Dokumentationspflicht nach § 31 II Nr. 1 WpHG, WM 1996, 1764, 1768; *Schrödermeier*, Nachforschungspflichten einer Bank als Vermögensverwalterin zur Person ihres Kunden, WM 1995, 2053, 2058; *Fuchs*, in: Fuchs, WpHG, 2. Aufl. 2016, § 31 Rn. 227.
743 *Rothenhöfer*, in: Schwark/Zimmer, KMRK, 4. Aufl. 2010, § 31 WpHG Rn. 238; *Koller*, in: Assmann/Schneider, WpHG, 6. Aufl. 2012, § 31 Rn. 146; *Fuchs*, in: Fuchs, WpHG, 2. Aufl. 2016, § 31 Rn. 228.
744 ESMA, Final Report: Guidelines on certain aspects of the MiFID II suitability requirements v. 28.5.2018, ESMA35-43-869, S. 43 Nr. 44 ff.; ESMA, Consultation Paper: Guidelines on certain aspects of the MiFID II suitability requirements v. 13.7.2017, ESMA35-43-748, S. 20 Nr. 50 f.; *Reiter/Methner*, Rechtsprobleme der Beratung durch Robo Advisors, in: Taeger, Recht 4.0, 2017, S. 587, 595.

ersten Schritt darauf hinwirken, die Widersprüche aufzulösen.[745] Sollte das nicht gelingen, dürfen in einem zweiten Schritt zur Ermittlung des Kundeninteresses objektiv vernünftige Kriterien berücksichtigt werden.[746] Das Wertpapierdienstleistungsunternehmen darf jedoch keinesfalls Empfehlungen gegen das erkannte Kundeninteresse aussprechen. Diesen Anforderungen muss der Robo Advisor ebenfalls gerecht werden. Ihm obliegt daher gleichermaßen die Pflicht, seine Kunden auf widersprüchliche Kundenangaben aufmerksam zu machen. Daher verlangt die ESMA bei Robo Advice *angemessene Systeme und Kontrollmechanismen*, um zuverlässige Anlegerinformationen zu gewährleisten.[747] Denkbar ist etwa eine automatische Überprüfung der Kundenangaben auf ihre Plausibilität, vergleichbar mit der Plausibilitätsprüffunktion bei der elektronischen Steuererklärung ELSTER. Sofern die Kundenangeben nicht schlüssig sind, sollte der Kunde durch einen Warnhinweis über diesen Widerspruch aufgeklärt werden. Verfügt der Anleger beispielsweise nur über sehr geringes frei verfügbares Anlagevermögen, auf das er nach eigenen Angaben wirtschaftlich angewiesen ist, wäre eine Selbsteinschätzung des Kunden als sehr risikoreich unplausibel und müsste einen Warnhinweis nach sich ziehen.[748] Das ist technisch automatisiert mithilfe von Pop-Ups oder Hinweistexten möglich, die den Anleger auf die Widersprüche aufmerksam machen. Alternativ kann dem Kunden in solchen Fällen angeboten werden, direkt per Webchat oder Telefon mit einem Mitarbeiter des Robo Advisors in Kontakt zu treten.

II. Geeignetheitsprüfung

Wesentlicher Bestandteil der Anlageberatung ist die Geeignetheitsprüfung nach § 64 Abs. 3 WpHG. Der Berater muss sich vor Erteilung der Empfeh-

---

745 *Fuchs*, in: Fuchs, WpHG, 2. Aufl. 2016, § 31 Rn. 37.
746 *Rothenhöfer*, in: Schwark/Zimmer, KMRK, 4. Aufl. 2010, § 31 WpHG Rn. 32; *Fuchs*, in: Fuchs, WpHG, 2. Aufl. 2016, § 31 Rn. 37.
747 ESMA, Final Report: Guidelines on certain aspects of the MiFID II suitability requirements v. 28.5.2018, ESMA35-43-869, S. 43 Nr. 44 ff.; ESMA, Consultation Paper: Guidelines on certain aspects of the MiFID II suitability requirements v. 13.7.2017, ESMA35-43-748, S. 20 Nr. 54.
748 Beispiel nach *Feger*, Herausforderungen des Robo-Advice aus Sicht der Compliance-Funktion nach WpHG, CB 2017, 359, 361.

lung vergewissern, wer sein Kunde ist und ob das Produkt für diesen geeignet ist.[749] Ein Finanzprodukt ist für den Kunden geeignet, wenn es seiner Risikotoleranz und seiner Fähigkeit, Verluste zu tragen, entspricht, § 64 Abs. 3 Satz 1 WpHG. Die Geeignetheitsprüfung wird im Zuge der Umsetzung der MiFID II dahingehend erweitert, dass neben der finanziellen Situation des Anlegers auch dessen Verlusttragfähigkeit zu berücksichtigen ist. Außerdem soll neben den Anlagezielen auch die Risikotoleranz des Kunden bei der Empfehlung zugrunde gelegt werden.[750] Durch die MiFID II wurde die Geeignetheitsprüfung um eine relative Bewertung im Vergleich zu anderen Finanzinstrumenten ergänzt, Art. 54 Abs. 9 DelVO MiFID II (EU) 2017/565, sog. *Äquivalenzprüfung*. Die Anlageberater müssen zusätzlich prüfen, ob günstigere oder weniger komplexe äquivalente Finanzprodukte verfügbar sind.[751]

---

[749] Zur alten Rechtslagen nach § 31 Abs. 4 WpHG a.F.: *Rothenhöfer*, in: Schwark/Zimmer, KMRK, 4. Aufl. 2010, § 31 WpHG Rn. 226; *Balzer*, Umsetzung der MiFID: Ein neuer Rechtsrahmen für die Anlageberatung, ZBB 2007, 333, 338 f.; *Duve/Keller*, MiFID: Die neue Welt des Wertpapiergeschäfts, BB 2006, 2477, 2478; *Teuber*, Finanzmarkt-Richtlinie (MiFID) – Auswirkungen auf Anlageberatung und Vermögensverwaltung im Überblick, BKR 2006, 429, 431 ff.; *Veil*, Vermögensverwaltung und Anlageberatung im neuen Wertpapierhandelsrecht – eine behutsame Reform der Wohlverhaltensregeln?, ZBB 2008, 34, 37 ff.; *Weichert/Wenninger*, Die Neuregelung der Erkundigungs- und Aufklärungspflichten von Wertpapierdienstleistungsunternehmen gem. Art. 19 RiL 2004/39/EG (MiFID) und Finanzmarkt-Richtlinie-Umsetzungsgesetz, WM 2007, 627, 630 ff.

[750] *Glander/Kittner*, Auswirkungen des RefE eines Finanzmarktnovellierungsgesetzes auf den Fondsvertrieb, RdF 2016, 13, 18; *Buck-Heeb/Poelzig*, Die Verhaltenspflichten (§§ 63 ff. WpHG n.F.) nach dem 2. FiMaNoG, BKR 2017, 485, 491.

[751] *Roth/Blessing*, Die neuen Vorgaben nach MiFID II – Teil 1, CCZ 2016, 258, 262; *Balzer*, ZBB Umsetzung von MiFID II: Auswirkungen auf die Anlageberatung und Vermögensverwaltung, ZBB 2016, 226, 232; *Glander/Kittner*, Auswirkungen des RefE eines Finanzmarktnovellierungsgesetzes auf den Fondsvertrieb, RdF 2016, 13, 18; *Buck-Heeb/Poelzig*, Die Verhaltenspflichten (§§ 63 ff. WpHG n.F.) nach dem 2. FiMaNoG, BKR 2017, 485, 491; *Trafkowski*, Besondere Pflichten für die Anlageberatung, in: Teuber/Schröer, MiFID II und MiFIR, 2015, S. 77, 96.

Die Geeignetheitsprüfung ist eine der wichtigsten Vorgaben zum Anlegerschutz.[752] Um sicherzustellen, dass bei Robo Advice das gleiche Schutzniveau wie bei der herkömmlichen Anlageberatung besteht,[753] wurde vom europäischen Gesetzgeber Art. 54 Abs. 1 Unterabs. 2 DelVO MiFID II (EU) 2017/565 erlassen:

> »Werden Anlageberatungs- oder Portfolioverwaltungsdienstleistungen ganz oder teilweise über ein voll- oder halbautomatisches System erbracht, liegt die Verantwortung für die Durchführung der Eignungsbeurteilung bei der die Dienstleistung erbringenden Wertpapierfirma und beschränkt sich nicht nur auf den Einsatz eines elektronischen Systems, wenn persönliche Empfehlungen abgegeben oder Handelsentscheidungen getroffen werden.«

Diese Norm dient der Klarstellung.[754] Die gesetzliche Pflicht zur Geeignetheitsprüfung resultiert bereits aus § 64 Abs. 3 WpHG, da Robo Advice der ersten Generation den Tatbestand der Anlageberatung erfüllt. Indem der europäische Gesetzgeber dem Robo Advisor die Verantwortung für die Eignungsbeurteilung ausdrücklich zuweist, legt er zugrunde, dass diese grundsätzlich von einem Algorithmus vorgenommen werden kann. Auch der Wortlaut verpflichtet Robo Advisor nur dazu, überhaupt eine Geeignetheitsprüfung durchzuführen, § 64 Abs. 3 WpHG. Im Hinblick auf das *Wie* konkretisiert das Gesetz nur, welche Kriterien bei der Prüfung zu berücksichtigen sind.

---

752 ESMA, Consultation Paper: Guidelines on certain aspects of the MiFID II suitability requirements v. 13.7.2017, ESMA35-43-748, S. 5.
753 Erwägungsgrund 86 DelVO MiFID II (EU) 2017/565: Um Marktentwicklungen zu berücksichtigen und das gleiche Niveau an Anlegerschutz sicherzustellen, sollte klargestellt werden, dass Wertpapierfirmen für die Durchführung von Eignungsbeurteilungen zuständig bleiben, wenn eine Anlageberatung oder Portfolioverwaltungsdienstleistungen ganz oder teilweise durch ein automatisiertes oder teilautomatisiertes System erbracht werden.
754 Erwägungsgrund 86 DelVO MiFID II (EU) 2017/565; ESMA, Consultation Paper: Guidelines on certain aspects of the MiFID II suitability requirements v. 13.7.2017, ESMA35-43-748, S. 12 Nr. 20; *Buck-Heeb/Poelzig*, Die Verhaltenspflichten (§§ 63 ff. WpHG n.F.) nach dem 2. FiMaNoG, BKR 2017, 485, 491; *Roth/Blessing*, Die neuen Vorgaben nach MiFID II – Teil 1, CCZ 2016, 258, 265.

III. Laufende Geeignetheitsprüfung

Der Robo Advisor der ersten Generation schuldet als Anlageberater eine einmalige Beratung und keine fortlaufende Überprüfung der Geeignetheit.[755] In § 64 Abs. 1 Nr. 3 WpHG wurde durch das 2. FiMaNoG die Pflicht eingeführt, dass der Anlageberater darüber aufklären muss, ob er zu einer kontinuierlichen und periodischen Neuüberprüfung verpflichtet ist. Eine gesetzliche Pflicht zur laufenden Geeignetheitsprüfung resultiert daraus nicht. Diese existiert nur für Finanzportfolioverwalter, nicht aber für Anlageberater.[756]

H. Schriftliche Geeignetheitserklärung (§ 64 Abs. 4 WpHG)

I. Abschaffung der nationalen Beratungsprotokolle

Bislang war in § 34 Abs. 2a WpHG a.F. die Pflicht zur Erstellung eines schriftlichen Beratungsprotokolls bei der Anlageberatung geregelt.[757] Ein solches Protokoll sollte Privatanleger vor Fehlberatung schützen und die

---

[755] *Balzer*, Umsetzung von MiFID II: Auswirkungen auf die Anlageberatung und Vermögensverwaltung, ZBB 2016, 226, 232 f.; *Roth/Blessing*, Die neuen Vorgaben nach MiFID II – Teil 1, CCZ 2016, 258, 264; *Jordans*, Aktueller Überblick über die Aufklärungspflichten über Einnahmen aus dem Vertrieb von Finanzprodukten, BKR 2015, 309, 311; *Grundmann*, in: Staub, HGB, Bd. 11/2, 5. Aufl. 2018, 8. Teil Rn. 220; *Spindler*, in: Langenbucher/Bliesener/Spindler, Bankrechts-Kommentar, 2. Aufl. 2016, Kap. 33 Rn. 54.

[756] *Grundmann*, in: Staub, HGB, Bd. 11/2, 5. Aufl. 2018, 8. Teil Rn. 220; *Roth/Blessing*, Die neuen Vorgaben nach MiFID II – Teil 1, CCZ 2016, 258, 264.

[757] Zur alten Rechtslage: *Schäfer*, Die Pflicht zur Protokollierung des Anlageberatungsgesprächs gemäß § 34 Abs. 2a, 2b WpHG, in: FS Hopt, S.2427; *Koller*, in: Assmann/Schneider, WpHG, 6. Aufl. 2012, § 34 Rn. 10 f.; *Möllers*, in: KK-WpHG, 2. Aufl. 2014, § 34 Rn. 26 f.; *Strohmeyer*, Regierungsentwurf zur verbesserten Durchsetzbarkeit von Anlegeransprüchen aus Falschberatung, ZBB 2009, 197; *Böhm*, Regierungsentwurf zur Verbesserung der Durchsetzbarkeit von Ansprüchen aus Falschberatung, BKR 2009, 221; *Pfeifer*, Einführung der Dokumentationspflicht für das Beratungsgespräch durch § 34 Abs. 2a WpHG, BKR 2009, 485.

Kontrollmöglichkeiten der BaFin stärken.[758] Verschiedene empirische Studien belegen jedoch, dass das Beratungsprotokoll die Situation des Kunden nicht verbessert hat.[759] In der MiFID II unternimmt der europäische Gesetzgeber nun einen Versuch, die Beratungsdokumentation zu verbessern: Art. 25 Abs. 6 Unterabs. 2 MiFID II normiert die Pflicht zur Erstellung einer schriftlichen Geeignetheitserklärung europaweit einheitlich. Daher treten die Vorschriften zur Geeignetheitserklärung gemäß § 64 Abs. 4 WpHG an die Stelle des nationalen Beratungsprotokolls. Im Gegensatz zum Beratungsprotokoll dokumentiert die Geeignetheitserklärung nicht den Gesprächsverlauf, sondern erläutert, inwiefern die Empfehlung den Präferenzen und Anlagezielen des Kunden entspricht.[760]

II. Geeignetheitserklärung bei Robo Advice

Die Geeignetheitserklärung muss nur bei der Anlageberatung erstellt werden, § 64 Abs. 4 Satz 1 WpHG. Für Robo Advice ist zu prüfen, ob die Pflicht zur Erstellung einer Geeignetheitserklärung entfällt, wenn die Geeignetheit mithilfe eines Algorithmus nach einem fest vorgegebenen Programm ermittelt wird.

---

758 Regierungsentwurf, BT-Drs. 16/12814, S. 14, 16; *Möllers/Wenninger*, Stellungnahme zum Regierungsentwurf eines Gesetzes zur Neuregelung der Rechtsverhältnisse bei Schuldverschreibungen aus Gesamtemissionen und zur verbesserten Durchsetzbarkeit von Ansprüchen von Anlegern aus Falschberatung (BT-Drs. 16/12814), 16.6.2009, S. 13 *Möllers/Poppele*, Paradigmenwechsel durch MiFID II: divergierende Anlegerleitbilder und neue Instrumentarien wie Qualitätskontrolle und Verbote, ZGR 2013, 437, 470; *Möllers*, in: KK-WpHG, 2. Aufl. 2014, § 34 Rn. 2; *Fuchs*, in: Fuchs, WpHG, 2. Aufl. 2016, § 34 Rn. 20 f.; *Buck-Heeb*, Verhaltenspflichten beim Vertrieb – Zwischen Paternalismus und Schutzlosigkeit der Anleger, ZHR 177 (2013), 310, 322; *Hannöver/Walz*, in: Schimansky/Bunte/Lwowski, Bankrechts-Handbuch, 5. Aufl. 2017, § 110 Rn. 89.

759 *Ortmann/Tutone*, Evaluierung der Beratungsdokumentation im Geldanlage- und Versicherungsbereich, ITA Institut für Transparenz GmbH, 18.2.2014, S. 248, 336; *Stiftung Warentest*, Anlageberatung, Finanztest 02/2016, 32 ff.; *Möllers*, in: KK-WpHG, 2. Aufl. 2014, § 34 Rn. 2; *Einsele*, Beratungsprotokolle auf dem Prüfstand, ZRP 2014, 190.

760 *Buck-Heeb/Poelzig*, Die Verhaltenspflichten (§§ 63 ff. WpHG n.F.) nach dem 2. FiMaNoG, BKR 2017, 485, 492; *Roth/Blessing*, Die neuen Vorgaben nach MiFID II – Teil 1, CCZ 2016, 258, 264; *Freitag*, Die Verteilung der Beweislast für Fehler in der Anlageberatung de lege lata und de lege ferenda, ZBB 2016, 1, 9.

§ 7 Wohlverhaltenspflichten bei Robo Advice der ersten Generation (Universalbank)

Das alte Beratungsprotokoll nach § 34 Abs. 2a WpHG a.F. war entsprechend dem Wortlaut von »demjenigen zu unterzeichnen, der die Anlageberatung durchgeführt hat«. *Koller* schließt aus dieser Formulierung, dass die Norm ausschließlich Konstellationen adressiert, in denen ein menschlicher Berater mit einem Anleger kommuniziert. Bei der Bereitstellung automatisierter Systeme fehle es hingegen an einem Berater. Daher entfalle auch die Aufzeichnungspflicht.[761] Folgt man dieser Ansicht, wäre das Beratungsprotokoll bei Robo Advice regelmäßig entbehrlich. Eine Übertragung dieser Erwägungen auf die Neuregelung nach § 64 Abs. 4 WpHG ist jedoch nicht angezeigt: Zum einen bestand nach § 34 Abs. 2a WpHG a.F. auch bei Robo Advice die Pflicht zur Erstellung eines schriftlichen Beratungsprotokolls. Die Unterzeichnungspflicht regelt das *Wie* der Protokollierungspflicht und nicht das *Ob*. Ein entsprechender Rückschluss wäre daher verfehlt.[762] Zum anderen wurden die Dokumentationspflichten durch die MiFID II im Hinblick auf Form und Inhalt gänzlich neu gefasst.[763] Es gibt keine Unterzeichnungspflicht für die Geeignetheitserklärung. Ein Rückgriff auf die Erwägungen zur Unterzeichnungspflicht ist daher nicht angezeigt.

Art. 54 Abs. 1 Unterabs. 2 DelVO MiFID II (EU) 2017/565 verpflichtet Robo Advisor, eine Geeignetheitserklärung durchzuführen. Ob zudem eine Geeignetheitserklärung erstellt werden muss, ist nicht geregelt. Im Umkehrschluss könnte sich die Verantwortung des Robo Advisors deshalb in der Prüfung der Geeignetheit erschöpfen. Ausweislich der Gesetzesbegründung soll Art. 54 Abs. 1 Unterabs. 2 DelVO MiFID II (EU) 2017/565 den Anlegerschutz auch bei aktuellen Marktentwicklungen wie Robo Advice sicherzustellen.[764] Robo Advice von der Pflicht zur Erstellung einer Geeignetheitserklärung auszunehmen, würde diesem Normzweck widersprechen. Ein Umkehrschluss ist folglich nicht angezeigt und § 64 Abs. 4 WpHG verpflichtet sowohl herkömmliche, als auch digitale Anlageberater dazu, eine Geeignetheitserklärung zu erstellen.

---

[761] *Koller*, Beratung und Dokumentation nach dem § 34 Abs. 2a WpHG, in: FS Schneider, 2011, S. 651, 660.
[762] *Klein*, Die Beratungsprotokollpflicht im System des europarechtlich determinierten Anlegerschutzes, 2015, S. 239.
[763] *Freitag*, Die Verteilung der Beweislast für Fehler in der Anlageberatung de lege lata und de lege ferenda, ZBB 2016, 1, 9.
[764] Erwägungsgrund 86 DelVO MiFID II (EU) 2017/565.

Dritter Teil: Organisations- und Wohlverhaltenspflichten

III. Inhalt der Geeignetheitserklärung

Die neuen Regelungen bleiben teilweise hinter den Vorgaben des deutschen Beratungsprotokolls zurück. Angaben zum Anlass der Anlageberatung und zur Dauer des Beratungsgesprächs sind nicht erforderlich.[765] An anderer Stelle gehen die Anforderungen jedoch über die Pflichten des Beratungsprotokolls hinaus. Die Geeignetheitserklärung dokumentiert nicht lediglich den Inhalt des Beratungsgesprächs, sondern soll die Kundenwünsche mit der letztlich ausgesprochenen Empfehlung verknüpfen.[766] Die Geeignetheitserklärung muss die Empfehlung nennen und erläutern, wie sie auf die Präferenzen, Anlageziele und sonstigen Merkmale des Kunden abgestimmt wurde, § 64 Abs. 4 Satz 2 WpHG. Entsprechend der ergänzenden Level 2 Vorgaben von Art. 54 Abs. 12 Unterabs. 1 DelVO MiFID II (EU) 2017/565 ist zu veranschaulichen, wie die Empfehlung den Anlagezielen und persönlichen Umständen des Kunden hinsichtlich der Anlagedauer, seiner Kenntnisse und Erfahrungen sowie seiner Risikobereitschaft und Verlusttragfähigkeit gerecht wird.[767] Die Geeignetheitserklärung hat folglich eine andere Zweckrichtung als das Beratungsprotokoll: Während die Geeignetheitserklärung in erster Linie der Darlegung der Gründe für die Anlageempfehlung dient, sollte das deutsche Beratungsprotokoll den Gesprächshergang der Anlageberatung wiedergeben.[768] Daher hat die Geeignetheitserklärung neben der Dokumentations- und Beweissicherungsfunktion auch eine Informationsfunktion.

Bei der digitalen Anlageberatung erstellt der Algorithmus ein Risiko-Ziel-Profil des Anlegers auf Basis der seiner Angaben. Auf dieser Grundlage ordnet er den Anleger einer Kundengruppe zu. Jedem Anleger einer Kundengruppe werden dieselben Finanzinstrumente empfohlen. Durch eine

---

765 *Roth/Blessing*, Die neuen Vorgaben nach MiFID II – Teil 1, CCZ 2016, 258, 264.

766 *DAV Bank- und Kapitalmarktrechtsausschuss*, Stellungnahme zum Referentenentwurf eines zweiten Gesetzes zur Novellierung von Finanzmarktvorschriften auf Grund europäischer Rechtsakte (Zweites Finanzmarktnovellierungsgesetz – 2. FiMaNoG), NZG 2016, 1301, 1306.

767 Vgl. auch Erwägungsgrund 82 MiFID II; *Buck-Heeb/Poelzig*, Die Verhaltenspflichten (§§ 63 ff. WpHG n.F.) nach dem 2. FiMaNoG, BKR 2017, 485, 492; *Buck-Heeb*, Kapitalmarktrecht, 9. Aufl. 2017, Rn. 818, *Roth/Blessing*, Die neuen Vorgaben nach MiFID II – Teil 1, CCZ 2016, 258, 264; *Trafkowski*, Besondere Pflichten für die Anlageberatung, in: Teuber/Schröer, MiFID II und MiFIR, S. 77, 102; *Balzer*, Umsetzung von MiFID II: Auswirkungen auf die Anlageberatung und Vermögensverwaltung, ZBB 2016, 226, 235.

768 Regierungsentwurf SchVG 2009, BT-Drs. 16/12814, S. 16; *Möllers*, in: KK-WpHG, 2. Aufl. 2014, § 34 Rn. 2.

standardisierte Versprachlichung dieser Kausalitätskette kann der Robo Advisor mithilfe verschiedener Textbausteine automatisiert eine Geeignetheitserklärung erzeugen. Dadurch wird für den Anleger hinreichend deutlich, wie das Beratungsergebnis im Einzelfall auf seine Bedürfnisse abgestimmt wurde. Die algorithmusgestützte Erstellung des individuellen Risiko-Ziel-Profils eines Kunden und die Zuordnung zu einer Anlegergruppe ändert sich nicht. Der konkrete Anlagevorschlag für eine Anlegergruppe kann sich jedoch je nach Marktsituation ändern, etwa indem vermehrt Anleihen-ETFs empfohlen werden. Für die Geeignetheitserklärung muss der Robo Advisor daher gesondert begründen, wie der jeweilige Anlagevorschlag zu den typisierten Präferenzen, Anlagezielen und Merkmalen der Anlegergruppe passt. Der Aufwand ist für den Wertpapierdienstleister überschaubar, da diese Begründung nur einmal pro Anlegergruppe zu erstellen ist. Im Vergleich zum Beratungsprotokoll führt das zu erheblichen Erleichterungen.[769]

Darüber hinaus ist der Kunde nach Art. 54 Abs. 12 Unterabs. 2 DelVO MiFID II (EU) 2017/565 darauf hinzuweisen, ob die Eigenart der empfohlenen Dienstleistungen oder Finanzinstrumente eine regelmäßige Überprüfung erforderlich machen. Anwendungsbeispiele finden sich in den Gesetzesunterlagen nicht. Eine regelmäßige Überprüfung könnte bei Robo Advice erforderlich sein, wenn dem Kunden im Rahmen einer konservativen Anlagestrategie eine fixe prozentuale Aufteilung des Investitionsbetrags nach Anlageklassen empfohlen wurde, z.B. maximal 25 Prozent in Aktienfonds und mindestens 75 Prozent in Anleihefonds. Aufgrund marktbedingter Schwankungen kann eine fortlaufende Überprüfung erforderlich sein, um eine vom Zielportfolio abweichende Gewichtung zu verhindern.[770] De facto entspricht die regelmäßige Eignungsüberprüfung dem Rebalancing bei Robo Advice.[771]

---

[769] *Rauch/Lebeau/Thiele*, Steuerrechtliche sowie aufsichtsrechtliche Herausforderungen bei der Entwicklung hin zur automatisierten Anlageempfehlung (Robo-Advice), RdF 2017, 227, 229.

[770] Beispiel nach *Trafkowski*, Besondere Pflichten für die Anlageberatung, in: Teuber/Schröer, MiFID II und MiFIR, S. 77, 104; *Roth/Blessing*, Die neuen Vorgaben nach MiFID II – Teil 1, CCZ 2016, 258, 265.

[771] Zum Rebalancing siehe erster Teil: § 2 A. I. 3.

IV. Zurverfügungstellung und Form der Geeignetheitserklärung

Nach § 64 Abs. 4 Satz 1 WpHG muss die Geeignetheitserklärung dem Kunden *grundsätzlich vor Vertragsschluss* zur Verfügung gestellt werden. Der Wortlaut des WpHG ist unpräzise, da sowohl der Anlageberatungsvertrag, als auch der Abschluss des Wertpapiergeschäfts einen Vertragsschluss voraussetzen. Eindeutig war die Vorgängernorm: Nach § 34 Abs. 2a Satz 2 WpHG a.F. musste das Beratungsprotokoll dem Kunden unverzüglich nach Abschluss der Anlageberatung, jedenfalls aber vor einem auf der Beratung beruhenden Geschäftsabschluss, übermittelt werden. Grundsätzlich kann die Vorgängernorm im Rahmen der historischen Auslegung berücksichtigt werden, um den historischen Willen des Gesetzgebers zu ermitteln.[772] In diesem Fall besteht jedoch die Besonderheit, dass die Vorgängernorm auf Initiative des deutschen Gesetzgebers eingeführt wurde, die neue Vorschrift hingegen die europarechtlichen Vorgaben des Art. 25 Abs. 6 Unterabs. 2 MiFID II umsetzt.[773] Aufgrund der unterschiedlichen Gesetzgebungskompetenz kann die Vorgängernorm daher nicht zur Auslegung herangezogen werden.

Art. 25 Abs. 6 Unterabs. 2 MiFID II ist präziser und stellt auf die *Durchführung des Geschäfts* ab. Um die Ziele der MiFID II zu verwirklichen, ist die nationale Vorschrift richtlinienkonform auszulegen.[774] Die Geeignetheitserklärung muss also vor Abschluss der schuldrechtlichen Vereinbarung über den Erwerb oder Verkauf zur Verfügung gestellt werden. Bei einer Beratung über Fernkommunikationsmittel, etwa über das Internet bei Robo Advice, darf der Anbieter die Geeignetheitserklärung nach § 64 Abs. 4 Satz 4 WpHG ausnahmsweise unmittelbar nach Vertragsschluss zur Verfügung stellen, wenn der Kunde dem zugestimmt hat. Anstatt des bislang in § 34 Abs. 2a WpHG a.F. vorgesehenen einwöchigen Rücktrittsrechts muss der Anbieter dem Anleger künftig nur die Option einräumen, das Geschäft zu verschieben.[775] Das ist mit einer erheblichen Erleichterung

---

772 *Möllers*, Juristische Methodenlehre, 2017, § 4 Rn. 149.
773 Regierungsentwurf 2. FiMaNoG, BT-Drs 18/10936, S. 236.
774 EuGH, Urt. v. 4.7.2006, C-212/04, ECLI:EU:C:2006:443, Rn. 111 – Adeneler; *Möllers*, Juristische Methodenlehre, 2017, § 8 Rn. 46; *Grundmann*, in: Staub, HGB, Bd. 11/2, 5. Aufl. 2018, 8. Teil Rn. 41.
775 *Roth/Blessing*, Die neuen Vorgaben nach MiFID II – Teil 1, CCZ 2016, 258, 264; *Rauch/Lebeau/Thiele*, Steuerrechtliche sowie aufsichtsrechtliche Herausforderungen bei der Entwicklung hin zur automatisierten Anlageempfehlung (Robo-Advice), RdF 2017, 227, 229.

für die digitale Anlageberatung verbunden, da so zwischenzeitliche Kursverluste zulasten des Robo Advisors vermieden werden.[776]

Im Gegensatz zur alten Rechtslage ist für die Geeignetheitserklärung keine Unterschrift des Beraters mehr erforderlich. Die entsprechende Unterzeichnungspflicht in § 34 Abs. 2a Satz 2 WpHG wurde gestrichen. Die Geeignetheitserklärung muss dem Kunden auf einem dauerhaften Datenträger zur Verfügung gestellt werden. Daher ist es grundsätzlich zulässig, dem Kunden den Eignungsbericht per E-Mail oder in seinem persönlichen Account zur Verfügung zu stellen.[777]

I. Ergebnis zu § 7

1. Robo Advisor sind als Wertpapierdienstleistungsunternehmen Adressat der Wohlverhaltenspflichten, §§ 63 ff. WpHG. Da Robo Advisor der ersten und zweiten Generation unterschiedliche Wertpapierdienstleistungen erbringen, gelten für beide Dienstleistungen unterschiedliche wertpapierdienstleistungsspezifische Verhaltensregeln.

2. Bei Robo Advice der ersten Generation hängt der Pflichtenstandard davon ab, ob der Anbieter eine Universalbank oder ein FinTech ist: Nur FinTechs können Robo Advice im Rahmen der Bereichsausnahme für Organisations- und Wohlverhaltenspflichten nach § 3 Abs. 1 Nr. 7 WpHG erbringen, für Banken gilt der volle Pflichtenumfang.

3. Aufgrund der Eigenart des digitalen Geschäftsmodells, ist die Anlegerkategorisierung bei Robo Advice in der Praxis mit Schwierigkeiten verbunden. Da sich das Angebot an Privatkunden richtet, ist es zweckdienlich und rechtlich zulässig, sämtliche Kunden aufsichtsrechtlich als Privatkunden zu klassifizieren und ihnen das Höchstmaß an gesetzlich vorgesehenem Schutz zukommen zu lassen.

4. Aus dem Umstand, dass die Dienstleistung bei Robo Advice ausschließlich digital über das Internet erbracht wird, resultieren im Hinblick auf die allgemeine Sorgfalts- und Interessenwahrungspflicht des § 63 Abs. 1 WpHG aufgrund des Abstraktionsgrads der gesetzlichen Bestimmungen keine Besonderheiten.

---

776 *Rauch/Lebeau/Thiele*, Steuerrechtliche sowie aufsichtsrechtliche Herausforderungen bei der Entwicklung hin zur automatisierten Anlageempfehlung (Robo-Advice), RdF 2017, 227, 229.
777 ESMA, Questions and Answers on MiFID II and MiFIR investor protection and intermediaries topics v. 23.3.2018, ESMA35-43-349, Nr. 2 Frage 3.

Dritter Teil: Organisations- und Wohlverhaltenspflichten

5. Die Mitarbeiter, die die Vorauswahl der Finanzprodukte für die verschiedenen Anlegergruppen treffen, müssen über die notwendige Kenntnis der Risiken und Eigenschaften sämtlicher Finanzprodukte verfügen. An dieser, im Verhältnis zur klassischen Anlageberatung vorgelagerten Stelle, greift bei Robo Advice der Grundsatz Know Your Product als Teil der allgemeinen Sorgfaltspflicht.

6. Die bei Robo Advice praktizierte pauschalisierende Beratung nach Anlegergruppen unter Verwendung standardisierter Musterportfolios verstößt nicht gegen die Interessenwahrungspflicht des § 63 Abs.1 WpHG. Die Norm schreibt lediglich einen Grundstandard und nicht die Empfehlung des optimalen Investitionsobjekts vor.

7. Die Anlageempfehlung wird bei Robo Advice von einem Algorithmus auf Grundlage eines ex ante vorgegeben Verfahrens erteilt. Mangels Entscheidungsspielraum bestehen im Einzelfall keine Interessenkonflikte. Die Algorithmen können jedoch so programmiert sein, dass sie in Konfliktsituationen stets zugunsten des Anbieters entscheiden. Interessenkonflikte sind bei Robo Advice deshalb nicht situativer, sondern struktureller Natur. Daher sind die Organisationspflichten zur Vermeidung von Interessenkonflikten entscheidend.

8. Die Vergütungsregeln des § 63 Abs. 3 WpHG gelten bei Robo Advice für Mitarbeiter in Schlüsselpositionen, da diese einen Einfluss auf die Erbringung der Wertpapierdienstleistung haben. Neben den Leitungsorganen sind das Mitarbeiter, die den Algorithmus inhaltlich entwickeln oder an der Vorauswahl der Finanzprodukte beteiligt sind.

9. Die gesetzlichen Vorgaben zur Zielmarktprüfung als abstrakt-generelle Prüfung erfüllen Robo Advisor bereits durch die Vorauswahl der Finanzinstrumente für die verschiedenen Anlegergruppen, da sie in diesem Rahmen eine Vorsortierung vornehmen, welche Produkte für welche Kundengruppen in Betracht kommen.

10. Die Informationspflichten des § 63 Abs. 7 WpHG sind auch im Hinblick auf neue, digitale Formen der Erbringung von Wertpapierdienstleistungen wie Robo Advice ein geeignetes Schutzinstrument.

11. Erhebt der Robo Advisor eine All-in-fee, hat er den Anleger nach den neuen Vorgaben zur Kostentransparenz darüber zu informieren, ob und zu welchen Konditionen der Kunde die einzelnen Finanzprodukte und Wertpapierdienstleistungen erwerben kann, § 69 Abs. 9 Satz 1 WpHG.

12. Der Anleger ist über die grundlegende Funktionsweise von Robo Advice in verständlicher Form zu informieren. Nur in Kenntnis der zugrundeliegenden Annahmen, Methoden und Beschränkungen kann er eigenständig eine informierte Anlageentscheidung treffen.

13. Da die Form der Exploration nicht gesetzlich geregelt ist, ist der bei Robo Advice praktizierte Einsatz standardisierter Fragebögen zulässiges Mittel der Kundenexploration.

14. Für die Gestaltung des Fragebogens als Kernelement der Kundenexploration gelten bei Robo Advice besondere Anforderungen. Die ESMA konkretisierte formale und inhaltliche Anforderungen an die Informationserhebung durch Leitlinien, um eine zuverlässige und umfassende Erhebung der Kundendaten sicherzustellen.

15. Robo Advisor sind dazu verpflichtet, eine umfassende Kundenexploration anzustreben. Die Möglichkeit, auf bestimmte Fragen keine Antwort zu geben, sollte im webbasierten Fragebogen keine gleichwertige Antwortalternative sein.

16. Um die Zuverlässigkeit der Kundenangaben sicherzustellen, sind Robo Advisor dazu verpflichtet, angemessene Systeme und Kontrollmechanismen, etwa eine automatische Plausibilitätsprüfung, zu implementieren.

17. Als Wertpapierdienstleistungsunternehmen müssen Robo Advisor bei der Anlageberatung eine Geeignetheitsprüfung durchführen. Art. 54 Abs. 1 Unterabs. 2 DelVO MiFID II (EU) 2017/565 dient der Klarstellung.

18. Robo Advisor sind verpflichtet, ihren Kunden eine Geeignetheitserklärung zur Verfügung zu stellen. Eine standardisierte und textbausteinbasierte Versprachlichung des Beratungsprozesses ist geeignet, die Gründe für die Zuordnung zu einer Anlegergruppe hinreichend detailliert darzulegen. Darin ist zu erläutern, wie die konkreten Finanzinstrumente zu den typisierten Merkmalen der jeweiligen Anlegergruppe passen.

Dritter Teil: Organisations- und Wohlverhaltenspflichten

§ 8 Wohlverhaltenspflichten bei Robo Advice der ersten Generation (FinTech)

Ausgehend von dem in § 7 dieser Arbeit dargestellten Pflichtenprogramm einer Universalbank bei Robo Advice der ersten Generation soll im Folgenden untersucht werden, ob modifizierte Wohlverhaltenspflichten gelten, wenn ein FinTech anstatt einer Universalbank die Dienstleistung anbietet. Dazu wird zunächst erarbeitet, wo ein gleichwertiges Anlegerschutzniveau besteht und wo die Vorgaben der FinVermV[778] vom Pflichtenstandard des WpHG abweichen. Anschließend werden die Konsequenzen eines abweichenden Standards erörtert.

A. Geltung der Finanzanlagenvermittlerverordnung

Wird Robo Advice von einem FinTech angeboten, erbringt dieses in der Praxis regelmäßig Anlageberatung im Rahmen der Bereichsausnahme des § 2 Abs. 6 Satz 1 Nr. 8 KWG.[779] Im WpHG findet sich eine entsprechende Bereichsausnahme in § 3 Abs. 1 Nr. 7 WpHG. Diese setzt tatbestandlich voraus, dass sich der Robo Advisor auf die Erbringung von Anlageberatung bzw. -vermittlung beschränkt, nur bestimmte Finanzprodukte angeboten werden und sich der Anbieter kein Eigentum oder Besitz am Kundenvermögen verschafft.[780]

Die Bereichsausnahme schränkt den Anwendungsbereich des WpHG nicht insgesamt ein, sondern nimmt die Unternehmen vom persönlichen Anwendungsbereich aller Vorschriften aus, die an die Eigenschaft als Wertpapierdienstleistungsunternehmen anknüpfen.[781] Gesetzestechnisch wird das erreicht, indem fingiert wird, dass Unternehmen, die unter die Bereichsausnahme des § 3 Abs. 1 Nr. 7 WpHG fallen, keine Wertpapierdienstleistungsunternehmen sind. Das gilt unabhängig davon, ob sie den gesetzlichen Tatbestand eines Wertpapierdienstleistungsunternehmens nach § 2

---

778 Finanzanlagenvermittlungsverordnung (FinVermV) v. 9.5.2012, BGBl. I Nr. 19 v. 6.5.2012, S. 1006–1018.
779 Siehe dazu zweiter Teil: § 6 A. II.
780 Ausführlich zu den Voraussetzungen der Bereichsausnahme im Kontext der Parallelregelung des § 2 Abs. 6 Satz 1 Nr. 8 KWG: zweiter Teil: § 6 B. I.
781 *Baum*, in: KK-WpHG, 2. Aufl. 2014, § 2a Rn. 1; *Assmann*, in: Assmann/Schneider, WpHG, 6. Aufl. 2012, § 2a Rn. 1; *Schneider*, Nichtanwendbarkeit des KWG bzw. WpHG trotz Erbringung regulierter Tätigkeiten, WM 2008, 285, 288.

Abs. 10 WpHG tatsächlich erfüllen.[782] Praktische Bedeutung haben die Ausnahmeregelungen insbesondere für die Organisations- und Verhaltenspflichten der §§ 63 ff. bzw. 80 ff. WpHG, da nur Wertpapierdienstleistungsunternehmen Normadressaten sind.[783] Daher fällt ein FinTech, das Robo Advice der ersten Generation erbringt, nicht in den persönlichen Anwendungsbereich der Organisations- und Verhaltenspflichten des WpHG.[784] Die Anleger sind in dieser Konstellation jedoch nicht schutzlos, da die Dienstleister als Gewerbetreibende in den Anwendungsbereich der FinVermV fallen. Das gilt auch für Robo Advisor.[785] Die FinVermV soll beim Vertrieb über Finanzanlagenvermittler ein vergleichbares Schutzniveau gewährleisten wie beim Vertrieb über Banken.[786] Abschnitt 4 der FinVermV regelt Beratungs-, Informations- und Dokumentationspflichten, die sich an den entsprechenden Bestimmungen des WpHG a.F. orientieren.[787] Eine Anpassung der FinVermV an die Änderungen des WpHG durch das 2. FiMaNoG erfolgte bislang nicht.

---

782 *Schneider*, Nichtanwendbarkeit des KWG bzw. WpHG trotz Erbringung regulierter Tätigkeiten, WM 2008, 285, 288; *Baum*, in: KK-WpHG, 2. Aufl. 2014, § 2a Rn. 20.
783 *Baum*, in: KK-WpHG, 2. Aufl. 2014, § 2a Rn. 1; *Schneider*, Nichtanwendbarkeit des KWG bzw. WpHG trotz Erbringung regulierter Tätigkeiten, WM 2008, 285, 288; *Fuchs*, in: Fuchs, WpHG, 2. Aufl. 2016, § 2a Rn. 1; *Kumpan*, in: Baumbach/Hopt, HGB, 37. Aufl. 2016, § 2a WpHG Rn. 1; *Kumpan*, in: Schwark/Zimmer, KMRK, 4. Aufl. 2010, § 2a WpHG Rn. 1.
784 So auch *Baumanns*, FinTechs als Anlageberater? Die aufsichtsrechtliche Einordnung von Robo-Advisory, BKR 2016, 366, 371; *Oppenheim/Lange-Hausstein*, Robo Advisor, WM 2016, 1966, 1969.
785 *Baumanns*, FinTechs als Anlageberater? Die aufsichtsrechtliche Einordnung von Robo-Advisory, BKR 2016, 366, 371; *Oppenheim/Lange-Hausstein*, Robo Advisor, WM 2016, 1966, 1969.
786 Regierungsentwurf Gesetzes zur Novellierung des Finanzanlagenvermittler- und Vermögensanlagenrechts, BT-Drs. 17/6051 S. 45; *Schönleiter*, in: Landmann/Rohmer, Gewerbeordnung, 77. EL Oktober 2017, § 34f GewO Rn. 6; *Tiefensee/Kuhlen*, Umfang und Geltung der wertpapierrechtlichen Wohlverhaltenspflichten für gewerbliche Finanzanlagenvermittler, GewArch 2013, 17; *Glückert*, Das neue Finanzanlagenvermittlerrecht (§ 34f GewO und Finanzanlagenvermittlungsverordnung), GewArch 2012, 465, 468.
787 Allgemeine Muster-Verwaltungsvorschrift zum Vollzug der §§ 34f und 34h der Gewerbeordnung und zur Finanzanlagenvermittlungsverordnung (FinVermVwV), Neufassung Stand 29.07.2016, Rn. 115; *Zingel/Varadinek*, Vertrieb von Vermögensanlagen nach dem Gesetz zur Novellierung des Finanzanlagenvermittler- und Vermögensanlagenrechts, BKR 2012, 177, 183.

B. Gleichwertiges Anlegerschutzniveau

I. Allgemeine Verhaltenspflicht (§ 11 FinVermV)

Nach § 11 FinVermV ist der Gewerbetreibende dazu verpflichtet, *seine Tätigkeit mit der erforderlichen Sachkenntnis, Sorgfalt und Gewissenhaftigkeit im Interesse des Anlegers auszuüben*. Diese allgemeine Verhaltenspflicht orientiert sich an § 31 Abs. 1 Nr. 1 WpHG a.F.[788] Da die allgemeine Sorgfalts- und Interessenwahrungspflicht durch das 2. FiMaNoG keine bedeutenden Änderungen erfährt, gelten bei FinTechs und Universalbanken insoweit der gleiche Pflichtenstandard für Robo Advice.[789] Der Anbieter muss über ausreichende professionelle Fähigkeiten verfügen und diese bei Erbringung der Wertpapierdienstleistung einsetzen.[790] Das setzt voraus, dass er sich laufend auf dem aktuellen Wissensstand hält und sich etwa über rechtliche Entwicklungen informiert (*Know Your Product*).[791] Zudem ist der Finanzanlagenvermittler verpflichtet, im Interesse des Kunden zu handeln.[792] Diese allgemeinen Anforderungen an die Geschäftserbringung werden durch die Verhaltenspflichten der §§ 12–18 FinVermV weiter konkretisiert und ergänzt.[793]

---

[788] *Zingel/Varadinek*, Vertrieb von Vermögensanlagen nach dem Gesetz zur Novellierung des Finanzanlagenvermittler- und Vermögensanlagenrechts, BKR 2012, 177, 183; *Glückert*, in: Landmann/Rohmer, Gewerbeordnung, 77. EL Oktober 2017, § 11 FinVermV Rn. 3; *Tiefensee/Kuhlen*, Umfang und Geltung der wertpapierrechtlichen Wohlverhaltenspflichten für gewerbliche Finanzanlagenvermittler, GewArch 2013, 17; *Schulze-Werner*, in: Friauf, Gewerbeordnung, Stand 2/2018, § 11 FinVermV Rn. 1; *Weinhold*, Die Vergütung der Anlageberatung zu Kapitalanlagen, 2017, S. 269.

[789] Dazu ausführlich dritter Teil: § 7 C.

[790] *Tiefensee/Kuhlen*, Umfang und Geltung der wertpapierrechtlichen Wohlverhaltenspflichten für gewerbliche Finanzanlagenvermittler, GewArch 2013, 17.

[791] Referentenentwurf FinVermV, BR-Drs. 89/12, S. 36; *Tiefensee/Kuhlen*, Umfang und Geltung der wertpapierrechtlichen Wohlverhaltenspflichten für gewerbliche Finanzanlagenvermittler, GewArch 2013, 17.

[792] Allgemeine Muster-Verwaltungsvorschrift zum Vollzug der §§ 34f und 34h der Gewerbeordnung und zur Finanzanlagenvermittlungsverordnung (FinVermVwV), Neufassung Stand 29.07.2016, Rn. 116.

[793] *Glückert*, in: Landmann/Rohmer, Gewerbeordnung, 77. EL Oktober 2017, § 11 FinVermV Rn. 4; *Zingel/Varadinek*, Vertrieb von Vermögensanlagen nach dem Gesetz zur Novellierung des Finanzanlagenvermittler- und Vermögensanlagenrechts, BKR 2012, 177, 183.

II. Informations- und Aufklärungspflichten (§§ 12, 12a, 13 und 14 FinVermV)

Parallel zu § 63 Abs. 6 WpHG setzt § 14 FinVermV *allgemeine Standards* fest, die bei der Kommunikation mit dem Anleger zu beachten sind. Alle Informationen müssen redlich, eindeutig und nicht irreführend sein. Da FinTechs Robo Advice im Rahmen der Bereichsausnahme von § 3 Abs. 1 Nr. 7 WpHG bzw. Art. 3 Abs. 1 MiFID II erbringen, sind sie keine Wertpapierfirmen. Die konkretisierenden Anforderungen an faire, klare und nicht irreführende Informationen für Wertpapierfirmen, Art. 44 DelVO MiFID II (EU) 2017/565, gelten daher nicht. Stattdessen sind Finanzanlagenvermittler nach § 12 FinVermV dazu verpflichtet, vor dem ersten Beratungsgespräch *statusbezogene Basisinformationen* zu erteilen. Diese Informationspflichten entsprechen den Vorgaben des WpHG nicht 1:1.[794] Finanzanlagenvermittler müssen zusätzlich über den Umfang ihrer Erlaubnis und die Anschrift der zuständigen Erlaubnisbehörde zu informieren.[795] Nach der FinVermV ist ebenfalls über den *Beratungsstatus aufzuklären*: § 12a FinVermV regelt eine besondere Informationspflicht über die Art der Vergütungen bzw. Provisionen. Durch diese soll sichergestellt werden, dass der Anleger frühzeitig weiß, ob der Gewerbetreibende Honorar-Finanzanlagenberatung oder provisionsbasierte Finanzanlagenvermittlung erbringt.[796]

Daneben muss der Vermittler dem Anleger nach § 13 FinVermV alle Informationen über *Art und Risiken der angebotenen Finanzanlagen* zur Verfügung stellen. Diese Norm findet ihr Pendant in § 31 Abs. 3 WpHG a.F. bzw. § 63 Abs. 7 WpHG.[797] Nach § 13 Abs. 3 FinVermV muss auch über

---

[794] *Tiefensee/Kuhlen*, Umfang und Geltung der wertpapierrechtlichen Wohlverhaltenspflichten für gewerbliche Finanzanlagenvermittler, GewArch 2013, 17, 18.

[795] *Glückert*, in: Landmann/Rohmer, Gewerbeordnung, 77. EL Oktober 2017, § 12 FinVermV Rn. 7; *Tiefensee/Kuhlen*, Umfang und Geltung der wertpapierrechtlichen Wohlverhaltenspflichten für gewerbliche Finanzanlagenvermittler, GewArch 2013, 17, 18; *Schulze-Werner*, in: Friauf, Gewerbeordnung, Stand 2/2018, § 12 FinVermV Rn. 1; *Weinhold*, Die Vergütung der Anlageberatung zu Kapitalanlagen, 2017, S. 276.

[796] *Glückert*, in: Landmann/Rohmer, Gewerbeordnung, 77. EL Oktober 2017, § 12a FinVermV Rn. 1.

[797] *Glückert*, Das neue Finanzanlagenvermittlerrecht (§ 34f GewO und Finanzanlagenvermittlungsverordnung), GewArch 2012, 465, 468; *Weisner/Friedrichsen/Heimberg*, Neue Anforderungen an Erlaubnis und Tätigkeit der „freien" Anlageberater und –vermittler, DStR 2012, 1034, 1035; *Tiefensee/Kuhlen*, Umfang und Geltung der wertpapierrechtlichen Wohlverhaltenspflichten für gewerbliche Finanzanlagenvermittler, GewArch 2013, 17, 18.

Kosten und Nebenkosten informiert werden. Dazu ist der Gesamtpreis der Dienstleistung einschließlich aller Gebühren, Provisionen und Entgelte anzugeben.[798] Die grundlegende Informationserteilung kann dabei standardisiert mittels des Preis- und Leistungsverzeichnisses erfolgen.[799] Diese Vorgaben bieten ein vergleichbares Schutzniveau wie die in § 63 Abs. 7 Satz 3 Nr. 2 WpHG geregelten Vorgaben zur Kostentransparenz.

Zu den Informationspflichten gehört auch die Bereitstellung eines kurzen und leicht verständlichen *Produktinformationsblatts* über die konkrete Finanzanlage. § 13 Abs. 4 FinVermV verweist für Investmentvermögen auf die entsprechenden Informationspflichten des KAGB, insbesondere §§ 297 Abs. 1, 2, 303 KAGB.[800] Da Robo Advisor der ersten Generation meist ETFs und somit Investmentvermögen empfehlen, treten die wesentlichen Anlegerinformationen (Key Investor Information Document, KIID) i.S.d. §§ 164 und 166 KAGB auch dann an die Stelle des Produktinformationsblattes, wenn ein FinTech Robo Advice erbringt.

III. Exploration und Geeignetheitsprüfung (§ 16 FinVermV)

Die Pflicht zur Exploration und Geeignetheitsprüfung von Finanzanlagenvermittlern ist in § 16 FinVermV geregelt. Der Anbieter muss Informationen über die Kenntnisse und Erfahrungen der Anleger sowie deren Anlageziele und finanziellen Verhältnisse einholen.[801] Die Norm entspricht § 31

---

[798] Allgemeine Muster-Verwaltungsvorschrift zum Vollzug der §§ 34f und 34h der Gewerbeordnung und zur Finanzanlagenvermittlungsverordnung (FinVermVwV), Neufassung Stand 29.07.2016, Rn. 118; *Schulze-Werner*, in: Friauf, Gewerbeordnung, Stand 2/2018, § 13 FinVermV Rn. 3; *Weinhold*, Die Vergütung der Anlageberatung zu Kapitalanlagen, 2017, S. 269.

[799] Allgemeine Muster-Verwaltungsvorschrift zum Vollzug der §§ 34f und 34h der Gewerbeordnung und zur Finanzanlagenvermittlungsverordnung (FinVermVwV), Neufassung Stand 29.07.2016, Rn. 118; *Glückert*, in: Landmann/Rohmer, Gewerbeordnung, 77. EL Oktober 2017, § 13 FinVermV Rn. 5.

[800] *Glückert*, in: Landmann/Rohmer, Gewerbeordnung, 77. EL Oktober 2017, § 15 FinVermV Rn. 3; Allgemeine Muster-Verwaltungsvorschrift zum Vollzug der §§ 34f und 34h der Gewerbeordnung und zur Finanzanlagenvermittlungsverordnung (FinVermVwV), Neufassung Stand 29.07.2016, Rn. 118a.

[801] *Glückert*, Das neue Finanzanlagenvermittlerrecht (§ 34f GewO und Finanzanlagenvermittlungsverordnung), GewArch 2012, 465, 468; Allgemeine Muster-Verwaltungsvorschrift zum Vollzug der §§ 34f und 34h der Gewerbeordnung und zur Finanzanlagenvermittlungsverordnung (FinVermVwV), Neufassung Stand 29.07.2016, Rn. 124.

Abs. 4 bis 6 WpHG a.F.[802] Die Explorationspflicht wird in § 16 Abs. 3 FinVermV konkretisiert, der die Vorgaben von § 6 WpDVerOV a.F. übernimmt. Da sich durch das 2. FiMaNoG nur begrenzte Neuerungen ergaben,[803] unterliegen FinTechs und Universalbanken weitgehend den gleichen *Explorationspflichten*. Auch im Kontext der FinVermV ist es zulässig, die Kundenangaben mithilfe standardisierter Fragebögen einzuholen.[804] Wie Vollbanken müssen FinTechs bei der Formulierung der Fragebögen die Limitationen von Robo Advice berücksichtigen, insbesondere die fehlende Möglichkeit, Verständnis- oder Rückfragen zu stellen.[805] Fragen sind daher klar und verständlich zu formulieren sowie optisch übersichtlich zu gestalten. Unterschiede zur Erbringung von Robo Advice durch eine Vollbank ergeben sich nicht.[806]

Wird die Anlageberatung ganz oder teilweise über ein voll- oder halbautomatisches System erbracht, liegt die Verantwortung für die Durchführung der Eignungsbeurteilung nach Art. 54 Abs. 1 Unterabs. 2 DelVO MiFID II (EU) 2017/565 bei der Wertpapierfirma, die diese Dienstleistung erbringt. Daraus lässt sich jedoch nicht ableiten, dass nur Robo Advisor im Anwendungsbereich der DelVO MiFID II (EU) 2017/565 zur Durchführung einer *Geeignetheitsprüfung* verpflichtet sind. Die Norm dient der Klarstellung.[807] Im Anwendungsbereich der FinVermV verpflichtet § 16 FinVermV zur

---

802 Referentenentwurf FinVermV, BR-Drs. 89/12, S. 39.
803 *Rauch/Lebeau/Thiele*, Steuerrechtliche sowie aufsichtsrechtliche Herausforderungen bei der Entwicklung hin zur automatisierten Anlageempfehlung (Robo-Advice), RdF 2017, 227, 229; *Balzer*, Umsetzung von MiFID II: Auswirkungen auf die Anlageberatung und Vermögensverwaltung, ZBB 2016, 226, 232; *Roth/Blessing*, Die neuen Vorgaben nach MiFID II – Teil 1, CCZ 2016, 258, 261.
804 Referentenentwurf FinVermV, BR-Drs. 89/12, S. 39; Allgemeine Muster-Verwaltungsvorschrift zum Vollzug der §§ 34f und 34h der Gewerbeordnung und zur Finanzanlagenvermittlungsverordnung (FinVermVwV), Neufassung Stand 29.07.2016, Rn. 124; *Tiefensee/Kuhlen*, Umfang und Geltung der wertpapierrechtlichen Wohlverhaltenspflichten für gewerbliche Finanzanlagenvermittler, GewArch 2013, 17, 19.
805 Zu den Risiken von Robo Advice erster Teil: § 2 C. II.
806 Zu Explorationspflicht bei Robo Advice einer Vollbank dritter Teil: § 7 G. I.
807 Erwägungsgrund 86 DelVO MiFID II (EU) 2017/565; ESMA, Consultation Paper: Guidelines on certain aspects of the MiFID II suitability requirements v. 13.7.2017, ESMA35-43-748, S. 12 Nr. 20; *Buck-Heeb/Poelzig*, Die Verhaltenspflichten (§§ 63 ff. WpHG n.F.) nach dem 2. FiMaNoG, BKR 2017, 485, 491; *Roth/Blessing*, Die neuen Vorgaben nach MiFID II – Teil 1, CCZ 2016, 258, 265.

Durchführung einer Geeignetheitsprüfung auf Grundlage der Kundeninformationen. Nach § 16 Abs. 1 Satz 3 dürfen nur für den Anleger geeignete Finanzanlagen empfohlen werden. Im Unterschied zu den neuen Vorgaben des WpHG muss der Finanzanlagenvermittler keine sog. *Äquivalenzprüfung* durchführen und daher keine relative Bewertung im Vergleich zu anderen Finanzinstrumenten vornehmen.[808]

C. Abweichende Regelungen in der FinVermV

I. Keine Anlegerkategorisierung

Die FinVermV verzichtet im Gegensatz zum WpHG auf eine Einteilung der Kunden in Anlegerkategorien: Die Wohlverhaltenspflichten der FinVermV differenzieren nicht nach der typisierten Schutzbedürftigkeit der Kundengruppen. Der Verordnungsgeber verzichtet wohl auf eine Unterscheidung, da er davon ausgeht, dass professionelle Kunden das Angebot von gewerblichen Finanzanlagenvermittlern nicht in Anspruch nehmen.[809] Ein vergleichbares Bild ergibt sich bei Robo Advice: Typischerweise nehmen nur Privatanleger die Dienstleistung in Anspruch. Deshalb ist es nicht praktikabel, zwischen Privatkunden und professionellen Kunden zu unterscheiden. Es ist empfehlenswert, auch im Anwendungsbereich des WpHG einheitlich den gesetzlich vorgesehenen Schutz für Privatkunden anzuwenden.[810] In der Praxis ergibt sich daher ungeachtet der unterschiedlichen gesetzlichen Vorgaben kein abweichender Pflichtenstandard bei der Erbringung von Robo Advice.

---

808   *Roth/Blessing*, Die neuen Vorgaben nach MiFID II – Teil 1, CCZ 2016, 258, 262; *Balzer*, ZBB Umsetzung von MiFID II: Auswirkungen auf die Anlageberatung und Vermögensverwaltung, ZBB 2016, 226, 232; *Glander/Kittner*, Auswirkungen des RefE eines Finanzmarktnovellierungsgesetzes auf den Fondsvertrieb, RdF 2016, 13, 18; *Buck-Heeb/Poelzig*, Die Verhaltenspflichten (§§ 63 ff. WpHG n.F.) nach dem 2. FiMaNoG, BKR 2017, 485, 491; *Trafkowski*, Besondere Pflichten für die Anlageberatung, in: Teuber/Schröer, MiFID II und MiFIR, 2015, S. 77, 96.
809   *Tiefensee/Kuhlen*, Umfang und Geltung der wertpapierrechtlichen Wohlverhaltenspflichten für gewerbliche Finanzanlagenvermittler, GewArch 2013, 17, 19.
810   Siehe dazu dritter Teil: § 7 B.

II. Umgang mit Interessenkonflikten (§§ 13 und 17 FinVermV)

Nach § 13 Abs. 5 FinVermV ist der Anbieter verpflichtet, auf mögliche Interessenkonflikte hinzuweisen.[811] Beim Umgang mit Interessenkonflikten bestehen wesentliche Unterschiede zwischen der FinVermV und dem WpHG. Ebenso wie § 13 Abs. 5 FinVermV verpflichtet § 63 Abs. 2 WpHG zur *Aufklärung über Interessenkonflikte*. Die Aufklärung ist im WpHG aber nur Ultima Ratio bei unvermeidbaren Interessenkonflikten.[812] Vorrangig sind präventive organisatorische Vorkehrungen zu Vermeidung von Interessenkonflikten, § 80 Abs. 1 Satz 2 Nr. 2 WpHG.[813] Entsprechende organisatorische Pflichten sieht die FinVermV nicht vor. Im Anwendungsbereich der FinVermV besteht *nur eine Offenlegungspflicht* und keine Pflicht zur Vermeidung von Interessenkonflikten durch organisatorische Maßnahmen. Die Anforderungen im Umgang mit Interessenkonflikten sind gegenüber dem WpHG deutlich abgeschwächt.[814]

Ein Pendant zu den durch das 2. FiMaNoG in § 63 Abs. 3 WpHG neu eingeführten Pflichten bezüglich der *Bewertung und Vergütung von Mitarbeitern* findet sich in der FinVermV nicht. Obwohl die Anlageempfehlung bei Robo Advice von einem Algorithmus generiert wird, muss eine Universalbank sicherstellen, dass die Mitarbeiter in Schlüsselpositionen nicht von der Vergütungspraxis oder der internen Mitarbeiterbewertung beeinflusst werden.[815]

Die in § 17 FinVermV geregelte Pflicht zur *Offenlegung von Zuwendungen* orientiert sich an § 31d WpHG a.F. Die Norm statuiert, wie auch die Neuregelung in § 70 WpHG, *grundsätzlich ein Zuwendungsverbot. Das Zuwendungsverbot wird* unter den Voraussetzungen von § 17 Abs. 1 Nr. 1 und Nr. 2 FinVermV durchbrochen.[816] Der Anlageberater muss gegenüber dem

---

811 Allgemeine Muster-Verwaltungsvorschrift zum Vollzug der §§ 34f und 34h der Gewerbeordnung und zur Finanzanlagenvermittlungsverordnung (FinVermVwV), Neufassung Stand 29.07.2016, Rn. 119.
812 Das ergibt sich ausdrücklich aus Art. 34 Abs. 4 DelVO MiFID II (EU) 2017/565.
813 *Grundmann*, in: Staub, HGB, Bd. 11/2, 5. Aufl. 2018, 8. Teil Rn. 151.
814 *Tiefensee/Kuhlen*, Umfang und Geltung der wertpapierrechtlichen Wohlverhaltenspflichten für gewerbliche Finanzanlagenvermittler, GewArch 2013, 17, 18; *Zingel/Varadinek*, Vertrieb von Vermögensanlagen nach dem Gesetz zur Novellierung des Finanzanlagenvermittler- und Vermögensanlagenrechts, BKR 2012, 177, 184.
815 Zu den Vergütungsregeln bei Robo Advice einer Vollbank dritter Teil: § 7 D. II.
816 *Glückert*, in: Landmann/Rohmer, Gewerbeordnung, 77. EL Oktober 2017, § 17 FinVermV Rn. 1; Allgemeine Muster-Verwaltungsvorschrift zum Vollzug der

Anleger vor Vertragsschluss Existenz, Art und Umfang aller Zuwendungen offenlegen, die er von Dritten erhält.

Wird Robo Advice von einem FinTech angeboten, kooperiert dieses zur Umsetzung der Empfehlung mit einer Bank, da für die Depotverwaltung und den An- und Verkauf von Wertpapieren eine Banklizenz zwingend erforderlich ist.[817] Mit dem Anleger wird meist ein pauschales Entgelt für alle Leistungen vereinbart. Diese All-in-fee umfasst sowohl die Beratungsleistung des Robo Advisors als auch die Depotführung und die Wertpapiertransaktionen. Die Gebühr wird von der depotführenden Bank als einheitlicher Betrag eingezogen.[818] Anschließend wird der Robo Advisor für seinen Leistungsbeitrag im Innenverhältnis am Kundenentgelt beteiligt. Wie im WpHG ist der Zuwendungsbegriff weit auszulegen und umfasst nach § 17 Abs. 2 FinVermV alle Arten von Provisionen und geldwerten Vorteilen.[819] Daher handelt es sich bei der Gebührenweiterleitung um eine Zuwendung.[820]

Diese Zuwendung ist nur ausnahmsweise zulässig, wenn der Robo Advisor sie offenlegt und diese einer ordnungsgemäßen Beratung im Interesse

---

§§ 34f und 34h der Gewerbeordnung und zur Finanzanlagenvermittlungsverordnung (FinVermVwV), Neufassung Stand 29.07.2016, Rn. 128.

817 Siehe erster Teil: § 2 A. II. 3.; *Freitag*, FinTech-Banken-Kooperationen – Strategien, Praxis, Erfahrungen, in: Everling/Lempka, Finanzdienstleister der nächsten Generation, 2016, S. 329, 333.

818 Dazu erster Teil: § 2 A. I. 4.; *Rauch/Lebeau/Thiele*, Steuerrechtliche sowie aufsichtsrechtliche Herausforderungen bei der Entwicklung hin zur automatisierten Anlageempfehlung (Robo-Advice), RdF 2017, 227, 230.

819 Allgemeine Muster-Verwaltungsvorschrift zum Vollzug der §§ 34f und 34h der Gewerbeordnung und zur Finanzanlagenvermittlungsverordnung (FinVermVwV), Neufassung Stand 29.07.2016, Rn. 129; *Glückert*, Das neue Finanzanlagenvermittlerrecht (§ 34f GewO und Finanzanlagenvermittlungsverordnung), GewArch 2012, 465, 468; *Glückert*, in: Landmann/Rohmer, Gewerbeordnung, 77. EL Oktober 2017, § 17 FinVermV Rn. 5; *Weisner/Friedrichsen/Heimberg*, Neue Anforderungen an Erlaubnis und Tätigkeit der „freien" Anlageberater und –vermittler, DStR 2012, 1034, 1036; *Tiefensee/Kuhlen*, Umfang und Geltung der wertpapierrechtlichen Wohlverhaltenspflichten für gewerbliche Finanzanlagenvermittler, GewArch 2013, 17, 19; *Weinhold*, Die Vergütung der Anlageberatung zu Kapitalanlagen, 2017, S. 281.

820 *Rauch/Lebeau/Thiele*, Steuerrechtliche sowie aufsichtsrechtliche Herausforderungen bei der Entwicklung hin zur automatisierten Anlageempfehlung (Robo-Advice), RdF 2017, 227, 230; entsprechend zum WpHG *Balzer*, Einführung in das Reformvorhaben MiFID II / MiFIR, in: Teuber/Schröer, MiFID II und MiFIR, 2015, S. 3, 21.

des Kunden nicht entgegensteht, § 17 Abs. 1 Nr. 1 und 2 FinVermV.[821] Bei Robo Advice ist die einheitliche Einziehung des Entgelts durch die depotführende Bank organisatorisch bedingt.[822] Daher werden durch die Zahlung im Innenverhältnis beim FinTech keine Interessenkonflikte hervorgerufen oder begünstigt, die zu eigennützigem Handeln verleiten. Die Weiterleitung des Kundenentgelts steht einer ordnungsgemäßen Beratung folglich nicht entgegen. Eine Qualitätsverbesserung der Dienstleistung muss durch die Zuwendung nicht angestrebt werden.[823] Das ist eine weitreichende Abweichung von den Wohlverhaltenspflichten des WpHG, aus der eine Absenkung des Schutzniveaus resultiert. Die Weiterleitung eines Teils der Kundenvergütung ist im Ergebnis zulässig, wenn der Robo Advisor diese Zahlungen in einer für den Privatanleger verständlichen Weise offenlegt.[824] Das kann beispielsweise dadurch erfolgen, dass die Honoraransprüche des Robo Advisors trotz Einziehung eines einheitlichen Betrags getrennt begründet und ausgewiesen werden.[825]

III. Keine Pflicht zur Zielmarktprüfung

Nach § 63 Abs. 5 WpHG muss für jedes Finanzinstrument zunächst ein Zielmarkt definiert werden. Bei der Anlageberatung muss der Robo Advisor als Vertriebsträger in einem zweiten Schritt prüfen, ob die Finanzpro-

---

821 *Glückert*, in: Landmann/Rohmer, Gewerbeordnung, 77. EL Oktober 2017, § 17 FinVermV Rn. 4; *Schulze-Werner*, in: Friauf, Gewerbeordnung, Stand 2/2018, § 17 FinVermV Rn. 3.
822 *Rauch/Lebeau/Thiele*, Steuerrechtliche sowie aufsichtsrechtliche Herausforderungen bei der Entwicklung hin zur automatisierten Anlageempfehlung (Robo-Advice), RdF 2017, 227, 230.
823 *Glückert*, in: Landmann/Rohmer, Gewerbeordnung, 77. EL Oktober 2017, § 17 FinVermV Rn. 4; *Tiefensee/Kuhlen*, Umfang und Geltung der wertpapierrechtlichen Wohlverhaltenspflichten für gewerbliche Finanzanlagenvermittler, GewArch 2013, 17, 20.
824 Allgemeine Muster-Verwaltungsvorschrift zum Vollzug der §§ 34f und 34h der Gewerbeordnung und zur Finanzanlagenvermittlungsverordnung (FinVermVwV), Neufassung Stand 29.07.2016, Rn. 128; *Weisner/Friedrichsen/Heimberg*, Neue Anforderungen an Erlaubnis und Tätigkeit der „freien" Anlageberater und –vermittler, DStR 2012, 1034, 1036.
825 *Rauch/Lebeau/Thiele*, Steuerrechtliche sowie aufsichtsrechtliche Herausforderungen bei der Entwicklung hin zur automatisierten Anlageempfehlung (Robo-Advice), RdF 2017, 227, 230.

dukte den Bedürfnissen des Endkundenzielmarkts entsprechen, sog. *Zielmarktprüfung*.[826] Eine parallele Regelung findet sich in der FinVermV nicht, sodass diese Pflicht nicht besteht, wenn ein FinTech Robo Advice anbietet.

IV. Beratungsprotokoll (§ 18 FinVermV)

§ 18 FinVermV übernimmt die in § 34 Abs. 2a WpHG a.F. normierte Pflicht zur Anfertigung und Aushändigung eines Beratungsprotokolls. Im Zuge der Umsetzung der MiFID II durch das 2. FiMaNoG wurde die nationale Protokollpflicht im WpHG abgeschafft und durch eine Geeignetheitserklärung gemäß § 64 Abs. 4 WpHG ersetzt.[827] Im Gegensatz zur Geeignetheitserklärung dokumentiert das Beratungsprotokoll den Verlauf des Beratungsgesprächs.[828] Der Begriff des Gesprächs ist untechnisch zu verstehen und umfasst jede Kommunikation mit dem Anlageberater. Erbringt ein FinTech Robo Advice der ersten Generation, muss es nach § 18 FinVermV ein Beratungsprotokoll anfertigen.

Bei den Vorgaben zum Beratungsprotokoll wird deutlich, dass der Gesetzgeber bei der Konzeption der Verhaltenspflichten von einer persönlichen Anlageberatung ausging. Bei Robo Advice wird die Beratungsleistung hingegen von einem Algorithmus erbracht. Fraglich ist, wer in dieser Konstellation *Adressat* der Pflicht zur Anfertigung eines Beratungsprotokolls ist. Für den Fall, dass der Gewerbetreibende die Dienstleistung nicht selbst erbringt, normiert § 19 Satz 2 FinVermV einige Sondervorschriften. Diese verpflichten den bei der Beratung eingesetzten Beschäftigten dazu, das Beratungsprotokoll selbst anzufertigen.[829] § 19 FinVermV verpflichtet nur

---

826 *Grundmann*, in: Staub, HGB, Bd. 11/2, 5. Aufl. 2018, 8. Teil Rn. 163; *Brenncke*, Der Zielmarkt eines Finanzinstruments nach der MiFID II, WM 2015, 1173, 1174; *Beule*, Product Governance, in: Teuber/Schröer, MiFID II und MiFIR, 2015, S. 167, 182; *Busch*, Product Governance und Produktintervention unter MiFID II/MiFIR, WM 2017, 409, 411.
827 Zur schriftlichen Geeignetheitserklärung siehe dritter Teil: § 7 H.
828 *Buck-Heeb/Poelzig*, Die Verhaltenspflichten (§§ 63 ff. WpHG n.F.) nach dem 2. FiMaNoG, BKR 2017, 485, 492; *Roth/Blessing*, Die neuen Vorgaben nach MiFID II – Teil 1, CCZ 2016, 258, 264; *Freitag*, Die Verteilung der Beweislast für Fehler in der Anlageberatung de lege lata und de lege ferenda, ZBB 2016, 1, 9.
829 *Schulze-Werner*, in: Friauf, Gewerbeordnung, Stand 2/2018, § 19 FinVermV.

menschliche Beschäftigte. Robo Advice fällt nicht unter diese Sonderbestimmung, da die Anlageberatung von einem Algorithmus erbracht wird. Übertragbar ist hingegen der Gedanke des § 19 Satz 1 FinVermV: Der Finanzanlagenvermittler muss sicherstellen, dass die Anforderungen der FinVermV erfüllt werden.[830] Die organisatorische Pflicht zur Erstellung des Beratungsprotokolls trifft daher den Robo Advisor als Gewerbetreibenden, dem die Beratungsleistung zuzurechnen ist.[831] Wie dieser organisatorisch sicherstellt, dass dem Anleger ein Beratungsprotokoll zur Verfügung gestellt wird, bleibt ihm überlassen.[832]

Gesetzliche Vorgaben für die *Formalien und den Inhalt* des Beratungsprotokolls finden sich in § 18 Abs. 2 FinVermV. Ziel der Beratungsprotokollpflicht ist es, durch eine wirksame aufsichtsrechtliche Kontrolle den Anlegerschutz zu stärken.[833] Dabei dient das Beratungsprotokoll auch der Beweissicherung für die Geltendmachung von Ersatzansprüchen in einem möglichen Gerichtsprozess. Die Verwendung von Textbausteinen ist eine rechtlich zulässige Rationalisierung des Protokollierungsvorgangs.[834] Andererseits dürfen die Beratungsprotokolle nicht nur aus Textbausteinen bestehen, sondern müssen auch Freitextfelder vorsehen, um ergänzende Anlegerinformationen berücksichtigen zu können. Nur so ist sichergestellt,

---

830 *Weisner/Friedrichsen/Heimberg*, Neue Anforderungen an Erlaubnis und Tätigkeit der „freien" Anlageberater und –vermittler, DStR 2012, 1034, 1037; *Tiefensee/Kuhlen*, Umfang und Geltung der wertpapierrechtlichen Wohlverhaltenspflichten für gewerbliche Finanzanlagenvermittler, GewArch 2013, 17, 21.

831 *Baumanns*, FinTechs als Anlageberater? Die aufsichtsrechtliche Einordnung von Robo-Advisory, BKR 2016, 366, 373; *Klein*, Die Beratungsprotokollpflicht im System des europarechtlich determinierten Anlegerschutzes, 2015, S. 239.

832 *Tiefensee/Kuhlen*, Umfang und Geltung der wertpapierrechtlichen Wohlverhaltenspflichten für gewerbliche Finanzanlagenvermittler, GewArch 2013, 17, 21; *Schulze-Werner*, in: Friauf, Gewerbeordnung, Stand 2/2018, § 19 FinVermV.

833 Regierungsentwurf SchVG BT- Drucks. 16/12814, S. 16; *Möllers/Wenninger*, Stellungnahme zum Regierungsentwurf eines Gesetzes zur Neuregelung der Rechtsverhältnisse bei Schuldverschreibungen aus Gesamtemissionen und zur verbesserten Durchsetzbarkeit von Ansprüchen von Anlegern aus Falschberatung (BT-Drucks. 16/12814), 16.6.2009, S. 13; *Fett*, in: Schwark/Zimmer, KMRK, 4. Aufl. 2010, § 34 WpHG Rn. 7; *Möllers*, in: KK-WpHG, 2. Aufl. 2014, § 34 Rn. 2; *Schulze-Werner*, in: Friauf, Gewerbeordnung, Stand 2/2018, § 18 FinVermV Rn. 1.

834 *Möllers*, in: KK-WpHG, 2. Aufl. 2014, § 34 Rn. 89; *Koller*, in: Assmann/Schneider, WpHG, 6. Aufl. 2012, § 34 Rn. 23; *Beck*, Das Chamäleon Anlegerschutz oder „Worüber reden wir eigentlich?", in: FS Schneider, 2011, S. 89, 102; *Koller*, Beratung und Dokumentation nach dem § 34 Abs. 2a WpHG, in: FS Schneider, 2011, S. 651, 663.

dass der genaue Gesprächsverlauf nachvollziehbar wird.[835] Standardisierter Formulare dürfen mithin nur eingeschränkt verwendet werden.[836] Für Robo Advice folgt daraus, dass das Beratungsprotokoll nicht immer komplett automatisiert generiert werden darf. Äußert der Anleger, etwa in einem Chat, zusätzlich individuelle Anliegen gegenüber einem Mitarbeiter oder macht er weitergehende Angaben zu seiner persönlichen Situation, ist das ebenfalls aufzuzeichnen.[837] Im Umkehrschluss ist eine Standardisierung des Protokolls zulässig, wenn die Informationserhebung ausschließlich über einen webbasierten Fragebogens erhoben werden. Die Exploration mithilfe des Fragebogens entspricht dabei dem Gesprächsverlauf. Soweit das Beratungsprotokoll den Verlauf der Exploration umfassend nachzeichnet, ist der Normzweck von § 18 FinVermV erfüllt.

§ 18 FinVermV verpflichtet das FinTech weiter, das Beratungsprotokoll *in Schriftform* anzufertigen und dem Anleger *unverzüglich nach Abschluss der Beratung* und *vor Abschluss des Geschäfts* eine Abschrift zur Verfügung zu stellen. Da die Beratung bei Robo Advice über das Internet als Fernkommunikationsmittel erbracht wird, ermöglicht § 18 Abs. 3 FinVermV auf ausdrücklichen Wunsch des Kunden die nachträgliche Übermittlung des Beratungsprotokolls. Ist dieses unrichtig, hat der Kunde ein einwöchiges Widerrufsrecht.[838] In diesem Zeitraum trägt der Robo Advisor das Risiko eines Kursverlustes. Räumt der Anbieter kein Widerrufsrecht ein, kann die Anlageempfehlung erst umgesetzt werden, wenn das Beratungsprotokoll zugegangen ist. Nach § 18 Abs. 1 Satz 4 FinVermV kann der Robo Advisor dem Anleger alternativ eine elektronische Abschrift des Protokolls, etwa per E-Mail, übermitteln, wenn sich der Kunde ausdrücklich damit einverstanden erklärt.[839] Diese Form ist deutlich besser mit dem Dienstleistungskonzept von Robo Advice vereinbar. Organisatorisch ist die Versendung einer automatisch generierten E-Mail an den Anleger bei Robo

---

835 Regierungsentwurf SchVG, BT-Drucks. 16/12814, S. 27; *Möllers*, in: KK-WpHG, 2. Aufl. 2014, § 34 Rn. 2.

836 Referentenentwurf FinVermV, BR-Drs. 89/12, S. 41; *Schulze-Werner*, in: Friauf, Gewerbeordnung, Stand 2/2018, § 18 FinVermV Rn. 5.

837 Referentenentwurf FinVermV, BR-Drs. 89/12, S. 41; *Schulze-Werner*, in: Friauf, Gewerbeordnung, Stand 2/2018, § 18 FinVermV Rn. 5; *Glückert*, in: Landmann/Rohmer, Gewerbeordnung, 77. EL Oktober 2017, § 18 FinVermV Rn. 5.

838 *Baumanns*, FinTechs als Anlageberater? Die aufsichtsrechtliche Einordnung von Robo-Advisory, BKR 2016, 366, 374.

839 *Glückert*, in: Landmann/Rohmer, Gewerbeordnung, 77. EL Oktober 2017, § 18 FinVermV Rn. 3.

Advice vor Abschluss des Wertpapiergeschäfts ohne menschliches Zutun möglich.

Problematisch sind die *formalen Anforderungen* an das Beratungsprotokoll. Im Gegensatz zu § 34 Abs. 2a Satz 2 WpHG a.F. normiert die FinVermV keine explizite Unterzeichnungspflicht. Das Protokoll ist nach § 18 Abs. 1 FinVermV *in Schriftform* anzufertigen. Zur Auslegung ist nach herrschender Meinung auf § 126 BGB zurückzugreifen.[840] Demnach erfordert die Schriftform eine eigenhändige Unterschrift.[841] Obwohl das Unterzeichnungserfordernis in § 34 Abs. 2a Satz 2 WpHG a.F. explizit geregelt war, war anerkannt, dass die Unterschrift in diesem Kontext nicht der Form des § 126 BGB genügen muss. Da das WpHG a.F. keine *eigenhändige* Unterschrift vorschrieb, genügte Textform i.S.d. § 126b BGB.[842] Fraglich ist, ob diese Erwägungen auf die Unterzeichnungspflicht nach der FinVermV übertragbar sind.

Die FinVermV gilt für Unternehmen, die im Rahmen der Bereichsausnahme des § 3 Abs.1 Nr. 7 WpHG Anlageberatung erbringen. Ratio legis der Bereichsausnahme ist es, Unternehmen von den Verpflichtungen des WpHG auszunehmen, bei denen die angebotenen Wertpapierdienstleistungen aufgrund ihrer Eigenart nur einen eingeschränkten Anlegerschutz erfordern.[843] Da der Gesetzgeber durch einen geringeren Pflichtenstandard eine Privilegierung dieser Unternehmen bezweckt, dürfen die Normen nicht

---

840 Allgemeine Muster-Verwaltungsvorschrift zum Vollzug der §§ 34f und 34h der Gewerbeordnung und zur Finanzanlagenvermittlungsverordnung (FinVermVwV), Neufassung Stand 29.07.2016, Rn. 130; *Glückert*, in: Landmann/Rohmer, Gewerbeordnung, 77. EL Oktober 2017, § 18 FinVermV Rn. 2; *Schulze-Werner*, in: Friauf, Gewerbeordnung, Stand 2/2018, § 18 FinVermV Rn. 2.

841 Allgemeine Muster-Verwaltungsvorschrift zum Vollzug der §§ 34f und 34h der Gewerbeordnung und zur Finanzanlagenvermittlungsverordnung (FinVermVwV), Neufassung Stand 29.07.2016, Rn. 130; *Glückert*, in: Landmann/Rohmer, Gewerbeordnung, 77. EL Oktober 2017, § 18 FinVermV Rn. 2; *Schulze-Werner*, in: Friauf, Gewerbeordnung, Stand 2/2018, § 18 FinVermV Rn. 2.

842 *Pfeifer*, Einführung der Dokumentationspflicht für das Beratungsgespräch durch § 34 Abs. 2a WpHG, BKR 2009, 485, 488; *Schäfer*, Die Pflicht zur Protokollierung des Anlageberatungsgesprächs gemäß § 34 Abs. 2a, 2b WpHG, in: FS Hopt, S.2427, 2436; *Möllers*, in: KK-WpHG, 2. Aufl. 2014, § 34 Rn. 86; *Fuchs*, in: Fuchs, WpHG, 2. Aufl. 2016, § 34 Rn. 32; a.A. *Koller*, in: Assmann/Schneider, WpHG, 6. Aufl. 2012, § 34 Rn. 25; *Fett*, in: Schwark/Zimmer, KMRK, 4. Aufl. 2010, § 34 WpHG Rn. 7; *Seyfried*, in: Kümpel/Wittig, Bank- und Kapitalmarktrecht, 4. Aufl. 2011, Rn. 3.261.

843 *Grundmann*, in: Staub, HGB, Bd. 11/2, 5. Aufl. 2018, 8. Teil Rn. 111; *Versteegen/Baum*, in: KK-WpHG, 2. Aufl. 2014, § 2a Rn. 3.

so ausgelegt werden, dass im Ergebnis weiterreichende Pflichten als im Anwendungsbereich des WpHG gelten. Darüber hinaus war es ausdrückliches Ziel des Gesetzgebers, eine mit dem WpHG vergleichbare Regulierung zu schaffen. Die FinVermV orientiert sich an der Protokollpflicht des WpHG, verzichtet jedoch darauf, ein Unterschriftserfordernis anzuordnen.[844] Das spricht dafür, dass der Gesetzgeber in der FinVermV einen geringeren Pflichtenstandard normieren wollte. Der Umstand, dass die neue Geeignetheitserklärung keine Unterzeichnungspflicht vorsieht, verdeutlicht, dass dieser nach dem aktuellen gesetzgeberischen Willen nur untergeordnete Bedeutung zukommt. Im Ergebnis genügt es den aufsichtsrechtlichen Anforderungen, wenn der Robo Advisor das Beratungsprotokoll automatisiert in Textform erstellt.[845]

D. Konsequenzen des unterschiedlichen Pflichtenstandards

I. Unterschiedlicher Pflichtenstandard in MiFID II und FinVermV

Zu untersuchen ist, ob der divergierende FinVermV-Pflichtenstandard bei der Erbringung von Robo Advice der ersten Generation durch ein FinTech mit den europäischen Vorgaben der MiFID II vereinbar ist. Die MiFID II wurde vom deutschen Gesetzgeber durch das 2. FiMaNoG im WpHG umgesetzt. Da FinTechs im Rahmen der Bereichsausnahme des § 3 Abs. 1 Nr. 7 WpHG tätig sind, sind sie nach deutschem Recht nicht Adressat der Organisations- und Wohlverhaltenspflichten des WpHG. Die deutsche Bereichsausnahme beruht auf Art. 3 Abs. 1 MiFID II, der es nationalen Gesetzgebern freistellt, einzelne Personen aus dem Anwendungsbereich der Richtlinie auszunehmen.[846] Auch für freigestellte Personen gelten bei der Erbringung von Finanzdienstleistungen nach Art. 3 Abs. 2 lit. a)– it. c)

---

844 Entsprechend für die richtlinienorientierte Auslegung: *Möllers*, Juristische Methodenlehre, 2017, § 8 Rn. 93; *Riehm*, in: Langenbucher, Europäisches Privat- und Wirtschaftsrecht, 4. Aufl. 2017, § 4 Rn. 54.
845 Im Ergebnis auch *Altmann/Becker*, BaFinTech 2016, Workshop 3: Robo-Advice, S. 29.
846 Balzer, Einführung in das Reformvorhaben MiFID II / MiFIR, in: Teuber/Schröer, MiFID II und MiFIR, 2015, S. 3, 13; zur wortgleichen Bereichsausnahme des § 2a Abs. 1 Nr. 7 WpHG a.F.: Assmann, in: Assmann/Schneider, WpHG, 6. Aufl. 2012, § 2a Rn. 28 f.; Baum, in: KK-WpHG, 2. Aufl. 2014, § 2a Rn. 20; Fuchs, in: Fuchs, WpHG, 2. Aufl. 2016, § 2a Rn. 25.

MiFID II bestimmte Mindestanforderungen.[847] Im Hinblick auf die allgemeine Sorgfalts- und Interessenwahrungspflicht, die Informations- und Aufklärungspflichten, die Explorationspflicht und die Geeignetheitsprüfung muss ein mit der MiFID II vergleichbares Schutzniveau bestehen.[848]

In Bezug auf die Sorgfalts- und Interessenwahrungspflicht, die Informations- und Aufklärungspflichten sowie die Exploration und Geeignetheitsprüfung bietet die FinVermV ein gleichwertiges Anlegerschutzniveau wie das WpHG. *Abweichende Pflichten* gelten bei der Anlegerkategorisierung, dem Umgang mit Interessenkonflikten sowie dem Beratungsprotokoll. Hier bleibt die FinVermV hinter den gesetzlichen Vorgaben des WpHG zurück.[849] Die FinVermV verpflichtet die Anbieter nicht dazu, eine Zielmarktprüfung durchzuführen. Dieser WpHG-Pflicht liegt Art. 24 Abs. 2 Unterabs. 2 MiFID II zugrunde. Für die Zielmarktprüfung schreibt Art. 3 Abs. 2 MiFID II keine Mindestanforderungen für Unternehmen vor, die eine Bereichsausnahme nutzen. Entsprechendes gilt für die Vorgaben zur Anlegerkategorisierung. Diesbezüglich kollidiert der geringere FinVermV-Pflichtenstandard nicht mit der MiFID II.

Anders liegt der Fall beim Beratungsprotokoll und beim Umgang mit Interessenkonflikten: Art. 3 Abs. 2 b) MiFID II normiert für die Geeignetheitserklärung ein gleichwertiges und einheitliches Anlegerschutzniveau. Daher müssen auch Unternehmen, die im Rahmen einer Bereichsausnahme tätig sind, dem Anleger eine schriftliche Geeignetheitserklärung zur Verfügung stellen, die den Anforderungen von Art. 25 Abs. 6 MiFID II gerecht wird. Die Gründe für die Empfehlung sind dem Kunden demzufolge offenzulegen. Gleiches gilt für die Bewertung und Vergütung von Mitarbeitern, Art. 25 Abs. 10 MiFID II. Auch für bestimmte Organisationspflichten schreibt Art. 3 Abs. 2 c) MiFID II vor, dass die nationalen Vorgaben für Bereichsausnahme-Unternehmen den Anforderungen der Richtlinie entsprechen müssen. Vorausgesetzt werden organisatorische Vorkehrungen, die verhindern sollen, dass Interessenkonflikte das Kundeninteresse beeinträchtigen, Art. 16 Abs. 3 Unterabs. 1 MiFID II. In der deutschen FinVermV

---

847 *Balzer*, Einführung in das Reformvorhaben MiFID II / MiFIR, in: Teuber/Schröer, MiFID II und MiFIR, 2015, S. 3, 13; *Weinhold*, Die Vergütung der Anlageberatung zu Kapitalanlagen, 2017 S. 139; *Fuchs*, in: Fuchs, WpHG, 2. Aufl. 2016, § 2a Rn. 10; *Geier/Schmitt*, MiFID-Reform: der neue Anwendungsbereich der MiFID II und MiFIR, WM 2013, 915, 919.
848 Art. 3 Abs. 2 b) MiFID II verweist auf Art. 24 Abs. 1, 3–5, 7 und 10 sowie Art. 25 Abs. 2, 5 und 6 MiFID II.
849 *Geier/Schmitt*, MiFID-Reform: der neue Anwendungsbereich der MiFID II und MiFIR, WM 2013, 915, 919; *Balzer*, Einführung in das Reformvorhaben MiFID II / MiFIR, in: Teuber/Schröer, MiFID II und MiFIR, 2015, S. 3, 13.

sind keine Organisationspflichten normiert, sodass auch beim Umgang mit Interessenkonflikten kein gleichwertiges Anlegerschutzniveau besteht.

Im Ergebnis schreibt die MiFID II für Robo Advisor als gewerbliche Anlageberater zwingend schärfere Regeln als die FinVermV bezüglich des Beratungsprotokolls, der Bewertung und Vergütung von Mitarbeitern, dem Umgang mit Interessenkonflikten und Organisationspflichten vor.

II. Umgang mit den divergierenden gesetzlichen Vorgaben

1. Richtlinienkonforme Auslegung und richtlinienkonforme Rechtsfortbildung

Die MiFID II muss als Richtlinie gem. Art. 288 Abs. 3 AEUV grundsätzlich durch den Mitgliedsstaat umgesetzt werden, um Wirkung zu entfalten.[850] Im Verhältnis zwischen dem Robo Advisor und dem Anleger als Privatpersonen entfaltet die MiFID II selbst dann keine Wirkung, wenn die Richtlinie nicht rechtzeitig oder nicht korrekt umgesetzt wurde. Der EuGH lehnte eine solche horizontale Drittwirkung von Richtlinien ab, da nur der Mitgliedsstaat, nicht aber der Bürger zur Umsetzung von Richtlinien verpflichtet ist.[851] Dem Bürger steht jedoch die Möglichkeit offen, im Fall eines kausal darauf beruhenden Schaden einen unionsrechtlichen Staatshaftungsanspruch gegen den Mitgliedsstaat geltend zu machen.[852] Die nationalen Bestimmungen sind jedoch richtlinienkonform auszulegen, um die Ziele der Richtlinie zu verwirklichen.[853] Bietet ein FinTech Robo Advice im Rahmen der Bereichsausnahme des WpHG an, sind die Verhaltenspflichten der FinVermV daher im Licht der MiFID II auszulegen. Abzugrenzen ist zwischen

---

850 *Ruffert*, in: Calliess/Ruffert, EUV/AEUV, 5. Aufl. 2016, Art. 288 AEUV Rn. 20, 23; *Nettesheim*, in: Grabitz/Hilf/Nettesheim, Das Recht der Europäischen Union, 64. EL Mai 2018, Art. 288 AEUV Rn. 104.
851 EuGH, Urt. v. 14.7.1994, C-91/92, EU:C:1994:292, Rn. 22 ff. – Faccini Dori; EuGH, Urt. v. 5.10.2004, C-397/01 u.a., EU:C:2004:584, Rn. 108 – Pfeiffer; *Möllers*, Juristische Methodenlehre, 2017, § 8 Rn. 42 f.
852 EuGH, Urt. v. 19.11.1991, C-6/90 u.a., EU:C:1991:428, Rn. 11, 16 ff. – Francovich; *Möllers*, Juristische Methodenlehre, 2017, § 8 Rn. 118 ff.; *Ruffert*, in: Calliess/Ruffert, EUV/AEUV, 5. Aufl. 2016, Art. 340 AEUV Rn. 36 ff.
853 EuGH, Urt. v. 4.7.2006, C-212/04, EU:C:2006:443, Rn. 111 – Adeneler; EuGH, Urt. v. 13.11.1990, C-106/89, EU:C:1990:395, Rn. 8 – Marleasing; EuGH, Urt. v. 14.7.1994, C-91/92, EU:C:1994:292, Rn. 26 – Faccini Dori; *Möllers*, Juristische Methodenlehre, 2017, § 8 Rn. 46.

richtlinienkonformer Auslegung und richtlinienkonformer Rechtsfortbildung. Eine Auslegung erfolgt immer im Rahmen des Wortlauts der nationalen Bestimmung. Werden die Grenzen des Wortlauts überschritten, spricht man von richtlinienkonformer Rechtsfortbildung.[854] Der Wortlaut der FinVermV ist eindeutig: Der Gewerbetreibende ist verpflichtet, ein schriftliches Beratungsprotokoll anzufertigen, § 18 Abs. 1 FinVermV. Der Inhalt des Beratungsprotokolls ist in § 18 Abs. 2 FinVermV geregelt. Eine Auslegung dahingehend, dass der Robo Advisor eine Geeignetheitserklärung entsprechend den Vorgaben von Art. 24 Abs. 7 MiFID II bzw. § 64 Abs. 4 WpHG zu erstellen hat, geht über den Wortlaut der Norm hinaus. Vorgaben zu Organisationspflichten und der Mitarbeitervergütung finden sich in der FinVermV nicht. Diese können nur im Wege der Rechtsfortbildung begründet werden.

2. Voraussetzung der richtlinienkonformen Rechtsfortbildung

Welche Anforderungen an eine richtlinienkonforme Rechtsfortbildung zu stellen sind, ist umstritten. Teilweise wird die Rechtsfortbildung mit dem subjektiven Willen des Gesetzgebers begründet, die Richtlinie korrekt umzusetzen.[855] Eine andere Ansicht will die nationale Norm im Lichte der Richtlinie auslegen.[856] Eine dritte Ansicht beurteilt die Voraussetzungen der richtlinienkonformen Rechtsfortbildung ausschließlich nach nationalem Recht. Nur wenn sich aus dem nationalen Recht ein Beurteilungsspielraum ergäbe, sei diese zulässig.[857]

Möllers vertritt die Ansicht, dass bei der richtlinienkonformen Rechtsfortbildung sämtliche methodische Auslegungsfiguren zu beachten sind. Neben historischen Argumenten sind auch systematische und teleologische Gesichtspunkte zu berücksichtigen und im nationalen und europäischen

---

854 *Möllers*, Juristische Methodenlehre, 2017, § 8 Rn. 55.
855 BGH, Urt. v. 26.11.2008, VIII ZR 200/05, BGHZ 179, 27, 38 f. – Quelle; *Grundmann*, Richtlinienkonforme Auslegung im Bereich des Privatrechts – insbesondere: der Kanon der nationalen Auslegungsmethoden als Grenze?, ZEuP 1996, 399, 420; *Herresthal*, Die Grenzen der richtlinienkonformen Rechtsfortbildung im Kaufrecht, WM 2007, 1354, 1356 f.
856 *Auer*, Neues zu Umfang und Grenzen der richtlinienkonformen Auslegung, NJW 2007, 1106, 1108; *Pfeiffer*, Richtlinienkonforme Auslegung gegen den Wortlaut des nationalen Gesetzes – Die Quelle-Folgeentscheidung des BGH, NJW 2009, 412 f.
857 *Rüthers/Fischer/Birk*, Rechtstheorie, 10. Aufl. 2018, § 23 Rn. 912e.

Kontext zu verbinden. Dabei ist zu untersuchen, ob sich die zugrundeliegende Wertentscheidung der Richtlinie auch im nationalen Recht wiederfindet.[858] Der Begründungsaufwand ist bei Überschreitung des Wortlauts höher als im Rahmen einer Generalklausel.[859] Zunächst ist auf den *geäußerten Willen des Gesetzgebers* abzustellen, die europäische Richtlinie mit einer konkreten Vorschrift umzusetzen. Der deutsche Gesetzgeber wollte die Neuregelungen zu den fakultativen Ausnahmen in der MiFID II durch das 2. FiMaNoG umsetzen.[860] Eine Anpassung der FinVermV erfolgte in diesem Kontext nicht. Hinsichtlich der FinVermV-Verhaltenspflichten fehlt es daher an einem konkreten Umsetzungswillen des Gesetzgebers. Da sich aus der Regierungsbegründung allerdings auch keine Anhaltspunkte ergeben, dass der Gesetzgeber bewusst von der MiFID II abweichen wollte, kann ein allgemeiner Wille des Gesetzgebers zur ordnungsgemäßen Umsetzung der MiFID II unterstellt werden.[861] Eine Rechtsfortbildung ist zudem auf systematische und teleologische Erwägungen zu stützen.[862] *Sinn und Zweck* der FinVermV ist es, beim Vertrieb von Anlageprodukten über Finanzanlagenvermittler ein vergleichbares Schutzniveau wie beim Vertrieb über Banken zu gewährleisten.[863] Da die FinVermV sich an den auf der MiFID I basierenden Verhaltenspflichten des WpHG a.F. orientiert, kennt sie dieselben Regelungsinstrumente wie die MiFID I und II, etwa Informations- und Aufklärungspflichten. Auch die neuen Richtlinienvorgaben der MiFID II bedienen sich dieser Instrumentarien. Eine Anpassung der FinVermV an die sekundärrechtlichen Vorgaben der MiFID II ist folglich mit deutschem

---

858 *Möllers*, Doppelte Rechtsfindung contra legem? - Zur Umgestaltung des Bürgerlichen Gesetzbuches durch den EuGH und nationale Gerichte, EuR 1998, 20, 45; *Möllers*, Die Rolle des Rechts im Rahmen der europäischen Integration, 1999, S. 72; *Möllers*, Juristische Methodenlehre, 2017, § 8 Rn. 67; ebenso *Roth/Jopen*, in: Riesenhuber, Europäische Methodenlehre, 3. Aufl. 2015, § 13 Rn. 57.
859 *Möllers*, Juristische Methodenlehre, 2017, § 8 Rn. 67.
860 Regierungsentwurf 2. FiMaNoG, BT-Drs. 18/10936, S. 224.
861 *Möllers*, Juristische Methodenlehre, 2017, § 8 Rn. 68.
862 *Möllers*, Juristische Methodenlehre, 2017, § 8 Rn. 70.
863 Regierungsentwurf Gesetzes zur Novellierung des Finanzanlagenvermittler- und Vermögensanlagenrechts, BT-Drs. 17/6051 S. 45; *Schönleiter*, in: Landmann/Rohmer, Gewerbeordnung, 77. EL Oktober 2017, § 34f GewO Rn. 6; *Tiefensee/Kuhlen*, Umfang und Geltung der wertpapierrechtlichen Wohlverhaltenspflichten für gewerbliche Finanzanlagenvermittler, GewArch 2013, 17; *Glückert*, Das neue Finanzanlagenvermittlerrecht (§ 34f GewO und Finanzanlagenvermittlungsverordnung), GewArch 2012, 465, 468.

Recht kompatibel und führt *nicht zu einem Systembruch*. Folglich sprechen gute Gründe für eine richtlinienkonforme Rechtsfortbildung.

3. Grenze der richtlinienkonformen Rechtsfortbildung

Allgemein wird angenommen, dass eine Rechtsfortbildung nicht mehr möglich ist, wenn sie dem Willen oder dem System des nationalen Rechts gänzlich zuwiderläuft.[864] Eine *unzulässige Rechtsfortbildung contra legem* liegt außerdem bei einem Verstoß gegen das Rückwirkungsverbot oder den Vertrauensschutz vor.[865] Die FinVermV trat zum 1.1.2013 in Kraft und regelt seitdem die Verhaltenspflichten gewerblicher Anlageberatung. Darunter fallen auch FinTech-Robo Advisor der ersten Generation. Die Adressaten öffentlich-rechtlicher Normen müssen sich auf die gesetzlichen Verhaltenspflichten einstellen können. Bietet ein FinTech Robo Advice als Finanzanlagenvermittler an, muss es sicherstellen, dass das Geschäftsmodell den Vorgaben der FinVermV entspricht. Dabei muss der Wertpapierdienstleister sich auf den Wortlaut der FinVermV und die Kontinuität der aufsichtsrechtlichen Vorgaben im Sinne einer individuellen Erwartungshaltung verlassen können.[866] Eine nachträgliche Modifikation dieser Verhaltenspflichten ohne Änderung des Wortlauts der Verordnung würde die Rechtssicherheit und mithin auch den Vertrauensschutz konterkarieren. Eine richtlinienkonforme Rechtsfortbildung ist daher unzulässig. Um den aus der MiFID II resultierenden Änderungen gerecht zu werden, muss der deutsche Gesetzgeber die FinVermV entsprechend anzupassen.

Erbringt ein Anbieter Robo Advice als Finanzanlagenvermittler, gelten die Bestimmungen der FinVermV ohne Modifikation. Für den Anleger ist das misslich, da je nachdem, wer Robo Advice anbietet, de lege lata unterschiedliche Organisations- und Verhaltenspflichten gelten: Bietet eine Vollbank Robo Advice an, ist dem Anleger eine Geeignetheitserklärung zur Verfügung zu stellen, wird die identische Leistung hingegen von einem FinTech als Finanzanlagenvermittler angeboten, muss dieses lediglich ein Beratungsprotokoll aushändigen.

---

864 *Möllers*, Juristische Methodenlehre, 2017, § 8 Rn. 76; *Canaris*, Die richtlinienkonforme Auslegung und Rechtsfortbildung im System der juristischen Methodenlehre, in: FS Bydlinski, 2002, S. 47, 94.
865 EuGH, Urt. v. 4.7.2006, C-212/04, ECLI:EU:C:2006:443, Rn. 111 – Adeneler; *Möllers*, Juristische Methodenlehre, 2017, § 8 Rn. 76.
866 Allgemein zum Vertrauensschutz: *Grzeszick*, in: Maunz/Dürig, Grundgesetz-Kommentar, 82. EL Januar 2018, Art. 20 Rn. 69; *Schwarz*, Vertrauensschutz als Verfassungsprinzip, 2002; *Pieroth*, JZ 1990, 279 ff.

E. Ergebnis zu § 8

1. Ein FinTechs erbringen Robo Advice regelmäßig als Gewerbetreibende im Rahmen der Bereichsausnahme des § 3 Abs. 1 Nr. 7 WpHG. Der Anbieter gilt dann nicht als Wertpapierdienstleistungsunternehmen, sodass die Organisations- und Verhaltenspflichten der §§ 63 ff. bzw. 80 ff. WpHG keine Anwendung finden.
2. Für diese Anbieter gelten die Bestimmungen der FinVermV. Diese soll beim Vertrieb über Finanzanlagenvermittler ein mit dem WpHG vergleichbares Schutzniveau gewährleisten.
3. Finanzanlagenvermittler sind an die Informations-, Beratungs- und Dokumentationspflichten der FinVermV gebunden. Diese bieten im Hinblick auf die allgemeine Sorgfalts- und Interessenwahrungspflicht, die Informations- und Aufklärungspflichten sowie die Vorgaben zur Exploration und Geeignetheitsprüfung ein vergleichbares Anlegerschutzniveau wie das WpHG.
4. Abweichende gesetzliche Vorgaben bestehen insbesondere bei der Anlegerkategorisierung, dem Umgang mit Interessenkonflikten, der Bewertung und Vergütung von Mitarbeitern und bezüglich der Pflicht zur Erstellung eines Beratungsprotokolls. Außerdem regelt die FinVermV keine Organisationspflichten.
5. Das Anlegerschutzniveau hängt bei Robo Advice der ersten Generation maßgeblich davon ab, ob eine Bank als Wertpapierdienstleistungsunternehmen oder ein FinTech als Gewerbetreibender die Dienstleistung anbietet.
6. Der geringere Pflichtenstandard der FinVermV kollidiert mit den europäischen MiFID II-Vorgaben und ist unionsrechtswidrig. Art. 3 Abs. 1 MiFID II räumt den Mitgliedstaaten ein, Bereichsausnahmen für die Organisations- und Wohlverhaltenspflichten zu schaffen. Auch innerhalb dieser fakultativen Ausnahme sind jedoch gewisse Mindeststandards einzuhalten: Für die Geeignetheitserklärung, die Vergütung von Mitarbeitern und Organisationspflichten zum Umgang mit Interessenkonflikten schreibt die MiFID II zwingend ein vergleichbares Schutzniveau vor. Die FinVermV bleibt hinter diesen Vorgaben zurück.
7. Eine richtlinienkonforme Rechtsfortbildung zur Begründung zusätzlicher Verhaltenspflichten für Finanzanlagenvermittler verstößt gegen den Vertrauensschutz und ist daher eine unzulässige Rechtsfortbildung contra legem. De lege lata richtet sich der Pflichtenstandard bei Robo Advice der ersten Generation daher nach dem Anbieter.

§ 9 Wohlverhaltenspflichten bei Robo Advice der zweiten Generation

A. Anwendbare Normen

Der Robo Advisor der zweiten Generation erbringt in der Regel Finanzportfolioverwaltung.[867] Wie bei der Anlageberatung gelten bei der Finanzportfolioverwaltung die allgemeinen Verhaltenspflichten des § 63 WpHG, die durch wertpapierspezifische Vorschriften des § 64 WpHG ergänzt und modifiziert werden. Ausgehend vom Pflichtenstandard einer Universalbank bei Robo Advice der ersten Generation[868] werden im Folgenden die Pflichten bei Robo Advice der zweiten Generation dargestellt. Robo Advice der zweiten Generation kann als Finanzportfolioverwaltung nicht im Rahmen der Bereichsausnahme des § 3 Abs. 1 Nr. 7 WpHG erbracht werden. Diese Ausnahmeregelung gilt nur für die Wertpapierdienstleistungen Anlageberatung und Anlagevermittlung. Mithin sind bei Robo Advice der zweiten Generation FinTechs und Banken gleichermaßen an die Wohlverhaltenspflichten der §§ 63 ff. WpHG gebunden. Eine getrennte Darstellung der Wohlverhaltenspflichten nach Anbieter ist daher nicht angezeigt.

B. Identische Verhaltenspflichten

Finanzportfolioverwaltung und Anlageberatung werden in den §§ 63 ff WpHG weitgehend parallel geregelt. Robo Advisor der zweiten Generation müssen bei Erbringung der Wertpapierleistung die allgemeinen Sorgfalts- und Interessenwahrungspflichten des § 63 Abs. 1 WpHG beachten.[869] Zudem sind Interessenkonflikte zu vermeiden. Eine Aufklärungspflicht besteht, soweit die organisatorischen Vorkehrungen nicht ausreichen, um eine Beeinträchtigung des Kundeninteresses nach vernünftigem Ermessen zu vermeiden, § 63 Abs. 2 WpHG.[870] Die durch das 2. FiMaNoG in § 63 Abs. 3 WpHG neu eingeführten Pflichten zur Bewertung und Vergütung

---

867   Zur Einordnung ausführlich: zweiter Teil: § 5.
868   Siehe dritter Teil: § 7.
869   Zu den allgemeinen Sorgfalts- und Interessenwahrungspflichten bei Robo Advice der ersten Generation: dritter Teil: § 7 C.
870   Erwägungsgrund 48 DelVO MiFID II (EU) 2017/565; *Poelzig*, Kapitalmarktrecht, 2018, Rn. 772; *Grundmann*, in: Staub, HGB, Bd. 11/2, 5. Aufl. 2018, 8. Teil Rn. 147; *Balzer*, in: Derleder/Knops/Bamberger, Deutsches und europäisches Bank- und Kapitalmarktrecht, 3. Aufl. 2017, § 53 Rn. 40; zum Umgang mit Interessenkonflikten bei Robo Advice der ersten Generation siehe dritter Teil: § 7 D. I.

von Mitarbeitern gelten für Robo Advice der ersten und zweiten Generation gleichermaßen. Schließlich laufen die allgemeinen Informations- und Aufklärungspflichten sowie die zielmarktbezogenen Verhaltenspflichten ebenfalls parallel.

C. Besonderheiten bei Robo Advice der zweiten Generation

Aus der Struktur der Wertpapierdienstleistung resultieren teilweise unterschiedliche Verhaltenspflichten: Der Robo Advisor der zweiten Generation soll fortlaufend nach eigenem Ermessen über den Anlagebetrag entscheiden. Der Robo Advisor der ersten Generation soll hingegen einmalig eine informierte Entscheidung des Anlegers vorbereiten.

I. Ergänzung der allgemeinen Sorgfaltspflichten (§ 63 Abs. 1 WpHG)

Bei der Finanzportfolioverwaltung treffen den Anbieter zusätzliche Pflichten, die auf die allgemeine Sorgfaltspflicht nach § 63 Abs. 1 WpHG gestützt werden können. Es gilt ein Diversifikationsgebot, um die Risiken der Geldanlage zu begrenzen und die Rendite zu optimieren.[871] Der Vermögensverwalter darf mit dem Kundenvermögen nicht spekulieren.[872] Wurden Anlagerichtlinien vereinbart, muss sich der Finanzportfolioverwalter an diese halten, um die vorgegebenen Ziele zu erreichen.[873] Diese Pflichten treffen auch den Robo Advisor der zweiten Generation. Insoweit bestehen keine Besonderheiten gegenüber der herkömmlichen Portfolioverwaltung.

---

[871] *Balzer*, Vermögensverwaltung durch Kreditinstitute, 1999, S. 107 f.; *Benicke*, Wertpapiervermögensverwaltung, 2006, S. 772 f.; *Grundmann*, in: Staub, HGB, Bd. 11/2, 5. Aufl. 2018, 8. Teil Rn. 212; *Walz*, in: Schimansky/Bunte/Lwowski, Bankrechts-Handbuch, 5. Aufl. 2017, § 111 Rn. 20; *Buck-Heeb/Lang*, in: BeckOGK, Stand 1.8.2018, § 675 BGB Rn. 673 f.

[872] *Walz*, in: Schimansky/Bunte/Lwowski, Bankrechts-Handbuch, 5. Aufl. 2017, § 111 Rn. 20; *Buck-Heeb/Lang*, in: BeckOGK, Stand 1.8.2018, § 675 BGB Rn. 673 f.; *Grundmann*, in: Staub, HGB, Bd. 11/2, 5. Aufl. 2018, 8. Teil Rn. 212.

[873] *Teuber*, Finanzmarkt-Richtlinie (MiFID) – Auswirkungen auf Anlageberatung und Vermögensverwaltung im Überblick, BKR 2006, 429, 435; *Walz*, in: Schimansky/Bunte/Lwowski, Bankrechts-Handbuch, 5. Aufl. 2017, § 111 Rn. 20; *Grundmann*, in: Staub, HGB, Bd. 11/2, 5. Aufl. 2018, 8. Teil Rn. 212.

II. Zuwendungen (§ 64 Abs. 7 WpHG)

§ 64 Abs. 7 WpHG statuiert ein striktes Zuwendungsverbot für Finanzportfolioverwalter und ist insoweit lex specialis gegenüber § 70 WpHG. Dieses absolute Zuwendungsverbot wurde durch die MiFID II neu eingeführt.[874] Die Vorgaben dienen der Konkretisierung der allgemeinen Pflichten zum Umgang mit Interessenkonflikten. Das Zuwendungsverbot soll den Anlegerschutz stärken, indem es verhindert, dass der Dienstleister durch Zuwendungen veranlasst wird, im eigenen wirtschaftlichen Interesse zu handeln und das Kundeninteresse zu vernachlässigen.[875] Monetäre Zuwendungen sind nach § 64 Abs. 7 Satz 4 WpHG in vollem Umfang an den Kunden auszukehren.

Da eine Banklizenz aufsichtsrechtliche Voraussetzung für die Depotverwaltung und den An- und Verkauf von Wertpapieren ist, kooperieren viele Robo Advisor mit einer Bank.[876] Mit dem Anleger wird ein pauschales Entgelt für alle Leistungen vereinbart. Diese All-in-fee umfasst neben der Dienstleistung des Robo Advisors auch die Depotführung und die Transaktionen. Zu untersuchen ist, ob diese Vergütungspraxis eine unzulässige Zuwendung darstellt.

1. Zuwendungsbegriff

Für den Zuwendungsbegriff ist auf § 70 WpHG als allgemeine Regel abzustellen.[877] Gegenüber der alten Rechtslage, § 31d WpHG a.F., präzisiert

---

[874] *Balzer*, Einführung in das Reformvorhaben MiFID II / MiFIR, in: Teuber/Schröer, MiFID II und MiFIR, 2015, S. 3, 20; *Kurz*, MiFID II – Auswirkungen auf den Vertrieb von Finanzinstrumenten, DB 2014, 1182, 1183; *Roth/Blessing*, Die neuen Vorgaben nach MiFID II – Teil 3, CCZ 2017, 163, 166.

[875] Erwägungsgrund 74 MiFID II; *Weinhold*, Die Vergütung der Anlageberatung zu Kapitalanlagen, 2017 S. 202; *Mülbert*, Auswirkungen der MiFID-Rechtsakte für Vertriebsvergütungen im Effektengeschäft der Kreditinstitute, ZHR 172 (2008), 170, 191; *Otto*, Modernes Kapitalmarktrecht als Beitrag zur Bewältigung der Finanzkrise, WM 2010, 2013, 2018.

[876] *Freitag*, FinTech-Banken-Kooperationen – Strategien, Praxis, Erfahrungen, in: Everling/Lempka, Finanzdienstleister der nächsten Generation, 2016, S. 329, 333.

[877] *Grundmann*, in: Staub, HGB, Bd. 11/2, 5. Aufl. 2018, 8. Teil Rn. 219; *Kurz*, MiFID II – Auswirkungen auf den Vertrieb von Finanzinstrumenten, DB 2014, 1182, 1183; *Balzer*, Umsetzung von MiFID II: Auswirkungen auf die Anlageberatung und Vermögensverwaltung, ZBB 2016, 226, 233.

§ 70 Abs. 2 WpHG den Zuwendungsbegriff und unterscheidet zwischen monetären und nichtmonetären Vorteilen. Nichtmonetäre Zuwendungen haben zwar einen Geldwert, werden aber nicht in Geld erbracht.[878] Monetäre Zuwendungen sind Provisionen, Gebühren oder sonstige Geldleistungen sowie alle sonstigen geldwerten Vorteile, die das Wertpapierdienstleistungsunternehmen im Zusammenhang mit Dienstleistung von einem Dritten erhält.[879] Im Interesse eines umfassenden Anlegerschutzes ist der Begriff der *Zuwendungen* dabei weit zu verstehen.[880] In der Regel zieht die depotführende Bank die All-in-fee als einheitlichen Betrag ein und leitet einen Teil für die Verwaltungsleistung an den Robo Advisor weiter.[881] Fraglich ist, ob diese Gestaltung unter das Zuwendungsverbot fällt. Neben einmaligen Anreizzahlungen für den Abschluss oder den Vertrieb von Finanzinstrumenten, sind auch laufende Provisionszahlungen vom Zuwendungsbegriff umfasst.[882] Erhält der Robo Advisor von der Bank im Innenverhältnis regelmäßige Zahlungen für seine Verwaltungsleistung, erfüllen diese grundsätzlich den Tatbestand einer monetären Zuwendung.

2. Depotführende Bank als Dritter

Der Wortlaut der WpHG-Vorschrift erfasst nur Zuwendungen oder *Leistungen von Dritten*, § 67 Abs. 7 WpHG. Insoweit entspricht die Regelung § 31d WpHG a.F. Die zur alten Rechtslage entwickelten Ansätze sind mithin übertragbar: Dritte sind solche Personen, die außerhalb der Rechtsbeziehung zwischen Anleger und Robo Advisor stehen.[883] Bei Robo Advice

---

878 *Grundmann*, in: Staub, HGB, Bd. 11/2, 5. Aufl. 2018, 8. Teil Rn. 219.
879 *Buck-Heeb/Poelzig*, Die Verhaltenspflichten (§§ 63 ff. WpHG n.F.) nach dem 2. FiMaNoG, BKR 2017, 485, 488; *Roth/Blessing*, Die neuen Vorgaben nach MiFID II – Teil 3, CCZ 2017, 163, 164.
880 *Möllers/Wenninger*, in: KK-WpHG, 2. Aufl. 2014, § 31d Rn. 20.
881 Dazu erster Teil: § 2 A. I. 4.; *Rauch/Lebeau/Thiele*, Steuerrechtliche sowie aufsichtsrechtliche Herausforderungen bei der Entwicklung hin zur automatisierten Anlageempfehlung (Robo-Advice), RdF 2017, 227, 230.
882 *Roth/Blessing*, Die neuen Vorgaben nach MiFID II – Teil 3, CCZ 2016, 167, 164; *Fuchs*, in: Fuchs, WpHG, 2. Aufl. 2016, § 31d Rn. 8; *Rozok*, Tod der Vertriebsprovisionen oder Alles wie gehabt? – Die Neuregelungen über Zuwendungen bei der Umsetzung der Finanzmarktrichtlinie, BKR 2007, 217, 222.
883 Regierungsentwurf FRUG, BT-Drs. 16/4028, S. 67; *Möllers/Wenninger*, in: KK-WpHG, 2. Aufl. 2014, § 31d Rn. 30; *Seyfried*, in: Kümpel/Wittig, Bank- und Kapitalmarktrecht, 4. Aufl. 2011, Rn. 3.215; *Rozok*, Tod der Vertriebsprovisionen oder Alles wie gehabt? – Die Neuregelungen über Zuwendungen bei

besteht die Besonderheit, dass die Gebühr vom Kunden gezahlt wird. Das Geld zieht die depotführende Bank als einheitlichen Betrag ein und leitet es teilweise an den Robo Advisor weiter. Bei wirtschaftlicher Betrachtung handelt es sich daher nicht um eine Zuwendung Dritter, sondern um ein Entgelt für die Dienstleistung des Robo Advisors. § 31d Abs. 1 Satz 2 WpHG a.F. regelte diesbezüglich eine Ausnahme: Eine Person, die im Auftrag des Anlegers handelt, ist kein Dritter im Sinne der Norm.[884] Diese Konstellation kann keinen Interessenkonflikt auslösen oder begünstigen, da die Zuwendung vom Anleger initiiert wurde.[885] Nach Erwägungsgrund 75 MiFID II sind Zuwendungen, die von einer Person im Namen des Kunden gezahlt oder gewährt werden, dann zulässig, wenn die Höhe und die Häufigkeit der Zahlungen vorab direkt zwischen dem Kunden und dem Wertpapierdienstleistungsunternehmen vereinbart wurden. Zahlt beispielsweise ein Rechtsanwalt die Verwaltungsgebühr nach einer eindeutigen Zahlungsanweisung des Kunden, handelt es sich dabei um eine zulässige Zuwendung.[886] Bei einer vom Kunden beauftragten Person handelt es sich nicht um einen Dritten im Sinne der MiFID II, da diese im Lager des Anlegers steht. Bei Robo Advice liegt der Sachverhalt jedoch anders: Die Einziehung der All-in-fee wird zwar im Vermögensverwaltungsvertrag zwischen Robo Advisor und Anleger vereinbart und mithin im Hinblick auf Höhe und Häufigkeit hinreichend bestimmt, die Depotbank steht jedoch nicht ausschließlich im Lager des Anlegers. Vielmehr kooperiert diese fortlaufend mit dem Robo Advisor. Die Weiterleitung einer All-in-fee ist daher als Zuwendung zu klassifizieren.[887]

---

der Umsetzung der Finanzmarktrichtlinie, BKR 2007, 217, 219; *Assmann*, Interessenkonflikte aufgrund von Zuwendungen, ZBB 2008, 21, 25.

884 *Möllers/Wenninger*, in: KK-WpHG, 2. Aufl. 2014, § 31d Rn. 30; *Assmann*, Interessenkonflikte aufgrund von Zuwendungen, ZBB 2008, 21, 25, *Rozok*, Tod der Vertriebsprovisionen oder Alles wie gehabt? – Die Neuregelungen über Zuwendungen bei der Umsetzung der Finanzmarktrichtlinie, BKR 2007, 217, 219.
885 *Assmann*, Interessenkonflikte aufgrund von Zuwendungen, ZBB 2008, 21, 25.
886 Erwägungsgrund 75 MiFID II.
887 *Balzer*, Einführung in das Reformvorhaben MiFID II / MiFIR, in: Teuber/Schröer, MiFID II und MiFIR, 2015, S. 3, 21; *Balzer*, Umsetzung von MiFID II: Auswirkungen auf die Anlageberatung und Vermögensverwaltung, ZBB 2016, 226, 234.

3. Ausnahmen vom Zuwendungsverbot

Nur ausnahmsweise ist unter den restriktiven Voraussetzungen von § 64 Abs. 7 Satz 2 WpHG die Annahme geringfügiger, nicht monetärer Zuwendungen von Dritten erlaubt. Diese Geringfügigkeitsausnahme betrifft beispielsweise die Teilnahme an Fortbildungen, § 6 Abs. 1 Nr. 3 WpDVerOV. In diesen Fällen wird die Gefahr eines Interessenkonflikts als so gering veranschlagt, dass die Annahme bei unmissverständlicher Offenlegung und Nachweis der Qualitätsverbesserung gestattet ist.[888] Die Zahlung der Verwaltungsgebühr an den Robo Advisor fällt als monetäre Leistung nicht unter diesen Ausnahmetatbestand. Ausgenommen vom Zuwendungsbegriff sind außerdem bestimmte Gebühren, die die Erbringung der Wertpapierdienstleistung erst ermöglichen oder dafür notwendig sind, § 70 Abs. 7 WpHG. Dieser Ausnahmetatbestand gilt jedoch nur außerhalb der Finanzportfolioverwaltung. Das ergibt sich aus der systematischen Stellung in § 70 WpHG und der zugrundeliegenden MiFID II.[889] Diese Beschränkung ist interessengerecht, da an die Finanzportfolioverwaltung im Vergleich zu anderen Wertpapierdienstleistungen aufgrund des fiduziarischen Charakters der Tätigkeit höhere Anforderungen bei der Verfolgung des Kundeninteresses zu stellen sind.

4. Lösungsvorschlag

De lege lata ist nicht endgültig geklärt, ob die Weiterleitung der All-in-fee von der depotführenden Kooperationsbank an den Robo Advisor im Innenverhältnis als Zuwendung im aufsichtsrechtlichen Sinne zu qualifizierten ist. Vieles spricht für diese Einordnung. In diesem Fall müsste der Robo Advisor die Verwaltungsgebühr an den Kunden auskehren, sodass die Dienstleistung de facto kostenlos wäre. Es liegt auf der Hand, dass diese Rechtsunsicherheit nicht im Interesse des Robo Advisors ist. Für die Praxis ist daher nach alternativen Gestaltungsmöglichkeiten zu suchen. Auslöser der Rechtsunsicherheit ist die Zahlung der Depotbank an den Robo Advisor im Innenverhältnis. Alternativ könnte der Robo Advisor seinen Teil der All-in-fee selbst einziehen. Voraussetzung ist, dass der Kunde den Anbieter

---

[888] *Grundmann*, in: Staub, HGB, Bd. 11/2, 5. Aufl. 2018, 8. Teil Rn. 219; *Balzer*, Umsetzung von MiFID II: Auswirkungen auf die Anlageberatung und Vermögensverwaltung, ZBB 2016, 226, 233; *Roth/Blessing*, Die neuen Vorgaben nach MiFID II – Teil 3, CCZ 2017, 163, 165.

[889] *Grundmann*, in: Staub, HGB, Bd. 11/2, 5. Aufl. 2018, 8. Teil Rn. 219.

zum Einzug ermächtigt, etwa mittels eines SEPA-Mandats. Organisatorische Grundvoraussetzung einer getrennten Abrechnung ist, dass im Vermögensverwaltungsvertrag detailliert geregelt ist, welcher Teil der Verwaltungsgebühr dem Robo Advisor zufließt und welchen Teil die Depotbank für ihre Leistungen in Anspruch nimmt.

III. Exploration und Geeignetheitsprüfung

1. Exploration

Unabhängig davon, ob das Robo-Advice-Angebot den Tatbestand der Anlageberatung oder Finanzportfolioverwaltung erfüllt, ist der Anbieter nach § 64 Abs. 3 WpHG verpflichtet, eine Exploration durchzuführen, um die Kenntnisse und Erfahrungen des Kunden, dessen Anlageziele einschließlich der Risikotoleranz und dessen finanzielle Verhältnisse einschließlich der Verlusttragfähigkeit zu ermitteln.[890] Die als *Know Your Customer* bezeichnete Erkundigungspflicht gilt ebenso bzw. erst recht für den Vermögensverwalter.[891] Auf dieser Grundlage kann er eine geeignete Anlagestrategie entwickeln und das Vermögen dauerhaft im Kundeninteresse betreuen.[892] Auch für Finanzportfolioverwaltung ist anerkannt, dass der Anbieter bei der Exploration auf Fragebögen oder Einstufungstest zurückgreifen kann.[893] Daher ist auch bei Robo Advice der zweiten Generation eine *standardisierte Informationserhebung* mittels webbasierter Fragebögen

---

890 *Koller*, in: Assmann/Schneider, WpHG, 6. Aufl. 2012, § 31 Rn. 167; *Grundmann*, in: Staub, HGB, Bd. 11/2, 5. Aufl. 2018, 8. Teil Rn. 209; *Lang*, in: Schäfer/Sethe/Lang, Handbuch Vermögensverwaltung, 2. Aufl. 2016, § 7 Rn. 1, 13; *Frisch*, in: Derleder/Knops/Bamberger, Deutsches und europäisches Bank- und Kapitalmarktrecht, 3. Aufl. 2017, § 54 Rn. 174.
891 *Schäfer*, in: Assmann/Schütze, Handbuch des Kapitalanlagerechts, 4. Aufl. 2014, § 23 Rn. 27.
892 *Lang*, in: Schäfer/Sethe/Lang, Handbuch Vermögensverwaltung, 2. Aufl. 2016, § 7 Rn. 4; *Fuchs*, in: Fuchs, WpHG, 2. Aufl. 2016, § 31 Rn. 228.
893 *Koller*, in: Assmann/Schneider, WpHG, 6. Aufl. 2012, § 31 Rn. 140, 146; *Lang*, in: Schäfer/Sethe/Lang, Handbuch Vermögensverwaltung, 2. Aufl. 2016, § 7 Rn. 68; *Lang*, Informationspflichten bei Wertpapierdienstleistungen, 2003, § 9 Rn. 12; *Frisch*, in: Derleder/Knops/Bamberger, Deutsches und europäisches Bank- und Kapitalmarktrecht, 3. Aufl. 2017, § 54 Rn. 174.

möglich und entspricht den Anforderungen des § 64 Abs. 3 WpHG. Abweichungen zu den Pflichten des Robo Advisors der ersten Generation ergeben sich insoweit nicht.[894]

Besonderheiten ergeben sich aber im Hinblick auf den *Umfang der Explorationspflicht*. Diese hängt davon ab, ob dem Anleger eine gänzlich individuelle oder eher standardisierte Form der Vermögensverwaltung angeboten wird.[895] Vermögensverwalter, die die Anlagestrategie und -richtlinien für jeden einzelnen Anleger individuell anhand der spezifischen Bedürfnisse erarbeiten, benötigen naturgemäß umfangreichere Kundenangaben als Wertpapierdienstleistungsunternehmen, die dem Kunden nur eine begrenzte Anzahl an Anlagekonzepten anbieten.[896] In Deutschland bietet kein Robo Advisor seinen Kunden eine gänzlich individuelle Anlagestrategie. Die meisten Anbieter arbeiten mit verschiedenen Musterportfolios für jede Anlegergruppe.[897] Die Informationen müssen folglich in einem Umfang eingeholt werden, der eine zuverlässige Einordnung der Kunden in die verschiedenen Anlegergruppen ermöglicht. Falls der Anbieter die erforderlichen Informationen nicht erlangt, darf er keine Finanzportfolioverwaltung erbringen, Art. 54 Abs. 8 DelVO MiFID II (EU) 2017/565.

2. Geeignetheitsprüfung

Formal gelten für Robo Advice der ersten und zweiten Generation für die Geeignetheitsprüfung die gleichen Pflichten. Handelt es sich um Robo Advice der zweiten Generation, bestehen jedoch gewissen Besonderheiten.[898] Die Geeignetheitsprüfung bezieht sich auf drei Komponenten: Die Eignung der Wertpapierdienstleistung Finanzportfolioverwaltung, die Eignung der Anlagestrategie sowie die Eignung der einzelnen Transaktionen.[899] Bei der

---

894 Zur Zulässigkeit der standardisierten Informationserhebung bei Robo Advice der ersten Generation siehe dritter Teil: § 7 G. I. 2.
895 *Benicke*, Wertpapiervermögensverwaltung, 2006, S. 45; *Fuchs*, in: Fuchs, WpHG, 2. Aufl. 2016, § 31 Rn. 288.
896 *Fuchs*, in: Fuchs, WpHG, 2. Aufl. 2016, § 31 Rn. 288.
897 *Rauch/Lebeau/Thiele*, Steuerrechtliche sowie aufsichtsrechtliche Herausforderungen bei der Entwicklung hin zur automatisierten Anlageempfehlung (Robo-Advice), RdF 2017, 227, 231.
898 *Grundmann*, in: Staub, HGB, Bd. 11/2, 5. Aufl. 2018, 8. Teil Rn. 209.
899 *Fuchs*, in: Fuchs, WpHG, 2. Aufl. 2016, § 31 Rn. 300.

Finanzportfolioverwaltung ist bei der Geeignetheitsprüfung auf das Gesamtportfolio abzustellen, es gilt der *Portfolio-Gedanke*.[900] Soweit es darum geht, die Anlageziele des Kunden und seine finanzielle Risikotragfähigkeit zu evaluieren, ergeben sich bei der Geeignetheitsprüfung keine Unterschiede. Hinsichtlich der Kenntnisse und Erfahrungen, ist der Pflichtenumfang bei der Geeignetheitsprüfung jedoch zu modifizieren.[901] Da der Robo Advisor der zweiten Generation die Entscheidung über den Erwerb oder Verkauf eines einzelnen Finanzinstruments selbst trifft, ist nicht erforderlich, dass der Kunde über Erfahrungen im Hinblick auf jedes Einzelgeschäft verfügt. Es genügt, wenn er die Portfoliostrategie in Grundzügen versteht.[902] Außerdem muss es ausreichen, dass der Anleger das Gesamtrisiko der Wertpapierdienstleistung Vermögensverwaltung kennt und auf Basis seiner Kenntnisse und Erfahrungen einschätzen kann. Ein entsprechendes Verständnis ist nicht für jedes Einzelgeschäft erforderlich.[903]

IV. Laufende Geeignetheitsprüfung und Berichtspflichten (§ 64 Abs. 8 WpHG)

Da Robo Advisor der zweiten Generation Finanzportfolioverwaltung erbringen, schulden sie wegen der Eigenart der Wertpapierdienstleistung, die auf eine dauerhafte Verwaltung des Kundenvermögens ausgerichtet ist, konsequenterweise auch eine kontinuierliche und periodische Überprüfung der Geeignetheit.[904] § 64 Abs. 8 WpHG setzt diese Pflicht voraus und regelt

---

900 ESMA, Final Report: Guidelines on certain aspects of the MiFID II suitability requirements v. 28.5.2018, ESMA35-43-869, S. 51 Nr. 80.
901 *Grundmann*, in: Staub, HGB, Bd. 11/2, 5. Aufl. 2018, 8. Teil Rn. 210; *Frisch*, in: Derleder/Knops/Bamberger, Deutsches und europäisches Bank- und Kapitalmarktrecht, 3. Aufl. 2017, § 54 Rn. 174.
902 *Grundmann*, in: Staub, HGB, Bd. 11/2, 5. Aufl. 2018, 8. Teil Rn. 210; *Balzer*, Vermögensverwaltung durch Kreditinstitute, 1999, S. 75; *Weichert/Wenninger*, Die Neuregelung der Erkundigungs- und Aufklärungspflichten von Wertpapierdienstleistungsunternehmen gem. Art. 19 RiL 2004/39/EG (MiFID) und Finanzmarkt-Richtlinie-Umsetzungsgesetz, WM 2007, 627, 631.
903 *Grundmann*, in: Staub, HGB, Bd. 11/2, 5. Aufl. 2018, 8. Teil Rn. 210; *Teuber*, Finanzmarkt-Richtlinie (MiFID) – Auswirkungen auf Anlageberatung und Vermögensverwaltung im Überblick, BKR 2006, 429, 435.
904 *Grundmann*, in: Staub, HGB, Bd. 11/2, 5. Aufl. 2018, 8. Teil Rn. 220; *Balzer*, ZBB Umsetzung von MiFID II: Auswirkungen auf die Anlageberatung und Vermögensverwaltung, ZBB 2016, 226, 232 f.; *Benicke*, Wertpapiervermögensverwaltung, 2006, S. 65 f.

diesbezüglich auch eine regelmäßige Berichtspflicht. Die Norm dient also nur der Präzisierung des Pflichtenumfangs, nicht jedoch der Begründung der laufenden Geeignetheitsprüfung.[905] Inhaltlich sind die Wertpapierdienstleister insbesondere verpflichtet, die Geeignetheit des Produkts umfassend und regelmäßig neu zu prüfen. In den Berichten muss sich der Finanzportfolioverwalter insbesondere dazu äußern, inwiefern die Anlage den Präferenzen, Anlagezielen und sonstigen Merkmalen des Kunden entspricht.[906] Konkretisiert werden die Vorgaben an die Berichtspflichten durch Art. 60 DelVO MiFID II (EU) 2017/565. Darzulegen sind die erbrachten Portfolioverwaltungsdienstleistungen. Die Berichtspflichten sollen dem Kunden eine Ex-post-Kontrolle der Anlageentscheidungen des Vermögensverwalters ermöglichen.[907] Darüber hinaus sieht Art. 62 Abs. 1 DelVO MiFID II anlassbezogene Berichtspflichten vor: Der Robo Advisor hat den Anleger unverzüglich zu informieren, wenn der Gesamtwert des Portfolios um 10 Prozent fällt bzw. bei jedem weiteren Wertverlust in 10 Prozent Schritten. Abweichende Pflichten gegenüber der herkömmlichen Vermögensverwaltung ergeben sich bei Robo Advice nicht.

D. Ergebnis zu § 9

1. Erbringen Anbieter Robo Advice der zweiten Generation, sind sie als Finanzportfolioverwalter an die Wohlverhaltenspflichten der §§ 63 ff. WpHG gebunden.
2. Finanzportfolioverwaltung und Anlageberatung werden in den §§ 63 ff WpHG weitgehend parallel geregelt, sodass Robo Advisor der zweiten Generation im Wesentlichen die gleichen Pflichten treffen wie Universalbanken, die Robo Advice der ersten Generation anbieten.
3. Für die Finanzportfolioverwaltung normiert § 64 Abs. 7 WpHG ein striktes Verbot für Zuwendungen Dritter. Zieht die depotführende Bank

---

905 *Grundmann*, in: Staub, HGB, Bd. 11/2, 5. Aufl. 2018, 8. Teil Rn. 220; *Roth/Blessing*, Die neuen Vorgaben nach MiFID II – Teil 1, CCZ 2016, 258, 264 f.
906 *Trafkowski*, Besondere Pflichten für die Anlageberatung, in: Teuber/Schröer, MiFID II und MiFIR, 2015, S. 77, 101; *Roth/Blessing*, Die neuen Vorgaben nach MiFID II – Teil 1, CCZ 2016, 258, 264 f.; *Grundmann*, in: Staub, HGB, Bd. 11/2, 5. Aufl. 2018, 8. Teil Rn. 221.
907 *Möllers/Poppele*, Paradigmenwechsel durch MiFID II: divergierende Anlegerleitbilder und neue Instrumentarien wie Qualitätskontrolle und Verbote, ZGR 2013, 437, 477.

§ 9 Wohlverhaltenspflichten bei Robo Advice der zweiten Generation

eine All-in-fee als einheitlichen Betrag ein und leitet einen Teil für die Verwaltungsleistung an den Robo Advisor weiter, erfüllt diese Zahlung den Zuwendungstatbestand. Bei wirtschaftlicher Betrachtung handelt es sich zwar nicht um die Zahlung eines Dritten, sondern um eine Entgeltzahlung des Robo-Advice-Kunden. Dennoch ist die Weiterleitung als Drittzuwendung verboten, da die Bank nicht nur im Lager der Anleger steht, sondern als Kooperationspartner auch im Lager des Robo Advisors.

4. Für die Praxis ist ein alternatives Zahlungsmodell vorzugswürdig: Aufsichtsrechtlich problematisch ist die Zahlung an den Robo Advisor im Innenverhältnis. Zieht der Robo Advisor ihre Gebühr selbst vom Kundendepot ein, ist die Zahlung keine Zuwendung eines Dritten.

5. Bei der Geeignetheitsprüfung besteht bei Robo Advice der zweiten Generation eine modifizierte Prüfungspflicht. Als Finanzportfolioverwalter entscheiden die Anbieter selbst über den Erwerb oder Verkauf der einzelnen Finanzinstrumente. Folglich müssen nicht die Einzelgeschäfte, sondern die Gesamtstrategie für die Kunden geeignet sein.

6. Da der Robo Advisor der zweiten Generation fortlaufend nach eigenem Ermessen über den Anlagebetrag disponiert, ist er dazu verpflichtet, eine laufende Geeignetheitsprüfung durchzuführen. Dabei treffen ihn auch besondere Berichtspflichten, die dem Anleger eine Ex-post-Kontrolle ermöglichen sollen.

§ 10 Aufsichtsrechtliche Organisationspflichten bei Robo Advice

Erbringt ein Anbieter von Robo Advice eine Wertpapierdienstleistung, ist er neben den eben behandelten Wohlverhaltenspflichten auch an die öffentlich-rechtlichen Organisationspflichten gebunden.[908] Diese geben den innerbetrieblichen strukturellen Rahmen für die Erbringung von Wertpapierdienstleistungen im Interesse der Kunden vor.[909] Sie verpflichten das Wertpapierdienstleistungsunternehmen insbesondere zur Schaffung der personellen, sachlichen und technisch-organisatorischen Voraussetzungen für die Einhaltung der Wohlverhaltenspflichten.[910] Im Folgenden werden die einzelnen Organisationspflichten dargestellt und die daraus resultierenden Folgen für Robo Advice identifiziert. Die Organisationspflichten gelten für alle Wertpapierdienstleistungsunternehmen unabhängig davon, welche Art von Wertpapierdienstleistung sie erbringen.[911] Da die Pflichten am Anbieter anknüpfen, ist im Gegensatz soeben erörterten Wohlverhaltenspflichten nicht zwischen Robo Advice der ersten Generation und Robo Advice der zweiten Generation zu differenzieren. Die folgenden organisatorischen Pflichten gelten hingen nicht, wenn ein FinTech Robo Advice der ersten Generation im Rahmen der Bereichsausnahme des § 3 Abs. 1 Nr. 7 WpHG anbietet. Diese nimmt bestimmte Unternehmen vom persönlichen Anwendungsbereich aller Vorschriften aus, die an die Eigenschaft als Wertpapierdienstleistungsunternehmen anknüpfen.[912] Als Gewerbetreibende fallen

---

[908] ESMA, Consultation Paper: Guidelines on certain aspects of the MiFID II suitability requirements v. 13.7.2017, ESMA35-43-748, S. 12 Nr. 20; *Altmann/Becker*, BaFinTech 2016, Workshop 3: Robo-Advice, S. 17; *Möslein/Lordt*, Rechtsfragen des Robo-Advice, ZIP 2017, 793, 800; *Oppenheim/Lange-Hausstein*, Robo Advisor, WM 2016, 1966, 1970; *Reiter/Methner*, Rechtsprobleme der Beratung durch Robo Advisors, in: Taeger, Recht 4.0, 2017, S. 587, 590; *Baumanns*, FinTechs als Anlageberater? Die aufsichtsrechtliche Einordnung von Robo-Advisory, BKR 2016, 366, 371.

[909] *Balzer*, Anlegerschutz bei Verstößen gegen die Verhaltenspflichten nach §§ 31 ff Wertpapierhandelsgesetz (WpHG), ZBB 1997, 260, 262; *Meyer/Paetzel/Will*, in: KK-WpHG, 2. Aufl. 2014, § 33 Rn. 20; *Fuchs*, in: Fuchs, WpHG, 2. Aufl. 2016, § 33 Rn. 15; *Binder*, in: Staub, HGB, Bd. 11/2, 5. Aufl. 2018, 7. Teil Rn. 29.

[910] *Meyer/Paetzel/Will*, in: KK-WpHG, 2. Aufl. 2014, § 33 Rn. 4; *Fett*, in: Schwark/Zimmer, KMRK, 4. Aufl. 2010, § 33 WpHG Rn. 1; *Fuchs*, in: Fuchs, WpHG, 2. Aufl. 2016, § 33 Rn. 17.

[911] *Fett*, in: Schwark/Zimmer, KMRK, 4. Aufl. 2010, § 33 WpHG Rn. 1; *Koller*, in: Assmann/Schneider, WpHG, 6. Aufl. 2012, § 33 Rn. 1.

[912] *Baum*, in: KK-WpHG, 2. Aufl. 2014, § 2a Rn. 1; *Assmann*, in: Assmann/Schneider, WpHG, 6. Aufl. 2012, § 2a Rn. 1; *Schneider*, Nichtanwendbarkeit des

FinTechs in den Anwendungsbereich der FinVermV.[913] Diese Verordnung normiert keine mit den Organisationspflichten des WpHG vergleichbaren Bestimmungen.

A. Allgemeine Organisationspflichten als prinzipienbasierte Regulierung (§ 80 WpHG)

§ 80 WpHG nimmt die Organisationspflichten des § 33 WpHG a.F. auf und entwickelt diese im Zuge der Umsetzung der MiFID II durch das 2. FiMa-NoG weiter.[914] Die Norm ist neben Art. 21 f. DelVO MiFID II (EU) 2017/565 zentrale Grundlage für die Sicherung der materiellen Wohlverhaltenspflichten der §§ 63 ff. WpHG.[915] § 80 Abs. 1 WpHG verweist für die allgemeinen organisatorischen Pflichten auf die bankaufsichtsrechtlichen Organisationspflichten der §§ 25a–d KWG, um doppelte Vorgaben an die Geschäftsorganisation zu vermeiden.[916] Diese umfassen insbesondere die Festlegung von Geschäfts- und Risikostrategien, die Einrichtung interner Kontrollverfahren und Vorgaben an eine angemessene personelle und technisch-organisatorische Ausstattung. Daneben gelten für Robo Advisor als Wertpapierdienstleistungsunternehmen spezifische kapitalmarktrechtliche Vorgaben, die in den §§ 80 ff. WpHG normiert sind. Diese konkretisieren die bankaufsichtsrechtlichen Bestimmungen und werden ihrerseits

---

KWG bzw. WpHG trotz Erbringung regulierter Tätigkeiten, WM 2008, 285, 288.

913 *Baumanns*, FinTechs als Anlageberater? Die aufsichtsrechtliche Einordnung von Robo-Advisory, BKR 2016, 366, 371; *Oppenheim/Lange-Hausstein*, Robo Advisor, WM 2016, 1966, 1969.
914 *Binder*, in: Staub, HGB, Bd. 11/2, 5. Aufl. 2018, 7. Teil Rn. 30; *Binder*, Governance of Investment Firms under MiFID II, in: Busch/Ferrarini, Regulation of the EU Financial Markets, 2017, S. 49, 61 f.
915 *Binder*, in: Staub, HGB, Bd. 11/2, 5. Aufl. 2018, 7. Teil Rn. 36.
916 Regierungsentwurf FRUG, BT-Drs. 16/4028, S. 56; *Poelzig*, Kapitalmarktrecht, 2018, Rn. 824; *Binder*, in: Staub, HGB, Bd. 11/2, 5. Aufl. 2018, 7. Teil Rn. 32.

durch die Vorgaben der DelVO MiFID II (EU) 2017/565 weiter ausgestaltet.[917] Regelungstechnisch sind die Organisationspflichten im WpHG zu einem erheblichen Teil generalklauselartig formuliert.[918] Die einzelnen Organisationsvorgaben sind dabei nur grob umrissen. So müssen Wertpapierdienstleistungsunternehmen etwa *angemessene* bzw. *auf Dauer wirksame* Vorkehrungen treffen, um die Kontinuität und Regelmäßigkeit der Dienstleistung sicherzustellen. Diese *prinzipienbasierte Regulierung* verpflichtet die Normadressaten nicht zu spezifischen organisatorischen Maßnahmen, sondern überlässt die einzelfallgerechte Umsetzung der organisatorischen Grundprinzipien den Anbietern selbst. Voraussetzung ist, dass die getroffenen Maßnahmen dazu geeignet sind, einen ausreichenden Anlegerschutz gewährleisten.[919] Der prinzipienbasierte Regelungsansatz wirkt sich auf zwei Ebenen aus: Neben den abstrakten Zielvorgaben des Gesetzgebers ist auch die Ebene der Rechtsdurchsetzung relevant. Die konkretisierungsbedürftigen Zielvorgaben werden durch die Aufsichtsbehörden in Abstimmung mit den Marktteilnehmern kontinuierlich an neue Entwicklungen angepasst.[920] Für Robo Advice bedeutet dieses hohe Abstraktionsniveau, dass die organisatorischen Anforderungen an den Besonderheiten des digitalen Geschäftsmodells zu messen sind. Insoweit können auch de lege lata spezifische Organisationspflichten bei Robo Advice bestehen, ohne dass diese ausdrücklich im WpHG oder in europäischen Gesetzen vorgesehen sind. Entsprechende Vorgaben entwickelte die ESMA auf Level 3 des Lamfalussy-Rechtssetzungsverfahrens in Form von Leitlinien für die Aufsichtspraxis.[921] Zur Ausgestaltung der konkreten Organisationspflichten bei Robo

---

917 *Binder*, in: Staub, HGB, Bd. 11/2, 5. Aufl. 2018, 7. Teil Rn. 21.
918 *Wundenberg*, in: Veil, Europäisches Kapitalmarktrecht, 2. Aufl. 2014, § 29 Rn. 8; *Binder*, Organisationspflichten und das Finanzdienstleistungs-Unternehmensrecht: Bestandsaufnahme, Probleme, Konsequenzen, ZGR 2015, 667, 701 f.; zu Generalklauseln: *Möllers*, Juristische Methodenlehre, 2017, § 9 Rn. 5 ff.
919 *Veil*, Compliance-Organisationen in Wertpapierdienstleistungsunternehmen im Zeitalter der MiFiD, WM 2008, 1093, 1095; *Wundenberg*, in: Veil, Europäisches Kapitalmarktrecht, 2. Aufl. 2014, § 29 Rn. 7; *Binder*, in: Staub, HGB, Bd. 11/2, 5. Aufl. 2018, 7. Teil Rn. 37; *Binder*, Organisationspflichten und das Finanzdienstleistungs-Unternehmensrecht: Bestandsaufnahme, Probleme, Konsequenzen, ZGR 2015, 667, 701 f.
920 *Wundenberg*, in: Veil, Europäisches Kapitalmarktrecht, 2. Aufl. 2014, § 29 Rn. 9; *Black*, Forms and paradoxes of principles-based regulation, 3 CMLJ 425, 434 ff. (2008); *Maume*, Regulating Robo Advisory, April 2018, unter III C., abrufbar unter https://ssrn.com/ abstract=3167137.
921 ESMA, Final Report: Guidelines on certain aspects of the MiFID II suitability requirements v. 28.5.2018, ESMA35-43-869, Annex IV.

Advice ist eine enge Kommunikation und Kooperation zwischen Aufsicht und Marktteilnehmern wünschenswert. In der Praxis besteht ein reger Austausch zwischen den Anbietern und der Aufsicht. Die ESMA führte zu ihren Leitlinienvorschlägen im Juli 2017 eine Konsultation[922] durch und berücksichtigte zahlreiche Rückmeldungen von Marktteilnehmern und Interessensvertretern bei der Ausarbeitung der endgültigen Leitlinien. Auch die deutsche Aufsichtsbehörde BaFin befindet sich im Dialog mit Anbietern von Robo Advice, etwa im Rahmen von Workshops zu finanztechnologischen Entwicklungen.[923] Zudem beantwortet die BaFin, anders als etwa die österreichische Finanzaufsicht, konkrete Anfragen von FinTechs.[924]

I. Kapitalmarktrechtliche Organisationspflichten

Die kapitalmarktrechtlichen Organisationspflichten sind insbesondere in § 80 Abs. 1 Satz 2 Nr. 1 und 4 WpHG normiert. Konkrete Vorgaben an Aufbau- und Ablauforganisation ergeben sich zudem aus Art. 21 DelVO MiFID II (EU) 2017/565. Inhaltlich sehen diese allgemeine organisatorische Grundlagen für den Geschäftsbetrieb vor (Art. 21 Abs. 1, 4 und 5 DelVO MiFID II (EU) 2017/565) und verpflichten die Wertpapierdienstleistungsunternehmen, die Sicherheit, Integrität und Vertraulichkeit der Anlegerinformationen zu gewährleisten (§ 80 Abs. 1 Satz 2 Nr. 4 WpHG, Art. 21 Abs. 2 DelVO MiFID II (EU) 2017/565). Diese allgemeinen organisatorischen Anforderungen umfassen auch die Festlegung, Umsetzung und Aufrechterhaltung von *Notfallkonzepten bei der Störung der IT-Systeme*, § 80 Abs. 1 Satz 2 Nr. 1 WpHG und Art. 21 Abs. 2 DelVO MiFID II (EU) 2017/565. Schon nach dem Wortlaut fordert diese Vorgabe mehr als eine

---

922 ESMA, Consultation Paper: Guidelines on certain aspects of the MiFID II suitability requirements v. 13.7.2017, ESMA35-43-748.
923 Beispielsweise die die BaFin-Tech 2018, weitere Informationen unter www.bafin.de/SharedDocs/Veranstaltungen/DE/180410_BaFin-Tech_2018.html.
924 *Hufeld*, Rede zur Eröffnung der Veranstaltung BaFin-Tech 2016 am 28.6.2016, abrufbar unter www.bafin.de/SharedDocs/Veroeffentlichungen/DE/Reden/re_160628_bafin-tech2016_p.html;jsessionid=76A38CC71C4E1DACDCDA7D9561C7FF48.1_cid298; für Fragen zur Erlaubnispflicht konkreter Vorhaben nennt die BaFin etwa explizit Kontaktdaten auf ihrer Website www.bafin.de/DE/DieBaFin/Kontakt/Erlaubnispflicht/erlaubnispflicht_node.html.

bloße Absicherung gegen die Risiken, die mit der elektronischen Datenverarbeitung einhergehen. Die Anbieter sind zu einer umfassenden Risikovorsorge durch Notfallkonzepte verpflichtet, um Störungen oder Ausfälle bei der Erbringung der Wertpapierdienstleistung nach Möglichkeit zu vermeiden. Neben Vorkehrungen zur Datensicherung und Datenwiederherstellung nach einer Systemstörung sind präventive Maßnahmen zur Abwendung von Hackerangriffen vorzusehen.[925] Da die Wertpapierdienstleistung ausschließlich über das Internet angeboten wird und die Empfehlung bzw. die Investitionsentscheidung auf einem Algorithmus basiert, ist Robo Advice in besonderem Maße auf fehlerfrei funktionierende und sichere EDV-Systeme angewiesen. Aufgrund dieser Abhängigkeit ist insbesondere für zeitkritische Aktivitäten ein Notfallkonzept festzulegen, das geeignet ist, das Ausmaß möglicher Schäden zu reduzieren.[926] Bei Robo Advice der zweiten Generation verwaltet der Anbieter das Kundenvermögen fortlaufend und muss in der Lage sein, auf eine Änderung der Marktbedingungen unverzüglich zu reagieren. Wegen der besonderen IT-Sensibilität von Robo Advice sind an die Risikovorsorge und den Detailgrad der Notfallplanung höhere Anforderungen zu stellen als bei der herkömmlichen Anlageberatung und Finanzportfolioverwaltung. Notwendig sind eine umfassende *Back-up* und *Disaster-Recovery Strategie*.[927] Der Robo Advisor muss bei einem Ausfall des laufenden Systems kurzfristig auf ein alternatives System zurückzugreifen können. Voraussetzung ist, dass die Algorithmen so gestaltet sind, dass der Robo Advisor nicht auf die Dienste eines einzelnen Anbieters angewiesen ist. Fällt etwa ein Server oder die Cloud eines Dienstleisters aus, sollte er kurzfristig auf die Dienste eines anderen Anbieters zurückgreifen können. Darüber hinaus sollten die Mitarbeiter des Robo Advisors stets in der

---

[925] *Binder*, in: Staub, HGB, Bd. 11/2, 5. Aufl. 2018, 7. Teil Rn. 49; zur inhaltlich weitgehend übereinstimmenden alten Rechtslage: *Fuchs*, in: Fuchs, WpHG, 2. Aufl. 2016, § 33 Rn. 63 ff.; *Koller*, in: Assmann/Schneider, WpHG, 6. Aufl. 2012, § 33 Rn. 37.

[926] ESMA, Final Report: Guidelines on certain aspects of the MiFID II suitability requirements v. 28.5.2018, ESMA35-43-869, S. 59 Nr. 104; entsprechend bereits BaFin, Rundschreiben 4/2010 (WA) – Mindestanforderungen an die Compliance-Funktion und die weiteren Verhaltens-, Organisations- und Transparenzpflichten nach §§ 31 ff. WpHG für Wertpapierdienstleistungsunternehmen v. 7.6.2010, Stand 7.8.2014, AT 7.3 Ziff. 1; *Braun*, in: Boos/Fischer/Schulte-Mattler, KWG, CRR-VO, 5. Aufl. 2016, § 25a KWG Rn. 639; *Fett*, in: Schwark/Zimmer, KMRK, 4. Aufl. 2010, § 33 WpHG Rn. 13.

[927] Bereits zu § 33 WpHG a.F.: *Fett*, in: Schwark/Zimmer, KMRK, 4. Aufl. 2010, § 33 WpHG Rn. 13; *Koller*, in: Assmann/Schneider, WpHG, 6. Aufl. 2012, § 33 Rn. 5.

Lage sein, in Prozesse einzugreifen, um die erforderlichen Transaktionen zur Vermeidung von Verlusten, etwa bei einem Marktcrash, notfalls manuell auszuführen. Das erfordert Mitarbeiterschulungen und eine fortlaufende Überprüfung der Notfallpläne und Sicherheitsvorkehrungen.

II. Pflicht zur Einrichtung einer Compliance-Funktion

Sobald eine erlaubnispflichtige Wertpapierdienstleistung erbracht wird, ist eine Compliance-Funktion erforderlich. Für automatisierte Prozesse existieren keine Ausnahmen.[928] Verantwortlich für den Einsatz der Algorithmen ist der Plattformbetreiber.[929] Ihn trifft daher die Pflicht zur Einrichtung der Compliance-Funktion. Falls eine Vollbank ihr Dienstleistungsangebot um Robo Advice erweitert, muss die bereits bestehende Compliance-Funktion erweitert und an das neue Aufgabenspektrum angepasst werden.[930] Ziel der kapitalmarktrechtlichen Compliance-Pflichten ist die organisatorische Absicherung der Wohlverhaltenspflichten.[931] Aus Art. 22 Abs. 1 DelVO MiFID II (EU) 2017/565 ergibt sich ausdrücklich die Pflicht sicherzustellen, dass die gesetzlichen Vorgaben des WpHG im Unternehmen eingehalten werden. Neben der präventiven Vermeidung von Verstößen ist die Behebung festgestellter Defizite Aufgabe der Compliance-Funktion. Aufgrund der vollständigen Automatisierung ergeben sich bei Robo Advice eine Reihe zusätzlicher

---

928 *Altmann/Becker*, BaFinTech 2016, Workshop 3: Robo-Advice, S. 19; *Feger*, Herausforderungen des Robo-Advice aus Sicht der Compliance-Funktion nach WpHG, CB 2017, 359; *Oppenheim/Lange-Hausstein*, Robo Advisor, WM 2016, 1966, 1971.
929 *Pieper*, Künstliche Intelligenz, in: Taeger, Recht 4.0, 2017, S. 555, 557.
930 *Feger*, Herausforderungen des Robo-Advice aus Sicht der Compliance-Funktion nach WpHG, CB 2017, 359, 360.
931 *Binder*, in: Staub, HGB, Bd. 11/2, 5. Aufl. 2018, 7. Teil Rn. 51; allgemein zu den Aufgaben von Compliance: *Fleischer*, Vorstandsverantwortlichkeit und Fehlverhalten von Unternehmensangehörigen – Von der Einzelüberwachung zur Errichtung einer Compliance-Organisation, AG 2003, 291 ff.; *Faust*, in: Schimansky/Bunte/Lwowski, Bankrechts-Handbuch, 5. Aufl. 2017, § 109 Rn. 1 f.; *Kort*, Verhaltensstandardisierung durch Corporate Compliance, NZG 2008, 81, 82.

Compliance-Pflichten, da die Algorithmen und automatisierten Prozesse ebenfalls Gegenstand der Compliance-Prüfung sein müssen.[932]

1. Richtlinien- und Prozessmanagement

Nach Art. 21 Abs. 1 Satz 1 f) DelVO MiFID II (EU) 2017/565 müssen Wertpapierdienstleistungsunternehmen angemessene und systematische Aufzeichnungen über ihre Geschäftstätigkeit und interne Organisation führen.[933] Nach Satz 2 sind dabei die Art und die Komplexität der Dienstleistung zu berücksichtigen. Für Robo Advice folgt daraus, dass der automatisierte Anlageprozess ausführlich in einer *Prozessbeschreibung* zu dokumentieren ist. Dazu sind sämtliche Prozessschritte des Algorithmus schriftlich zu fixieren.[934] Diese Pflicht ergibt sich ebenfalls aus den Leitlinien der ESMA zur Geeignetheitsprüfung: Um den gesetzlichen Anforderungen an die Geeignetheitsprüfung gerecht zu werden, sollen Robo Advisor ein angemessenes System zur Überwachung des Algorithmus einrichten.[935] Daraus folgt die Pflicht zur sorgfältigen Erstellung und regelmäßigen Überprüfung der Prozessbeschreibung auf ihre Vollständigkeit und zum Abgleich mit dem Leistungsangebot auf der Website.[936]

Besondere Pflichten bestehen auch bei der *Entwicklung* und jeder *Änderung des Algorithmus*.[937] Da die Anlageempfehlung bzw. die Investitionsentscheidung bei Robo Advice automatisiert generiert wird, besteht die besondere Gefahr, dass ein unseriöser Mitarbeiter den Algorithmus manipuliert, um sich selbst zu bereichern. Denkbar ist etwa, dass ein solcher Algorithmus größere Kundentransaktionen verzögert und den Programmierer

---

932 *Altmann/Becker*, BaFinTech 2016, Workshop 3: Robo-Advice, S. 19; *Feger*, Herausforderungen des Robo-Advice aus Sicht der Compliance-Funktion nach WpHG, CB 2017, 359, 360.
933 Eine vergleichbare Pflicht normierte § 33 Abs. 1 WpHG a.F. i.V.m. § 14 WpD-VerOV a.F.
934 Entsprechend zur alten Rechtslage: *Feger*, Herausforderungen des Robo-Advice aus Sicht der Compliance-Funktion nach WpHG, CB 2017, 359, 360.
935 ESMA, Final Report: Guidelines on certain aspects of the MiFID II suitability requirements v. 28.5.2018, ESMA35-43-869, S. 52 Nr. 82.
936 ESMA, Final Report: Guidelines on certain aspects of the MiFID II suitability requirements v. 28.5.2018, ESMA35-43-869, S. 52 Nr. 82; entsprechend zur alten Rechtslage: *Feger*, Herausforderungen des Robo-Advice aus Sicht der Compliance-Funktion nach WpHG, CB 2017, 359, 360.
937 ESMA, Final Report: Guidelines on certain aspects of the MiFID II suitability requirements v. 28.5.2018, ESMA35-43-869, S. 52 Nr. 82.

vorab über diese Geschäfte informiert. Der Mitarbeiter könnte dann unter Ausnutzung dieses Wissens zum eigenen Vorteil Wertpapiergeschäfte tätigen, sog. Frontrunning.[938] Solche Insidergeschäfte sind ein Verstoß gegen das Marktmissbrauchsrecht und nach Art. 8 und 14 lit. a) Marktmissbrauchsverordnung[939] verboten. Die Compliance-Funktion des Robo Advisors muss eine Absicherung gegen solche Betrugsszenarien gewährleisten. Daher sind sowohl bei der Entwicklung, als auch bei jeder Änderung des Algorithmus wirksame Kontrollmechanismen zu implementieren. Dazu sollte unmissverständlich festgelegt werden, welcher Mitarbeiter den Algorithmus entwickelt bzw. ändert, wer für die Testphase zuständig ist und von wem die Installation vorgenommen wird. Ein Softwareentwicklungsprozess ermöglicht es, anhand der Dokumentation nachträglich festzustellen, wer für eine Manipulation verantwortlich ist. Darüber hinaus dient er auch dazu, missbräuchliches Verhalten präventiv zu unterbinden, etwa wenn der Prozess vorschreibt, dass für Entwicklung, Test und Installation personenverschiedene Mitarbeiter zuständig sind. Diese gegenseitige Kontrolle bietet Schutz vor unseriösen Programmierern und Praktiken.

2. Regelmäßige Systemprüfungen

Aufgrund der besonderen Abhängigkeit von Algorithmen sollte die Compliance-Funktion bei Robo Advice regelmäßige Systemprüfungen durchführen, um die Funktionsfähigkeit der Software zu prüfen und angemessen zu überwachen.[940] Anhand von Stichproben ist insbesondere die aufsichtsrechtlich vorgeschriebene Geeignetheit der Anlageempfehlung bzw. der Investitionsentscheidung fortlaufend zu überprüfen.[941] Diese Pflicht ergibt sich aus den Leitlinien der ESMA.[942] Diese Level 3-Vorgaben präzisieren

---

938 Zum Frontrunning: *Klöhn*, in: Klöhn, Marktmissbrauchsverordnung, 2018, Art. 7 Rn. 294, 300; *Hopt/Kumpan*, in: Schimansky/Bunte/Lwowski, Bankrechts-Handbuch, 5. Aufl. 2017, § 107 Rn. 59.
939 Verordnung (EU) Nr. 596/2014 des Europäischen Parlaments und des Rates vom 16. April 2014 über Marktmissbrauch, ABl. Nr. L 173 v. 12.6.2014, S. 1–61 (Marktmissbrauchsverordnung).
940 ESMA, Final Report: Guidelines on certain aspects of the MiFID II suitability requirements v. 28.5.2018, ESMA35-43-869, S. 52 Nr. 82.
941 *Feger*, Herausforderungen des Robo-Advice aus Sicht der Compliance-Funktion nach WpHG, CB 2017, 359, 361.
942 ESMA, Final Report: Guidelines on certain aspects of the MiFID II suitability requirements v. 28.5.2018, ESMA35-43-869, S. 53 Nr. 82.

die abstrakten organisatorischen Zielvorgaben des Gesetzgebers. Rechtsmethodisch ist die generalklauselartig formulierte Organisationspflicht des § 80 Abs. 1 WpHG Anknüpfungspunkt für die Pflicht zur regelmäßigen Systemprüfung durch die Compliance-Funktion.

B. Pflicht zur Vermeidung von Interessenkonflikten (§ 80 Abs. 1 Satz 2 Nr. 2 WpHG)

Nach § 80 Abs. 1 Satz 2 Nr. 2 WpHG sind angemessene organisatorische Vorkehrungen zur Vermeidung von Interessenkonflikten zu treffen. Gegenüber den allgemeinen kapitalmarktrechtlichen Organisationspflichten nimmt diese Pflicht eine Sonderrolle ein: Es geht nicht allein darum, die Einhaltung der Wohlverhaltenspflichten sicherzustellen. Vielmehr sollen die Organisationspflichten selbst vorrangig die Risiken minimieren, die aus Interessenkonflikten der Wertpapierdienstleister und ihrer Mitarbeiter erwachsen.[943] Die Wohlverhaltenspflicht des § 63 Abs. 2 WpHG zur Offenlegung von Interessenkonflikten als Ultima Ratio greift nur, wenn die Interessenkonflikte nicht präventiv durch organisatorische Vorkehrungen verhindert werden können.[944] Bei Robo Advice wird die Anlageempfehlung automatisiert mithilfe eines Algorithmus auf Grundlage der Kundenangaben erstellt. Dabei geht der Algorithmus nach einem ex ante festgelegten Plan vor und entscheidet ausschließlich regelbasiert, ohne dass im Einzelfall menschliche Akteure beteiligt sind. So können bislang unvermeidbare Interessenkonflikte abgewendet werden: Während menschliche Anlageberater bei jeder einzelnen Entscheidung einer Vielzahl von Interessenkonflikten ausgesetzt sind, besteht bei Robo Advice nicht die Gefahr, dass der Algorithmus von seinem Entscheidungsplan abweicht und den Interessen des Anbieters Vorrang einräumt.[945] Jedoch können die Algorithmen ex ante so programmiert werden, dass sie in Konfliktsituationen stets zugunsten des Anbieters entscheiden. Interessenkonflikte sind daher bei Robo Advice *nicht situativer, sondern struktureller Natur.*[946] Bei Robo Advice stehen

---

943 *Binder*, in: Staub, HGB, Bd. 11/2, 5. Aufl. 2018, 7. Teil Rn. 59; *Grundmann*, in: Staub, HGB, Bd. 11/2, 5. Aufl. 2018, 8. Teil Rn. 151.
944 Das ergibt sich ausdrücklich aus Art. 34 Abs. 4 DelVO MiFID II (EU) 2017/565; zur Offenlegungspflicht bei Robo Advice: dritter Teil: § 7 D. I., § 8 C. II und § 9 B.
945 *Oppenheim/Lange-Hausstein*, Robo Advisor, WM 2016, 1966, 1970; *Möslein/Lordt*, Rechtsfragen des Robo-Advice, ZIP 2017, 793, 801.
946 *Möslein/Lordt*, Rechtsfragen des Robo-Advice, ZIP 2017, 793, 801.

folglich nicht die gesetzlichen Regelungen zur Konfliktvermeidung im Einzelfall, sondern die organisatorischen Pflichten zur Vermeidung struktureller Interessenkonflikte im Vordergrund. Weder das Gesetz noch die konkretisierende WpDVerOV[947] enthalten spezifische organisatorische Vorgaben zum Einsatz von Algorithmen bei der Erbringung von Anlageberatung und Vermögensverwaltung. Da die Organisationspflichten einem prinzipienbasierten Regelungsansatz folgen und daher generalklauselartig weit formuliert sind, lässt sich aus den gesetzlichen Bestimmungen ableiten, dass bei Robo Advice möglichst konfliktvermeidende Algorithmen verwendet werden müssen.[948] Dazu leisten die eben dargestellten Compliance-Pflichten einen wesentlichen Beitrag.[949]

C. Algorithmische Organisationspflichten bei Robo Advice (§ 80 Abs. 2–8 WpHG)

Der Einsatz von Algorithmen bei der Erbringung von Wertpapierdienstleistungen bringt nicht nur Vorteile, sondern birgt auch spezifische Gefahren. Für den algorithmischen Handel regeln § 80 Abs. 2–8 WpHG deshalb besondere Organisationspflichten. Diese adressieren die Risiken, die aus einem verstärkten Einsatz von Technologie für den Kapitalmarkt resultieren.[950] Algorithmischer Handel kann etwa zu einem außergewöhnlich hohen Orderaufkommen in kurzer Zeit führen, was wiederum in einer Überlastung der Handelssysteme resultieren kann. Weitere Risiken sind die Feh-

---

947 Verordnung zur Konkretisierung der Verhaltensregeln und Organisationsanforderungen für Wertpapierdienstleistungsunternehmen (Wertpapierdienstleistungs-Verhaltens- und -Organisationsverordnung - WpDVerOV) v. 17.10.2017, BGBl. I S. 3566.
948 *Möslein/Lordt*, Rechtsfragen des Robo-Advice, ZIP 2017, 793, 801.
949 Dritter Teil: § 10 A. II.
950 Erwägungsgrund 59 MiFID II; *Binder*, in: Staub, HGB, Bd. 11/2, 5. Aufl. 2018, 7. Teil Rn. 77; *Kindermann/Coridaß*, Der rechtliche Rahmen des algorithmischen Handels inklusive des Hochfrequenzhandels, ZBB 2014, 178; *Kobbach*, Regulierung des algorithmischen Handels durch das neue Hochfrequenzhandelsgesetz: Praktische Auswirkungen und offene rechtliche Fragen, BKR 2013, 233; *Moloney*, EU Securities and Financial Markets Regulation, 3. Aufl. 2014, S. 525 ff.

leranfälligkeit der Algorithmen und die besondere Anfälligkeit des Hochfrequenzhandels für Marktmanipulation.[951] Daher sieht das WpHG algorithmenspezifische Organisationspflichten zum Schutz der Sicherheit, Zuverlässigkeit und Rechtmäßigkeit des Handelsbetriebs vor.[952] Diese Bestimmungen sind darauf ausgerichtet, die Handelsrisiken zu minimieren und eine Störung der Funktionsfähigkeit und Integrität der Kapitalmärkte zu verhindern.[953] Die algorithmischen Organisationspflichten adressieren Handelsvorgänge mit *unmittelbarer Auswirkung* auf den Wertpapiermarkt. Die Vorgaben dienen dem Schutz der Märkte und nicht dem individuellen Anlegerschutz. Vor diesem Hintergrund ist fraglich, inwieweit sie bei Robo Advice beachtlich sind.

Algorithmischer Handel liegt nach der Legaldefinition nach § 80 Abs. 2 WpHG vor, wenn das Wertpapierdienstleistungsunternehmen in der Weise Handel mit Finanzinstrumenten betreibt, dass ein Computeralgorithmus einzelne Auftragsparameter automatisch bestimmt. Der Robo Advisor der ersten Generation unterbreitet seinem Kunden mithilfe eines Algorithmus eine Anlageempfehlung. Den Investitionsvorschlag kann der Anleger in einem zweiten Schritt auf eigene Initiative umsetzen. Der Robo Advisor betreibt daher selbst keinen Handel mit Finanzinstrumenten. Die bloße Unterbreitung eines Investitionsvorschlags hat keine unmittelbare Auswirkung auf das Marktgeschehen und stellt somit keine Bedrohung für die Marktintegrität dar. Robo Advice der ersten Generation fällt mithin nicht in den Anwendungsbereich der Norm. Der Robo Advisor der zweiten Generation

---

951 Erwägungsgründe 59 ff. MiFID II; *Kindermann/Coridaß*, Der rechtliche Rahmen des algorithmischen Handels inklusive des Hochfrequenzhandels, ZBB 2014, 178; *Binder*, in: Staub, HGB, Bd. 11/2, 5. Aufl. 2018, 7. Teil Rn. 76; *Conac*, Algorithmic Trading and High-Frequency Trading (HFT), in: Busch/Ferrarini, Regulation of the EU Financial Markets, 2017, S. 469, 472 f.

952 *Binder*, in: Staub, HGB, Bd. 11/2, 5. Aufl. 2018, 7. Teil Rn. 77; entsprechend zu § 33 Abs. 1a WpHG a.F.: *Kindermann/Coridaß*, Der rechtliche Rahmen des algorithmischen Handels inklusive des Hochfrequenzhandels, ZBB 2014, 178, 182; *Meyer/Paetzel/Will*, in: KK-WpHG, 2. Aufl. 2014, § 33 Rn. 213e; *Fuchs*, in: Fuchs, WpHG, 2. Aufl. 2016 § 33 Rn. 144; *Kobbach*, Regulierung des algorithmischen Handels durch das neue Hochfrequenzhandelsgesetz: Praktische Auswirkungen und offene rechtliche Fragen, BKR 2013, 233.

953 Erwägungsgründe 63 f. MiFID II; *Binder*, in: Staub, HGB, Bd. 11/2, 5. Aufl. 2018, 7. Teil Rn. 77; *Kindermann/Coridaß*, Der rechtliche Rahmen des algorithmischen Handels inklusive des Hochfrequenzhandels, ZBB 2014, 178, 182; *Moloney*, EU Securities and Financial Markets Regulation, 3. Aufl. 2014, S. 525 ff.; *Conac*, Algorithmic Trading and High-Frequency Trading (HFT), in: Busch/Ferrarini, Regulation of the EU Financial Markets, 2017, S. 469, 476 f.

verwaltet das Kundenportfolio hingegen fortlaufend und setzt die Anlagestrategie für den Anleger ohne dessen weiteres Zutun um. Dabei bietet er eine fast vollständige Automatisierung der Anlageprozesse und investiert das Kundenvermögen entsprechend der Anlagerichtlinien.[954] Da der Anbieter die einzelnen Finanzprodukte für den Kunden erwirbt und verkauft, betreibt er aktiv Handel. Dass er die Aufträge nicht für eigene Rechnung ausführt, ist beim algorithmischen Handel im Hinblick auf die Schutzzwecke Systemstabilität und Marktintegrität unerheblich.[955] Entsprechend der Definition ist entscheidend, dass der Computer einzelne Auftragsparameter automatisch bestimmt und der unmittelbaren menschlichen Verantwortung entzieht.[956] Maßgebliche Parameter sind etwa die Entscheidung, ob der Auftrag eingeleitet wird, sowie der Zeitpunkt oder Umfang des Handelsauftrags.[957] In der Praxis werden die Handelsaufträge bei vielen Anbietern noch manuell durch einen Mitarbeiter erteilt, der den Kauf der Wertpapiere entsprechend der automatisiert erstellen Anlagestrategie für die Anleger durchführt.[958] Sofern die Finanzinstrumente von einem Computer ausgewählt werden, ist der Tatbestand des algorithmischen Handels auch dann erfüllt, wenn ein Mensch an der Umsetzung der Investitionsentscheidung beteiligt ist.[959] Anders liegt der Fall dann, wenn ein Algorithmus den Mitarbeiter lediglich auf das Vorliegen einer bestimmten Marktsituation aufmerksam macht, der Mensch aber eigenständig darüber entscheidet, ob er einen Handels-auftrag erteilt.[960] Entscheidend für die Abgrenzung ist, ob die Auswahl der Wertpapiere durch den Algorithmus erfolgt oder wie bei

---

954 *Alvares de Souza Soares/Böschen*, Digitale Vermögensverwalter, Manager Magazin 3/2016, 100, 102; *Möslein/Lordt*, Rechtsfragen des Robo-Advice, ZIP 2017, 793, 796; *Bloch/Vins*, Robo Advice – die Zukunft der Geldanlage, in: Everling/Lempka, Finanzdienstleister der nächsten Generation, 2016, S. 171, 177.
955 *Kobbach*, Regulierung des algorithmischen Handels durch das neue Hochfrequenzhandelsgesetz: Praktische Auswirkungen und offene rechtliche Fragen, BKR 2013, 233, 237.
956 BaFin, FAQ zum Hochfrequenzhandelsgesetz, Stand Februar 2014, Antwort 35; *Fuchs*, in: Fuchs, WpHG, 2. Aufl. 2016, § 33 Rn. 144c.
957 *Kobbach*, Regulierung des algorithmischen Handels durch das neue Hochfrequenzhandelsgesetz: Praktische Auswirkungen und offene rechtliche Fragen, BKR 2013, 233, 237; *Meyer/Paetzel/Will*, in: KK-WpHG, 2. Aufl. 2014, § 33 Rn. 213a.
958 BaFin, Automatisierte Finanzportfolioverwaltung, Stand April 2016.
959 BaFin, FAQ zum Hochfrequenzhandelsgesetz, Stand Februar 2014, Antwort 37; *Fuchs*, in: Fuchs, WpHG, 2. Aufl. 2016, § 33 Rn. 144e.
960 BaFin, FAQ zum Hochfrequenzhandelsgesetz, Stand Februar 2014, Antwort 35; *Meyer/Paetzel/Will*, in: KK-WpHG, 2. Aufl. 2014, § 33 Rn. 213a.

sog. Cyborg-Beratern durch einen Mitarbeiter des Robo Advisors. Trifft ein Algorithmus die Investitionsentscheidung, ist es sachgerecht, die algorithmischen Organisationspflichten bei Robo Advice anzuwenden, da aus der automatisierten Entscheidung Gefahren für die Marktintegrität erwachsen können. In diesem Fall müssen die Anbieter nach § 80 Abs. 2 WpHG über System- und Risikokontrollen verfügen, um sicherzustellen, dass die Handelssysteme belastbar und so gestaltet sind, dass eine Übermittlung fehlerhafter Handelsaufträge und Marktmissbrauch vermieden wird.[961] Diese Pflicht dient nur der Wahrung der Handelsinfrastruktur. Eine Kontrolle oder Qualitätssicherung der Wertpapierdienstleistung im Anlegerinteresse wird dadurch weder angestrebt noch reflexartig erreicht.

D. Ergänzende Organisationspflichten bei Robo Advice der zweiten Generation

Ergänzend zu den allgemeinen Organisationspflichten regelt § 80 Abs. 8 WpHG für die Finanzportfolioverwaltung, dass monetäre Zuwendungen an den jeweiligen Kunden weitergegeben werden müssen. Diese Bestimmung sichert die materiellen Schranken der Annahme von Zuwendungen nach § 64 Abs. 7 WpHG.[962] Da der Robo Advisor der zweiten Generation Finanzportfolioverwaltung erbringt, ist er verpflichtet, entsprechende organisatorische Vorgaben zu treffen. Bei wirtschaftlicher Betrachtung wird Robo Advice vom Kunden vergütet. Die Zahlungsmodalitäten sind in der Praxis so zu gestalten, dass sie keine Zuwendungen im aufsichtsrechtlichen Sinne darstellen.[963] Eine solche Gestaltung entbindet den Anbieter jedoch nicht davon, vorsorglich entsprechende Vorkehrungen für anderweitige Zuwendungen zu treffen. Da es sich um eine wertpapierdienstleistungsspezifische Organisationspflicht handelt, trifft diese nicht den Robo Advisor der ersten Generation, der Anlageberatung erbringt.

---

961 *Kobbach*, Regulierung des algorithmischen Handels durch das neue Hochfrequenzhandelsgesetz: Praktische Auswirkungen und offene rechtliche Fragen, BKR 2013, 233, 238; *Meyer/Paetzel/Will*, in: KK-WpHG, 2. Aufl. 2014, § 33 Rn. 213e f.; *Fuchs*, in: Fuchs, WpHG, 2. Aufl. 2016, § 33 Rn. 144h f.
962 *Binder*, in: Staub, HGB, Bd. 11/2, 5. Aufl. 2018, 7. Teil Rn. 85.
963 Dazu dritter Teil: § 9 C. II.

E. Aufzeichnungspflicht bei elektronischer Kommunikation (§ 83 Abs. 3 und 4 WpHG)

Die *Aufzeichnungs- und Aufbewahrungspflichten* des § 83 WpHG sind Ausfluss der allgemeinen Organisationspflichten des § 80 WpHG. Sie wurden durch die MiFID II bzw. das 2. FiMaNoG grundlegend überarbeitet.[964] Wertpapierdienstleistungsunternehmen sind nach § 83 Abs. 1 WpHG und § 9 WpDVerOV zur Aufzeichnung der erbrachten Wertpapierdienstleistungen sowie der getätigten Geschäfte verpflichtet. Die Aufzeichnungspflicht erstreckt sich nach § 83 Abs. 3 WpHG ausdrücklich auch auf Telefongespräche und elektronische Kommunikation. Was unter elektronischer Kommunikation zu verstehen ist, konkretisiert die ESMA in ihren Q&A zum Schutz von Anlegern und Vermittlern im Rahmen von MiFID II und MiFIR.[965] Demnach fallen konventionelle Formen elektronischer Kommunikation wie Videokonferenzen, E-Mail, Bloomberg Mail, SMS oder Chats unter die Aufzeichnungspflicht. Explizit erfasst sind aber auch Instant Messages und Handy Apps.[966] Vor dem Hintergrund der fortlaufenden technologischen Entwicklung stellt die ESMA explizit klar, dass es sich nicht um eine abschließende Auflistung handelt. Das Merkmal der elektronischen Kommunikation ist daher weit zu verstehen.[967] Das führt dazu, dass sämtliche Formen der Kommunikation zwischen Anleger und Robo Advisor eine Aufzeichnungspflicht auslösen. § 83 Abs. 4 WpHG und Art. 76 Abs. 1 DelVO MiFID II (EU) 2917/565 verpflichten Robo Advisor, angemessene ablauforganisatorische Maßnahmen zu ergreifen, um eine technische Aufzeichnung zu ermöglichen. Da die Kundeninteraktion unabhängig vom Kommunikationskanal nicht mündlich, sondern textbasiert erfolgt, dürfte es kein Problem sein, die notwendigen technischen Voraussetzungen für eine Speicherung der verschriftlichten Erklärungen zu schaffen. Zu beachten ist,

---

964 *Balzer*, Umsetzung von MiFID II: Auswirkungen auf die Anlageberatung und Vermögensverwaltung, ZBB 2016, 226, 235; *Roth/Blessing*, Die neuen Vorgaben nach MiFID II – Teil 2, CCZ 2017, 8; *Büter/Schröer*, Telefonaufzeichnung nach MiFID II, in: Teuber/Schröer, MiFID II und MiFIR, 2015, S. 113, 116.
965 ESMA, Questions and Answers on MiFID II and MiFIR investor protection and intermediaries topics v. 10.7.2017, ESMA35-43-349; entsprechend auch *Roth/Blessing*, Die neuen Vorgaben nach MiFID II – Teil 2, CCZ 2017, 8, 10; *Buck-Heeb/Poelzig*, Die Verhaltenspflichten (§§ 63 ff. WpHG n.F.) nach dem 2. FiMaNoG, BKR 2017, 485, 489.
966 ESMA, Questions and Answers on MiFID II and MiFIR investor protection and intermediaries topics v. 10.7.2017, ESMA35-43-349, Nr. 3 Antwort 5.
967 *Roth/Blessing*, Die neuen Vorgaben nach MiFID II – Teil 2, CCZ 2017, 8, 10.

dass sich bereits die Kundenexploration auf die Annahme, Übermittlung und Ausführung von Kundenaufträgen bezieht und daher als Teil der Wertpapierdienstleistung grundsätzlich aufzeichnungspflichtig ist.[968] Die Aufzeichnungen sind nach § 9 Abs. 2 WpDVerOV auf einem dauerhaften Datenträger vorzuhalten. Bei der Aufbewahrung bzw. elektronischen Speicherung ist daher darauf zu achten, dass die Aufzeichnungen vor sachlich nicht gebotenen Änderungen geschützt sind. Bei nachträglichen Änderungen muss der Zustand vor der Änderung deutlich erkennbar sein.

F. Qualifikationsanforderungen an Mitarbeiter (§ 87 WpHG)

Für sämtliche Mitarbeiter, die in der Anlageberatung, Finanzportfolioverwaltung, Compliance-Abteilung und Organisation des Vertriebs tätig sind, sieht § 87 WpHG Qualitätsanforderungen vor. Sie müssen sachkundig sein und über die für die Tätigkeit erforderliche Zuverlässigkeit verfügen. Im Gegensatz zu den allgemeinen Bestimmungen der §§ 63 ff. WpHG richtet das Gesetz den Fokus hier nicht auf das Wertpapierdienstleistungsunternehmen, sondern auf den einzelnen Mitarbeiter.[969] Bei Robo Advice gelten die Qualifikationsanforderungen unmittelbar für die Vertriebsbeauftragten, § 87 Abs. 2 WpHG, und die Compliance-Beauftragten, § 87 Abs. 5 WpHG. Das Aufgabenspektrum dieser Mitarbeiter ist bei der automatisierten und der herkömmlichen Anlageberatung bzw. Portfolioverwaltung im Wesentlichen vergleichbar. Anders liegt der Fall bei den Anlageberatern bzw. Portfolioverwaltern, da diese Dienstleistung bei Robo Advice von einem Algorithmus erbracht wird. Fraglich ist daher, welche Pflichten insoweit aus § 87 WpHG resultieren. Zwei Varianten sind denkbar: (1) Die Norm schreibt im Kontext von Robo Advice aufsichtsrechtliche Standards für den Algorithmus vor, da dieser die Wertpapierdienstleistung erbringt oder (2) die Vorgabe verpflichtet die menschlichen Mitarbeiter, die an der Erstellung der Algorithmus oder an der Auswahl der Finanzinstrumente beteiligt sind, zu Sachkenntnis und Zuverlässigkeit.

---

968 BaFin, FAQ zu MiFID II-Wohlverhaltensregeln nach §§ 63 ff. WpHG, WA 31-Wp 2002–2018, Stand Mai 2018, Antwort 3.
969 Regierungsentwurf AnsFuG, BT-Drs. 17/3628, S. 22 f.; *Möllers*, in: KK-WpHG, 2. Aufl. 2014, § 34d Rn. 1; *Halbleib*, Der Einsatz von Mitarbeitern in der Anlageberatung nach der Neuregelung des § 34d WpHG, WM 2011, 673, 674, 678; *Rößler/Yoo*, Die Einführung des § 34d WpHG durch das AnsFuG aus aufsichts- und arbeitsrechtlicher Sicht – Berufsverbot oder Papiertiger?, BKR 2011, 377, 378.

I. Keine Mindeststandards für Algorithmen

Einige Verbraucherschützer fordern im Interesse des Anlegers eine Art TÜV für Algorithmen, um die Anleger effektiv vor Falschberatung zu schützen.[970] Eine solche objektive und unabhängige Kontrolle ist grundsätzlich dazu geeignet, sicherzustellen, dass die aufsichtsrechtlich vorgeschriebenen Standards vollumfänglich erfüllt werden. Nach dem eindeutigen Wortlaut regelt § 87 WpHG Mindeststandards für die Qualifikation von Mitarbeitern und macht keine Vorgaben für Algorithmen. Andererseits knüpft die Norm unmittelbar an die Erbringung der Finanzportfolioverwaltung bzw. Anlageberatung an. Diese Tätigkeit wird bei Robo Advice von einem Algorithmus durchgeführt. Mindeststandards für Algorithmen sind im WpHG nicht normiert. Insoweit besteht eine Regelungslücke. Möglicherweise ist der Wortlaut der Norm daher durch eine Einzelanalogie zu erweitern.[971] Sinn und Zweck von § 87 WpHG ist es, einheitliche Mindestanforderungen für Mitarbeiter zu gewährleisten, um die Anleger effektiv vor Falschberatung zu schützen und die Qualität der Wertpapierdienstleistungen nachhaltig zu verbessern.[972] Weitere Voraussetzung einer Einzelanalogie ist, dass die Ähnlichkeit der zugrunde liegenden Interessenlage es rechtfertigt, beide Fälle gleich zu behandeln.[973] Robo Advice und herkömmliche Anlageberatung bzw. Finanzportfolioverwaltung sind insoweit vergleichbar, dass aufsichtsrechtlich die gleiche Wertpapierdienstleistung erbracht wird. Im Unterschied zur herkömmlichen Dienstleistungserbringung durch einen Menschen, trifft der Algorithmus keine eigenständigen Entscheidungen, sondern geht nach einem ex ante vorgegebenen Schema vor. Notwendig sind Sachkunde und Zuverlässigkeit gerade bei Ausübung der Entscheidungskompetenz. Die Fälle sind daher nicht vergleichbar. Somit scheidet eine analoge Anwendung von § 87 WpHG aus. Die Norm ist kein tauglicher

---

970 *Narat*, Blackrock steigt bei Robo Advisor Scalable Capital ein, Handelsblatt v. 19.6.2017, S. 27.
971 Zur Einzelanalogie: *Möllers*, Juristische Methodenlehre, 2017, § 6 Rn. 87 ff.; *Canaris*, Das Rangverhältnis der „klassischen" Auslegungskriterien, demonstriert an Standardproblemen aus dem Zivilrecht, in: FS Medicus, 1999, S. 25, 51; *Larenz*, Methodenlehre der Rechtswissenschaft, 6. Aufl. 1991, S. 381 f.
972 Erwägungsgrund 79 MiFID II; zu § 34d WpHG a.F.: Regierungsentwurf AnsFuG, BT-Drs. 17/3628, S. 17; *Möllers*, in: KK-WpHG, 2. Aufl. 2014, § 34d Rn. 2; *Fuchs*, in: Fuchs, WpHG, 2. Aufl. 2016, § 34d Rn. 2.
973 *Larenz*, Methodenlehre der Rechtswissenschaft, 6. Aufl. 1991, S. 381; *Möllers*, Juristische Methodenlehre, 2017, § 6 Rn. 93.

Anknüpfungspunkt für die Begründung aufsichtsrechtlicher Mindeststandards oder eines TÜVs für Algorithmen. Für dieses Ergebnis spricht auch die Rechtsfolge von § 87 WpHG. Die Norm regelt Anforderungen an die Sachkunde und Zuverlässigkeit der Entscheidungsträger. Die Mitarbeiter müssen über das notwendige Sachwissen und die Fachkompetenz für die Erteilung geeigneter Anlageempfehlungen bzw. Investitionsentscheidungen verfügen.[974] Die Sachkunde umfasst kognitives, erlernbares und nachprüfbares Fachwissen.[975] Ein Algorithmus ist eine eindeutige Handlungsvorgabe zur Lösung eines Problem. Er ist nicht in der Lage, sich bestimmte Kenntnisse oder Kompetenzen anzueignen. Es wäre daher absurd, die Rechtsfolgen des § 87 WpHG unmittelbar auf Algorithmen zu übertragen.

II. Mindeststandards für Mitarbeiter des Robo Advisors

1. Erfasste Personen

Wie eben dargestellt, erstreckt sich die Norm auf Vertriebsmitarbeiter und Compliance-Beauftragte, da diese Personen Einfluss auf die Wertpapierdienstleistung bzw. deren Qualitätssicherung haben.[976] Bei Robo Advice gilt § 87 WpHG insoweit unmittelbar. Fraglich ist, ob der Robo Advisor auch in anderen Bereichen nur sachkundiges und zuverlässiges Personal einsetzen darf. Nach § 63 Abs. 1 WpHG ist der Robo Advisor verpflichtet, die Tätigkeit ehrlich, redlich und professionell im bestmöglichen Interesse seiner Kunden zu erbringen. Wesentlicher Bestandteil dieser Sorgfaltspflicht ist die unter dem Stichwort *Know Your Product* bekannte Pflicht des Wertpapierdienstleistungsunternehmens, bei der Empfehlung die relevanten Eigenschaften und Risiken des Anlageobjekts zu berücksichtigen. Bei Robo Advice müssen diejenigen Mitarbeiter über die notwendige Sachkenntnis verfügen, die an der Gestaltung der Algorithmen und der Vorauswahl der Finanzprodukte mitwirken.[977] § 87 WpHG soll diesen Sorgfalts-

---

974 *Fuchs*, in: Fuchs, WpHG, 2. Aufl. 2016, § 34d Rn. 8; *Möllers*, in: KK-WpHG, 2. Aufl. 2014, § 34d Rn. 22; *Koller*, in: Assmann/Schneider, WpHG, 6. Aufl. 2012, § 34d Rn. 6; *Fedchenheuer*, Die Qualifikationsanforderungen an Anlageberater, 2014, S. 124.
975 *Möllers*, in: KK-WpHG, 2. Aufl. 2014, § 34d Rn. 22.
976 Regierungsentwurf AnsFuG, BT-Drs. 17/3628, S. 17, 23; *Fuchs*, in: Fuchs, WpHG, 2. Aufl. 2016, § 34d Rn. 3.
977 Dazu dritter Teil: § 7 C. II. 2. c).

maßstab auf Ebene der Organisationspflichten absichern und die Wohlverhaltenspflichten konkretisieren.[978] Da die allgemeine Sorgfaltspflicht bei Robo Advice an einer im Vergleich zu herkömmlichen Wertpapierdienstleistungen vorgelagerten Stelle Wirkung entfaltet, ist es konsequent, dass diejenigen Mitarbeiter Adressat der Qualifikationsanforderungen des § 87 WpHG sind, die an diesem Arbeitsschritt beteiligt sind. Entsprechend dem gesetzgeberischen Willen soll die Norm Personen erfassen, die bei Erbringung der Wertpapierdienstleistung eine *Schlüsselposition* einnehmen.[979] Bei der herkömmlichen Anlageberatung sind das naturgemäß die Berater, da diese die Empfehlung aussprechen. Bei Robo Advice sind hingegen die Personen Entscheidungsträger, die für die Gestaltung des Algorithmus und die Vorauswahl der Finanzinstrumente zuständig sind.[980] Daher ist es sachgerecht, dass diese Mitarbeiter ihre Tätigkeit mit der notwendigen Sachkenntnis und Zuverlässigkeit erbringen müssen. Daraus folgt aber auch, dass die Qualitätsanforderungen nicht für Angestellte gelten, die rein technische Unterstützungsarbeiten durchführen, wie etwa Programmierer.[981] Für diese Lösung spricht auch Art. 21 Abs. 1 d) DelVO MiFID II (EU) 2017/565. Diese unmittelbar anwendbare europäische Level 2-Vorschrift verpflichtet die Wertpapierdienstleistungsunternehmen dazu, sicherzustellen, dass ihre Mitarbeiter über die Fähigkeiten, Kenntnisse und Erfahrungen verfügen, die zur Erfüllung der ihnen zugewiesenen Aufgaben erforderlich sind. Diesbezüglich sieht die ESMA speziell für Robo Advice in den Leitlinien zur Geeignetheitsprüfung vor, dass einige Mitarbeiter sowohl über ein angemessenes technisches Verständnis der Funktionsweise der Algorithmen verfügen müssen, als auch in der Lage sein sollen, das Ergebnis der algorithmischen Berechnung nachzuvollziehen und zu überprüfen.[982] Die von der DelVO MiFID II (EU) 2017/565 vorgezeichnete Schlüsselposition ist somit Kern des Mitarbeiterbegriffs und verbindet technisches Verständnis und Produktkenntnis.

---

978 *Möllers*, in: KK-WpHG, 2. Aufl. 2014, § 34d Rn. 1.
979 Regierungsentwurf AnsFuG, BT-Drs. 17/3628, S. 22; *Fuchs*, in: Fuchs, WpHG, 2. Aufl. 2016, § 34d Rn. 3.
980 So auch *Altmann/Becker*, BaFinTech 2016, Workshop 3: Robo-Advice, S. 31.
981 Für die Registrierungspflicht entsprechend: *Feger*, Herausforderungen des Robo-Advice aus Sicht der Compliance-Funktion nach WpHG, CB 2017, 359, 362; *Altmann/Becker*, BaFinTech 2016, Workshop 3: Robo-Advice, S. 31.
982 ESMA, Final Report: Guidelines on certain aspects of the MiFID II suitability requirements v. 28.5.2018, ESMA35-43-869, S. 57 Nr. 100.

2. Algorithmenbeherrschung als Qualifikationsanforderung bei Robo Advice

Für die Mitarbeiter eines Robo Advisors gelten grundsätzlich die gleichen Standards wie für Mitarbeiter eines herkömmlichen Wertpapierdienstleisters. Die Qualifikationsanforderungen sind im WpHG generalklauselartig formuliert, konkrete Auswahl- und Verfahrensgrundsätze für die Qualifikation des Personals lassen sich daraus nicht ableiten.[983] Allgemeine organisatorische Vorgaben finden sich auf europäischer Ebene, Art. 21 Abs. 1 d) DelVO MiFID II (EU) 2017/565. Konkretisiert wird diese Bestimmung durch die ESMA Leitlinien zur Geeignetheitsprüfung. Nach Leitlinie 11 haben alle Wertpapierdienstleistungsunternehmen zu gewährleisten, dass die Mitarbeiter, die an wesentlichen Aspekten der Geeignetheitsprüfung beteiligt sind, über ausreichende Kenntnisse und Erfahrungen verfügen.[984] Speziell für Robo Advice gibt die ESMA vor, dass diese Mitarbeiter die Funktionsweise der Algorithmen verstehen müssen.[985] Um eine zuverlässige Kontrolle sicherzustellen müssen daher Compliance-Mitarbeiter die Eigenlogik und Wirkungsweise der Algorithmen verstehen, sog. Algorithmenbeherrschung.[986] Das ergibt sich auch aus Art. 22 Abs. 3 DelVO MiFID II (EU) 2017/565, der die Wertpapierdienstleistungsunternehmen verpflichtet, sicherzustellen, dass die Mitarbeiter über die notwendige Fachkenntnis verfügen, um Aufgaben ordnungsgemäß und unabhängig wahrnehmen zu können. Nur dann ist es diesen möglich, bei Fehlentwicklungen oder Gesetzesverstößen korrigierend einzugreifen. Die Anforderungen des WpHG an die Sachkenntnis und Zuverlässigkeit der Mitarbeiter werden auch nach

---

983 Entsprechend zur Vorgängernorm § 34d WpHG a.F.: *Fett*, in: Schwark/Zimmer, KMRK, 4. Aufl. 2010, § 33 WpHG Rn. 7; *Rößler/Yoo*, Die Einführung des § 34d WpHG durch das AnsFuG aus aufsichts- und arbeitsrechtlicher Sicht – Berufsverbot oder Papiertiger?, BKR 2011, 377, 378; *Fedchenheuer*, Die Qualifikationsanforderungen an Anlageberater, 2014, S. 66.

984 ESMA, Final Report: Guidelines on certain aspects of the MiFID II suitability requirements v. 28.5.2018, ESMA35-43-869, S. 57 Nr. 96.

985 ESMA, Final Report: Guidelines on certain aspects of the MiFID II suitability requirements v. 28.5.2018, ESMA35-43-869, S. 57 Nr. 100.

986 Entsprechend für den Einsatz von Algorithmen bei Organentscheidungen im Gesellschaftsrecht: *Möslein*, Digitalisierung im Gesellschaftsrecht: Unternehmensleitung durch Algorithmen und künstliche Intelligenz?, ZIP 2018, 204, 209; *Wagner*, Legal Tech und Legal Robots in Unternehmen und den sie beratenden Kanzleien – Teil 2: Folgen für die Pflichten von Vorstandsmitgliedern bzw. Geschäftsführern und Aufsichtsräten, BB 2018, 1097, 1098.

neuem Recht durch die WpHGMaAnzV[987] als nationale Rechtsverordnung konkretisiert.[988]

3. Anzeigepflicht

Vor Aufnahme der Tätigkeit besteht nach § 87 WpHG die Pflicht des Wertpapierdienstleistungsunternehmens, eingesetzte Mitarbeiter gegenüber der BaFin anzuzeigen. Dadurch soll die Aufsicht gestärkt und der BaFin eine effektive Kontrolle der Sachkunde und Zuverlässigkeit der Mitarbeiter ermöglicht werden.[989] Diese Anzeigepflicht gilt nach Auffassung der BaFin bei Robo Advice uneingeschränkt.[990] Da § 87 WpHG an den gleichen Mitarbeiterbegriff anknüpft wie die Vorgaben zur Sachkunde und Zuverlässigkeit, müssen nur Entscheidungsträger bei der BaFin gemeldet werden.[991]

G. Weitere Organisationspflichten

§ 25c Abs. 3 KWG enthält *Vorgaben für Geschäftsleiter* von Finanzdienstleistungsinstituten, die für Wertpapierdienstleistungsunternehmen durch § 81 WpHG konkretisiert werden. Diese müssen bei Ausübung ihrer Tätigkeit das Kundeninteresse wahren. Dazu normiert § 81 WpHG insbesondere verschiedene Überwachungspflichten. Weitergehende Besonderheiten gegenüber der herkömmlichen Anlageberatung und Finanzportfolioverwaltung ergeben sich bei Robo Advice nicht. Das gilt auch im Hinblick auf die Verpflichtung zur *Verhinderung von Mitarbeitergeschäften*, Art. 29 DelVO MiFID II (EU) 2017/565, und zur bestmöglichen Ausführung von Kundenaufträgen. Führt ein Robo Advisor der zweiten Generation im Rahmen der

---

987 Verordnung über den Einsatz von Mitarbeitern in der Anlageberatung, als Vertriebsmitarbeiter, in der Finanzportfolioverwaltung, als Vertriebsbeauftragte oder als Compliance- Beauftragte und über die Anzeigepflichten nach § 87 des Wertpapierhandelsgesetzes (WpHG-Mitarbeiteranzeigeverordnung - WpHG-MaAnzV) v. 21.12.2011, BGBl. I S. 3116.
988 *Binder*, in: Staub, HGB, Bd. 11/2, 5. Aufl. 2018, 7. Teil Rn. 120.
989 Regierungsentwurf AnsFuG, BT-Drs. 17/3628, S. 17; *Möllers*, in: KK-WpHG, 2. Aufl. 2014, § 34d Rn. 2.
990 *Altmann/Becker*, BaFinTech 2016, Workshop 3: Robo-Advice, S. 31; *Feger*, Herausforderungen des Robo-Advice aus Sicht der Compliance-Funktion nach WpHG, CB 2017, 359, 362.
991 *Feger*, Herausforderungen des Robo-Advice aus Sicht der Compliance-Funktion nach WpHG, CB 2017, 359, 362; *Altmann/Becker*, BaFinTech 2016, Workshop 3: Robo-Advice, S. 31.

Finanzportfolioverwaltung das Wertpapiergeschäft selbst aus, muss dieses Unternehmen nach § 82 WpHG organisatorische Vorkehrungen zu treffen, die die *bestmögliche Ausführung* der Kundenaufträge gewährleisten sollen, sog. *best execution*.

H. Ergebnis zu § 10

1. Die kapitalmarktrechtlichen Organisationspflichten gelten für Wertpapierdienstleistungsunternehmen. Erbringt ein FinTech Robo Advice im Rahmen der Bereichsausnahme des § 3 Abs. 1 Nr. 7 WpHG, fällt es in den Anwendungsbereich der FinVermV, die keine dem WpHG vergleichbaren Organisationspflichten regelt.
2. Die Organisationspflichten des WpHG verpflichten die Normadressaten nicht zu spezifischen organisatorischen Maßnahmen, sondern verfolgen einen prinzipienbasierten Regulierungsansatz. Dieses hohe Abstraktionsniveau führt dazu, dass die organisatorischen Anforderungen bei Robo Advice de lege lata an den Besonderheiten des digitalen Geschäftsmodells zu messen sind. Speziell für Robo Advice werden die Organisationspflichten an einigen Stellen durch Leitlinien der ESMA konkretisiert.
3. Da die Organisationspflichten einem prinzipienbasierten Regelungsansatz folgen und generalklauselartig weit formuliert sind, lässt sich aus den gesetzlichen Bestimmungen ableiten, dass bei Robo Advice möglichst konfliktvermeidende Algorithmen zu verwenden sind.
4. Robo Advisor müssen organisatorische Maßnahmen treffen, um Störungen oder Ausfälle bei der Erbringung der Wertpapierdienstleistung nach Möglichkeit zu vermeiden. Wegen der besonderen IT-Sensibilität von Robo Advice ist für zeitkritische Aktivitäten ein detailliertes Notfallkonzept inklusive einer umfassenden Back-up und Disaster-Recovery-Strategie festzulegen. Bei Robo Advice der zweiten Generation muss der Anbieter in der Lage sein, bei einem Ausfall des laufenden Systems kurzfristig auf ein alternatives System zurückzugreifen und notfalls manuell in Prozesse einzugreifen, um das Ausmaß finanzieller Schäden für die Kunden zu reduzieren.
5. Aufgrund der vollständigen Automatisierung ergeben sich bei Robo Advice für das Richtlinien- und Prozessmanagement besondere Compliance-Pflichten. Sämtliche Prozessschritte des Algorithmus sind von der Compliance-Funktion schriftlich zu fixieren. Zudem ist ein geeigneter Softwareentwicklungsprozess zu schaffen, der durch wirksame Kontrollmechanismen eine Manipulation der Algorithmen verhindert. Ferner muss der

Robo Advisor durch regelmäßige Systemprüfungen die Funktionsfähigkeit der Algorithmen sicherstellen.

6. Der Algorithmus geht immer nach einem ex ante festgelegten Plan vor und entscheidet ausschließlich regelbasiert. Interessenkonflikte sind folglich struktureller Natur. Den organisatorischen Pflichten nach § 80 f. WpHG kommt daher bei der Regulierung von Interessenkonflikten wesentliche Bedeutung zu.

7. Die in § 87 WpHG normierten Qualifikationsanforderungen an Mitarbeiter adressieren bei Robo Advice menschliche Entscheidungsträger in Schlüsselpositionen, die mit der Konzeption des Algorithmus und der Vorauswahl der Finanzinstrumente betraut sind. Diese müssen über die notwendige Sachkunde und Zuverlässigkeit verfügen und zudem die Eigenlogik und Funktionsweise der Algorithmen verstehen, sog. Algorithmenbeherrschung

Vierter Teil: Regulierungsansätze de lege ferenda und Zusammenfassung

§ 11 Maßstab einer angemessenen Regulierung und resultierende Regulierungsansätze

Über den wirtschaftlichen Erfolg innovativer Güter und Dienstleistungen entscheidet grundsätzlich der Markt. Demzufolge werden sich die digitale Anlageberatung und Vermögensverwaltung etablieren, wenn sie von vielen Anlegern nachgefragt werden. Bei FinTechs als Finanzmarktakteuren sind zudem die regulatorischen Anforderungen ein wesentlicher Faktor für den mittel- und langfristigen Erfolg des Geschäftsmodells, da die staatliche Finanzmarktregulierung den Unternehmen umfangreiche Zulassungs-, Organisations- und Verhaltenspflichten auferlegt.[992] Auf Basis der Erkenntnisse dieser Arbeit werden im sechsten Teil Regulierungsansätze de lege ferenda für Robo Advice entwickelt. Dazu sind zunächst die Ziele einer effektiven Regulierung des Kapitalmarkts im Allgemeinen und von Robo Advice im Besonderen zu identifizieren. Anhand dieser Vorüberlegungen werden Elemente einer guten Robo-Advice-Regulierung konzipiert und die gesetzlichen Bestimmungen de lege lata evaluiert. Sofern erforderlich, werden unter Berücksichtigung der Besonderheiten des digitalen Geschäftsmodells konkrete Regulierungsvorschläge de lege ferenda entwickelt.

A. Regelungsziele des Kapitalmarktrechts

Das Kapitalmarktrecht verfolgt im Wesentlichen drei eng miteinander verknüpfte Regelungsziele: Funktionsfähigkeit der Kapitalmärkte, Anlegerschutz und Finanzmarktstabilität.[993] Robo Advisor sind Finanzintermedi-

---

992 *Nathmann*, Bedeutung der Regulierung bei der Beurteilung von FinTechs, CF 2018.
993 *Lutter/Bayer/Schmidt*, Europäisches Unternehmens- und Kapitalmarktrecht, 6. Aufl. 2018, § 14 Rn. 14.12; *Veil*, in: Veil, European Capital Markets Law, 2. Aufl. 2017, § 2 Rn: 8 f.; *Mülbert*, Anlegerschutz und Finanzmarktregulierung, ZHR 177 (2013), 160.

äre, die auf dem Kapitalmarkt Geschäftsabschlüsse vermitteln. Solche Vermittler sind von entscheidender Bedeutung, da sie Anlegern Zugang zu den Kapitalmärkten verschaffen und als zentrales Element eines funktionsfähigen Markts eine effiziente Kapitalallokation sichern.[994] Zudem können sie Informationsasymmetrien zwischen den Marktteilnehmern entgegenwirken und dadurch Informations- und Transaktionskosten senken.[995] Von Finanzintermediären im Allgemeinen und Robo Advice im Speziellen gehen auch Gefahren aus. Diese ergeben sich daraus, dass die Interessen von Anlegern und Anbietern divergieren können, sog. *principal-agent-conflict*.[996] Insbesondere den Organisations- und Verhaltensregeln wird entscheidende Bedeutung für das Vertrauen der Anleger in das ordnungsgemäße Funktionieren des Kapitalmarkts zugemessen.[997] Aus der erheblichen Bedeutung der Finanzintermediäre können systemische Risiken für die Stabilität des gesamten Finanzmarkts resultieren.[998]

B. Ziele einer angemessenen Regulierung von Robo Advice

I. Funktionsfähigkeit des Kapitalmarkts

Staatliche Regulierung zum Schutz der Funktionsfähigkeit des Kapitalmarkts ist dann notwendig, wenn die Gefahr eines Marktversagens droht. Die Finanzmarktkrise 2007 illustrierte eindrücklich die Bedeutung der

---

994 *Möllers*, Effizienz als Maßstab des Kapitalmarktrechts, AcP 208 (2008), 1, 6 f.; *Schäfer/Ott*, Lehrbuch der ökonomischen Analyse des Zivilrechts, 5. Aufl. 2012, S. 14 ff.

995 *Moloney*, EU Securities and Financial Markets Regulation, 3. Aufl. 2014, S. 320; *Lutter/Bayer/Schmidt*, Europäisches Unternehmens- und Kapitalmarktrecht, 6. Aufl. 2018, § 14 Rn. 14.68; *Klöhn*, in: Langenbucher, Europäisches Privat- und Wirtschaftsrecht, 4. Aufl. 2017, § 6 Rn. 173; *Heun*, Finanzaufsicht im Wandel, JZ 2012, 235.

996 *Moloney*, EU Securities and Financial Markets Regulation, 3. Aufl. 2014, S. 320; *Möllers*, Effizienz als Maßstab des Kapitalmarktrechts, AcP 208 (2008), 1, 15; *Klöhn*, in: Langenbucher, Europäisches Privat- und Wirtschaftsrecht, 4. Aufl. 2017, § 6 Rn. 173; *Lutter/Bayer/Schmidt*, Europäisches Unternehmens- und Kapitalmarktrecht, 6. Aufl. 2018, § 14 Rn. 14.68.

997 *Buck-Heeb*, Verhaltenspflichten beim Vertrieb, ZHR 177 (2013), 310, 312; *Seiler/Geier*, in: Schimansky/Bunte/Lwowski, Bankrechts-Handbuch, 5. Aufl. 2017, § 104 Rn. 98.

998 *Lutter/Bayer/Schmidt*, Europäisches Unternehmens- und Kapitalmarktrecht, 6. Aufl. 2018, § 14 Rn. 14.68.

Vierter Teil: Regulierungsansätze de lege ferenda und Zusammenfassung

Funktionsfähigkeit der Kapitalmärkte für die Gesamtwirtschaft.[999] Der Funktionsschutz als Regelungsziel setzt sich aus drei Elementen zusammen: der allokativen, der operationalen und der institutionellen Funktionsfähigkeit.[1000] Das Ziel der allokativen Funktionsfähigkeit ist eine effektive Kapitalallokation zwischen den Marktteilnehmern.[1001] Finanzintermediären, und mithin Robo Advice, kommt dabei entscheidende Bedeutung zu. Die operationale Funktionsfähigkeit soll die Transaktionskosten reduzieren. Die institutionelle Funktionsfähigkeit soll schließlich die allgemeinen Funktionsvoraussetzungen eines Markts gewährleisten, etwa den ungehinderten Zugang der Emittenten zum Markt.[1002] Der Schutz der Funktionsfähigkeit des Finanzmarkts und der Anlegerschutz stehen als Ziele nicht isoliert nebeneinander, sondern weisen enge Verbindungen auf: Der beste Schutz für Anleger sind funktionierende Kapitalmärkte. Umgekehrt können Finanzmärkte ohne das Vertrauen der Anleger nicht funktionieren.[1003]

---

999   *Möllers*, Regulierung von Ratingagenturen, JZ 2009, 861, 862.
1000 *Seiler/Geier*, in: Schimansky/Bunte/Lwowski, Bankrechts-Handbuch, 5. Aufl. 2017, Vor § 104 Rn. 73; *Mülbert*, Anlegerschutz und Finanzmarktregulierung, ZHR 177 (2013), 160, 172; *Beck*, Das Chamäleon Anlegerschutz oder „Worüber reden wir eigentlich?", in: FS Schneider, 2011, S. 89, 93; *Veil*, in: Veil, Europäisches Kapitalmarktrecht, 2. Aufl. 2014, § 2 Rn. 3 f.
1001 *Oulds*, in: Kümpel/Wittig, Bank- und Kapitalmarktrecht, 4. Aufl. 2011, Rn. 14.148 ff.; *Seiler/Geier*, in: Schimansky/Bunte/Lwowski, Bankrechts-Handbuch, 5. Aufl. 2017, Vor § 104 Rn. 74 f.
1002 *Möllers*, Anlegerschutz durch Aktien- und Kapitalmarktrecht, ZGR 1997, 334, 342 ff.; *Oulds*, in: Kümpel/Wittig, Bank- und Kapitalmarktrecht, 4. Aufl. 2011, Rn. 14.148 ff.; *Seiler/Geier*, in: Schimansky/Bunte/Lwowski, Bankrechts-Handbuch, 5. Aufl. 2017, Vor § 104 Rn. 74 f.; *Mülbert*, Anlegerschutz und Finanzmarktregulierung, ZHR 177 (2013), 160, 172.
1003 *Hopt*, Grundsatz- und Praxisprobleme nach dem Wertpapierhandelsgesetz, ZHR 159 (1995), 135, 159; *Mülbert*, Anlegerschutz und Finanzmarktregulierung, ZHR 177 (2013), 160, 172; *Lehmann*, in: MünchKomm-BGB, 7. Aufl. 2018, Internationales Finanzmarktrecht (Teil 12) Rn. 5.

II. Anlegerschutz

Der Anlegerschutz ist nicht nur Regelungsziel, sondern auch ein eigenständiges kapitalmarktrechtliches Prinzip.[1004] Die MiFID II nennt den Anlegerschutz ebenfalls ausdrücklich als gesetzgeberisches Ziel.[1005] Sämtliche anlegerschützenden Bestimmungen adressieren im Kern zwei kapitalmarktrechtliche Grundprobleme: das scharfe Informationsgefälle zwischen den Marktteilnehmern und die vielfältigen Interessenkonflikte beim Vertrieb von Finanzprodukten.[1006] Zudem ist der Vertrauensschutz wesentlicher Aspekt des Anlegerschutzes.[1007] Nur wenn die Kunden in die Professionalität der Finanzintermediäre vertrauen, werden sie deren Dienste in Anspruch nehmen und Zugang zum Finanzmarkt erhalten.[1008] Für die automatisierte Anlageberatung und Vermögensverwaltung resultiert daraus zweierlei: Wie bei herkömmlichen Finanzintermediären muss der rechtliche Rahmen gewährleisten, dass Anleger in die Professionalität von Information und Beratung sowie eine Dienstleistungserbringung im Interesse des Kunden vertrauen können.[1009] Speziell bei Robo Advice ist eine weitere Ebene des Vertrauens notwendig: Da die Dienstleistung auf Basis von Algorithmen erbracht wird, ist Voraussetzung, dass die Kunden in die technischen Systeme vertrauen. Auch hier muss die Regulierung ansetzen, um ein vergleichbares Anlegerschutzniveau wie bei herkömmlichen Wertpapierdienstleistungen sicherzustellen. Die Etablierung eines umfassenden Anlegerschutzes ist

---

1004 *Hopt*, Der Kapitalanlegerschutz im Recht der Banken, 1975, S. 288; *Fleischer*, Empfiehlt es sich, im Interesse des Anlegerschutzes und zur Förderung des Finanzplatzes Deutschland das Kapitalmarkt- und Börsenrecht neu zu regeln?, Gutachten F zum 64. Deutschen Juristentag 2002, F20.
1005 Erwägungsgrund 86 Satz 1 MiFID II.
1006 *Hopt*, Der Kapitalanlegerschutz im Recht der Banken, 1975, S. 288; *Fleischer*, Empfiehlt es sich, im Interesse des Anlegerschutzes und zur Förderung des Finanzplatzes Deutschland das Kapitalmarkt- und Börsenrecht neu zu regeln?, Gutachten F zum 64. Deutschen Juristentag 2002, F23, F37.
1007 Erwägungsgründe 4, 5 und 39 MiFID II; *Möllers*, Effizienz. als Maßstab des Kapitalmarktrechts, AcP 208 (2008) 1, 8; *Lutter/Bayer/Schmidt*, Europäisches Unternehmens- und Kapitalmarktrecht, 6. Aufl. 2018, § 14 Rn. 14.14; *Mülbert/Sajnovits*, Vertrauen und Finanzmarktrecht, ZfPW 2016, 1, 28.
1008 *Lutter/Bayer/Schmidt*, Europäisches Unternehmens- und Kapitalmarktrecht, 6. Aufl. 2018, § 14 Rn. 14.68; *Mülbert/Sajnovits*, Vertrauen und Finanzmarktrecht, ZfPW 2016, 1, 25; *Lerch*, Anlageberater als Finanzintermediäre, 2015, S. 16 f.
1009 *Mülbert/Sajnovits*, Vertrauen und Finanzmarktrecht, ZfPW 2016, 1, 29.

Grundlage für den Erfolg des Geschäftsmodells und muss oberstes Ziel der Gesetzgebung sein.

III. Sicherung der Finanzstabilität

Ausgelöst durch die Finanzmarktkrise 2007 ist der Schutz der Stabilität des Finanzsystems als eigenes kapitalmarktrechtliches Regelungsziel zu den beiden klassischen Zielen Anlegerschutz und Funktionsschutz hinzugetreten.[1010] Im Unterschied zum Funktionsschutz adressiert dieses Ziel systemische Risiken für die Stabilität des gesamten Finanzsystems und richtet den Blick nicht nur auf einzelne Finanzinstitute.[1011] Da Robo Advice gegenüber der herkömmlichen Anlageberatung und Vermögensverwaltung nur über einen marginalen Marktanteil verfügt, geht von dieser Dienstleistung de facto (noch) keine Gefahr für die Finanzmarktstabilität aus. Systemische Gefahren für den Finanzmarkt können jedoch auch aus sog. *common shocks* resultieren, die mehrere Institute gleichzeitig betreffen.[1012] Wenn das Robo-Advice-Angebot mehrerer Wettbewerber auf gleichen oder ähnlichen Modellannahmen beruht, besteht die Möglichkeit, dass viele Anleger in die gleichen Finanzprodukte investieren. Das birgt die Gefahr miteinander korrelierender Verluste. Nimmt das durch Robo Advice verwaltete Vermögen zu, können daraus systemische Risiken für die Finanzstabilität resultieren.[1013]

1010 Erwägungsgrund 37 MiFID II nennt die Stabilität des Finanzsystems explizit als gesetzgeberisches Ziel; *Lehmann*, in: MünchKomm-BGB, 7. Aufl. 2018, Internationales Finanzmarktrecht (Teil 12) Rn. 4; *Lutter/Bayer/Schmidt*, Europäisches Unternehmens- und Kapitalmarktrecht, 6. Aufl. 2018, § 14 Rn. 14.68.

1011 *Lehmann*, in: MünchKomm-BGB, 7. Aufl. 2018, Internationales Finanzmarktrecht (Teil 12) Rn. 4.

1012 *Cont/Moussa/Santos*, Network Structure and Systemic Risk in Banking Systems, 1.12.2010, S. 22, abrufbar unter https://ssrn.com/abstract=2913178; *Lehmann*, in: MünchKomm-BGB, 7. Aufl. 2018, Internationales Finanzmarktrecht (Teil 12) Rn. 4.

1013 *Baker/Dellaert*, Regulating Robo Advice Across the Financial Services Industry, 103 Iowa L. Rev. 713, 743 (2018).

C. Konzeption und Evaluation der Regulierung von Robo Advice

Allgemein sind die regulatorischen Anforderungen an eine Wertpapierdienstleistung bzw. ein Finanzprodukt ins Verhältnis zum Umfang potentieller Schäden für die Anlegerschaft zu setzen.[1014] Letztere hängen im Wesentlichen von drei Faktoren ab: Der Eintrittswahrscheinlichkeit eines schädigenden Ereignisses, dem Ausmaß der Vermögensgefährdung für Anleger und der Anzahl potentiell geschädigter Personen.[1015] Das zeigt sich beispielsweise bei der Regulierung von Finanztermingeschäften: Wegen des hochspekulativen Charakters dieser Derivate besteht für den Anleger ein Totalverlustrisiko und sogar eine theoretisch unbegrenzte Nachschusspflicht.[1016] Für diese Produkte existieren umfassende Aufklärungspflichten. Darüber hinaus ermächtigt § 100 WpHG das Bundesfinanzministerium, bestimmte Hochrisikogeschäfte zum Schutz der Anleger zu beschränken oder komplett zu verbieten.[1017] Auch für Erstellung und Verbreitung von Ratings gelten besondere aufsichtsrechtliche Bestimmungen. Ratingagenturen erstellen Bonitätsurteile und prognostizieren die Eintrittswahrscheinlichkeit bestimmter Kreditrisiken. Diese Informationen stellen sie Investoren zur Verfügung. Somit hat ein unbestimmter Personenkreis Zugriff auf öffentliche Ratings und verlässt sich bei der Anlageentscheidung auf ein entsprechendes Bonitätsurteil.[1018] Zum Schutz der Anleger normiert die EU-Rating-Verordnung (EG) 1060/2009[1019] vielfältige und detaillierte Anforderungen, wie beispielsweise Offenlegungserfordernisse, Pflichten zur Vermeidung von Interessenkonflikten und Vorgaben zur Verbesserung der

---

1014 *Baker/Dellaert*, Regulating Robo Advice Across the Financial Services Industry, 103 Iowa L. Rev. 713, 742 (2018).
1015 *Baker/Dellaert*, Regulating Robo Advice Across the Financial Services Industry, 103 Iowa L. Rev. 713, 742 (2018).
1016 Regierungsentwurf Viertes Finanzmarktförderungsgesetz, BT-Drs. 14/8017, S. 85; BGH, Urt. v. 12.3.2002, XI ZR 258/01, ZIP 2002, 748, 749; *Jung*, in: Fuchs, WpHG, 2. Aufl. 2016, Vor §§ 37e, 37g Rn. 29, 31.
1017 *Jung*, in: Fuchs, WpHG, 2. Aufl. 2016, § 37g Rn. 6.
1018 *Möllers*, Regulierung von Ratingagenturen, JZ 2009, 861; *Möllers*, Regulating Credit Rating Agencies, 4 CMLJ 477, 478 (2009); *Habersack*, Rechtsfragen des Emittenten-Ratings, ZHR 169 (2005), 185; *Amort*, Haftung und Regulierung von Ratingagenturen, EuR 2013, 272,
1019 Verordnung (EG) Nr. 1060/2009 des Europäischen Parlaments und des Rates vom 16.9.2009 über Ratingagenturen, ABl. Nr. L 302 v. 17.11.2009, S. 1–31 (EU-Rating-Verordnung).

Qualität und Verlässlichkeit der Ratings.[1020] Robo Advice kann mit seinem Internetangebot ebenfalls einen potentiell unbeschränkten Personenkreis ansprechen. Ein fehlerhafter Algorithmus betrifft daher eine Vielzahl von Anlegern. Die Auswirkungen einer Falschberatung für einen einzelnen Anleger können gravierend sein, eine systematische Falschberatung im großen Rahmen kann das Vertrauen der Anlegerschaft erschüttern und mithin weitreichende Folgen für den Kapitalmarkt haben.[1021]

Vor diesem Hintergrund ist im Folgenden zu untersuchen, wie die kapitalmarktrechtlichen Regulierungsziele bei Robo Advice am besten verwirklicht werden können. In diesem Kontext werden konkrete Anforderungen an einen guten Robo Advisor konzipiert und die Eignung der bestehenden Regelungen zur Sicherung dieser Standards evaluiert.

I. Verwirklichung der Regelungsziele

Entscheidend kommt es darauf an, neue technologische Entwicklungen wie Robo Advice mit den gesetzlichen Vorgaben in Einklang zu bringen. Hier gibt es zwei grundlegend unterschiedliche Ansätze: Einerseits kann das Recht durch eine neue Gesetzgebung an die aktuellen Entwicklungen anzupassen sein, andererseits kann vom Anbieter gefordert werden, das Geschäftsmodell so zu gestalten, dass es mit dem bestehenden Recht kompatibel ist.[1022] Welcher Ansatz der bessere ist, kann nicht pauschal beantwortet werden. Entscheidend ist, dass der Zweck, der mit dem Gesetz verfolgt wird, erfüllt ist und insbesondere die dargestellten Schutzziele eingehalten werden. Im Einzelfall kann das durch eine Kombination der Ansätze am besten erreicht werden: Dort, wo die bestehenden Regeln inkompatibel sind, ist das Gesetz zu ändern; dort, wo durch technische Entwicklungen die Schutzziele gefährdet werden, müssen Gesetzgeber und Aufsichtsbehörden auf eine Anpassung der Dienstleistung drängen.

1020 *Wojcik*, in: von der Groeben/Schwarze/Hatje, Europäisches Unionsrecht, 7. Aufl. 2015, Art. 63 AEUV Rn. 116.
1021 *Baker/Dellaert*, Regulating Robo Advice Across the Financial Services Industry, 103 Iowa L. Rev. 713, 743 (2018).
1022 *Hilgendorf*, Introduction: Digitalization and the Law – a European Perspective, in: Hilgendorf/Feldle, Digitalization and the Law, 2018, S. 9, 19.

1. Top-Down-Ansatz versus Bottom-Up-Ansatz

Ziel der Kapitalmarktgesetzgebung ist es, die Regulierungsziele zu verwirklichen und dabei einen hohen ethischen und moralischen Standard der Marktteilnehmer zu gewährleisten.[1023] Dieser Standard soll für alle Marktakteure gleichermaßen gelten, insbesondere für Dienstleistungen, die automatisiert erbracht werden.[1024] Eingesetzt werden die Computerprogramme von natürlichen oder juristischen Personen. Da Computersysteme keine Rechtspersönlichkeit besitzen und keine Haftungssubjekte sein können, müssen deren Handlungen stets auf Personen zurückführbar sein. Grundsätzlich besteht Einigkeit, dass die Verantwortung bei der Person liegt, die autonome Systeme bereitstellt, um ihre Zwecke zu erfüllen.[1025] Das deckt sich mit den aufsichtsrechtlichen Bestimmungen, nach denen der Robo Advisor als Wertpapierdienstleistungsunternehmen Adressat der Zulassungs-, Organisations- und Wohlverhaltenspflichten ist. Unmittelbar werden die Entscheidungen aber vom autonomen Agenten getroffen. Das heißt, die Empfehlung bzw. Kaufentscheidung trifft das System mit Wirkung nach außen. Daher ist es wichtig, dass diese Programme und Algorithmen den gleichen hohen ethischen Ansprüchen genügen und denselben Verhaltensstandards entsprechen wie menschliche Finanzmarktteilnehmer.[1026]

Es gibt zwei grundlegende Ansätze, moralisches und ethisches Verhalten in autonome, intelligente Systeme zu implementieren. Nach dem *Top-Down*-Ansatz werden zwingende Pflichten für moralisches Verhalten vorgeschrieben. Autonome Systeme werden anschließend so programmiert, dass sie beispielsweise wissen, dass bestimmte Informationspflichten eingehalten werden müssen, da diese gesetzlich vorgeschrieben sind. Hierbei handelt es sich um einen regelbasierten Ansatz.[1027] Der *Bottom-Up*-Ansatz sieht hingegen keine zwingenden Regeln vor. Intelligente Systeme sollen

---

1023 *Scopino*, Preparing Financial Regulation for the Second Machine Age, 2 Colum. Bus. L. Rev. 439, 507 (2015).
1024 *Hufeld*, Rede zur Eröffnung der Veranstaltung BaFin-Tech 2016 am 28.6.2016, abrufbar unter www.bafin.de/SharedDocs/Veroeffentlichungen/DE/Reden/re_160628_bafin-tech2016_p.html;jsessionid=76A38CC71C4E1DAC-DCDA7D9561C7FF48.1_cid298; *Scopino*, Preparing Financial Regulation for the Second Machine Age, 2 Colum. Bus. L. Rev. 439, 507 (2015).
1025 *Pieper*, Künstliche Intelligenz, in: Taeger, Recht 4.0, 2017, S. 555, 557.
1026 *Scopino*, Preparing Financial Regulation for the Second Machine Age, 2 Colum. Bus. L. Rev. 439, 508 (2015).
1027 *Wallach/Allen*, Moral Machines: Teaching Robots Right From Wrong, 2008, S. 79 f., 83 ff.; *Scopino*, Preparing Financial Regulation for the Second Machine Age, 2 Colum. Bus. L. Rev. 439, 510 (2015).

sich moralisches Verhalten eigenständig aneignen, indem sie nach und nach mit einzelnen Regeln und Verboten vertraut gemacht werden. Das System soll moralisches Verhalten anhand von verschiedenen Situationen selbst lernen, vergleichbar mit dem Lernen von Kindern.[1028] Dieser Ansatz setzt selbstlernende Systeme voraus, die mit starker künstlicher Intelligenz ausgestattet sind. Das System muss eigenständig funktionieren können. Dazu muss es sich außerhalb seiner originär vorhandenen Programmiermethoden bewegen.[1029] Die aktuellen Robo Advisor haben diese Entwicklungsstufe noch nicht erreicht. Daher fehlen derzeit die technischen Voraussetzungen, dass Robo-Advice-Plattformen moralische und ethische Standards nach dem Bottom-Up Ansatz erlernen und umsetzen können. In naher Zukunft ist der Einsatz selbstlernender Systeme in der Vermögensberatung und -verwaltung durchaus realistisch.[1030] Dennoch ist der Bottom-Up Ansatz für die Regulierung des Wertpapiermarkts nur bedingt geeignet. Aufgrund der vielfältigen Interessenkonflikte der Vertragsparteien beim Wertpapierhandelsgeschäft sind für die herkömmliche Anlageberatung und Vermögensverwaltung klare gesetzliche Vorgaben erforderlich.[1031] Diese sollen eine umfassende Kapitalmarktregulierung im Interesse der Marktteilnehmer sicherstellen. Entsprechende Standards sind auch bei Robo Advice einzuhalten. Effizient lässt sich das nur durch zwingende gesetzliche Vorgaben im Sinne eines Top-Down Ansatzes sicherstellen.[1032]

2. Regulatory Sandbox

Eine sog. *Regulatory Sandbox* bietet ausgewählten Unternehmen die Möglichkeit, innovative Geschäftsmodelle für einen gewissen Zeitraum ohne die üblicherweise erforderliche Zulassung zu testen.[1033] Im Gegenzug wird die

---

1028 *Wallach/Allen*, Moral Machines: Teaching Robots Right From Wrong, 2008, S. 99 ff.; *Scopino*, Preparing Financial Regulation for the Second Machine Age, 2 Colum. Bus. L. Rev. 439, 510 (2015).
1029 *Pieper*, Künstliche Intelligenz, in: Taeger, Recht 4.0, 2017, S. 555, 563.
1030 *Giesen*, Vom Robo Advice zum Robo Wealth Management, in: Everling/Lempka, Finanzdienstleister der nächsten Generation, 2016, S. 187, 198.
1031 *Möllers*, Effizienz als Maßstab des Kapitalmarktrechts, AcP 208 (2008), 1, 11 f.
1032 *Eidenmüller*, The Rise of Robots and the Law of Humans, ZEuP 2017, 765, 766.
1033 *Hartmann*, Crowdlending and Fintechs in Germany, EuCML 2017, 245, 250; *Lange*, Die Regulatory Sandbox für FinTechs, in: FS Schwintowski, 2017, S. 331, 332; *Baumanns*, FinTechs als Anlageberater? Die aufsichtsrechtliche Einordnung von Robo-Advisory, BKR 2016, 366, 374; *Maume*, Regulating Robo Advisory, April 2018, unter I B., abrufbar unter https://ssrn.com/

Geschäftstätigkeit während dieser Zeit streng von der Finanzmarktaufsicht überwacht.[1034] Mithilfe dieses Ansatzes sollen Markteintrittsbarrieren für innovative FinTech-Unternehmen gesenkt und gleichzeitig die Aufsichtskompetenz gestärkt werden, indem die Behörden Einblick in die Arbeitsweise der beaufsichtigten Marktteilnehmer bekommen. So können sie ein Gespür für Herausforderungen entwickeln und erkennen, wo neue Geschäftsmodelle und der regulatorische Rahmen inkompatibel sind.[1035] Eine solche Lockerung der aufsichtsrechtlichen Bestimmungen ist auch mit Gefahren für die Finanzmarktstabilität und den Anlegerschutz verbunden: Ein Wettbewerb der Aufsichtsbehörden oder Gesetzgeber mit dem Ziel, den eigenen Finanzstandort attraktiv für FinTechs zu machen, kann zu einem *race to the bottom* führen.[1036] Während in Großbritannien seit Juli 2016 eine Regulatory Sandbox existiert,[1037] lehnt die BaFin die Einführung dieses Modells ab.[1038] Sie begründet das mit Anlegerschutzgesichtspunkten und dem fehlenden Mandat, FinTechs von den aufsichtsrechtlichen Bestimmungen zu befreien.[1039] Tatsächlich verfügt die BaFin de lege lata über keine gesetzliche Kompetenz, einzelne Unternehmen umfassend von der Anwendung finanzmarktrechtlicher Bestimmungen zu befreien. Das deutsche

---

abstract=3167137; *Huertas*, in: Kunschke/Schaffelhuber, FinTech, 2018, Teil II E Rn. 2; *Nießner/Schlupp*, in: Kunschke/Schaffelhuber, FinTech, 2018, Teil II A Rn. 44.

1034 *Huertas*, in: Kunschke/Schaffelhuber, FinTech, 2018, Teil II E Rn. 19; *Lange*, Die Regulatory Sandbox für FinTechs, in: FS Schwintowski, 2017, S. 331, 332.

1035 Mitteilung der Europäischen Kommission, FinTech-Aktionsplan: Für einen wettbewerbsfähigeren und innovativeren EU-Finanzsektor v. 8.3.2018, COM(2018) 109 final, S. 9 f.; *Möslein/Omlor*, Die europäische Agenda für innovative Finanztechnologien (FinTech), BKR 2018, 236, 238; *Lange*, Die Regulatory Sandbox für FinTechs, in: FS Schwintowski, 2017, S. 331, 339.

1036 *Weidmann*, Rede auf einer G20-Konferenz am 25.1.2017 zum Thema Digital finance – Reaping the benefits without neglecting the risks, abrufbar unter www.bundesbank.de/Redaktion/EN/Reden/2017/2017_01_25_weidmann.html; *Möslein/Omlor*, Die europäische Agenda für innovative Finanztechnologien (FinTech), BKR 2018, 236, 238.

1037 Financial Conduct Authority (FCA), Regulatory Sandbox, abrufbar unter www.fca.org.uk/ firms/regulatory-sandbox.

1038 *Hufeld*, Rede zum Neujahrspresseempfang der BaFin 2016 am 12.1.2016, abrufbar unter www.bafin.de/SharedDocs/Veroeffentlichungen/DE/Reden/re_160112_neujahrspresseempfang_p.html.

1039 *Hufeld*, Rede zum Neujahrspresseempfang der BaFin 2016 am 12.1.2016, abrufbar unter www.bafin.de/SharedDocs/Veroeffentlichungen/DE/Reden/re_160112_neujahrspresseempfang_p.html; *Nießner/Schlupp*, in: Kunschke/Schaffelhuber, FinTech, 2018, Teil II A Rn. 45.

Recht sieht solche Befreiungen nur für eng gefasste und klare Ausnahmetatbestände vor, etwa in §§ 46, 51 WpHG.[1040] Da das Kapitalmarktrecht in weiten Teilen auf europäischen Vorgaben beruht, kann der deutsche Gesetzgeber keine umfassende Regulatory Sandbox einführen, da dies die Nichtanwendung europäischer Bestimmungen zur Folge hätte.[1041] Demzufolge kann die Regulatory Sandbox in Großbritannien nur von den rein nationalen Vorschriften befreien.[1042] Denkbar ist einzig eine europäische Sandbox. Die europäische Kommission steht einer Einführung tendenziell positiv gegenüber.[1043]

Grundsätzlich mag eine Regulatory Sandbox ein zweckmäßiges Instrument der FinTech-Aufsicht sein; für die Beaufsichtigung von Robo Advice ist sie jedoch nicht geeignet. Die grundlegenden aufsichtsrechtlichen Erlaubnis-, Organisations- und Verhaltenspflichten haben im Kontext der Anlageberatung und Vermögensverwaltung aber einen hohen Abstraktionsgrad. Sie sind deshalb in weiten Teilen kompatibel mit dem Geschäftsmodell von Robo Advice. Anpassungsbedarf besteht nur bei einzelnen Vorschriften. Eine umfassende Freistellung von den aufsichtsrechtlichen Pflichten ist bei Robo Advice nicht notwendig, um die Erbringung der Dienstleistung zu ermöglichen. Eine Regulatory Sandbox würde nur zu einer Absenkung des Anlegerschutzniveaus führen, ohne im Gegenzug neue und innovative Geschäftsmodelle zu fördern.

3. Zusätzliche Pflichten bei Robo Advice

Möglicherweise sind die regulatorischen Anforderungen bei Robo Advice höher anzusetzen als bei der herkömmlichen Anlageberatung, da auch einfach gestrickte Algorithmen dem Menschen bei mit Robo Advice vergleichbaren Tätigkeiten überlegen sind. Diese Überlegenheit könnte es möglicherweise

---

1040 *Lange*, Die Regulatory Sandbox für FinTechs, in: FS Schwintowski, 2017, S. 331, 341.
1041 *Lange*, Die Regulatory Sandbox für FinTechs, in: FS Schwintowski, 2017, S. 331, 341; zum Rechtsrahmen von Robo Advice erster Teil: § 3.
1042 *Lange*, Die Regulatory Sandbox für FinTechs, in: FS Schwintowski, 2017, S. 331, 341.
1043 Mitteilung der Europäischen Kommission, FinTech-Aktionsplan: Für einen wettbewerbsfähigeren und innovativeren EU-Finanzsektor v. 8.3.2018, COM(2018) 109 final, S. 9 f.; *Möslein/Omlor*, Die europäische Agenda für innovative Finanztechnologien (FinTech), BKR 2018, 236, 238.

rechtfertigen, bei Robo Advice sogar einen höheren Pflichtenstandard anzulegen.[1044] Bei allen Regulierungsbestrebungen ist allerdings immer zu beachten, dass die Transaktionskosten bzw. die Kosten der Wertpapierdienstleistung durch staatliche Überwachung steigen.[1045] Daher ist aktionistisches Verhalten des Gesetzgebers als Reaktion auf neue Geschäftsmodelle wie Robo Advice zu vermeiden.[1046] Im Vergleich zu anderen Finanzmarktakteuren sind FinTechs in der Regel besonders sensibel für Regulierungskosten.[1047] Ein Höchstmaß an Regulierung kann daher dazu führen, dass es den Anbietern aufgrund der hohen regulatorischen Anforderungen unmöglich wird, ihre Dienstleistung zu erbringen. Zu strikte Vorgaben können so Innovationen verhindern.[1048] Deshalb ist es genauso wichtig, die regulatorischen Anforderungen an Robo Advice nicht zu hoch zu setzen.[1049] Das rechtfertigt aber keinen geringeren aufsichtsrechtlichen Standard. Staatliche Überwachung sollte die Funktionsfähigkeit der Märkte sichern.[1050] Maßstab der Regulierung sollte im Ergebnis derselbe Standard sein, der bei herkömmlichen Wertpapierdienstleistungen gilt.[1051] In dasselbe Horn stößt die ESMA: Ihre Leitlinien zur Geeignetheitsprüfung, die Robo Advice explizit adressieren, sollen *keine zusätzlichen* Pflichten gegenüber der Anlageberatung und Finanzportfolioverwaltung begründen.[1052]

1044 *Baker/Dellaert*, Regulating Robo Advice Across the Financial Services Industry, 103 Iowa L. Rev. 713, 716 (2018).
1045 *Möllers*, Effizienz als Maßstab des Kapitalmarktrechts, AcP 208 (2008), 1, 15.
1046 Die Regelungsdichte anlegerschützender Normen spreche auch bei der herkömmlichen Anlageberatung für eine Überregulierung: *Buck-Heeb*, Entwicklung und Perspektiven des Anlegerschutzes, JZ 2017, 279, 282.
1047 *Nathmann*, Bedeutung der Regulierung bei der Beurteilung von FinTechs, CF 2018, 248, 252.
1048 *Baker/Dellaert*, Regulating Robo Advice Across the Financial Services Industry, 103 Iowa L. Rev. 713, 747 (2018).
1049 *Rauch/Lebeau/Thiele*, Steuerrechtliche sowie aufsichtsrechtliche Herausforderungen bei der Entwicklung hin zur automatisierten Anlageempfehlung (Robo-Advice), RdF 2017, 227, 230.
1050 *Möllers*, Effizienz als Maßstab des Kapitalmarktrechts, AcP 208 (2008), 1, 16.
1051 *Hufeld*, Rede zur Eröffnung der Veranstaltung BaFin-Tech 2016 am 28.6.2016, abrufbar unter www.bafin.de/SharedDocs/Veroeffentlichungen/DE/Reden/re_160628_bafin-tech2016_p. html;jsessionid=76A38CC71C4E1DAC DCDA7D9561C7FF48.1_cid298; *Maume*, Regulating Robo Advisory, April 2018, unter III E. 1, abrufbar unter https://ssrn.com/ abstract=3167137; *Baker/Dellaert*, Regulating Robo Advice Across the Financial Services Industry, 103 Iowa L. Rev. 713, 716 (2018).
1052 ESMA, Final Report: Guidelines on certain aspects of the MiFID II suitability requirements v. 28.5.2018, ESMA35-43-869, S. 15 Annex III Nr. 5: »ESMA also wishes to clarify that through the guidelines it does not intend to introduce

4. Einpassung in bestehende Regelungsstrukturen

Der Einsatz künstlicher Intelligenz erfordert zwingend einen rechtlichen Rahmen.[1053] Aufgrund der verschiedenen Einsatzgebiete, etwa bei selbstfahrenden Autos oder bei Finanzdienstleistungen, sind die Interaktionen der Roboter und automatisierten Systeme mit der Umwelt sehr unterschiedlich. Eine allgemeine Roboterregulierung, beispielsweise eine generelle Behandlung als Personen mit eigener Rechtspersönlichkeit, ist daher nicht sachgemäß. Die Regulierung sollte immer roboter- und kontextspezifisch erfolgen.[1054]

Als Finanzintermediär nimmt ein Robo Advisor die gleichen Aufgaben am Finanzmarkt wahr wie herkömmliche Anlageberater und Vermögensverwalter. Folglich sind auch die regulatorischen Herausforderungen vergleichbar: Zu adressieren sind insbesondere Interessenkonflikte. De lege lata findet sich ein gut ausdifferenziertes System aufsichtsrechtlicher Pflichten im WpHG, das die Besonderheiten der unterschiedlichen Wertpapierdienstleistungen zur Sicherung eines umfassenden Anlegerschutzes auf hohem Abstraktionsniveau angemessen berücksichtigt. Deshalb müssen die allgemeinen kapitalmarktrechtlichen Regulierungsziele und Gesetze Ausgangspunkt der Regulierung von Robo Advice sein. Eine künstliche Entkopplung der digitalen Anlageberatung und Vermögensverwaltung von den herkömmlichen Finanzdienstleistungen als eigene Wertpapierdienstleistung würde hingegen eine unnötige Parallelstruktur schaffen. Daher muss der Grundsatz *gleiche Dienstleistung, gleiches Risiko, gleiche Regeln* gelten.[1055] Demzufolge ist Robo Advice in die bestehenden Regelungsstrukturen einzupassen. Dabei sind die spezifischen Besonderheiten des digitalen Geschäftsmodells zu berücksichtigen. Bei Modifikationen muss aber gel-

---

additional requirements for robo-advisers, but rather highlight certain aspects that may be of particular importance in the case of the provision of services through fully or semi-automated tools.«

1053 *Eidenmüller*, The Rise of Robots and the Law of Humans, ZEuP 2017, 765, 766.
1054 *Eidenmüller*, The Rise of Robots and the Law of Humans, ZEuP 2017, 765, 766.
1055 *Hufeld*, Rede zur Eröffnung der Veranstaltung BaFin-Tech 2016 am 28.6.2016, abrufbar unter www.bafin.de/SharedDocs/Veroeffentlichungen/DE/Reden/re_160628_bafin-tech2016_p.html;jsessionid=76A38CC71C4E1DACDCDA7D9561C7FF48.1_cid298.

ten: So wenig wie möglich, so viel wie nötig. Nur so kann eine gleichmäßige Rechtsanwendung im Spannungsfeld zwischen FinTech und Kapitalmarktrecht sowie nationalem und Europarecht gewahrt werden.[1056]

Gesetzestechnisch kommen für die Regulierung von Robo Advice sämtliche Instrumente der kapitalmarktrechtlichen Gesetzgebung in Betracht.[1057] Neben Zulassungs- und Qualifikationsanforderungen kennt diese insbesondere Offenlegungs- und Informationspflichten, Wohlverhaltensregeln für Finanzmarktteilnehmer sowie flankierende Organisationspflichten.[1058] Die jüngsten gesetzgeberischen Maßnahmen sehen zudem paternalistische Maßnahmen wie Produktverbote und Produktfreigabeverfahren vor.[1059]

II. Inhaltliche Anforderungen

Auf Grundlage der abstrakten Zielbestimmung bei der Robo-Advice-Regulierung werden im Folgenden inhaltliche Anforderungen an einen guten Robo Advisor konzipiert. Auf dieser Grundlage ist zu evaluieren, ob die bestehenden Gesetze eine umfassende Regulierung von Robo Advice sicherstellen können.

1. Sicherung eines gut konzipierten Algorithmus

Zentral für die Dienstleistungsqualität bei Robo Advice ist der Algorithmus. Dieser generiert die Anlageempfehlung bzw. ordnet dem Kunden bei der

---

1056 A.A. *Maume*, Regulating Robo Advisory, April 2018, unter III D. 1, abrufbar unter https://ssrn.com/abstract=3167137.
1057 *Maume*, Regulating Robo Advisory, April 2018, unter III B. 1, abrufbar unter https://ssrn.com/ abstract=3167137.
1058 *Langenbucher*, Anlegerschutz – Ein Bericht zu theoretischen Prämissen und legislativen Instrumenten, ZHR 177 (2013), 679, 687, 692; *Koch*, Grenzen des informationsbasierten Anlegerschutzes, BKR 2012, 485, 487 f., 492; *Grigoleit*, Anlegerschutz – Produktinformationen und Produktverbote, ZHR 177 (2013), 264, 265.
1059 *Langenbucher*, Anlegerschutz – Ein Bericht zu theoretischen Prämissen und legislativen Instrumenten, ZHR 177 (2013), 679, 697; *Buck-Heeb*, Verhaltenspflichten beim Vertrieb, ZHR 177 (2013), 310, 331; *Buck-Heeb*, Entwicklung und Perspektiven des Anlegerschutzes, JZ 2017, 279, 286.

Vierter Teil: Regulierungsansätze de lege ferenda und Zusammenfassung

fortlaufenden Verwaltung ein bestimmtes Finanzprodukt zu.[1060] Bei der Regulierung ist zu beachten, dass es *den* Robo Advisor in der Praxis nicht gibt. Jeder Anbieter kann bei Gestaltung des Algorithmus verschiedene *Modellannahmen* zugrunde legen und eigene Schwerpunkte setzen. Auch die *Einhaltung zentraler Informations- und Offenlegungspflichten* ist immer im Algorithmus angelegt. Anknüpfungspunkt der Regulierungsbemühungen sollte deshalb nicht die einzelne Kundeninteraktion sein, sondern die Sicherung hoher Qualitätsstandards für die Algorithmen sämtlicher Robo Advisor.[1061] Ein gut konzipierter Algorithmus darf bei der Entscheidungsfindung nur sachgemäße Faktoren berücksichtigen und keine Umstände, die das Ergebnis zum Nachteil des Anlegers beeinflussen. Missbräuchlich wäre es etwa, bei der Empfehlung Provisionszahlung an den Anbieter zu berücksichtigen. Die Einhaltung der gesetzlichen Vorgaben bei jeder einzelnen Kundeninteraktion folgt reflexartig aus einem ordnungsgemäß entsprechend der aufsichtsrechtlichen Bestimmungen programmierten Algorithmus. Regulierungstechnisch lässt sich eine Kontrolle am besten mit entsprechenden Zulassungs- bzw. Organisationspflichten durchsetzen. Die Informations- und Wohlverhaltenspflichten geben den gesetzlichen Rahmen vor, nach dem die Algorithmen programmiert werden müssen.

Aufgrund des Abstraktionsniveaus der allgemeinen Organisations- und Wohlverhaltenspflichten sind die meisten WpHG- bzw. FinVermV-Bestimmungen uneingeschränkt auf Robo Advice anwendbar. Die standardisierte Informationserhebung und -verarbeitung ist grundsätzlich zulässig. Die gesetzlichen Informations- und Aufklärungspflichten gewähren auch bei Robo Advice eine umfassende Aufklärung der Anlageinteressenten. Insbesondere die spezifischen Informationspflichten über die grundlegende Funktionsweise und den Zweck von Robo Advice stellen sicher, dass der Anleger eigenständig eine informierte Anlageentscheidung treffen kann.[1062] Befürchtungen von Verbraucherschützern, dass der Anleger bei Robo Advice die »digitale Katze im Sack«[1063] kaufe, sind daher übertrieben. Beson-

---

1060 *Baker/Dellaert*, Regulating Robo Advice Across the Financial Services Industry, 103 Iowa L. Rev. 713, 734 (2018).
1061 *Frühauf*, Anlageroboter mit Mängeln, FAZ v 17.7.2018, S. 25.
1062 ESMA, Consultation Paper: Guidelines on certain aspects of the MiFID II suitability requirements v. 13.7.2017, ESMA35-43-748, S. 17 Nr. 39; ausführlich dritter Teil: § 7 F. IV.
1063 *Frühauf*, Anlageroboter mit Mängeln, FAZ v 17.7.2018, S. 25.

derheiten ergeben sich bei Verhaltenspflichten, die an Mitarbeiter anknüpfen bzw. gewisse Kenntnisse oder Erfahrungen voraussetzen: Adressaten bei Robo Advice sind menschliche Mitarbeiter in Schlüsselpositionen.[1064]

2. Sicherung einer guten und vollständigen Datengrundlage

Neben der Qualität des Algorithmus kommt bei Robo Advice der Datengrundlage entscheidende Bedeutung für die Wertpapierdienstleistung zu, da sämtliche Berechnungen auf dieser beruhen. Selbst ein gut konzipierter Algorithmus kann nur dann eine geeignete Anlageempfehlung aussprechen bzw. eine geeignete Investitionsentscheidung treffen, wenn er über ausreichende und zutreffende Anlegerinformationen verfügt.[1065] Daher muss es ein Ziel regulatorischer Bemühungen sein, im Lichte des Grundsatzes *Know Your Customer* die Korrektheit und Vollständigkeit der Anlegerinformationen sicherzustellen.[1066] Neben den Anlegerinformationen sind die Marktannahmen und Informationen über die Finanzprodukte maßgebliche Parameter der Anlageempfehlung bzw. Verwaltungstätigkeit. Insoweit ist eine umfassende Kenntnis entsprechend dem Grundsatz *Know Your Product* erforderlich.

a) Kundeninformationen

Die *Behavioral Finance* Forschung zeigt auf, dass Anleger bei der Investitionsentscheidung aufgrund ihrer Emotionen und begrenzten kognitiven Fähigkeit nicht in der Lage sind, rationale Entscheidungen zu treffen.[1067] Als

---

1064 Die Organisations- und Wohlverhaltenspflichten bei Robo Advice wurden ausführlich im dritten Teil dargestellt.
1065 *Baker/Dellaert*, Regulating Robo Advice Across the Financial Services Industry, 103 Iowa L. Rev. 713, 737 (2018); *Wedlich*, Wie wirken sich Verhaltensanomalien von Anlegern auf Robo-Advisory aus?, CF 2018, 225, 226; *Reiter/Methner*, Rechtsprobleme der Beratung durch Robo Advisors, in: Taeger, Recht 4.0, 2017, S. 587, 595; *Feger*, Herausforderungen des Robo-Advice aus Sicht der Compliance-Funktion nach WpHG, CB 2017, 359, 361.
1066 *Reiter/Methner*, Rechtsprobleme der Beratung durch Robo Advisors, in: Taeger, Recht 4.0, 2017, S. 587, 595.
1067 *Möllers/Hailer*, Management- und Vertriebsvergütungen bei Alternativen Investmentfonds – Überlegungen zur Umsetzung der Vergütungsvorgaben der AIFM-RL in das deutsche Recht, ZBB 2012, 179, 186; *Klöhn*, Kapitalmarkt,

Ursache werden insbesondere eine Überschätzung des eigenen Wissens und eine nur vage Vorstellung über die eigene Risikobereitschaft genannt.[1068] Ein vergleichbares Bild ergibt sich bereits bei der Kundenexploration: Ursache für fehlerhafte oder unvollständige Angaben sind häufig Selbstüberschätzung, Verständnisprobleme, Voreingenommenheit oder Heuristiken der Kunden.[1069] Da die Anleger die Angaben bei Robo Advice typischerweise zuhause machen, besteht in besonderem Maße das Risiko, dass sie unreflektiert vorgehen oder sich durch den Beratungsprozess »durchklicken«. Diese Gefahr ist bei der herkömmlichen Anlageberatung und Vermögensverwaltung deutlich geringer: Die besondere Situation eines Beratungsgesprächs in den Räumen der Bank verdeutlicht die Tragweite der Anlageentscheidung und motiviert, die Fragen des Anlageberaters zutreffend zu beantworten. Wie bereits dargestellt, hat die ESMA Leitlinien zur Geeignetheitsprüfung und Exploration entwickelt,[1070] die auch die spezifischen Besonderheiten von Robo Advice berücksichtigen. Im Folgenden werden die Schwierigkeiten bei der Kundenexploration dargestellt und die Tauglichkeit der ESMA-Vorgaben evaluiert.

Spekulation und Behavioral Finance, 2006, S. 81; *Möllers/Kernchen*, Information Overload am Kapitalmarkt, ZGR 2011, 1, 7 ff.; *Eidenmüller*, Liberaler Paternalismus, JZ 2011, 814, 816 f.; *Stahl*, Information Overload am Kapitalmarkt, 2013, S. 166 ff.; *Koller*, Wertpapierberatung und Verkauf im Licht des WpHG, ZBB 2011, 361, 372; *Spindler*, Anlegerschutz im Kapitalmarkt- und Bankrecht – Neujustierung durch Behavioural Finance, in: FS Säcker, 2012, S. 469 ff.; *Klöhn*, Der Beitrag der Verhaltensökonomik zum Kapitalmarktrecht, in: Fleischer/Zimmer, Beitrag der Verhaltensökonomie (Behavioral Economics) zum Handels- und Wirtschaftsrecht, 2011, S. 83, 93;

1068 *Möllers/Kernchen*, Information Overload am Kapitalmarkt, ZGR 2011, 1, 7; *Buck-Heeb*, Verhaltenspflichten beim Vertrieb, ZHR 177 (2013), 310, 328; *Koller*, Wertpapierberatung und Verkauf im Licht des WpHG, ZBB 2011, 361, 369; *Cocca/Schubert*, Anlageverhalten: Veränderte Muster in Private Banking, Die Bank 2010, 38, 41.

1069 ESMA, Consultation Paper: Guidelines on certain aspects of the MiFID II suitability requirements v. 13.7.2017, ESMA35-43-748, S. 10 Nr. 13; *Wedlich*, Wie wirken sich Verhaltensanomalien von Anlegern auf Robo-Advisory aus?, CF 2018, 225, 226.

1070 ESMA, Final Report: Guidelines on certain aspects of the MiFID II suitability requirements v. 28.5.2018, ESMA35-43-869.

aa) Selbstüberschätzung

Viele Anleger neigen zu *Selbstüberschätzung* oder einer zu optimistischen Einschätzung des eigenen Wissens und der eigenen Fähigkeiten.[1071] Bei Angaben zur objektiven Risikotragfähigkeit und zur subjektiven Risikopräferenz besteht die Gefahr, dass die Kunden unzutreffende Angaben machen, weil sie die eigene finanzielle Situation oder ihr Finanzmarktwissen besser einschätzen, als diese tatsächlich sind.[1072] Erklärt werden kann das mit dem *Better-Than-Average-Effekt*. Dieser beschreibt im Kontext der Geldanlage die Eigenart der Anleger, ihre eigenen Fähigkeiten im Vergleich zu anderen Anlegern oder Freunden zu überschätzen. Um im Verhältnis zu anderen besser dazustehen, tendieren sie dazu, zu positive Angaben zu finanziellen Mitteln oder dem eigenen Wissen zu machen.[1073] Im Ergebnis führt das dazu, dass der Anleger als risikoreicher klassifiziert wird als er tatsächlich ist. Ihm wird daraufhin ein risikoreiches Portfolio vorgeschlagen bzw. es wird eine risikoreichere Anlagestrategie vereinbart. Die mit allgemeinen Kursbewegungen verbundenen Schwankungen des eigenen Portfoliowertes können bei weniger risikoaffinen Anlegern zu panikartigen Reaktionen und einem Komplettverkauf führen, da sie die Verluste finanziell oder emotional nicht verkraften.[1074] Ein massenhafter Panikverkauf von Finanzprodukten kann wiederum einen Dominoeffekt auslösen und die Finanzstabilität gefährden. Die ESMA unterstellt, dass die Gefahr einer Selbstüberschätzung des Anlegers im Hinblick auf seine Kenntnisse und Erfahrungen oder seine Risikobereitschaft bei Robo Advice höher ist als bei der herkömmlichen Anlageberatung, da es an einer Eingriffsmöglichkeit des menschlichen Anlageberaters als Korrektiv fehlt.[1075]

1071 *Moore/Healy*, The Trouble With Overconfidence, 115 Psychological Review 502 (2008); *Alicke/Govorun*, The better-than-average effect, in: Alicke/Dunning/Krueger, The self in social judgment, 2005, S. 85 ff.; *Wedlich*, Wie wirken sich Verhaltensanomalien von Anlegern auf Robo-Advisory aus?, CF 2018, 225, 227.
1072 *Merkle*, Financial overconfidence over time: Foresight, hindsight, and insight of investors, 84 Journal of Banking & Finance, 68, 69 ff. (2017).
1073 *Wedlich*, Wie wirken sich Verhaltensanomalien von Anlegern auf Robo-Advisory aus?, CF 2018, 225, 227.
1074 *Wedlich*, Wie wirken sich Verhaltensanomalien von Anlegern auf Robo-Advisory aus?, CF 2018, 225, 227.
1075 ESMA, Final Report: Guidelines on certain aspects of the MiFID II suitability requirements v. 28.5.2018, ESMA35-43-869, S. 39 Nr. 32; ESMA, Consultation Paper: Guidelines on certain aspects of the MiFID II suitability requirements

Daher soll die Selbsteinschätzung der Anleger nach Vorgabe der ESMA möglichst durch *objektive Kriterien ausgeglichen* werden.[1076] In den Leitlinien werden dafür zahlreiche Beispiele genannt: Anstatt den Kunden zu fragen, ob er über die notwendigen Kenntnisse und Erfahrungen verfügt, sollte der Anbieter ermitteln, mit welchen Finanzprodukten der Anleger vertraut ist und wie häufig er schon mit diesen gehandelt hat.[1077] Außerdem ist es besser, konkrete finanzielle Angaben zu verlangen anstatt zu fragen, ob der Kunde denkt, dass er ausreichende finanzielle Mittel für Investitionen habe.[1078] Fragen zu objektiv überprüfbaren Merkmalen sind grundsätzlich geeignet, eine extreme Selbstüberschätzung des Anlegers zu korrigieren und realistischere Angaben zu erhalten.[1079]

Fraglich ist, ob es bei Robo Advice zusätzlich erforderlich ist, Kundenangaben durch *Rückfragen oder einen Wissenstest* zu verifizieren. Ähnlich wie in Umfragen von Soziologen könnte man die Anbieter dazu verpflichten, bei der Exploration gegenläufige Fragen oder Kontrollfragen einzubauen. So könnte überprüft werden, ob der Anleger die Fragen sorgfältig liest und beantwortet. Wissensfragen eröffnen darüber hinaus die Möglichkeit, die Kenntnisse und Erfahrungen des Anlegers nicht nur durch eine Selbsteinschätzung, sondern auf Basis des abgeprüften Wissens objektiv zu ermitteln. Für den Einsatz dieser Sicherungselemente spricht, dass die Kundenangaben bei Robo Advice unmittelbar Basis für die Erstellung der Anlageempfehlung sind. Im Gegensatz zur herkömmlichen Anlageberatung erfolgt keine Plausibilitätsprüfung durch einen menschlichen Berater. Gegen eine generelle Pflicht, die Kundenangaben bei Robo Advice derart zu verifizieren, spricht die Praktikabilität. Viele Rückfragen bergen für den Anbieter das Risiko, dass die Kunden den Beratungsprozess abbrechen. Zudem ist der Vergleich zur herkömmlichen Beratung zu ziehen. Dort beschränken sich die Berater meist darauf abstrakt nachzufragen, ob der

---

v. 13.7.2017, ESMA35-43-748, S. 13 Nr. 21; *Baumanns*, FinTechs als Anlageberater? Die aufsichtsrechtliche Einordnung von Robo-Advisory, BKR 2016, 366, 374.

1076 ESMA, Final Report: Guidelines on certain aspects of the MiFID II suitability requirements v. 28.5.2018, ESMA35-43-869, S. 43 Nr. 46; ESMA, Consultation Paper: Guidelines on certain aspects of the MiFID II suitability requirements v. 13.7.2017, ESMA35-43-748, S. 20 Nr. 52.

1077 ESMA, Final Report: Guidelines on certain aspects of the MiFID II suitability requirements v. 28.5.2018, ESMA35-43-869, S. 43 Nr. 46.

1078 ESMA, Final Report: Guidelines on certain aspects of the MiFID II suitability requirements v. 28.5.2018, ESMA35-43-869, S. 43 Nr. 46.

1079 *Wedlich*, Wie wirken sich Verhaltensanomalien von Anlegern auf Robo-Advisory aus?, CF 2018, 225, 228.

Kunde den Zweck der Angaben verstanden hat. Diese Praxis entspricht den gesetzlichen Vorgaben, da eine Nachforschungspflicht nicht ausdrücklich im WpHG geregelt ist.[1080] Vorbehaltlich evident falscher oder widersprüchlicher Kundenangaben dürfen die Anlageberater auf diese vertrauen.[1081] Eine verpflichtende Einführung entsprechender Kontrollmechanismen bei Robo Advice würde de facto zu einer Nachforschungspflicht führen. Ausreichend, um die Zuverlässigkeit der Informationen sicherzustellen, sind die gesetzlichen Anforderungen des Art. 54 Abs. 7 DelVO MiFID II (EU) 2017/565. Demzufolge ist der Anleger über den Zweck der Exploration aufzuklären und die Fragen für den Kunden verständlich zu formulieren. Auch aus dem allgemeinen Gebot der Wahrung des Kundeninteresses ergeben sich keine weitergehenden Pflichten.[1082] Eine verpflichtende Einführung von Wissenstests oder Kontrollfragen für Robo Advice als Sonderfall der Anlageberatung bzw. Vermögensverwaltung würde dazu führen, dass insoweit striktere Regeln gelten. Das Geschäftsmodell alleine rechtfertigt eine Ausweitung der Pflichten über den Wortlaut der gesetzlichen vorgesehenen Pflichten hinaus nicht. Das Risiko fehlerhafter Kundenangaben besteht auch bei herkömmlichen Wertpapierdienstleistungen. Bis zur Grenze evident unzutreffender Angaben dürfen und müssen sich sämtliche Anbieter auf die Selbstdarstellung des Kunden verlassen können.[1083] Eine Ungleichbehandlung von Robo Advice ist unverhältnismäßig. Verpflichtende Wissenstests und gegenläufige Kontrollfragen für Robo Advice sind daher abzulehnen.

1080 *Fuchs*, in: Fuchs, WpHG, 2. Aufl. 2016, § 31 Rn. 228; *Raeschke-Kessler*, Grenzen der Dokumentationspflicht nach § 31 II Nr. 1 WpHG, WM 1996, 1764, 1768; *Koller*, in: Assmann/Schneider, WpHG, 6. Aufl. 2012, § 31 Rn. 146.
1081 *Rothenhöfer*, in: Schwark/Zimmer, KMRK, 4. Aufl. 2010, § 31 WpHG Rn. 238; *Balzer*, Umsetzung der MiFID: Ein neuer Rechtsrahmen für die Anlageberatung, ZBB 2007, 333, 339; *Koller*, in: Assmann/Schneider, WpHG, 6. Aufl. 2012, § 31 Rn. 50; *Nobbe/Zahrte*, in: MünchKomm-HGB, 3. Aufl. 2014, Anlageberatung Rn. 90.
1082 *Fuchs*, in: Fuchs, WpHG, 2. Aufl. 2016, § 31 Rn. 228; *Raeschke-Kessler*, Grenzen der Dokumentationspflicht nach § 31 II Nr. 1 WpHG, WM 1996, 1764, 1768.
1083 *Balzer*, Umsetzung der MiFID: Ein neuer Rechtsrahmen für die Anlageberatung, ZBB 2007, 333, 339; *Koller*, in: Assmann/Schneider, WpHG, 6. Aufl. 2012, § 31 Rn. 146; *Rothenhöfer*, in: Schwark/Zimmer, KMRK, 4. Aufl. 2010, § 31 WpHG Rn. 238; *Schrödermeier*, Nachforschungspflichten einer Bank als Vermögensverwalterin zur Person ihres Kunden, WM 1995, 2053, 2058.

bb) Verständnisprobleme und Schätzwerte

Es ist möglich, dass Anleger die Fragen nicht richtig verstehen und unzutreffende Angaben machen. Das kann dazu führen, dass bereits die grundlegenden Parameter für die Erstellung des Anlagevorschlags durch den Algorithmus falsch sind.[1084] Im Unterschied zur klassischen Anlageberatung können bei Robo Advice keine menschlichen Berater situativ eingreifen und Unklarheiten ausräumen oder erläutern, wofür die Angaben im Einzelfall verwendet werden. Einzige Ausnahme bildet der auf einigen Websites angebotene Webchat, der jedoch nur auf Kundeninitiative in den Beratungsprozess eingreift und nicht Kern des Geschäftsmodells ist. Insbesondere bei Angaben im Internet besteht die Gefahr, dass sich der Kunde der Tragweite seiner Angaben nicht bewusst ist und oberflächliche Angaben macht bzw. Warnhinweise einfach wegklickt. Ein vergleichbares Phänomen ist bei den AGB oder Nutzungsbedingungen zu beobachten, die eine Vielzahl der Kunden annimmt, ohne sie zu lesen.[1085] Um Verständnisproblemen und einer Angabe oberflächlicher Schätzwerte entgegenzuwirken, konkretisierte die ESMA Form und Inhalt der Fragebögen zur Informationserhebung durch Leitlinien.[1086]

General Guideline 1 der ESMA Leitlinien zur Geeignetheitsprüfung verpflichtet Wertpapierdienstleistungsunternehmen, ihre Kunden klar und verständlich über Sinn und Zweck der Geeignetheitsprüfung zu informieren.[1087] Da ein persönlicher Kontakt zwischen dem Anleger und dem Anbieter wegfällt, ist der Kunde bei Robo Advice besonders deutlich auf den

---

1084 ESMA, Consultation Paper: Guidelines on certain aspects of the MiFID II suitability requirements v. 13.7.2017, ESMA35-43-748, S. 18 Nr. 42 f. und S. 42 Nr. 25; *Feger*, Herausforderungen des Robo-Advice aus Sicht der Compliance-Funktion nach WpHG, CB 2017, 359.

1085 *Jung*, In der digitalen Welt hinkt der analoge Verbraucherschutz hinterher, FAZ v. 18.9.2017, S. 22; *Steuernagel/Frey/Friedrich*, Allgemeine Geschäftsbedingungen: Zum Lügen gezwungen, zeitonline v. 1.3.2017, abrufbar unter www.zeit.de/wirtschaft/2017-02/allgemeine-geschaeftsbedingungen-verbraucherschutz-zertifizierung-alternativen.

1086 ESMA, Final Report: Guidelines on certain aspects of the MiFID II suitability requirements v. 28.5.2018, ESMA35-43-869, S. 35 f.; *Buck-Heeb/Poelzig*, Die Verhaltenspflichten (§§ 63 ff. WpHG n.F.) nach dem 2. FiMaNoG, BKR 2017, 485, 491.

1087 ESMA, Final Report: Guidelines on certain aspects of the MiFID II suitability requirements v. 28.5.2018, ESMA35-43-869, S. 35 Nr. 15.

Einfluss seiner Angaben auf das Ergebnis des Beratungsprozesses hinzuweisen.[1088] Eine solche *Hinweispflicht* fördert das Bewusstsein der Anleger, wofür die Daten verwendet werden und ist daher geeignetes Mittel, um die Abgabe oberflächlicher Schätzwerte zu vermeiden. In der Praxis setzen Robo Advisor diese Vorgabe in der Regel bereits um, indem sie neben dem Feld für die Eingabe der Kundeninformationen einen leicht erkennbaren Hinweis mit dem Textfeld »Wozu dienen diese Informationen?« anbringen. Bei Bedarf kann sich der Kunde mit einem Mausklick darüber informieren, warum die konkrete Information abgefragt wird und wozu sie bei der Berechnung des Anlagevorschlags verwendet wird. Um Missverständnissen vorzubeugen ist der Robo Advisor außerdem dazu verpflichtet, die *Fragen klar und verständlich* zu formulieren.[1089] Die Kundenwahrnehmung darf durch die Art der Fragestellung nicht verzerrt werden.[1090] Der Robo Advisor darf an keiner Stelle im Beratungsprozess die durch die Behavioral Finance Forschung aufgedeckten Verzerrungen des Urteilsvermögens zu seinen Gunsten ausnutzen.[1091] Unzulässig sind beispielsweise Suggestivfragen. Sprache und Formulierungen sollten einfach, verständlich und präzise gehalten sein. Fachtermini und weitschweifende Formulierungen sind nach Möglichkeit zu vermeiden.[1092] Schließlich hat die *optische Gestaltung des*

[1088] ESMA, Final Report: Guidelines on certain aspects of the MiFID II suitability requirements v. 28.5.2018, ESMA35-43-869, S. 36 Nr. 21; ESMA, Consultation Paper: Guidelines on certain aspects of the MiFID II suitability requirements v. 13.7.2017, ESMA35-43-748, S. 13 Nr. 22, 23; *Feger*, Herausforderungen des Robo-Advice aus Sicht der Compliance-Funktion nach WpHG, CB 2017, 359, 361; *Wedlich*, Wie wirken sich Verhaltensanomalien von Anlegern auf Robo-Advisory aus?, CF 2018, 225, 226.

[1089] ESMA, Final Report: Guidelines on certain aspects of the MiFID II suitability requirements v. 28.5.2018, ESMA35-43-869, S. 37 Nr. 24 und S. 39 Nr. 32; ESMA, Consultation Paper: Guidelines on certain aspects of the MiFID II suitability requirements v. 13.7.2017, ESMA35-43-748, S. 11 Nr. 15, 16; *Möslein/Lordt*, Rechtsfragen des Robo-Advice, ZIP 2017, 793, 799; *Feger*, Herausforderungen des Robo-Advice aus Sicht der Compliance-Funktion nach WpHG, CB 2017, 359, 316.

[1090] ESMA, Final Report: Guidelines on certain aspects of the MiFID II suitability requirements v. 28.5.2018, ESMA35-43-869, S. 37 Nr. 25; ESMA, Consultation Paper: Guidelines on certain aspects of the MiFID II suitability requirements v. 13.7.2017, ESMA35-43-748, S. 10 Nr. 13.

[1091] *Klöhn*, Kapitalmarkt, Spekulation und Behavioral Finance, 2006, S. 179; *Möllers/Hailer*, Management- und Vertriebsvergütungen bei Alternativen Investmentfonds – Überlegungen zur Umsetzung der Vergütungsvorgaben der AIFM-RL in das deutsche Recht, ZBB 2012, 179, 186.

[1092] ESMA, Final Report: Guidelines on certain aspects of the MiFID II suitability requirements v. 28.5.2018, ESMA35-43-869, S. 37 Nr. 25; ESMA, Consultation

Fragebogens erhebliche Auswirkung auf die Zuverlässigkeit und Belastbarkeit der Informationen. Das Layout des webbasierten Fragebogens ist so zu wählen, dass der Anleger nicht durch Schriftgröße, Zeilenabstand oder farbliche Hervorhebungen beeinflusst wird. Außerdem muss sichergestellt sein, dass wesentliche Hinweise nicht überlesen werden, etwa durch Darstellung der Warnhinweise und Erläuterungen im »Kleingedruckten«.[1093] Unzulässig ist weiterhin das verblockte Abfragen mehrerer relevanter Kundenangaben in einer Frage.[1094]

Als europäische Level 3-Bestimmungen schaffen die ESMA Leitlinien zur Geeignetheitsprüfung verbindliche Standards zur Gewährleistung einer qualitativ hochwertigen und zuverlässigen Kundenexploration bei Robo Advice. Informationen über den Zweck der Exploration sind geeignetes Instrument, um die Abgabe oberflächlicher Schätzwerte zu vermeiden. Konkretisierende Anforderungen an die Formulierung und optische Gestaltung des Fragebogens können Verständnisprobleme reduzieren.

b) Markt- und Produktkenntnis

Neben dem Kunden müssen Wertpapierdienstleistungsunternehmen auch die relevanten Eigenschaften und Risiken des Anlageobjekts kennen und bei der Anlageempfehlung bzw. Verwaltungstätigkeit berücksichtigen (*Know Your Product*).[1095] Daher muss es Ziel der Regulierungsbestrebungen sein, dass auch bei Robo Advice zutreffende Marktannahmen und Pro-

---

Paper: Guidelines on certain aspects of the MiFID II suitability requirements v. 13.7.2017, ESMA35-43-748, S. 11 Nr. 16.

1093 ESMA, Final Report: Guidelines on certain aspects of the MiFID II suitability requirements v. 28.5.2018, ESMA35-43-869, S. 44 Nr. 47; ESMA, Consultation Paper: Guidelines on certain aspects of the MiFID II suitability requirements v. 13.7.2017, ESMA35-43-748, S. 18 Nr. 43; *Feger*, Herausforderungen des Robo-Advice aus Sicht der Compliance-Funktion nach WpHG, CB 2017, 359, 361.

1094 ESMA, Final Report: Guidelines on certain aspects of the MiFID II suitability requirements v. 28.5.2018, ESMA35-43-869, S. 37 Nr. 25; ESMA, Consultation Paper: Guidelines on certain aspects of the MiFID II suitability requirements v. 13.7.2017, ESMA35-43-748, S. 11 Nr. 16.

1095 *Möllers*, Europäische Gesetzgebungslehre 2.0: Die dynamische Rechtsharmonisierung im Kapitalmarktrecht am Beispiel von MiFID II und PRIIP, ZEuP 2016, 325, 332; *Möllers*, in: KK-WpHG, 2. Aufl. 2014, § 31 Rn. 99; *Rothenhöfer*, in: Schwark/Zimmer, KMRK, 4. Aufl. 2010, § 31 WpHG Rn. 19.

dukteigenschaften zugrunde gelegt werden. In der Praxis treffen menschliche Mitarbeiter meist eine Vorauswahl der Finanzprodukte. Diese Entscheidungsträger müssen über die notwendige Kenntnis der Risiken und Eigenschaften sämtlicher Finanzprodukte verfügen. Der Grundsatz *Know Your Product* greift daher an einer vorgelagerten Stelle.[1096]

Diese Produktkenntnis muss jedoch nicht nur im Zeitpunkt der Vorauswahl bzw. der Zuordnung des Finanzprodukts zu einer Anlegergruppe gewährleistet sein, sondern bei jeder einzelnen Anlageempfehlung (Robo Advice der ersten Generation) bzw. fortlaufend während der Verwaltung (Robo Advice der zweiten Generation). Da sich die Marktbedingungen und Umweltfaktoren ständig ändern, wandeln sich auch die damit verbundenen Risiken und Chancen der Finanzinstrumente kontinuierlich. Deshalb ist bei Robo Advice sicherzustellen, dass die Produktauswahl ständig überprüft und neu evaluiert wird. Dieses Ziel lässt sich am besten durch organisatorische Maßnahmen erreichen.

3. Rahmungseffekte

Würden die Anleger vollkommen rational handeln, träfen sie Anlageentscheidungen alleine anhand des Inhalts der verschiedenen Optionen. Ergebnisse der Verhaltensforschung legen jedoch nahe, dass auch die *Präsentation der Entscheidungsalternativen* maßgeblichen Einfluss auf die Entscheidung hat.[1097] Insbesondere die Anzahl, Gruppierung und Rangfolge der angebotenen Auswahlmöglichkeiten spielen bei der Entscheidung eine gewichtige Rolle.[1098] Ordnet ein Anlageberater beispielsweise alle passiv gemanagten Fonds einer Gruppe zu und verteilt die aktiv gemangten Fonds auf mehrere Gruppen (z.B. Deutschland, Europa, Welt), besteht eine höhere Wahrscheinlichkeit, dass der Anleger einen aktiv gemangten Fonds

---

1096 Ausführlich dazu dritter Teil: § 7 C. II. 2. c).
1097 *Johnson/Shu/Dellaert u.A.*, Beyond nudges: Tools of a choice architecture, 23 Marketing Letters, 487, 488 (2012); *Schäfer/Ott*, Lehrbuch der ökonomischen Analyse des Zivilrechts, 5. Aufl. 2012, S. 105; *Klöhn*, Kapitalmarkt, Spekulation und Behavioral Finance, 2006, S. 95 ff.; *Lerch*, Anlageberater als Finanzintermediäre, 2015, S 83.
1098 *Johnson/Shu/Dellaert u.A.*, Beyond nudges: Tools of a choice architecture, 23 Marketing Letters, 487, 488 (2012); *Baker/Dellaert*, Regulating Robo Advice Across the Financial Services Industry, 103 Iowa L. Rev. 713, 739 (2018); *Wedlich*, Wie wirken sich Verhaltensanomalien von Anlegern auf Robo-Advisory aus?, CF 2018, 225, 228.

wählt.[1099] Robo Advice birgt das Risiko, dass Anbieter diese wissenschaftlichen Erkenntnisse nutzen, um das Auswahlverhalten der Anleger zu beeinflussen. Insbesondere eine vom Anbieter getroffene Vorauswahl anhand von *Default Optionen* hat einen gewichtigen Einfluss auf die Entscheidung der Anleger.[1100]

Entsprechende gesetzliche Vorgaben für die Präsentation der Anlagevorschläge bzw. Anlagestrategien existieren nicht. Die ESMA Leitlinien machen detaillierte Vorgaben zu Gestaltung und Inhalt der Exploration.[1101] Vergleichbare Vorgaben für die Präsentation der Beratungsergebnisse wären wünschenswert.

4. IT-Sicherheit

Aufgrund der besonderen IT-Sensibilität von Robo Advice kommt der IT-Sicherheit bei der Regulierung wesentliche Bedeutung zu. Aufgrund des prinzipienbasierten Regulierungsansatzes bei den Organisationspflichten sind Robo Advisor de lege lata zu einer umfassenden und detaillierten Notfallplanung verpflichtet. Notwendig sind etwa eine umfassende *Back-up* und *Disaster-Recovery-Strategie*.[1102] Die gesetzlichen Vorgaben sind geeignet, die IT-Sicherheit bei Robo Advice zu gewährleisten.

5. Überwachung systemischer Risiken von Robo Advice

Wegen der geringen Marktpräsenz von Robo Advice besteht (noch) kein Anlass, systemische Risiken für die Finanzstabilität zu adressieren.[1103] Eine Gefahr für die Finanzstabilität folgt nicht allein aus dem Umstand, dass die meisten Robo Advisor auf ähnlichen Modellannahmen beruhen und überwiegend in ETFs investieren bzw. ETFs empfehlen. Der Fokus auf einen

---

1099 *Johnson/Shu/Dellaert u.A.*, Beyond nudges: Tools of a choice architecture, 23 Marketing Letters, 487, 494 (2012).
1100 *Johnson/Shu/Dellaert u.A.*, Beyond nudges: Tools of a choice architecture, 23 Marketing Letters, 487, 491 (2012).
1101 ESMA, Final Report: Guidelines on certain aspects of the MiFID II suitability requirements v. 28.5.2018, ESMA35-43-869.
1102 Ausführlich dazu dritter Teil: § 10 A. I.
1103 *Baker/Dellaert*, Regulating Robo Advice Across the Financial Services Industry, 103 Iowa L. Rev. 713, 743 (2018); *Wosnitza*, Robo-Advising Private Investors Of German Mid-Cap Bonds, CF 2018, 220, 224.

bestimmten Produkttyp führt nicht dazu, dass für sämtliche Anleger ein identisches Finanzprodukt ausgewählt wird, da am Markt über 4.700 verschiedene ETFs angeboten werden.[1104] Die konkrete Investition bzw. Empfehlung unterscheidet sich deshalb je nach Anbieter, Marktsituation und Risiko-Ziel-Profil des Kunden. Eine Gefahr miteinander korrelierender Verluste als Ausgangspunkt für systemische Risiken besteht in der Praxis nicht. Darüber hinaus gehen von ETFs als Finanzprodukt keine besonderen systemischen Risiken aus.[1105]

III. Aufsicht

Die Qualitätskontrolle der Algorithmen kann grundsätzlich unternehmensintern vom Robo Advisor selbst oder extern von der Kapitalmarktaufsicht durchgeführt werden. De lege lata existieren Compliance-Vorgaben für den Einsatz von Algorithmen.[1106] Eine effiziente Regulierung von Robo Advice erfordert jedoch auch eine staatliche Kontrolle.[1107] Voraussetzung ist die Schaffung einer entsprechenden Aufsichtskompetenz im Bereich FinTech bzw. Robo Advice.[1108] Bei der BaFin nahm Ende 2015 eine interne Projektgruppe zum Thema FinTech ihre Arbeit auf.[1109] Ende Juni 2016 richtete die BaFin die Konferenz *BaFinTech 2016* aus. Zudem veröffentlichte sie auf ihrer Website zahlreiche Beiträge zu FinTech-spezifischen Themen. Darüber hinaus beantwortet die BaFin auch individuell Fragen, wenn diese während des Erlaubnisverfahren oder der laufenden Überwachung auftreten.[1110] Dieser konstruktive Dialog zwischen Aufsicht und Marktteilnehmern ist vor dem Hintergrund der aufsichtsrechtlichen Herausforderungen im FinTech-Sektor zu begrüßen. Wegen der Natur des Geschäftsmodells

---

1104 *Maume*, Regulating Robo Advisory, April 2018, unter III E. 2, abrufbar unter https://ssrn.com/ abstract=3167137.
1105 *Harrer*, Exchange Traded Funds (ETFs), 2016, S. 150 f.
1106 Dritter Teil: § 10 C.
1107 *Möllers*, Effizienz als Maßstab des Kapitalmarktrechts, AcP 208 (2008), 1, 13 f.
1108 *Baker/Dellaert*, Regulating Robo Advice Across the Financial Services Industry, 103 Iowa L. Rev. 713, 717 (2018).
1109 *Danker*, FinTechs: Junge IT-Unternehmen auf dem Finanzmarkt, BaFin Journal 1/2016, 16.
1110 *Nießner/Schlupp*, in: Kunschke/Schaffelhuber, FinTech, 2018, Teil II A Rn. 45.

von FinTechs und Robo Advice muss die Aufsicht aber einem grenzüberschreitenden Ansatz folgen.[1111] Die europäischen Aufsichtsbehörden sind sich der Herausforderungen der automatisierten Finanzberatung durchaus bewusst: Im Abschlussbericht eines Diskussionspapiers zur automatisierten Finanzberatung stellten die drei europäischen Aufsichtsbehörden ESMA, EBA und EIOPA zwar keinen unmittelbaren Handlungsbedarf fest, sehr wohl aber die Notwendigkeit, die Entwicklung aufmerksam weiterzuverfolgen.[1112]

D. Resultierende Regulierungsansätze de lege ferenda

Diese Arbeit ordnete Robo Advice in den bestehenden aufsichtsrechtlichen Rahmen ein und analysierte die resultierenden Pflichten. Wo die bestehende Regulierung unbefriedigend ist, werden im Folgenden konkrete Vorschläge für die Regulierung von Robo Advice de lege ferenda gemacht. Ziel dieser Vorschläge ist es, auch bei Robo Advice eine einheitliche Regulierung der Wertpapierdienstleistungen nach dem Grundsatz *gleiche Dienstleistung, gleiches Risiko, gleiche Regeln* zu gewährleisten.[1113]

I. Zwingende Erlaubnispflicht grenzüberschreitender Modelle

Wie in § 6 dieser Arbeit gezeigt, bedarf es einer umfassenden Normexegese, um zu klären, ob grenzüberschreitend über das Internet angebotene Finanzdienstleistungen wie Robo Advice nach § 32 KWG erlaubnispflichtig sind. Das Ergebnis ist dabei keinesfalls eindeutig.[1114] Damit ist eine Rechtsunsicherheit für die Anbieter verbunden. Insbesondere die Geschäftsmodelle von FinTechs sind häufig länderübergreifend konzipiert.[1115]

1111 *Baker/Dellaert*, Regulating Robo Advice Across the Financial Services Industry, 103 Iowa L. Rev. 713, 718 (2018).
1112 Joint Committee of the European Supervisory Authorities, Report on automation in financial advice v. 16.12.2016, S. 15 f.
1113 *Hufeld*, Rede zur Eröffnung der Veranstaltung BaFin-Tech 2016 am 28.6.2016, abrufbar unter www.bafin.de/SharedDocs/Veroeffentlichungen/DE/Reden/re_160628_bafin-tech2016_p.html;jsessionid=76A38CC71C4E1DACDCDA7D9561C7FF48.1_cid298.
1114 Ausführlich zweiter Teil: § 6.
1115 *Lange*, Die Regulatory Sandbox für FinTechs, in: FS Schwintowski, 2017, S. 331, 343; *Stein/Aggarwal*, The Complex Regulatory Landscape for FinTech

Im Gegensatz zu den meisten herkömmlichen Finanzdienstleistungen benötigen über das Internet angebotene Finanzdienstleistungen für den Vertrieb keine physische Präsenz im Inland. Robo Advice benötigt weder eine Filiale, noch einen Bankautomaten oder einen Vertriebsmitarbeiter. Wegen der Unkörperlichkeit der Dienstleistung können sich Robo Advisor die günstigste Jurisdiktion als Niederlassungsstandort aussuchen und so die strengen Anforderungen an die Erlaubnispflicht umgehen. Dieses Verhalten ist als *Regulatory Arbitrage* bekannt.[1116] Vor dem Hintergrund des wachsenden FinTech-Markts ist es de lege ferenda geboten, bei grenzüberschreitend über das Internet angebotenen Finanzdienstleistungen eine BaFin-Aufsicht sicherzustellen. Das ist erforderlich, um Anleger vor unseriösen Anbietern aus dem Ausland zu schützen.

Notwendig ist dazu eine Präzisierung des *Inlandsbegriffs* in § 32 KWG: Maßgeblich für die Aufsicht muss der Ort der Leistungserbringung sein. Erlaubnispflichtig sind dann alle Finanzdienstleistungen, die zielgerichtet am deutschen Markt angeboten werden. Dadurch würde sichergestellt, dass auch Unternehmen mit Sitz im Ausland vor Aufnahme der Tätigkeit einer Erlaubnis der BaFin bedürfen und fortlaufend beaufsichtigt werden.

II. Abschaffung der Bereichsausnahme

Wie oben gezeigt, divergieren die gesetzlichen Vorgaben an die Erbringung von Robo Advice.[1117] Neben der Erlaubnispflicht hängen auch die Organisations- und Wohlverhaltenspflichten davon ab, wer die Dienstleistung anbietet und wie das Robo-Advice-Angebot konkret ausgestaltet ist.

1. Unterschiedliche Wertpapierdienstleistungen

Robo Advisor sind als Anlageberater (erste Generation) oder Finanzportfolioverwalter (zweite Generation) an die Wohlverhaltenspflichten der §§ 63

(World Economic Forum 2016), S. 29, abrufbar unter http://www3.weforum.org/docs/WEF_The_Complex_Regulatory_Landscape_for_FinTech_29 0816.pdf.

1116 *McCann*, Offshore Finance, 2006, S. 173; *Lehmann*, in: MünchKomm-BGB, 7. Aufl. 2018, Internationales Finanzmarktrecht (Teil 12) Rn. 12.

1117 Zur Erlaubnispflicht: zweiter Teil: § 6, zu den Organisations- und Verhaltenspflichten: dritter Teil.

ff. WpHG gebunden. Für Robo Advice der zweiten Generation gelten darüber hinaus wertpapierdienstleistungsspezifische Besonderheiten. Neben einem strikten Zuwendungsverbot, § 64 Abs. 7 WpHG, sind das insbesondere umfangreiche Berichtspflichten, die dem Anleger eine Ex-post-Kontrolle ermöglichen sollen, § 64 Abs. 8 WpHG. Diese Unterschiede bei der aufsichtsrechtlichen Behandlung sind durch den Charakter der Dienstleistungen begründet: Die Vermögensverwaltung ist ein Dauerschuldverhältnis, während die Anlageberatung eine einmalige Dienstleistung ist.[1118] Der divergierende Pflichtenstandard ist sachlich gerechtfertigt und vom Gesetzgeber auch bei herkömmlichen Wertpapierdienstleistungen vorgesehen. Änderungen de lege ferenda sind nicht angezeigt.

2. Unterschiedliche Anbieter

Bei Robo Advice der ersten Generation hängt der Pflichtenstandard davon ab, ob ein FinTech oder eine Universalbank die Dienstleistung erbringt. Während für Universalbanken das volle Pflichtenprogramm des WpHG gilt, können FinTechs Robo Advice auch als Gewerbetreibender im Rahmen der Bereichsausnahme von § 2 Abs. 6 Satz 1 Nr. 8 KWG bzw. § 3 Abs. 1 Nr. 7 WpHG erbringen.[1119] Es gilt dann der niedrigere Pflichtenstandard der GewO für die Erlaubnispflicht bzw. der FinVermV für die Verhaltenspflichten. Abweichende gesetzliche Vorgaben bestehen insbesondere bei der Anlegerkategorisierung, dem Umgang mit Interessenkonflikten, der Zielmarktprüfung, der Bewertung und Vergütung von Mitarbeitern und bezüglich der Pflicht zur Erstellung eines Beratungsprotokolls.[1120] Besonders eklatant ist, dass die FinVermV keine Organisationspflichten vorschreibt: Der Gesetzgeber sieht primär eine Vermeidung von Interessenkonflikten durch organisatorische Vorkehrungen vor, die Offenlegung ist nur Ultima Ratio. Im Gegensatz dazu ist die Offenlegung im Anwendungsbereich der FinVermV der Regelfall. Das führt im Ergebnis dazu, dass die deutsche Bereichsausnahme i.V.m. der FinVermV mit den europäischen MiFID II-Vorgaben kollidiert: Art. 3 Abs. 1 MiFID II erlaubt den Mitgliedstaaten fakul-

---

1118 *Möllers*, Vermögensbetreuungsvertrag, graue Vermögensverwaltung und Zweitberatung, WM 2008, 93, 94; *Möllers*, in: KK-WpHG, 2. Aufl. 2014, § 31 Rn. 335.
1119 Zu den Voraussetzungen der Bereichsausnahme zweiter Teil: § 6 A. II. 1.
1120 Dazu ausführlich dritter Teil: § 8.

tativ, Bereichsausnahmen zu schaffen, normiert aber innerhalb dieser Ausnahmen Mindeststandards für essentielle Schutzbestimmungen, Art. 3 Abs. 2 lit. a)–lit. c) MiFID II.[1121]

Das führt zu der misslichen Situation, dass bei einem identischen Leistungsangebot je nach Anbieter ein unterschiedliches Schutzniveau besteht. Mit anderen Worten: Das Anlegerschutzniveau hängt davon ab, wer den Anleger berät. Diese Diskrepanz von WpHG bzw. MiFID II und FinVermV betrifft nicht nur Robo Advice. Sie ist dort aber besonders problematisch: Da der Anleger ausschließlich über die Website mit dem Robo Advisor interagiert, ist aus Kundenperspektive in der Regel nicht erkennbar, ob der Dienstleister eine BaFin-Erlaubnis hat oder als Gewerbetreibender agiert. Gerade Privatkunden, als wesentliche Zielgruppe von Robo Advice, haben die Erwartung, dass bei der gleichen Dienstleistung auch das gleiche Anlegerschutzniveau besteht. Das führt zu einer Scheinsicherheit.

Die Bereichsausnahme nimmt bestimmte Unternehmen vom Anwendungsbereich der BaFin-Erlaubnis sowie der Organisations- und Verhaltenspflichten aus, da bei diesen aus Art oder Umfang der Tätigkeit nur ein eingeschränktes Gefährdungspotential für den Anleger resultiert.[1122] Der Privilegierung von § 2 Abs. 6 Satz 1 Nr. 8 KWG bzw. § 3 Abs. 1 Nr. 7 WpHG liegt der Gedanke zugrunde, dass die Vermittlung von Investmentvermögen nur ein eingeschränktes Schutzbedürfnis erfordert, da diese Produkte standardisiert sind.[1123] Standardisierte Finanzprodukte wie ETFs können die Eintrittswahrscheinlichkeit und den Umfang potentieller Schäden minimieren. Wie oben gezeigt, hängt das erforderliche Schutzniveau jedoch von mehreren Faktoren ab: Neben der Eintrittswahrscheinlichkeit und dem Ausmaß potentieller Anlegerschäden ist auch die Anzahl potentiell geschädigter Personen maßgeblich.[1124] Im Gegensatz zu herkömmlichen Gewer-

---

1121 Siehe dritter Teil: § 8 D. I.
1122 *Versteegen/Baum*, in: KK-WpHG, 2. Aufl. 2014, § 2a Rn. 3; BaFin/Deutsche Bundesbank, Gemeinsames Informationsblatt zum Tatbestand der Anlageberatung, Stand November 2017, Nr. 7; *Weber/Seifert*, in: Luz/Neus/Schaber/Schneider/Wagner/Weber, KWG und CRR, 3. Aufl. 2015, § 2 KWG Rn. 37; *Fuchs*, in: Fuchs, WpHG, 2. Aufl. 2016, § 2a Rn. 2; *Schäfer*, in: Schäfer/Hamann, Kapitalmarktgesetze, 7. Aktualisierung 2013, § 2a Rn. 7.
1123 *Kumpan*, in: Schwark/Zimmer, KMRK, 4. Aufl. 2010, § 2a WpHG Rn. 12; *Versteegen/Baum*, in: KK-WpHG, 2. Aufl. 2014, § 2a Rn. 20.
1124 Zu den regulatorischen Anforderungen soeben vierter Teil: § 11 C.; *Baker/Dellaert*, Regulating Robo Advice Across the Financial Services Industry, 103 Iowa L. Rev. 713, 742 (2018).

betreibenden ist die Beratungsleistung des Robo Advisors für einen unbeschränkten Personenkreis zugänglich. Zudem hat ein Fehler im Algorithmus ein deutlich höheres Gefährdungspotential: Dieser betrifft immer sämtliche Kunden, da der Algorithmus jeweils gleich vorgeht. Deshalb ist es bei Robo Advice besonders wichtig, ein hohes und einheitliches Schutzniveau zu gewährleisten. Allein der Vertrieb standardisierter Produkte rechtfertigt eine so weitreichende Abweichung des Pflichtstandards zwischen dem Leistungsangebot einer Universalbank und eines FinTechs als Gewerbetreibendem nicht.

Im Interesse der Rechtssicherheit und -klarheit sind deswegen eindeutige und konsistente gesetzliche Regeln notwendig. Daher ist die Bereichsausnahme in WpHG und KWG in der jetzigen Form abzuschaffen. Rechtspolitisch steht die Bereichsausnahme bereits in der Kritik.[1125] Im aktuellen Koalitionsvertrag existiert die Forderung, die von der Bereichsausnahme erfassten Personen und Unternehmen der BaFin-Aufsicht zu unterstellen:

»Wir werden zur Herstellung einer einheitlichen und qualitativ hochwertigen Finanzaufsicht die Aufsicht über die freien Finanzanlagevermittler schrittweise auf die Bundesanstalt für Finanzdienstleistungsaufsicht übertragen.«[1126]

Sollte sich der Gesetzgeber nicht zeitnah zu diesem Schritt durchringen können, ist eine Anpassung der FinVermV an die geänderten Vorgaben der MiFID II dringend geboten, da das deutsche Recht insoweit unionsrechtswidrig ist.

III. Technologieneutralität

Bei Robo Advice und FinTechs im Allgemeinen ergeben sich teilweise Konflikte zwischen dem digitalen Geschäftsmodell und dem Kapitalmarktrecht. Viele dieser Spannungen resultieren daraus, dass eine digitale Erbringung von Wertpapierdienstleistungen bei Schaffung der Normen noch nicht vorstellbar war.[1127] Um innovative Geschäftsmodelle zu fördern, sind die Gesetze anzupassen und *technologieneutral* zu gestalten. Voraussetzung

---

1125 *Nathmann*, Bedeutung der Regulierung bei der Beurteilung von FinTechs, CF 2018, 248, 250.

1126 Koalitionsvertrag zwischen CDU, CSU und SPD für die 19. Legislaturperiode, 12.3.2018, S. 135, abrufbar unter https://www.cdu.de/system/tdf/media/dokumente/koalitionsvertrag_2018.pdf?file=1.

1127 *Baumanns*, FinTechs als Anlageberater? Die aufsichtsrechtliche Einordnung von Robo-Advisory, BKR 2016, 366, 374.

ist, dass die technologischen Entwicklungen die Schutzziele des Kapitalmarkts nicht gefährden.[1128] Eine der größten Herausforderungen für FinTechs ist in der Praxis die verbindlich vorgeschriebene Papierform für Dokumentations-, Offenlegungs- oder Informationspflichten. Die Europäische Kommission kündigte in ihrem FinTech-Aktionsplan eine technologische Bereinigung der europäischen Gesetze an.[1129]

Probleme bei Robo Advice bestehen insbesondere bei Informationspflichten, die eine Darlegung *mittels eines dauerhaften Datenträgers* vorschreiben, etwa die Aufklärung über Interessenkonflikte nach § 63 Abs. 2 Satz 2 WpHG. Grundsätzlich ermöglicht es ein dauerhafter Datenträger, Informationen auch digital, etwa per E-Mail bereitzustellen.[1130] § 2 Abs. 43 WpHG fordert lediglich, dass die Informationen für eine seinem Zweck angemessene Dauer gespeichert, eingesehen und unverändert wiedergegeben werden können. Nach Art. 3 Abs. 1 DelVO MiFID II (EU) 2917/565 sind die Informationen aber *grundsätzlich und vorrangig in Papierform bereitzustellen*. Von diesem Grundsatz kann nur abgewichen werden, wenn der Anleger sich ausdrücklich gegen eine Bereitstellung in Papierform entscheidet. Das setzt eine echte Wahlmöglichkeit des Kunden voraus. Durch die Papierform soll nachvollziehbar werden, ob das Wertpapierdienstleistungsunternehmen korrekt aufgeklärt hat, ihr kommt daher insbesondere Dokumentationsfunktion zu.[1131] Dieser Zweck kann auch durch eine Aufklärung per E-Mail erreicht werden. Deswegen ist de lege ferenda zu fordern, den Grundsatz der vorrangigen Bereitstellung in Papierform zu streichen.

1128 Dazu soeben vierter Teil: § 11 C. I.
1129 Mitteilung der Europäischen Kommission, FinTech-Aktionsplan: Für einen wettbewerbsfähigeren und innovativeren EU-Finanzsektor v. 8.3.2018, COM(2018) 109 final, S. 11 f.; *Möslein/Omlor*, Die europäische Agenda für innovative Finanztechnologien (FinTech), BKR 2018, 236, 238.
1130 *Koller*, Beratung und Dokumentation nach dem § 34 Abs. 2a WpHG, in: FS Schneider, 2011, S. 651, 661; *Klein*, Die Beratungsprotokollpflicht im System des europarechtlich determinierten Anlegerschutzes, 2015, S. 243; *Koller*, in: Assmann/Schneider, WpHG, 6. Aufl. 2012, § 34 Rn. 26.
1131 *Spindler*, in: Langenbucher/Bliesener/Spindler, Bankrechts-Kommentar, 2. Aufl. 2016, Kap. 33 Rn. 196.

Vierter Teil: Regulierungsansätze de lege ferenda und Zusammenfassung

IV. Zusätzliche Organisationsvorgaben

Die Verhaltens-, Organisations- und Transparenzpflichten sind für die herkömmliche Erbringung von Wertpapierdienstleistungen konzipiert und bilden dort ein detailliert ausgestaltetes Regelwerk zur Wahrung der Anlegerinteressen.[1132] Kernbestandteil von Robo Advice ist der Einsatz von Algorithmen. Das erlaubt die Vermeidung bislang unumgänglicher Interessenkonflikte.[1133] Da der Algorithmus immer regelbasiert entscheidet, muss das Recht keine Verhaltensregeln für die Beratungssituation im Einzelfall vorgeben: Interessenkonflikte sind bei Robo Advice nicht situativer, sondern struktureller Natur.[1134] Da sich Interessenkonflikte durch gut modellierte Algorithmen von vornherein vermeiden lassen, ist es effizienter, die Organisationspflichten bei der Kapitalmarktregulierung ins Zentrum zu stellen.[1135] Die Schaffung bzw. Konkretisierung algorithmischer Organisationspflichten kann den Anlegerschutz bei Robo Advice stärken.

Das Geschäftsmodell von FinTechs und Robo Advice ist häufig grenzüberschreitend konzipiert.[1136] Folglich ist nicht auf nationaler, sondern auf europäischer Ebene nach Lösungen zu suchen. Nur so kann ein regulatorisches *level playing field* geschaffen werden. Obwohl die Digitalisierung in der gesellschaftlichen Diskussion ein aktuelles Thema ist, sollte der nationale Gesetzgeber daher keine eigenständigen Rechtslösungen zur Regulierung von FinTechs schaffen. Ein solches *Vorpreschen* mag politisch geschickt sein, erzeugt aber Transaktionskosten für die Marktteilnehmer und

---

1132 So Einschätzung noch zur Rechtslage unter MiFID I: *Seyfried*, in: Kümpel/Wittig, Bank- und Kapitalmarktrecht, 4. Aufl. 2011, Rn. 3.88; *Beck*, Das Chamäleon Anlegerschutz oder „Worüber reden wir eigentlich?", in: FS Schneider, 2011, S. 89, 95; *Veil*, Aufklärung und Beratung über die fehlende Einlagensicherung von Lehman-Zertifikaten?, WM 2009, 1585, 1586.
1133 *Möslein/Lordt*, Rechtsfragen des Robo-Advice, ZIP 2017, 793, 802.
1134 Ausführlich dritter Teil: § 7 D. I. 2.
1135 *Möslein/Lordt*, Rechtsfragen des Robo-Advice, ZIP 2017, 793, 802; zur Effizienz bei der Regulierung: *Fleischer*, Empfiehlt es sich, im Interesse des Anlegerschutzes und zur Förderung des Finanzplatzes Deutschland das Kapitalmarkt- und Börsenrecht neu zu regeln?, Gutachten F zum 64. Deutschen Juristentag 2002, F20; *Möllers*, Effizienz als Maßstab des Kapitalmarktrechts, AcP 208 (2008), 1, 5.
1136 *Lange*, Die Regulatory Sandbox für FinTechs, in: FS Schwintowski, 2017, S. 331, 343; *Stein/Aggarwal*, The Complex Regulatory Landscape for FinTech (World Economic Forum 2016), S. 29, abrufbar unter http://www3.weforum.org/docs/WEF_The_Complex_Regulatory_Landscape_for_FinTech_290816.pdf.

ist folglich ökonomisch wenig effizient.[1137] Da die Organisationspflichten einem prinzipienbasierten Ansatz folgen,[1138] ist es aufgrund des Abstraktionsgrades der Bestimmungen de lege lata möglich, entsprechende Maßnahmen zu ergreifen. Entsprechende Level 3-Leitlinien der ESMA innerhalb der abgesteckten Zielvorgaben sichern einen europaweit einheitlichen Standard und sind daher zu begrüßen.

V. Prinzipienbasierte Regulierung als Königsweg

Bei vielen am deutschen Markt vertretenen Anbietern ist in den letzten Jahren eine Entwicklung von Robo Advice der ersten Generation hin zu Robo Advice der zweiten Generation zu beobachten. Robo Advice ist, wie der gesamte FinTech-Sektor, von innovativen Geschäftsmodellen und sich ständig wandelnden Dienstleistungsangeboten geprägt. Im Interesse des Anlegerschutzes sollte das Gesetz auch für FinTechs einen verbindlichen aufsichtsrechtlichen Rahmen vorgeben. Eine kleinteilige Gesetzgebung, die den Anspruch hat, sämtliche Detailprobleme durch Einzelfallregelungen zu adressieren, kann auf den technischen Fortschritt immer nur im Nachhinein reagieren.[1139] In den letzten Jahren hat sich das Finanzmarktrecht zu einer umfangreichen Gesetzgebung mit zahlreichen Einzelfallbestimmungen gewandelt.[1140] Die Kapitalmarktgesetzgebung wird deshalb teilweise als Regulierungstsunami[1141] oder Aktivismus[1142] kritisiert. Das Kapitalmarktrecht

---

1137 Kritisch zum Vorpreschen des nationalen Gesetzgebers: *Möllers*, Europäische Gesetzgebungslehre 2.0: Die dynamische Rechtsharmonisierung im Kapitalmarktrecht am Beispiel von MiFID II und PRIIP, ZEuP 2016, 325, 337; *Möllers/Kastl*, Das Kleinanlegerschutzgesetz, NZG 2015, 849, 854.
1138 Ausführlich dritter Teil: § 10 A.; *Wundenberg*, in: Veil, Europäisches Kapitalmarktrecht, 2. Aufl. 2014, § 29 Rn. 8; *Binder*, Organisationspflichten und das Finanzdienstleistungs-Unternehmensrecht: Bestandsaufnahme, Probleme, Konsequenzen, ZGR 2015, 667, 701 f.
1139 *Möllers*, Juristische Methodenlehre, 2017, § 9 Rn. 10.
1140 *Möllers/Brosig*, Providing investment advice in light of MiFID I and II, in: Hugo/Möllers, Transnational Impacts on Law: Perspectives from South Africa and Germany, 2017, S. 217, 233; *Schaffelhuber*, in: Kunschke/Schaffelhuber, FinTech, 2018, Teil VII B Rn. 4.
1141 *Mülbert*, Regulierungstsunami im europäischen Kapitalmarktrecht, ZHR 176 (2012), 369.
1142 *Möllers*, Europäische Gesetzgebungslehre 2.0: Die dynamische Rechtsharmonisierung im Kapitalmarktrecht am Beispiel von MiFID II und PRIIP, ZEuP 2016, 325, 330.

Vierter Teil: Regulierungsansätze de lege ferenda und Zusammenfassung

wird mehrmals im Jahr überarbeitet und novelliert.[1143] Treiber dieser Änderungen sind die stetigen Änderungen des Marktumfelds und der Marktpraxis.[1144] Dieser reaktionäre Ansatz ist meines Erachtens verfehlt. Die Gesetzgebung sollte für sämtliche Wertpapierdienstleistungen einen abstrakten Rahmen vorgeben, der die Schutzziele des Kapitalmarktrechts sicherstellt. Nur ein prinzipienbasierter Regulierungsansatz kann gewährleisten, dass der Gesetzgeber der technischen Entwicklung nicht hinterherläuft, sondern den gesetzlichen Rahmen gestalterisch vorgibt.[1145] Aufgrund des innovativen Charakters von FinTechs ist das nur mithilfe von *Generalklauseln* auf hohem Abstraktionsniveau möglich. Diese ermöglichen eine flexible Anpassung des Rechts an geänderte Rahmenbedingungen.[1146]

Eine solche prinzipienbasierte Regulierung würde sich auf zwei Ebenen auswirken: Neben den abstrakten Zielvorgaben des Gesetzgebers kommt auch der Rechtsdurchsetzung entscheidende Bedeutung zu. Die konkretisierungsbedürftigen Zielvorgaben werden durch die Aufsichtsbehörden in Abstimmung mit den Marktteilnehmern kontinuierlich an neue Entwicklungen angepasst.[1147] Es zeigt sich bei den Organisationspflichten, dass ein prinzipienbasierter Regulierungsansatz bei Robo Advice funktioniert.[1148] Eine mögliche *MiFID III* sollte sich darauf fokussieren, mithilfe einer prinzipienbasierten Gesetzgebung auch für die Wohlverhaltenspflichten konsistente Ziele und Mindeststandards vorzugeben. Dieser Rahmen böte Marktteilnehmern und der Aufsicht die nötige Flexibilität und würde zugleich si-

---

1143 *Möllers*, Europäische Gesetzgebungslehre 2.0: Die dynamische Rechtsharmonisierung im Kapitalmarktrecht am Beispiel von MiFID II und PRIIP, ZEuP 2016, 325, 330.
1144 *Schaffelhuber*, in: Kunschke/Schaffelhuber, FinTech, 2018, Teil VII B Rn. 5.
1145 Für ein prinzipienbasiertes Aufsichtskonzept bei FinTechs: *Schaffelhuber*, in: Kunschke/Schaffelhuber, FinTech, 2018, Teil VII B Rn. 5.
1146 *Möllers*, Juristische Methodenlehre, 2017, § 9 Rn. 10; *Möllers/Brosig*, Providing investment advice in light of MiFID I and II, in: Hugo/Möllers, Transnational Impacts on Law: Perspectives from South Africa and Germany, 2017, S. 217, 235; *Walla*, in: Veil, Europäisches Kapitalmarktrecht, 2. Aufl. 2014, § 4 Rn. 50; *Veil*, Compliance-Organisationen in Wertpapierdienstleistungsunternehmen im Zeitalter der MiFiD, WM 2008, 1093, 1095; *Wundenberg*, in: Veil, Europäisches Kapitalmarktrecht, 2. Aufl. 2014, § 29 Rn. 7.
1147 *Wundenberg*, in: Veil, Europäisches Kapitalmarktrecht, 2. Aufl. 2014, § 29 Rn. 9; *Black*, Forms and paradoxes of principles-based regulation, 3 CMLJ 425, 434 ff. (2008).
1148 Siehe oben dritter Teil: § 10; *Binder*, in: Staub, HGB, Bd. 11/2, 5. Aufl. 2018, 7. Teil Rn. 37; *Binder*, Organisationspflichten und das Finanzdienstleistungs-Unternehmensrecht: Bestandsaufnahme, Probleme, Konsequenzen, ZGR 2015, 667, 701.

cherstellen, dass die Regelungsziele des Kapitalmarkts erfüllt werden. Spezifika für FinTechs und Robo Advice können durch konkretisierende Level 3-Leitlinien der ESMA geregelt werden.

E. Ergebnis zu § 11

1. Robo Advisor vermitteln als Finanzintermediäre Geschäftsabschlüsse auf dem Kapitalmarkt und tragen dadurch zu einer effizienten Kapitalallokation bei. Zudem können sie Informationsasymmetrien auf dem Kapitalmarkt entgegenwirken und dadurch die operationale Funktionsfähigkeit des Kapitalmarkts steigern.
2. Um den Anlegerschutz bei Robo Advice zu sichern, ist zweierlei notwendig: Parallel zu herkömmlichen Wertpapierdienstleistungen muss der Gesetzgeber eine professionelle Dienstleistungserbringung im Interesse des Kunden sicherstellen. Da die Dienstleistung auf Basis von Algorithmen erbracht wird, ist zudem ein regulatorischer Rahmen zu schaffen, der die Zuverlässigkeit der technischen Systeme überprüft und sicherstellt.
3. Die regulatorischen Anforderungen sind ins Verhältnis zum Umfang potentieller Schäden zu setzen, die aus der Wertpapierdienstleistung resultieren können. Da Robo Advice mit seinem Internetangebot einen potentiell unbeschränkten Personenkreis anspricht und ein fehlerhafter Algorithmus so immer eine Vielzahl von Anlegern betrifft, ist ein umfassendes Schutzniveau durch zwingende Vorgaben im Sinne eines Top-Down Ansatzes zu sichern.
4. Eine Regulatory Sandbox ist für die Beaufsichtigung von Robo Advice nicht geeignet. Die grundlegenden aufsichtsrechtlichen Erlaubnis-, Organisations- und Verhaltenspflichten haben einen hohen Abstraktionsgrad. Anpassungsbedarf für Robo Advice besteht nur bei einzelnen Vorschriften. Um die Dienstleistungserbringung zu ermöglichen, ist deshalb keine umfassende Freistellung von den aufsichtsrechtlichen Pflichten notwendig. Eine Regulatory Sandbox würde zu einer Absenkung des Anlegerschutzniveaus führen, ohne im Gegenzug neue und innovative Geschäftsmodelle zu fördern.
5. Eine künstliche Entkopplung der digitalen Anlageberatung und Vermögensverwaltung von den herkömmlichen Finanzdienstleistungen als eigene Wertpapierdienstleistung würde eine unnötige Parallelstruktur schaffen und ist folglich nicht sinnvoll.

6. Bei Robo Advice ist die Qualität des zugrundeliegenden Algorithmus zentral für die Dienstleistung, da dieser die Anlageempfehlung bzw. Investitionsentscheidung generiert und vorgibt, ob die aufsichtsrechtlichen Bestimmungen eingehalten werden. Jedoch kann ein gut konzipierter Algorithmus nur dann ein gutes Ergebnis liefern, wenn er die Entscheidung auf Grundlage umfassender und zutreffender Informationen trifft. Die Sicherung einer fundierten Datengrundlage ist darum ebenfalls Kernelement einer guten Robo-Advice-Regulierung. Darüber hinaus dürfen die Kunden bei der Entscheidung nicht durch Rahmungseffekte manipuliert werden, die IT-Sicherheit muss gewährleistet sein und Robo Advice darf keine systemischen Risiken begründen.

7. Die ESMA Leitlinien zur Geeignetheitsprüfung (ESMA35-43-869) sind geeignet, eine umfassende und zutreffende Datengrundlage unter Berücksichtigung der Verhaltensanomalien der Anleger bei Robo Advice zu sichern: Eine extreme Selbstüberschätzung kann durch objektive Angaben ausgeglichen werden. Konkretisierende Anforderungen an die Formulierung und optische Gestaltung des Fragebogens können Verständnisprobleme reduzieren. Eine Aufklärung über den Zweck der Exploration kann die Abgabe oberflächlicher Schätzwerte vermeiden.

8. De lege ferenda ist eine Präzisierung des *Inlandsbegriffs* in § 32 KWG erforderlich, um grenzüberschreitend über das Internet am deutschen Markt angebotene Finanzdienstleistungen der BaFin-Aufsicht zu unterstellen. Anknüpfung der Aufsicht muss der Ort der Leistungserbringung sein, nicht der Sitz des Anbieters.

9. Bei Robo Advice der ersten Generation hängt der Pflichtenstandard maßgeblich vom Anbieter ab: Während für Universalbanken das volle Pflichtenprogramm des WpHG gilt, fallen FinTechs aufgrund der Bereichsausnahme in § 3 Abs. 1 Nr. 7 WpHG unter den niedrigeren Pflichtenstandard der FinVermV. Im Interesse der Rechtssicherheit und -klarheit ist die Bereichsausnahme in der jetzigen Form de lege ferenda abzuschaffen.

10. Um innovative Geschäftsmodelle wie Robo Advice zu fördern, sind die bestehenden Gesetze technologieneutral zu gestalten. Anpassungsbedarf besteht etwa im Hinblick auf zwingende Papierformvorgaben. Voraussetzung der Anpassung ist jedoch, dass die Schutzzwecke des Kapitalmarktrechts gewahrt bleiben.

11. Da der Algorithmus bei Robo Advice regelbasiert entscheidet, muss das Recht keine Verhaltensregeln für die Beratungssituation im Einzelfall vorgeben, sondern kann vermehrt auf algorithmische Organisationspflichten zurückgreifen.

12. Nur ein prinzipienbasierter Regulierungsansatz gewährleistet, dass der Gesetzgeber den Rechtsrahmen gestalterisch vorgeben kann und nicht den technischen Entwicklungen hinterherläuft. Generalklauseln ermöglichen eine flexible Anpassung an geänderte Marktbedingungen. Eine mögliche *MiFID III* sollte demzufolge durch prinzipienbasierte Zielvorgaben auch für die Wohlverhaltenspflichten konsistente und technologieneutrale Standards vorgeben. Spezifische Besonderheiten von Robo Advice können durch Level 3-Bestimmungen konkretisiert werden.

Vierter Teil: Regulierungsansätze de lege ferenda und Zusammenfassung

§ 12 Zusammenfassung der wichtigsten Thesen und Erkenntnisse

1. Der Begriff Robo Advice umfasst alle technischen Systeme, mit denen Anleger Kapital investieren oder ihr Vermögen verwalten lassen können. Wichtigstes Merkmal ist, dass der Kontakt zwischen Kunde und Anbieter ausschließlich digital erfolgt und die Anlagestrategie bzw. Empfehlung durch computerbasierte Algorithmen oder Entscheidungsbäume generiert wird. Da kein persönliches Betragungsgespräch stattfindet, geht mit Robo Advice ein Paradigmenwechsel bei der Erbringung von Wertpapierdienstleistungen einher.[1149]

2. Robo Advice lässt sich in zwei Grundmodelle einteilen: Robo Advisor der ersten Generation erteilen eine einmalige Anlageempfehlung, im Gegensatz dazu verwalten Robo Advisor der zweiten Generation das Kundenvermögen fortlaufend und setzen die vereinbarte Anlagestrategie selbständig um.[1150] Aufsichtsrechtlich ist Robo Advice der ersten Generation als Anlageberatung[1151] und Robo Advice der zweiten Generation als Finanzportfolioverwaltung[1152] zu qualifizieren.

3. Für Robo Advice gelten die allgemeinen kapitalmarktrechtlichen Gesetze und Verordnungen. Einzig Art. 54 Abs. 1 Unterabs. 1 DelVO MiFID II (EU) 2017/565 normiert als Sonderbestimmung, dass die vollständige Verantwortung für die Geeignetheitsprüfung beim Robo Advisor liegt. Diese Norm hat jedoch lediglich klarstellenden Charakter.[1153]

4. Neben drei europäischen Rechtsebenen sind bei Robo Advice auch drei nationale Ebenen zu beachten. Die Regulierung von Wertpapierdienstleistungen wird wesentlich von den Leitlinien der ESMA geprägt, die auf Level 3-Ebene detaillierte Anforderungen für Anlageberatung und Vermögensverwaltung vorgeben. Bei der Rechtsanwendung sind die spezifischen Besonderheiten der digitalen Dienstleistungserbringung zu berücksichtigen.[1154]

5. Eine pauschale aufsichtsrechtliche Qualifikation von Robo Advice verbietet sich aufgrund der zahlreichen Ausprägungen in der Praxis. Diese ist im Einzelfall anhand der konkreten Ausgestaltung des Leistungsange-

---

1149 Siehe erster Teil: § 1 A.
1150 Siehe erster Teil: § 2 A.
1151 Siehe zweiter Teil: § 4.
1152 Siehe zweiter Teil: § 5.
1153 Siehe erster Teil: § 3.
1154 Siehe erster Teil: § 3 B.

bots, der Plattformgestaltung und der Kundeninteraktion nach den Begriffsbestimmungen von § 2 Abs. 8 WpHG bzw. § 1 Abs. 1a KWG vorzunehmen.[1155]

6. Entgegen der Auffassung der BaFin ist die Tätigkeit eines Robo Advisors nicht bereits dann als Anlageberatung zu qualifizieren, wenn dieser dem Anleger ein konkretes Finanzinstrument vorschlägt. Voraussetzung der Anlageberatung ist, dass sämtliche Tatbestandsvoraussetzungen von § 2 Abs. 8 Nr. 10 WpHG erfüllt sind. Die Empfehlung eines konkreten Finanzinstruments ist dafür notwendige, nicht aber hinreichende Bedingung.[1156]

7. Weder Disclaimer noch AGB können bei Robo Advice den aufsichtsrechtlichen Charakter der Dienstleistung oder den Pflichtenumfang zum Nachteil des Anlegers modifizieren. Diese Vorgaben sind Gegenstand staatlicher Kontrolle und unterliegen nicht der Parteidisposition.[1157]

8. Die bei Robo Advice der zweiten Generation praktizierte Vermögensverwaltung nach Anlegergruppen fällt unter den Tatbestand der Finanzportfolioverwaltung, § 2 Abs. 3 Nr. 7 WpHG. Diese Form der standardisierten Geldanlage bietet eine hinreichende Individualisierung, wenn die Kundenvermögen in getrennten Depots verwaltet werden.[1158]

9. Als Finanzdienstleistung unterfällt Robo Advice grundsätzlich der Erlaubnispflicht des § 32 KWG.[1159] Robo Advisor der ersten Generation können die Dienstleistung jedoch auch im Rahmen der Bereichsausnahme des § 2 Abs. 6 Satz 1 Nr. 8 KWG erbringen. Sie benötigen dann keine BaFin-Erlaubnis, sondern eine gewerberechtliche Erlaubnis nach § 34f GewO.[1160]

10. Robo Advisor der ersten Generation sind als Wertpapierdienstleistungsunternehmen Adressat der Wohlverhaltenspflichten, §§ 63 ff. WpHG. Aufgrund des hohen Abstraktionsgrads sind die meisten Bestimmungen bei Robo Advice anwendbar.[1161] Besonderheiten ergeben sich bei den Vergütungsregeln, § 63 Abs. 3 WpHG, und dem Grundsatz *Know Your Product*. Diese Vorschriften gelten bei Robo Advice für Mitarbeiter in Schlüsselpositionen.[1162] Zudem ist der Anleger in verständlicher Form über die grundlegende Funktionsweise von Robo Advice zu informieren, da er nur in

---

1155 Siehe zweiter Teil.
1156 Siehe zweiter Teil: § 4 B. III. 4.
1157 Siehe zweiter Teil: § 4 B. VI.
1158 Siehe zweiter Teil: § 5 B. I. 2.0
1159 Siehe zweiter Teil: § 6 A.
1160 Siehe zweiter Teil: § 6 B.
1161 Siehe dritter Teil.
1162 Siehe dritter Teil: § 7 C. II. 2 und § 7 D II.

Kenntnis der zugrundeliegenden Annahmen, Methoden und Beschränkungen eigenständig eine informierte Anlageentscheidung treffen kann.[1163]

11. Der bei Robo Advice praktizierte Einsatz standardisierter Fragebögen ist zulässiges Mittel der Kundenexploration.[1164] Für die Gestaltung des Fragebogens als Kernelement der Kundenexploration gelten besondere Anforderungen: In den Leitlinien zur Geeignetheitsprüfung (ESMA35-43-869) konkretisiert die ESMA formale und inhaltliche Anforderungen, um eine zuverlässige und umfassende Erhebung der Anlegerinformationen im Sinne des Grundsatzes *Know Your Customer* sicherzustellen.[1165]

12. Der Pflichtenstandard hängt bei Robo Advice der ersten Generation maßgeblich davon ab, ob eine Bank als Wertpapierdienstleistungsunternehmen oder ein FinTech als Gewerbetreibender die Dienstleistung anbietet. Bei Gewerbetreibenden finden die Organisations- und Verhaltenspflichten der §§ 63 ff. bzw. 80 ff. WpHG keine Anwendung. Stattdessen gelten die Bestimmungen der FinVermV.[1166] Im Hinblick auf die allgemeine Sorgfalts- und Interessenwahrungspflicht, die Informations- und Aufklärungspflichten sowie die Vorgaben zur Exploration und Geeignetheitsprüfung bietet die FinVermV ein mit dem WpHG vergleichbares Anlegerschutzniveau.[1167] Abweichende gesetzliche Regelungen bestehen insbesondere bei der Anlegerkategorisierung, dem Umgang mit Interessenkonflikten, der Bewertung und Vergütung von Mitarbeitern und bezüglich der Pflicht zur Erstellung eines Beratungsprotokolls. Außerdem regelt die FinVermV keine Organisationspflichten.[1168]

13. Der abweichende Pflichtenstandard der FinVermV ist unionsrechtswidrig, da die MiFID II auch innerhalb der Bereichsausnahme gewisse Mindeststandards vorschreibt. Eine richtlinienkonforme Rechtsfortbildung zur Begründung zusätzlicher Verhaltenspflichten für Finanzanlagenvermittler verstößt gegen den Vertrauensschutz und ist daher eine unzulässige Rechtsfortbildung contra legem.[1169]

14. Für Robo Advisor der ersten und zweiten Generation gelten neben §§ 63 ff. WpHG unterschiedliche wertpapierdienstleistungsspezifische

---

1163 Siehe dritter Teil: § 7 F. IV.
1164 Siehe dritter Teil: § 7 G. I. 2.
1165 Siehe dritter Teil: § 7 G. I.
1166 Siehe dritter Teil: § 8 A.
1167 Siehe dritter Teil: § 8 B.
1168 Siehe dritter Teil: § 8 C.
1169 Siehe dritter Teil: § 8 D.

§ 12 Zusammenfassung der wichtigsten Thesen und Erkenntnisse

Verhaltensregeln, da sie verschiedene Wertpapierdienstleistungen erbringen.[1170] Für die Finanzportfolioverwaltung gilt etwa ein striktes Zuwendungsverbot. Wird die bei Robo Advice typische All-in-fee von der depotführenden Bank eingezogen und teilweise weitergeleitet, ist diese Zahlung verbotene Zuwendung i.S.v. § 64 Abs. 7 WpHG.[1171] In der Praxis sollte der Robo Advisor die Verwaltungsgebühr daher selbst vom Kundendepot einziehen.[1172]

15. Die Organisationspflichten des WpHG verpflichten die Robo Advisor nicht zu spezifischen Maßnahmen, sondern verfolgen einen prinzipienbasierten Regulierungsansatz und sind generalklauselartig weit formuliert. Deshalb sind die organisatorischen Anforderungen bei Robo Advice de lege lata an den Besonderheiten des digitalen Geschäftsmodells zu messen.[1173] Wegen der IT-Sensibilität des Angebots sind Robo Advisor verpflichtet, organisatorische Maßnahmen zu treffen, um Störungen oder Ausfälle zu vermeiden.[1174] Außerdem bestehen besondere Compliance-Pflichten, die eine Manipulation der Algorithmen verhindern sollen.[1175]

16. Bei der Regulierung von Robo Advice muss der Gesetzgeber eine professionelle Dienstleistungserbringung im Interesse des Kunden sicherstellen. Da die Dienstleistung auf Basis von Algorithmen erbracht wird, ist zudem ein regulatorischer Rahmen zu schaffen, der die Zuverlässigkeit der technischen Systeme gewährleistet.[1176] Kernelemente einer guten Robo-Advice-Regulierung sind die Sicherung hoher Algorithmus-Qualitätsstandards und einer umfassenden Datengrundlage. Zudem dürfen die Kunden bei der Entscheidung nicht durch Rahmungseffekte manipuliert werden, die IT-Sicherheit muss gewährleistet sein und Robo Advice darf keine systemischen Risiken begünstigen.[1177]

17. Die grundlegenden aufsichtsrechtlichen Erlaubnis-, Organisations- und Verhaltenspflichten haben einen hohen Abstraktionsgrad. Anpassungsbedarf für Robo Advice besteht nur bei einzelnen Vorschriften. Um die Schutzziele des Kapitalmarkts zu verwirklichen, ist folglich keine umfassende Novelle der aufsichtsrechtlichen Pflichten notwendig. Vielmehr muss

---

1170 Siehe dritter Teil: § 9 C.
1171 Siehe dritter Teil: § 9 C. II.
1172 Siehe dritter Teil: § 9 C. II. 4.
1173 Siehe dritter Teil: § 10 A.
1174 Siehe dritter Teil: § 10 A. I.
1175 Siehe Dritter Teil: § 10 A. II.
1176 Siehe vierter Teil: § 11 C. I.
1177 Siehe vierter Teil: § 11 C. II.

der Grundsatz *gleiche Dienstleistung, gleiches Risiko, gleiche Regeln* gelten. Soweit es möglich ist, ist Robo Advice daher in die bestehenden Regelungsstrukturen einzupassen.[1178] An einigen Stellen besteht jedoch Anpassungsbedarf: um innovative Geschäftsmodelle zu ermöglichen, sind die bestehenden Gesetze technologieneutral zu gestalten.[1179]

18. Reformnotwendigkeit besteht auch beim *Inlandsbegriff* des § 32 KWG: Um grenzüberschreitend über das Internet angebotene Finanzdienstleistungen der BaFin-Aufsicht zu unterstellen, ist das Tatbestandsmerkmal de lege ferenda zu konkretisieren. Eine klarstellende gesetzliche Regelung, dass grenzüberschreitend angebotene Finanzdienstleistungen, die sich an den deutschen Markt richten, in den Anwendungsbereich des KWG fallen, wäre wünschenswert.[1180]

19. Im Interesse der Rechtssicherheit und -klarheit ist die Bereichsausnahme in § 3 Abs. 1 Nr. 7 WpHG in der jetzigen Form abzuschaffen. Während für Universalbanken das volle Pflichtenprogramm des WpHG gilt, fallen FinTechs de lege lata unter den niedrigeren Pflichtenstandard der FinVermV. Diese Divergenz ist bei Robo Advice nicht zu rechtfertigen.[1181]

20. Da der Algorithmus immer nach einem ex ante festgelegten Plan vorgeht und ausschließlich regelbasiert entscheidet, sind Interessenkonflikte bei Robo Advice nicht situativer, sondern struktureller Natur. Das Recht sollte demzufolge keine Verhaltensregeln für die Beratungssituation im Einzelfall vorgeben, sondern vermehrt auf (algorithmische) Organisationspflichten zurückgreifen.[1182]

21. Nur ein prinzipienbasierter Regulierungsansatz kann gewährleisten, dass der Gesetzgeber den Rechtsrahmen gestalterisch vorgeben kann und nicht lediglich auf den technologischen Fortschritt und Marktentwicklungen reagiert. Generalklauseln ermöglichen eine flexible Anpassung an geänderte Rahmenbedingungen. Eine mögliche *MiFID III* sollte durch prinzipienbasierte Zielvorgaben für die Wohlverhaltenspflichten konsistente und technologieneutrale Standards vorgeben. Um die spezifischen Besonderheiten von Robo Advice zu berücksichtigen, können diese durch Level 3-Bestimmungen konkretisiert werden.[1183]

1178 Siehe vierter Teil: § 11 C. I. 4.
1179 Siehe vierter Teil: § 11 D. I. 3.
1180 Siehe vierter Teil: § 11 D. I. 1.
1181 Siehe vierter Teil: § 11 D. I. 2.
1182 Siehe dritter Teil: § 10 D.
1183 Siehe vierter Teil: § 11 D. I. 5.

Literaturverzeichnis

A

Alexy, Robert / Dreier, Ralf, Statutory Interpretation in the Federal Republic of Germany, in: MacCormick, D. Neil / Summers, Robert S. (Hrsg.), Interpreting Statutes, A Comparative Study, Aldershot u.a. 1991, S. 73–121.

Alicke, Mark D. / Govorun, Olesya, The better-than-average effect, in: Alicke, Mark D. / Dunning, David A. / Krueger, Joachim (Hrsg.), The self in social judgment, New York 2005, S. 85–106.

Altmann, Mareike / Becker, Thomas, BaFinTech 2016, Workshop 3: Robo-Advice – Anforderungen der Aufsicht an die automatisierte Wertpapierberatung, 28.6.2016, abrufbar unter www.bafin.de/SharedDocs/Downloads/DE/Rede_Vortrag/dl_160628 _BaFin-Tech2016_Workshop_3.pdf?__blob=publicationFile&v=3.

Alvares de Souza Soares, Philipp / Böschen, Mark, Digitale Vermögensverwalter, Manager Magazin 3/2016, 100–104.

Amort, Matthias, Haftung und Regulierung von Ratingagenturen, EuR 2013, 272–285.

Assmann, Heinz-Dieter / Schneider, Uwe H. (Hrsg.), Wertpapierhandelsgesetz Kommentar, 6. Auflage, München 2012 (zitiert als *Bearbeiter*, in: Assmann/Schneider, WpHG, 6. Aufl. 2012).

Assmann, Heinz-Dieter / Schütze, Rolf A. (Hrsg.), Handbuch des Kapitalanlagerechts, 4. Auflage, München 2015 (zitiert als *Bearbeiter*, in: Assmann/Schütze, Handbuch des Kapitalanlagerechts, 4. Aufl. 2015).

Assmann, Heinz-Dieter, Interessenkonflikte aufgrund von Zuwendungen, ZBB 2008, 21–32.

Auer, Marietta, Neues zu Umfang und Grenzen der richtlinienkonformen Auslegung, NJW 2007, 1106–1109.

B

Baker, Tom / Dellaert, Benedict G.C., Regulating Robo Advice Across the Financial Services Industry, 103 Iowa L. Rev. 713–750 (2018).

Balzer Peter, Einführung in das Reformvorhaben MiFID II / MiFIR, in: Teuber, Hanno / Schröer, Ulrich (Hrsg.), MiFID II und MiFIR – Umsetzung in der Bankpraxis, Heidelberg 2015, S. 3–27.

Balzer, Peter, Anlegerschutz bei Verstößen gegen die Verhaltenspflichten nach §§ 31 ff Wertpapierhandelsgesetz (WpHG), ZBB 1997, 260–269.

Balzer, Peter, Umsetzung der MiFID: Ein neuer Rechtsrahmen für die Anlageberatung, ZBB 2007, 333–345.

Balzer, Peter, Umsetzung von MiFID II: Auswirkungen auf die Anlageberatung und Vermögensverwaltung, ZBB 2016, 226–237.

Literaturverzeichnis

Balzer, Peter, Vermögensverwaltung durch Kreditinstitute, München 1999.

Bankenverband, Positionspapier des Bankenverbandes zu Robo Advice vom 10. März 2017, abrufbar unter https://bankenverband.de/media/files/2017_03_20Positionspapier_RoboAdvice.pdf.

Bastian, Tobias / Werner, Stefan, Banken zwischen Ertragserwartungen und Regulatorik – Bericht über den Bankrechtstag am 30. Juni 2017 in Frankfurt a. M., WM 2017, 1533–1544.

Baumanns, Charlotte, FinTechs als Anlageberater? Die aufsichtsrechtliche Einordnung von Robo-Advisory, BKR 2016, 366–375.

Baumbach, Adolf / Hopt, Klaus J. (Hrsg.), Handelsgesetzbuch mit GmbH & Co., Handelsklauseln, Bank- und Kapitalmarktrecht, Transportrecht (ohne Seerecht), 37. Auflage, München 2016 (zitiert als *Bearbeiter*, in: Baumbach/Hopt, Handelsgesetzbuch, 37. Aufl. 2016).

Baumbach, Adolf / Hopt, Klaus J. (Hrsg.), Handelsgesetzbuch mit GmbH & Co., Handelsklauseln, Bank- und Kapitalmarktrecht, Transportrecht (ohne Seerecht), 38. Auflage, München 2018 (zitiert als *Bearbeiter*, in: Baumbach/Hopt, Handelsgesetzbuch, 38. Aufl. 2018).

Beck, Heiko, Das Chamäleon Anlegerschutz oder „Worüber reden wir eigentlich?", in: Burgard, Ulrich / Hadding, Walther / Mülbert, Peter O. / Nietsch, Michael / Welter, Reinhard (Hrsg.), Festschrift für Uwe H. Schneider, Köln 2011, S. 89–111.

Beck, Heinz / Samm, Carl-Theodor / Kokemoor, Axel (Hrsg.), Kreditwesengesetz mit CRR, 201. Aktualisierung, Heidelberg 2018 (zitiert als *Bearbeiter*, in: Beck/Samm/Kokemoor, Kreditwesengesetz mit CRR, 201. Aktualisierung 2018).

Benicke, Christoph, Wertpapiervermögensverwaltung, Tübingen 2006.

Beule, Dirk, Product Governance, in: Teuber, Hanno / Schröer, Ulrich (Hrsg.), MiFID II und MiFIR – Umsetzung in der Bankpraxis, Heidelberg 2015, S. 167–197.

Binder, Jens-Hinrich, Governance of Investment Firms under MiFID II, in: Busch, Danny / Ferrarini, Guido (Hrsg.), Regulation of the EU Financial Markets – MiFID II and MiFIR, Oxford 2017, S. 49–83.

Binder, Jens-Hinrich, Organisationspflichten und das Finanzdienstleistungs-Unternehmensrecht: Bestandsaufnahme, Probleme, Konsequenzen, ZGR 2015, 667–708.

Bioy, Hortense / Garcia-Zarate, Jose, Every Little Helps: Comparing the Costs of Investing in ETPs versus Index Funds, Morningstar ETF Research, September 2013, abrufbar unter http://media.morningstar.com/uk/Research/Morningstar_Report_Every_Little_Helps_Comparing_the_Cost_of_Investing_in_ETPs_versus_Index_Funds_September_2013.pdf.

Black, Julia, Forms and paradoxes of principles-based regulation, 3 CMLJ 425–457 (2008).

Bliesener, Dirk H., Aufsichtsrechtliche Verhaltenspflichten beim Wertpapierhandel, Berlin u.a. 1998.

Bloch, Thomas / Vins, Oliver, Robo Advice – die Zukunft der Geldanlage, in: Everling, Oliver / Lempka, Robert (Hrsg.), Finanzdienstleister der nächsten Generation – Megatrend Digitalisierung: Strategien und Geschäftsmodelle, Frankfurt a.M. 2016, S. 171–186.

Böhm, Jochen, Regierungsentwurf zur Verbesserung der Durchsetzbarkeit von Ansprüchen aus Falschberatung, BKR 2009, 221–230.

Boos, Karl-Heinz / Fischer, Reinfrid / Schulte-Mattler, Hermann (Hrsg.), KWG, CRR-VO – Kommentar zu Kreditwesengesetz, VO (EU) 575/2013 (CRR) und Ausführungsvorschriften, 5. Auflage, München 2016 (zitiert als *Bearbeiter*, in: Boos/Fischer/Schulte-Mattler, KWG, CRR-VO, 5. Aufl. 2016).

Brandt, Markus, Aufklärungs- und Beratungspflichten der Kreditinstitute bei der Kapitalanlage, Baden-Baden, 2002.

Brenncke, Martin, Der Zielmarkt eines Finanzinstruments nach der MiFID II, WM 2015, 1173–1181.

Brylewski, Sarah / Lempka, Robert, Social Trading: die moderne Geldanlage, in: Everling, Oliver / Lempka, Robert (Hrsg.), Finanzdienstleister der nächsten Generation – Megatrend Digitalisierung: Strategien und Geschäftsmodelle, Frankfurt a.M. 2016, S. 135–149.

Buck-Heeb, Petra / Poelzig, Dörte, Die Verhaltenspflichten (§§ 63 ff. WpHG n.F.) nach dem 2. FiMaNoG – Inhalt und Durchsetzung, BKR 2017, 485–495.

Buck-Heeb, Petra, Anlageberatung nach der MiFID II, ZBB 2014, 221–232.

Buck-Heeb, Petra, Compliance bei vertriebsbezogener Product Governance – Neuerungen durch die MiFID II bzw. das Kleinanlegerschutzgesetz, CCZ 2016, 2–10.

Buck-Heeb, Petra, Entwicklung und Perspektiven des Anlegerschutzes – Zehn Anmerkungen zur anlegerschützenden Gesetzgebung im Bereich der Anlageberatung, JZ 2017, 279–288.

Buck-Heeb, Petra, Kapitalmarktrecht, 9. Auflage, Heidelberg 2017.

Buck-Heeb, Petra, Verhaltenspflichten beim Vertrieb – Zwischen Paternalismus und Schutzlosigkeit des Anleger, ZHR 177 (2013), 310–343.

Buck-Heeb, Petra, Vom Kapitalanleger- zum Verbraucherschutz – Befund und Auswirkungen auf das Recht der Anlageberatung, ZHR 176 (2012), 66–95.

Busch, Danny / Ferrarini, Guido, Who's Afraid of MiFID II?: An Introduction, in: Busch, Danny / Ferrarini, Guido (Hrsg.), Regulation of the EU Financial Markets – MiFID II and MiFIR, Oxford 2017, S. 3–24.

Busch, Danny, MiFID II: Stricter conduct of business rules for investment firms, 12 CMLJ 340–380 (2017).

Busch, Danny, Product Governance und Produktintervention unter MiFID II/MiFIR, WM 2017, 409–420.

Büter, Thomas / Schröer, Ulrich, Telefonaufzeichnung nach MiFID II, in: Teuber, Hanno / Schröer, Ulrich (Hrsg.), MiFID II und MiFIR – Umsetzung in der Bankpraxis, Heidelberg 2015, S. 113–141.

Bydlinski, Franz, Juristische Methodenlehre und Rechtsbegriff, 2. Auflage, Wien u.a. 1991.

Literaturverzeichnis

C

Cahn, Andreas, Grenzen des Markt- und Anlegerschutzes durch das WpHG, ZHR (1998), 1–50.

Calliess, Christian / Ruffert, Matthias (Hrsg.), EUV/AEUV – Das Verfassungsrecht der Europäischen Union mit Europäischer Grundrechtscharta, 5. Auflage, München 2016 (zitiert als *Bearbeiter*, in: Calliess/Ruffert, EUV/AEUV, 5. Aufl. 2016).

Canaris, Claus-Wilhelm, Das Rangverhältnis der „klassischen" Auslegungskriterien, demonstriert an Standardproblemen aus dem Zivilrecht, in: Beuthien, Volker / Fuchs, Maximilian / Roth, Herbert / Schiemann, Gottfried / Wacke, Andreas (Hrsg.), Festschrift für Dieter Medicus: Zum 70. Geburtstag, 1999, S. 25–61.

Canaris, Claus-Wilhelm, Die richtlinienkonforme Auslegung und Rechtsfortbildung im System der juristischen Methodenlehre, in: Koziol, Helmut / Rummel, Peter (Hrsg.), Festschrift für Franz Bydlinski: Im Dienste der Gerechtigkeit, Berlin 2002, S. 47–103.

Canaris, Claus-Wilhelm, Handelsrecht, 24. Auflage, München 2006.

Christoph Fabian L., Zulässigkeit grenzüberschreitender Bankenaufsicht nach dem Marktortprinzip, ZBB 2009, 117–126.

Cocca Teodoro D. / Schubert, Roland, Anlageverhalten: Veränderte Muster in Private Banking, Die Bank 2010, 38–41.

Conac, Pierre-Henri, Algorithmic Trading and High-Frequency Trading (HFT), in: Busch, Danny / Ferrarini, Guido (Hrsg.), Regulation of the EU Financial Markets – MiFID II and MiFIR, Oxford 2017, S. 469–485.

Conrads, Rudolf / Walter, Karl-Friedrich, Gefährlicher Glaube an die Bank, bank und markt 12/2014, 21–24.

Cont, Rama / Moussa, Amal / Santos, Edson Bastos, Network Structure and Systemic Risk in Banking Systems, 1.12.2010, abrufbar unter https://ssrn.com/abstract=2913178.

D

Danker, Wiebke, FinTechs: Junge IT-Unternehmen auf dem Finanzmarkt, BaFin Journal 1/2016, 16–19.

DAV Bank- und Kapitalmarktrechtsausschuss / DAV-Handelsrechtsausschuss, Stellungnahme zum Referentenwurf eines zweiten Gesetzes zur Novellierung von Finanzmarktvorschriften auf Grund europäischer Rechtsakte (Zweites Finanzmarktnovellierungsgesetz – 2. FiMaNoG), NZG 2016, 1301–1306.

De la Motte, Laura, Defizite bei der Anlageberatung, Handelsblatt v. 4.1.2018, S. 32–33.

De la Motte, Laura, Deutsche Bank greift Fintechs an, Handelsblatt v. 7.12.2015, S. 29.

Derleder, Peter / Knops, Kai-Oliver / Bamberger, Heinz Georg (Hrsg.), Deutsches und europäisches Bank-und Kapitalmarktrecht, 3. Auflage, Berlin u.a. 2017 (zitiert als *Bearbeiter*, in: Derleder/Knops/Bamberger, Deutsches und europäisches Bank-und Kapitalmarktrecht, 3. Aufl. 2017).

Deutscher Bundestag, Digitalisierung in der Finanzwirtschaft, Ausschuss Digitale Agenda/Anhörung – 12.11.2015 (hib 597/2015), abrufbar unter www.bundestag.de/presse/hib/2015-11/-/395462.

Deutsches Aktieninstitut, Aktionärszahlen des deutschen Aktieninstituts 2016, abrufbar unter www.dai.de/files/dai_usercontent/dokumente/studien/2017-02-14%20DAI%20Aktionaerszahlen%202016%20Web.pdf.

Diederichsen, Uwe, Die „reductio ad absurdum" in der Jurisprudenz, in: Paulus, Gotthard / Diederichsen, Uwe / Canaris, Claus-Wilhelm (Hrsg.), Festschrift für Karl Larenz zum 70. Geburtstag, München 1973, S. 155–179.

Dorfleitner, Gregor / Hornuf, Lars, FinTech – Markt in Deutschland, Abschlussbericht im Auftrag des BMF v. 17.10.2016, abrufbar unter www.bundesfinanzministerium.de/Content/DE/Standardartikel/Themen/Internationales_Finanzmarkt/2016-11-21-Gutachten-Langfassung.pdf?__blob=publicationFile&v=3.

Dreher, Meinhard / Ballmaier, Christoph, Die Nutzung externer Ratings durch Versicherungsunternehmen, WM 2015, 1357–1370.

Duve, Christian / Keller, Moritz, MiFID: Die neue Welt des Wertpapiergeschäfts – Lernen Sie Ihre Kunden kennen - Kundenklassifikation und -information, BB 2006, 2425–2432.

E

Ebenroth, Carsten Thomas / Boujong, Karlheinz / Joost, Detlev / Strohn, Lutz (Hrsg.), Handelsgesetzbuch, (zitiert als *Bearbeiter*, in: Ebenroth/Boujong/Joost/Strohn, HGB)
– Band 1 §§ 1–342e, 3. Auflage, München 2014
– Band 2 §§ 343–475h, Transportrecht, Bank- und Börsenrecht, 3. Auflage, München 2015.

Ehmann, Horst, Informationsschutz und Informationsverkehr im Zivilrecht, AcP 188 (1988), 230–380.

Eidenmüller, Horst, Liberaler Paternalismus, JZ 2011, 814–812.

Eidenmüller, Horst, The Rise of Robots and the Law of Humans, ZEuP 2017, 765–777.

Einsele, Dorothee, Beratungsprotokolle auf dem Prüfstand, ZRP 2014, 190–192.

Einsele, Dorothee, Verhaltenspflichten im Bank- und Kapitalmarktrecht – öffentliches Recht oder Privatrecht?, ZHR 180 (2016), 233–269.

Ellenberger, Jürgen / Schäfer, Holger / Clouth, Berndt / Lang, Volker (Hrsg.), Praktikerhandbuch Wertpapier- und Derivategeschäft, 4. Auflage, Heidelberg 2011 (zitiert als *Bearbeiter*, in: Ellenberger/Schäfer/Clouth/Lang, Praktikerhandbuch Wertpapier- und Derivategeschäft, 4. Aufl. 2011).

Enriques, Luca / Gargantini, Matteo, The Overarching Duty to Act in the Best Interest of the Client in MiFID II, in: Busch, Danny / Ferrarini, Guido (Hrsg.), Regulation of the EU Financial Markets – MiFID II and MiFIR, Oxford 2017, S. 85–122.

Eßer, Martin, Kollektive Anlagemodelle als Finanzportfolioverwaltung, WM 2008, 671–678.

Literaturverzeichnis

Etheber, Thomas / Hackenthal, Andreas, Neue Wege in der Anlageberatung, Die Bank, 2.2015, 16–19.

Europäische Kommission, Mitteilung der Kommission an das Europäische Parlament, den Rat, die Europäische Zentralbank, den Europäischen Wirtschafts- und Sozialausschuss und den Ausschuss der Regionen – FinTech-Aktionsplan: Für einen wettbewerbsfähigeren und innovativeren EU-Finanzsektor v. 8.3.2018, COM(2018) 109 final, abrufbar unter https://eur-lex.europa.eu/legal-content/DE/TXT/HTML/?uri=CELEX:52018DC0109&qid=153648 4645881 &from=DE.

F

Fandrich, Andreas / Karper, Ines (Hrsg.), Münchener Anwaltshandbuch Bank- und Kapitalmarktrecht, 2. Auflage, München 2018 (zitiert als *Bearbeiter*, in: Münchner Anwaltshandbuch Bank- und Kapitalmarktrecht, 2. Aufl. 2018).

Fedchenheuer, Linda, Die Qualifikationsanforderungen an Anlageberater, Baden-Baden 2014.

Feger, Anika, Herausforderungen des Robo-Advice aus Sicht der Compliance-Funktion nach WpHG, CB 2017, 359–362.

Fekonja, Benjamin, BaFin-Verlautbarungen – Möglichkeiten und Grenzen der rechtlichen Bindungswirkung, Baden-Baden 2013.

Fleischer, Holger, Ad-hoc-Publizität beim einvernehmlichen vorzeitigen Ausscheiden des Vorstandsvorsitzenden, NZG 2007, 401–407.

Fleischer, Holger, Die Richtlinie über Märkte für Finanzinstrumente und das Finanzmarkt-Richtlinie-Umsetzungsgesetz, BKR 2006, 389–396.

Fleischer, Holger, Empfiehlt es sich, im Interesse des Anlegerschutzes und zur Förderung des Finanzplatzes Deutschland das Kapitalmarkt- und Börsenrecht neu zu regeln?, Gutachten F zum 64. Deutschen Juristentag in Berlin 2002, München 2002.

Fleischer, Holger, Vorstandsverantwortlichkeit und Fehlverhalten von Unternehmensangehörigen – Von der Einzelüberwachung zur Errichtung einer Compliance-Organisation, AG 2003, 291–300.

Forschungsunion Wirtschaft, Umsetzungsempfehlungen für das Zukunftsprojekt Industrie 4.0, Oktober 2012, abrufbar unter www.bmbf.de/files/Umsetzungsempfehlungen_Industrie4_0.pdf.

Frank, Alexander, Die Level-3-Verlautbarungen der ESMA – ein sicherer Hafen für den Rechtsanwender?, ZBB 2015, 213–220.

Freitag, Robert, Die Verteilung der Beweislast für Fehler in der Anlageberatung de lege lata und de lege ferenda – Gedanken zur privatrechtlichen Bedeutung von Beratungsprotokoll und Geeignetheits-erklärung, ZBB 2016, 1–16.

Freitag, Robert, FinTech-Banken-Kooperationen – Strategien, Praxis, Erfahrungen, in: Everling, Oliver/ Lempka, Robert (Hrsg.), Finanzdienstleister der nächsten Generation – Megatrend Digitalisierung: Strategien und Geschäftsmodelle, Frankfurt a.M. 2016, S. 329–343.

Freiwald, Béatrice, Erlaubnispflicht nach § 32 Abs. 1 KWG für grenzüberschreitende Bank- und Finanzdienstleistungen, WM 2008, 1537–1545.

Friauf, Karl Heinrich (Hrsg.), Kommentar zur Gewerbeordnung, Loseblatt Stand 2/2018, Köln 2018 (zitiert als *Bearbeiter*, in: Friauf, Gewerbeordnung, Stand 2/2018).

Frühauf, Markus, Anlageroboter mit Mängeln, Frankfurter Allgemeine Zeitung v. 17.7.2018, S. 25.

Fuchs, Andreas (Hrsg.), Wertpapierhandelsgesetz (WpHG), 2. Auflage, München 2016 (zitiert als *Bearbeiter*, in: Fuchs, WpHG, 2. Aufl. 2016).

G

Geier, Bernd / Schmitt, Christian, MiFID-Reform: der neue Anwendungsbereich der MiFID II und MiFIR, WM 2013, 915–920.

Geyer, Rudolf, Evolution in der Fonds-Vermögensverwaltung, in: Everling, Oliver / Lempka, Robert (Hrsg.), Finanzdienstleister der nächsten Generation – Megatrend Digitalisierung: Strategien und Geschäftsmodelle, Frankfurt a.M. 2016, S. 389–407.

Giesen, Hartmut, Vom Robo Advice zum Robo Wealth Management – „Demokratisierte" Algorithmen, Künstliche Intelligenz und Deep Learning im Dienste von Privatanlagern, in: Everling, Oliver / Lempka, Robert (Hrsg.), Finanzdienstleister der nächsten Generation – Megatrend Digitalisierung: Strategien und Geschäftsmodelle, Frankfurt a.M. 2016, S. 187–201.

Glander, Harald / Kittner, Oliver, Auswirkungen des RefE eines Finanzmarktnovellierungsgesetzes auf den Fonds-vertrieb, RdF 2016, 13–21.

Glückert, Kirsten, Das neue Finanzanlagenvermittlerrecht (§ 34f GewO und Finanzanlagenvermittlungsverordnung), GewArch 2012, 465–470.

Grabitz, Eberhard / Hilf, Meinhard / Nettesheim, Martin (Hrsg.), Das Recht der Europäischen Union, 64. Ergänzungslieferung, München Mai 2018 (zitiert als *Bearbeiter*, in: Grabitz/Hilf/Nettesheim, Das Recht der Europäischen Union, 64. EL Mai 2018).

Grigoleit, Hans Christoph, Anlegerschutz – Produktinformationen und Produktverbote, ZHR 177 (2013), 264–309.

Grischuk, Pavel, Robo-Advice, Automatisierte Anlageberatung in der Aufsichtspraxis, BaFin Journal 8/2017, 18–22.

Groves, Francis / Binder, Steffen, Robo-Advisors 2.0, Gutachten von MyPrivateBanking, 2015, Executive Summary, abrufbar unter www.myprivatebanking.com/UserFiles/file/Extract%20-%20MyPrivateBanking%20Research%20Report%20-%20 Robo-Advisors%202.0(1).pdf.

Grundmann, Stefan / Hacker, Philipp, Conflicts of Interest, in: Busch, Danny / Ferrarini, Guido (Hrsg.), Regulation of the EU Financial Markets – MiFID II and MiFIR, Oxford 2017, S. 27–48.

Grundmann, Stefan, Richtlinienkonforme Auslegung im Bereich des Privatrechts – insbesondere: der Kanon der nationalen Auslegungsmethoden als Grenze?, ZEuP 1996, 399–424.

Gsell, Beate / Krüger, Wolfgang / Lorenz, Stephan / Reymann, Christoph (Hrsg.), beck-online.GROSSKOMMENTAR, München 2018 (zitiert als *Bearbeiter*, in: BeckOGK, Stand).

Gurlit, Elke, Handlungsformen der Finanzmarktaufsicht, ZHR 177 (2013), 862–902.

H

Habersack, Mathias, Die Pflicht zur Aufklärung über Rückvergütungen und Innenprovisionen und ihre Grenzen, WM 2010, 1245–1253.

Habersack, Mathias, Rechtsfragen des Emittenten-Ratings, ZHR 169 (2005), 185–211.

Hackenthal, Andreas / Inderst, Roman, Auswirkungen der Regulatorik auf kleinere und mittlere Banken am Beispiel der deutschen Genossenschaftsbanken – Gutachten im Auftrag des Bundesverbandes der Deutschen Volksbanken und Raiffeisenbanken – BVR, abrufbar unter www.bvr.de/p.nsf/0/ 9E961A8C21A26B1BC1257ED1003099 50/$file/GUTACHTEN-BVR2015.pdf.

Hadding, Walther / Henrichs, Joachim, Devisentermingeschäfte – Prolongation und Aufklärungspflichten, in: Martens, Klaus-Peter / Westermann, Harm Peter / Zöller, Wolfgang (Hrsg.), Festschrift für Carsten Peter Claussen: Zum 70. Geburtstag, Köln 1997, S. 447–468.

Hager, Günter, Rechtsmethoden in Europa, Tübingen 2009.

Halbleib, Gernot, Der Einsatz von Mitarbeitern in der Anlageberatung nach der Neuregelung des § 34d WpHG, WM 2011, 673–678.

Halfpap, Patrick; Normsetzungsbefugnisse von Kapitalmarktaufsichtsbehörden, BKR 2009, 65–72.

Hanten, Mathias, Aufsichtsrechtliche Erlaubnispflicht bei grenzüberschreitenden Bankgeschäften und Finanzdienstleistungen, WM 2003, 1412–1416.

Harrer, Andreas, Exchange Traded Funds (ETFs), Baden-Baden 2016.

Hartmann, Bernd, Crowdlending and Fintechs in Germany, EuCML 2017, 245–252.

Heidel, Thomas (Hrsg.), Aktienrecht und Kapitalmarktrecht, 4. Auflage, Baden-Baden 2014 (zitiert als *Bearbeiter*, in: Heidel, Aktienrecht und Kapitalmarktrecht, 4. Aufl. 2014).

Herresthal, Carsten, Die Grenzen der richtlinienkonformen Rechtsfortbildung im Kaufrecht, WM 2007, 1354–1360.

Hessami, Gian, ETFs allein reichen nicht, Frankfurter Allgemeine Zeitung v. 24.10.2017, S. V5.

Heun, Werner, Finanzaufsicht im Wandel, JZ 2012, 235–242.

Hilgendorf, Eric, Introduction: Digitalization and the Law – a European Perspective, in: Hilgendorf, Eric / Feldle, Jochen (Hrsg.), Digitalization and the Law, Baden-Baden 2018, S. 9–19.

Hippeli, Michael, Verbotsirrtum über die Erlaubnispflicht von Bankgeschäft oder Finanzdienstleistung bei Auskunft der Aufsichtsbehörde, WM 2018, 253–258.

Hoeren, Thomas / Sieber, Ulrich / Holznagel, Bernd (Hrsg.), Handbuch Multimedia-Recht, 46. Ergänzungslieferung, München Januar 2018 (zitiert als *Bearbeiter*, in: Hoeren/Sieber/Holznagel, Multimedia-Recht, 46. Januar EL 2018).

Hoppe, Tilman, Die Europäisierung der Gesetzgebung: Der 80-Prozent-Mythos lebt, EuZW 2009, 168–169.

Hopt, Klaus J, Grundsatz- und Praxisprobleme nach dem Wertpapierhandelsgesetz, ZHR 159 (1995), 135–163.

Hopt, Klaus J., Der Kapitalanlegerschutz im Recht der Banken – gesellschafts-, bank- und börsenrechtliche Anforderungen an das Beratungs- und Verwaltungsverhalten der Kreditinstitute, München 1975.

Hufeld, Felix, Rede zum Neujahrspresseempfang der BaFin 2016 am 12.1.2016, abrufbar unter www.bafin.de/SharedDocs/Veroeffentlichungen/DE/Reden/re_160112_neujahrspresseempfang_p.html.

Hufeld, Felix, Rede zur Eröffnung der Veranstaltung BaFin-Tech 2016 am 28.6.2016, abrufbar unter www.bafin.de/SharedDocs/Veroeffentlichungen/DE/Reden/re_160 628_bafin-tech2016_p.html;jsessionid=76A38CC71C4E1DACDCDA7D9561C7FF 48.1_cid298.

Hupka, Jan, Kapitalmarktaufsicht im Wandel – Rechtswirkungen der Empfehlungen des Committee of European Securities Regulators (CESR) im deutschen Kapitalmarktrecht, WM 2009, 1351–1358.

I

Internationaler Währungsfonds, 2016 IMF Country Report No. 16/203, S. 3, abrufbar unter www.imf.org/external/pubs/ft/scr/2016/cr16203.pdf.

J

Johnson, Eric J. / Shu, Suzanne B. / Dellaert, Benedict G.C. / Fox, Craig / Goldstein, Daniel G. / Häubl, Gerald / Larrick, Richard P. / Payne, John W. / Peters, Ellen / Schkade, David / Wansink, Brian / Weber, Elke U., Beyond nudges: Tools of a choice architecture, 23 Marketing Letters, 487–504 (2012).

Jordans, Roman, Aktueller Überblick über die Aufklärungspflichten über Einnahmen aus dem Vertrieb von Finanzprodukten, BKR 2015, 309–316.

Jordans, Roman, Zum aktuellen Stand der Finanzmarktnovellierung in Deutschland, BKR 2017, 273–279.

Jung, Marcus, In der digitalen Welt hinkt der analoge Verbraucherschutz hinterher, Frankfurter Allgemeine Zeitung v. 18.9.2017, S. 22.

K

Kaiser-Neubauer, Christine, Roboter können mehr, Süddeutsche Zeitung v. 2.11.2017, S. 29.

Kanning, Tim, Auch die Deutsche Bank setzt jetzt auf Roboter, Frankfurter Allgemeine Zeitung v. 8.12.2015, S. 27.

Kanning, Tim, Robin soll es richten, Frankfurter Allgemeine Zeitung v. 13.12.2017, S. 29.

Kern, Andreas, Wikifolio: Social Trading, in: Tiberius, Victor / Rasche, Christoph (Hrsg.), FinTechs, Disruptive Geschäftsmodelle im Finanzsektor, Wiesebanden 2016, S. 189–198.

Literaturverzeichnis

Kindermann, Jochen / Coridaß, Benedikt, Der rechtliche Rahmen des algorithmischen Handels inklusive des Hochfrequenzhandels, ZBB 2014, 178–185.

Klein, Nico C., Die Beratungsprotokollpflicht im System des europarechtlich determinierten Anlegerschutzes, Tübingen 2015.

Klemm Thomas, Deutsche Bank zeigt sich innovativ, Frankfurter Allgemeine Zeitung v. 3.6.2015, S. 29.

Klemm, Thomas, Würden Sie diesem Roboter Ihr Geld geben?, Frankfurter Allgemeine Sonntagszeitung v. 27.9.2015, S. 40.

Klöhn, Lars, Der Beitrag der Verhaltensökonomik zum Kapitalmarktrecht, in: Fleischer, Holger / Zimmer, Daniel (Hrsg.), Beitrag der Verhaltensökonomie (Behavioral Economics) zum Handels- und Wirtschaftsrecht, Frankfurt a.M. 2011, S. 83–99.

Klöhn, Lars, Kapitalmarkt, Spekulation und Behavioral Finance – Eine interdisziplinäre und vergleichende Analyse zum Fluch und Segen der Spekulation und ihrer Regulierung durch Recht und Markt, Berlin 2006.

Klöhn, Lars (Hrsg.), Marktmissbrauchsverordnung – Verordnung (EU) Nr. 596/2014 über Marktmissbrauch, München 2018 (zitiert als *Bearbeiter*, in: Klöhn, Marktmissbrauchsverordnung, 2018)

Kloyer, Andreas, Der Anwendungsbereich des KAGB nach § 1 Abs. 1 des Gesetzes in der Beratungspraxis, in: Möllers, Thomas M.J. / Kloyer, Andreas (Hrsg.), Das neue Kapitalanlagegesetzbuch, München 2013, S. 97–110.

Kneer, Frieder / Kurz, Hendrik, Whitepaper: Die Grenzen der Robo Advisors – Eine rechtliche Einordnung der Geschäftsmodelle in Deutschland, Whitepaper der syracom AG v. 2.8.2016, abrufbar unter www.syracom.de/uploads/media/Syracom_Whitepaper_RoboAdvisor_Regulatorik.pdf.

Kobbach, Jan, Regulierung des algorithmischen Handels durch das neue Hochfrequenzhandelsgesetz: Praktische Auswirkungen und offene rechtliche Fragen, BKR 2013, 233–239.

Koch, Jens, Grenzen des informationsbasierten Anlegerschutzes – Die Gratwanderung zwischen angemessener Aufklärung und information overload, BKR 2012, 485–493.

Köhler, Helmut, BGB Allgemeiner Teil, 42. Auflage, München 2018.

Koller, Ingo / Kindler, Peter / Roth, Wulf-Henning / Morck, Winfried (Hrsg.), Handelsgesetzbuch – Kommentar, 8. Auflage, München 2015 (zitiert als *Bearbeiter*, in: Koller/Kindler/Roth/Morck, HGB, 8. Aufl. 2015).

Koller, Ingo, Beratung und Dokumentation nach *dem § 34 Abs. 2a WpHG*, in: Burgard, Ulrich / Hadding, Walther / Mülbert, Peter O. / Nietsch, Miachael / Welter, Reinhard (Hrsg.), Festschrift für Uwe H. Schneider zum 70. Geburtstag, Köln 2011, S. 651–667.

Koller, Ingo, Wertpapierberatung und Verkauf im Licht des WpHG, ZBB 2011, 361–373.

Kölner Kommentar zum WpHG, 2. Auflage, Köln 2014, herausgegeben von *Hirte, Heribert / Möllers, Thomas M.J.* (zitiert als *Bearbeiter*, in: KK-WpHG, 2. Aufl. 2014).

Köndgen, Johannes, Die Entwicklung des privaten Bankrechts in den Jahren 1999–2003, NJW 2004, 1288–1301.

Kort, Michael, Verhaltensstandardisierung durch Corporate Compliance, NZG 2008, 81–86.

Kröner, Matthias, Best of Both Worlds: Banken vs. FinTech?, in: Tiberius, Victor / Rasche, Christoph (Hrsg.), FinTechs, Disruptive Geschäftsmodelle im Finanzsektor, Wiesebanden 2016, S. 27–36.

Kühne, Otto / Eberhardt, Maxi, Erlaubnispflicht eines „Family Office" unter Berücksichtigung des neuen Finanzdienstleistungstatbestandes der Anlageberatung, BKR 2008, 133–135.

Kühne, Otto, Ausgewählte Auswirkungen der Wertpapierdienstleistungsrichtlinie – MiFID, BKR 2005, 275–280.

Kuls, Norbert, Große Vermögensverwalter setzen auf Anlageroboter, Frankfurter Allgemeine Zeitung v. 2.9.2015, S. 25.

Kümpel, Siegfried / Wittig, Arne, Bank- und Kapitalmarktrecht, 4. Auflage, Köln 2011.

Kümpel, Siegfried, Das Effektengeschäft im Lichte des 2. Finanzmarktförderungsgesetzes, WM 1993, 2025–2031.

Kümpel, Siegfried, Die allgemeinen Verhaltensregeln des Wertpapierhandelsgesetzes, WM 1995, 689–694.

Kunschke, Dennis / Schaffelhuber Kai A. (Hrsg.), FinTech: Grundlagen – Regulierung – Finanzierung – Case Studies, Berlin 2018 (zitiert als *Bearbeiter*, in: Kunschke/Schaffelhuber, FinTech, 2018).

Kurz, Antje-Irina, MiFID II – Auswirkungen auf den Vertrieb von Finanzinstrumenten, DB 2014, 1182–1187.

Kurz, Hendrik / Dreher, Christian, Whitepaper: Robo Advisors, Revolution oder Evolution, Whitepaper der syracom AG v. 26.4.2016, abrufbar unter abrufbar unter www.syracom.de/uploads/media/Syracom_Whitepaper_RoboAdvisor.pdf.

L

Landmann, Robert / Rohmer, Gustav (Hrsg.), Gewerbeordnung und ergänzende Vorschriften, 77. Ergänzungslieferung, München Oktober 2017 (zitiert als *Bearbeiter*, in: Landmann/Rohmer, Gewerbeordnung, 77. EL Oktober 2017*)*.

Lang, Volker, Informationspflichten bei Wertpapierdienstleistungen – Rechtliche Grundlagen, Typenspezifische Anforderungen, Haftung, München 2003.

Lange, Dirk-Fabian, Die Regulatory Sandbox für FinTechs, in: Brömmelmeyer, Christoph / Ebers, Martin / Sauer, Mirko (Hrsg.), Festschrift für Hans-Peter Schwintowski: Innovatives Denken zwischen Recht und Markt, Baden-Baden 2017, S. 331–344.

Lange, Markus, Informationspflichten von Finanzdienstleistern, Berlin u.a. 2000.

Lange, Markus, Product Governance - Neue Anforderungen für die Konzeption und den Vertrieb von Finanzprodukten, DB 2014, 1723–1729.

Literaturverzeichnis

Langenbucher, Katja (Hrsg.), Europäisches Privat- und Wirtschaftsrecht, 4. Auflage, Baden-Baden 2017 (zitiert als *Bearbeiter*, in: Langenbucher, Europäisches Privat- und Wirtschaftsrecht, 4. Aufl. 2017*)*.

Langenbucher, Katja / Bliesener, Dirk H. / Spindler, Gerald (Hrsg.), Bankrechts-Kommentar, 2. Auflage, München 2016 (zitiert als *Bearbeiter*, in: Langenbucher/Bliesener/Spindler, Bankrechts-Kommentar 2. Aufl. 2016).

Langenbucher, Katja, Anlegerschutz – Ein Bericht zu theoretischen Prämissen und legislativen Instrumenten, ZHR 177 (2013), 679–701.

Larenz, Karl / Canaris, Claus-Wilhem, Methodenlehre der Rechtswissenschaft, 3. Auflage, Berlin u.a. 1995.

Larenz, Karl, Methodenlehre der Rechtswissenschaft, 6. Auflage, Berlin u.a. 1991.

Leisch, Franz Clemens, Informationspflichten nach § 31 WpHG, München 2004.

Leiserson, Charles E. / Rivest, Ronald L. / Stein, Clifford, Algorithmen – Eine Einführung, München 2010.

Lieverse, Kitty, The Scope of MiFID II, in: Busch, Danny / Ferrarini, Guido (Hrsg.), Regulation of the EU Financial Markets – MiFID II and MiFIR, Oxford 2017, S. 27–48.

Linardatos, Dimitrios, Automatisierte Finanzentscheidungen im Finanzwesen am Beispiel der Robo Advisory, InTeR 2017, 216–219.

Lohmann, Jakob / Gebauer, Stefan, Der Zielmarkt nach MiFID II: Wer muss Was für Wen?, BKR 2018, 244–254.

Lutter, Marcus / Bayer, Walter / Schmidt, Jessica, Europäisches Unternehmens- und Kapitalmarktrecht, 6. Auflage, Berlin u.a. 2018.

Lutter, Marcus, Die Auslegung angeglichenen Rechts, JZ 1992, 593–607.

Luz, Günther / Neus, Werner / Schaber, Mathias / Schneider, Peter / Wagner, Claus-Peter, Weber, Max (Hrsg.), KWG und CRR – Kommentar zu KWG, CRR, FKAG, SolvV, WuSolvV, GroMiKV, LiqV und weiteren aufsichtsrechtlichen Vorschriften, 3. Auflage, Stuttgart 2015 (zitiert als *Bearbeiter*, in: Luz/Neus/Schaber/Schneider/Wagner/Weber, KWG und CRR, 3. Aufl. 2015).

M

Mahler, Armin, Nichtstun ist keine Lösung, Der Spiegel v. 3.6.2017, S. 58–63.

Maisch, Michael / Schneider, Katharina, Riskanter Fintech-Boom, Handelsblatt v. 27.9.2017, S. 1, 4–5.

Mansen, Jana, Die neuen Anlageberatungsregelungen der MiFID II – Eine Untersuchung ausgewählter Verhaltens- und Organisationspflichten der MiFID II und ihrer Umsetzung in das nationale Recht, Berlin 2018.

Maume, Philipp, Regulating Robo Advisory, April 2018, abrufbar unter https://ssrn.com/abstract=3167137.

Maunz, Theodor / Dürig, Günter (Hrsg.), Grundgesetz-Kommentar, 81. Ergänzungslieferung, München Januar 2018 (zitiert als *Bearbeiter*, in: Maunz/Dürig, Grundgesetz-Kommentar, 82. EL Januar 2018).

McCann, Hilton, Offshore Finance, Cambridge u.a. 2006.

Meixner, Rüdiger, Das Zweite Finanzmarktnovellierungsgesetz, ZAP 2017, 911–916.

Merkle, Christoph, Financial overconfidence over time: Foresight, hindsight, and insight of investors, 84 Journal of Banking & Finance (2017), 68–87.

Merkt, Hanno, Kapitalmarktrecht: Ursprünge, Genese, aktuelle Ausprägung, Herausforderung, in: Grundmann, Stefan / Haar, Brigitte / Merkt, Hanno / et al (Hrsg.), Festschrift für Klaus J. Hopt zum 70. Geburtstag am 24. August 2010: Unternehmen, Markt und Verantwortung, Berlin 2010, S. 2207–2245.

Meusel, Stephan, Vorsicht: Onlineberatung!, in: Everling, Oliver / Lempka, Robert (Hrsg.), Finanzdienstleister der nächsten Generation – Megatrend Digitalisierung: Strategien und Geschäftsmodelle, Frankfurt a.M. 2016, S. 271–286.

Mock Sebastian / Stüber, Katharina, Das neue Wertpapierhandelsrecht – Einführung und Materialien zum Ersten und Zweiten Finanzmarktnovellierungsgesetz (FiMaNoG), München 2018.

Mohr, Daniel, Vom Erfolg anderer Anleger profitieren, Frankfurter Allgemeine Zeitung v. 29.8.2017, S. 23.

Möllers, Thomas M.J., Anlegerschutz durch Aktien- und Kapitalmarktrecht, ZGR 1997, 334–367.

Möllers, Thomas M.J., Anlegerschutz im System des Kapitalmarktrechts – Rechtsgrundlagen und Ausblicke, in: Grundmann, Stefan / Haar, Brigitte / Merkt, Hanno / et al (Hrsg.), Festschrift für Klaus J. Hopt zum 70. Geburtstag am 24. August 2010: Unternehmen, Markt und Verantwortung, Berlin 2010, S. 2247–2264.

Möllers, Thomas M.J., Auf dem Weg zu einer neuen europäischen Finanzmarktaufsichtsstruktur, NZG 2010, 285–290.

Möllers, Thomas M.J., Die Rolle des Rechts im Rahmen der europäischen Integration, Tübingen 1999.

Möllers, Thomas M.J., Die unionskonforme und die richtlinienkonforme Interpretation, in: Dammann, Jens / Grunsky, Wolfgang / Pfeiffer, Thomas (Hrsg.), Gedächtnisschrift für Manfred Wolf, 2011, S. 669–685.

Möllers, Thomas M.J., Doppelte Rechtsfindung contra legem? – Zur Umgestaltung des Bürgerlichen Gesetzbuches durch den EuGH und nationale Gerichte, EuR 1998, 20–46.

Möllers, Thomas M.J., Effizienz als Maßstab des Kapitalmarktrechts – Die Verwendung empirischer und ökonomischer Argumente zur Begründung zivil-, straf- und öffentlich- rechtlicher Sanktionen, AcP 208 (2008), 1–36.

Möllers, Thomas M.J., Ein Vierstufen-System zur Rationalisierung der Grenze zulässiger Rechtsfortbildung, in: Altmeppen, Holger / Fitz, Hanns / Honsell, Heinrich (Hrsg.), Festschrift für Günther H. Roth zum 70. Geburtstag, München 2011, S. 473–496.

Möllers, Thomas M.J., Europäische Gesetzgebungslehre 2.0: Die dynamische Rechtsharmonisierung im Kapitalmarktrecht am Beispiel von MiFID II und PRIIP, ZEuP 2016, 325–357.

Literaturverzeichnis

Möllers, Thomas M.J., Europäische Methoden- und Gesetzgebungslehre im Kapitalmarktrecht, ZEuP 2008, 480–505.

Möllers, Thomas M.J., European Legislative Practice 2.0: Dynamic Harmonisation of Capital Markets Law – MiFID II and PRIIP, 31 B.F.L.R. 141–176 (2015).

Möllers, Thomas M.J., Juristische Methodenlehre, München 2017.

Möllers, Thomas M.J., Normschaffung und Normdurchsetzung im europäischen Kapitalmarktrecht, in: Stelmach, Jerzy / Schmidt, Reiner / Hellwege, Phillip / Soniewicka, Marta (Hrsg.), Krakauer-Augsburger Rechtsstudien – Normschaffung, 2017, S. 175–193.

Möllers, Thomas M.J., Regulating Credit Rating Agencies: the new US and EU law-important steps or much ado about nothing?, 4 CMLJ 477–500 (2009).

Möllers, Thomas M.J., Regulierung von Ratingagenturen – Das neue europäische und amerikanische Recht – Wichtige Schritte oder viel Lärm um Nichts?, JZ 2009, 861–871.

Möllers, Thomas M.J., Sekundäre Rechtsquellen – Eine Skizze zur Vermutungswirkung und zum Vertrauensschutz bei Urteilen, Verwaltungsvorschriften und privater Normsetzung, in: Bauer, Jobst-Hubertus / Kort, Michael / Möllers, Thomas M.J. / Sandmann, Bernd (Hrsg.), Festschrift für Herbert Buchner zum 70. Geburtstag, München 2009, S. 649–665.

Möllers, Thomas M.J., Standards als sekundäre Rechtsquellen, in: Möllers, Thomas M.J. (Hrsg.), Geltung von Faktizität und Standards, 2009, S. 143–171.

Möllers, Thomas M.J., Vermögensbetreuungsvertrag, graue Vermögensverwaltung und Zweitberatung, WM 2008, 93–102.

Möllers, Thomas M.J., Vollharmonisierung im Kapitalmarktrecht – Zur Regelungskompetenz nationaler Gerichte und Parlamente, in: Gsell, Beate/Herresthal, Carsten, Vollharmonisierung im Privatrecht – Die Konzeption der Richtlinie am Scheideweg?, 2009, S. 247–272.

Möllers, Thomas M.J., Zur „Unverzüglichkeit" einer Ad-hoc-Mitteilung im Kontext nationaler und europäischer Dogmatik, in: Berger, Klaus Peter / Borges, Georg / Herrmann, Harald / Schlüter, Andreas / Wackerbarth, Ulrich (Hrsg.), Festschrift für Norbert Horn zum 70. Geburtstag, Berlin 2011, S. 473–489.

Möllers, Thomas M.J. / Brosig, Isabella, Providing investment advice in light of MiFID I and MiFID II, in: Hugo, Charles / Möllers, Thomas M.J. (Hrsg.), Transnational Impacts on Law: Perspectives from South Africa and Germany, 2017, S. 217–246.

Möllers, Thomas M.J. / Ganten, Ted, Die Wohlverhaltensrichtlinie des BAWe im Lichte der neuen Fassung des WpHG – Eine kritische Bestandsaufnahme, ZGR 1998, 773–809.

Möllers, Thomas M.J. / Hailer, Sabrina, Management- und Vertriebsvergütungen bei Alternativen Investmentfonds – Überlegungen zur Umsetzung der Vergütungsvorgaben der AIFM-RL in das deutsche Recht, ZBB 2012, 179–193.

Möllers, Thomas M.J. / Kastl, Stephanie, Das Kleinanlegerschutzgesetz, NZG 2015, 849–855.

Möllers, Thomas M.J. / Kernchen, Eva, Information Overload am Kapitalmarkt – Plädoyer zur Einführung eines Kurzfinanzberichts auf empirischer, psychologischer und rechtsvergleichender Basis, ZGR 2011, 1–26.

Möllers, Thomas M.J. / Leisch, Franz Clemens, Neuere Gesetze und Rechtsprechung zur bank- und kapitalmarktrechtlichen Informationshaftung, JZ 2000, 1085–1092.

Möllers, Thomas M.J. / Poppele, Mauritz Christopher, Paradigmenwechsel durch MiFID II: divergierende Anlegerleitbilder und neue Instrumentarien wie Qualitätskontrolle und Verbote, ZGR 2013, 437–481.

Möllers, Thomas M.J. / Puhle, Christian, Know your product – Ermittlungspflichten von Zertifikate-Emittenten, JZ 2012, 592–601.

Möllers, Thomas M.J. / Steinberger, Elisabeth, Die BGH-Entscheidung zum Telekom-Prozess und das europäische Anlegerleitbild, NZG 2015, 329–335.

Möllers, Thomas M.J. / Wenninger, Thomas G., Das Anlegerschutz- und Funktionsverbesserungsgesetz, NJW 2011, 1697–1702.

Möllers, Thomas M.J. / Wenninger, Thomas, Stellungnahme zum Regierungsentwurf eines Gesetzes zur Neuregelung der Rechtsverhältnisse bei Schuldverschreibungen aus Gesamtemissionen und zur verbesserten Durchsetzbarkeit von Ansprüchen von Anlegern aus Falschberatung (BT-Drs. 16/12814) v. 16.6.2009, abrufbar unter www.kapitalmarktrecht-im-internet.eu/file_download.php?l=de&sect=ov&mod=Ka&type=artikelgesetze&c=53&q=Gesetz_zur_Neuregelung_der_Rechtsverh%C3%A4ltnisse_bei_Schuldverschreibungen_aus_Gesamtemissionen_und_zur_verbesserten_Durchsetzbarkeit_von_Anspr%C3%BCchen_von_Anlegern_aus_Falschberatung&d=Stellungnahme_Moellers.pdf.

Moloney, Niamh, EU Securities and Financial Markets Regulation, 3. Auflage, Oxford 2014.

Moraht, Mona, Verbraucherschutz im Finanzdienstleistungsbereich: Gewerberechtliche Sicht der Wirtschaft, GewArch 2014, 282–287.

Möslein, Florian / Arne, Lordt, Rechtsfragen des Robo-Advice, ZIP 2017, 793–803.

Möslein, Florian / Omlor, Sebastian, Die europäische Agenda für innovative Finanztechnologien (FinTech), BKR 2018, 236–243.

Möslein, Florian, Digitalisierung im Gesellschaftsrecht: Unternehmensleitung durch Algorithmen und künstliche Intelligenz?, ZIP 2018, 204–212.

Mülbert, Peter O., Anlegerschutz und Finanzmarktregulierung, ZHR 177 (2013), 160–211.

Mülbert, Peter O., Auswirkungen der MiFID-Rechtsakte für Vertriebsvergütungen im Effektengeschäft der Kreditinstitute, ZHR 172 (2008), 170–209.

Mülbert, Peter O., Regulierungstsunami im europäischen Kapitalmarktrecht, ZHR 176 (2012), 369.

Mülbert, Peter O./Sajnovits, Alexander, Vertrauen und Finanzmarktrecht, ZfPW 2016, 1–51.

Literaturverzeichnis

Münchener Kommentar zum Bürgerlichen Gesetzbuch, herausgegeben von *Säcker, Franz Jürgen / Rixecker, Roland / Oetker, Hartmut / Limperg, Bettina* (zitiert als *Bearbeiter*, in: MünchKomm-BGB)
– Band 1, 7. Auflage, München 2015
– Band 2, 7. Auflage, München 2016
– Band 3, 7. Auflage, München 2016
– Band 12, 7. Auflage, München 2018.

Münchener Kommentar zum Handelsgesetzbuch, herausgegeben von *Schmidt, Karsten* (zitiert als *Bearbeiter*, in: MünchKomm-HGB)
– Band 1, 4. Auflage, München 2016
– Band 6, 3. Auflage, München 2014.

N

Narat, Ingo, Blackrock steigt bei Robo Advisor Scalable Capital ein, Handelsblatt v. 19.6.2017, S. 27.

Nathmann, Marc, Bedeutung der Regulierung bei der Beurteilung von FinTechs, CF 2018, 248–252.

Niehage, Frank, FinTechs erobern die Bankenwelt, in: Everling, Oliver / Lempka, Robert (Hrsg.), Finanzdienstleister der nächsten Generation – Megatrend Digitalisierung: Strategien und Geschäftsmodelle, Frankfurt a.M. 2016, S. 33–46.

O

Oehler, Andreas / Horn, Matthias / Wendt, Stefan, Nicht-professionelle Investoren in der digitalen Welt, WD 2016, 640–644.

Oliver Wyman, Entwicklung von Robo Advice in Deutschland und Global, abrufbar unter www.oliverwyman.de/content/dam/oliver-wyman/v2-de/publications/2017/aug/OliverWyman_Robo%20Advice%20Entwicklung_Aktualisierung_Aug2017.pdf.

Oppenheim, Robert / Lange-Hausstein, Christian, Robo Advisor – Anforderungen an die digitale Kapitalanlage und Vermögensverwaltung, WM 2016, 1966–1973.

Ortmann, Mark / Tutone, Simone, Evaluierung der Beratungsdokumentation im Geldanlage- und Versicherungsbereich, ITA Institut für Transparenz GmbH, Version 18.2.2014, abrufbar unter www.bmjv.de/SharedDocs/Archiv/Downloads/20140 625_Beratungsprotokolle_Studie.pdf?__blob=publicationFile&v=3.

Otto, Mathias, Modernes Kapitalmarktrecht als Beitrag zur Bewältigung der Finanzkrise, WM 2010, 2013–2023.

P

Pernice, Ingolf, Die Dritte Gewalt im europäischen Verfassungsverbund, EuR 1996, 27–43.

Pfeifer, Klaus-Gerhard, Einführung der Dokumentationspflicht für das Beratungsgespräch durch § 34 Abs. 2a WpHG, BKR 2009, 485–490.

Pfeiffer, Thomas, Richtlinienkonforme Auslegung gegen den Wortlaut des nationalen Gesetzes – Die Quelle-Folgeentscheidung des BGH, NJW 2009, 412–413.

Pieper, Franz-Ulli, Künstliche Intelligenz: Im Spannungsfeld von Recht und Technik, in: Taeger, Jürgen (Hrsg.), Recht 4.0 – Innovationen aus den rechtswissenschaftlichen Laboren, 2017, S. 555–569.

Pieroth, Bodo, Die neuere Rechtsprechung des Bundesverfassungsgerichts zum Grundsatz des Vertrauensschutzes, JZ 1990, 279–286.

Poelzig, Dörte, Kapitalmarktrecht, München 2018.

Preuße, Thomas / Seitz, Jochen / Lesser, Thomas, Konkretisierung der Anforderungen an Produktinformationsblätter nach § 31 Abs. 3a WpHG, BKR 2014, 70–77.

Preute, Thomas, Interessengerechte Anlageberatung – Dogmatik, Ökonomische Analyse und Rechtsvergleich, Frankfurt a.M. 2000.

R

Raeschke-Kessler, Hilmar, Grenzen der Dokumentationspflicht nach § 31 II Nr. 1 WpHG, WM 1996, 1764–1768.

Rauch, Kathrin / Lebeau, Marc / Thiele, Heinrich, Steuerrechtliche sowie aufsichtsrechtliche Herausforderungen bei der Entwicklung hin zur automatisierten Anlageempfehlung (Robo-Advice), RdF 2017, 227–234.

Reich, Norbert, Informations-, Aufklärungs- und Warnpflichten beim Anlagengeschäft unter besonderer Berücksichtigung des „execution-only-business" (EOB), WM 1997, 1601–1609.

Reischauer, Friedrich / Kleinhans, Joachim (Hrsg.), Kreditwesengesetz (KWG) – Kommentar für die Praxis nebst CRR, Nebenbestimmungen und Mindestanforderungen, Loseblattwerk mit Aktualisierung 4/18, Berlin u.a. 2018 (zitiert als *Bearbeiter*, in: Reischauer/Kleinhans, KWG, Aktualisierung 4/18 2018).

Reiter, Julius / Frère, Eric / Zureck, Alexander / Bensch, Tino, Finanzberatung – Eine empirische Analyse bei Young Professionals, 5. Auflage, Essen 2016, abrufbar unter www.fom.de.

Reiter, Julius / Methner, Olaf, Rechtsprobleme der Beratung durch Robo Advisors, in: Taeger, Jürgen (Hrsg.), Recht 4.0 – Innovationen aus den rechtswissenschaftlichen Laboren, 2017, S. 587–597.

Riesenhuber, Karl (Hrsg.), Europäische Methodenlehre, Handbuch für Ausbildung und Praxis, 3. Auflage, Berlin u.a. 2015 (zitiert als *Bearbeiter*, in: Riesenhuber, Europäische Methodenlehre, 2015).

Rögner, Herbert, Zur „Auslegung" des Inlandsbegriffs des § 32 KWG durch die Verwaltungspraxis der Bundesanstalt für Finanzdienstleistungsaufsicht – zugleich Anmerkung zum Beschluss des VGH Kassel vom 21.1.2005, WM 2006, 745–752.

Rößler, Nicolas / Yoo, Chan-Jae, Die Einführung des § 34d WpHG durch das AnsFuG aus aufsichts- und arbeitsrechtlicher Sicht – Berufsverbot oder Papiertiger?, BKR 2011, 377–386.

Rost, Birgit, Die Bedeutung der unterschiedlichen Kundenkategorien, in: von Böhlen Andreas / Kan, Jens (Hrsg.), MiFID-Kompendium – Praktischer Leitfaden für Finanzdienstleister, Berlin/Heidelberg 2008, S. 97–107.

Literaturverzeichnis

Roth, Barbara / Blessing, Denise, Die neuen Vorgaben nach MiFID II – Teil 1 – Änderungen im Rahmen der Anlageberatung und Geeignetheitsprüfung, CCZ 2016, 258–266.

Roth, Barbara / Blessing, Denise, Die neuen Vorgaben nach MiFID II – Teil 2 – Die Aufzeichnungspflichten betreffend Telefongespräche und elektronischer Kommunikation, CCZ 2017, 8–16.

Roth, Barbara / Blessing, Denise, Die neuen Vorgaben nach MiFID II – Teil 3 – Die Zulässigkeit und Offenlegung von Zuwendungen, CCZ 2017, 163–171.

Roth, Barbara / Blessing, Denise, Die neuen Vorgaben zur Kostentransparenz nach MiFID II, WM 2016, 1157–1163.

Roth, Günter H., Das Risiko im Wertpapiergeschäft, in: Berger, Klaus Peter/Borges, Georg / Herrmann, Harald / Schlüter, Andreas / Wackerbarth, Ulrich (Hrsg.), Festschrift für Norbert Horn zum 70. Geburtstag, Berlin 2011, S. 835–840.

Rötting, Michael / Lang, Christina, Das Lamfalussy-Verfahren im Umfeld der Neuordnung der europäischen Finanzaufsichtsstrukturen – Entwicklung und Ablauf, EuZW 2012, 8–14.

Rozok, Matthias, Tod der Vertriebsprovisionen oder Alles wie gehabt? – Die Neuregelungen über Zuwendungen bei der Umsetzung der Finanzmarktrichtlinie, BKR 2007, 217–225.

Rüthers, Bernd / Fischer, Christian / Birk, Axel, Rechtstheorie mit juristischer Methodenlehre, 10. Auflage, München 2018.

S

Schaar, Peter, Brauchen wir regulatorische Leitplanken der Digitalisierung?, in: Klafki, Anika / Würkert, Felix / Winter, Tina (Hrsg.), Digitalisierung und Recht, 2017, S. 29–36.

Schädle, Anne, Exekutive Normsetzung in der Finanzmarktaufsicht – Ein Rechtsvergleich der deutschen und britischen Regelungen, 2007.

Schäfer, Frank A. / Hamann, Uwe (Hrsg.), Kapitalmarktgesetze, 7. Aktualisierung 2013 (zitiert als *Bearbeiter*, in: Schäfer/Hamann, Kapitalmarktgesetze, 7. Aktualisierung 2013).

Schäfer, Frank A. / Sethe, Rolf / Lang, Volker (Hrsg.), Handbuch der Vermögensverwaltung, 2. Auflage 2016 (zitiert als *Bearbeiter*, in: Schäfer/Sethe/Lang, Handbuch Vermögensverwaltung, 2. Aufl. 2016).

Schäfer, Frank A., Die Pflicht zur Protokollierung des Anlageberatungsgesprächs gemäß § 34 Abs. 2a, 2b WpHG, in: Grundmann, Stefan / Haar, Brigitte / Merkt, Hanno / et al (Hrsg.), Festschrift für Klaus J. Hopt zum 70. Geburtstag am 24. August 2010: Unternehmen, Markt und Verantwortung, Berlin 2010, S. 2427–2454.

Schäfer, Hans-Bernd / Ott, Claus, Lehrbuch der ökonomischen Analyse des Zivilrechts, 5. Auflage, Berlin, Heidelberg 2012.

Schick, Sebastian, Der Markt für Robo-Advisor wächst rasant, Aachener Zeitung v. 13.11.2017, abrufbar unter www.aachener-zeitung.de/ratgeber/geld/der-markt-fuer-robo-advisor-waechst-rasant-1.1759514.

Schimansky, Herbert / Bunte, Hermann-Josef / Lwowski, Hans-Jürgen (Hrsg.), Bankrechts-Handbuch, 5. Auflage 2017 (zitiert als *Bearbeiter*, in: Schimansky/Bunte/Lwowski, 5. Aufl. 2017).

Schmitz, Dirk, Vertragliche Haftung bei unentgeltlichem Informationserwerb via Internet, MMR 2000, 396–399.

Schmolke, Klaus Ulrich, Der Lamfalussy-Prozess im Europäischen Kapitalmarktrecht – eine Zwischenbilanz, NZG 2005, 912–919.

Schneider, Katharina / Rezmer, Anke, Automatisch, günstig, für alle, Handelsblatt v. 8.9.2015, S. 30.

Schneider, Sven H., Nichtanwendbarkeit des KWG bzw. WpHG trotz Erbringung regulierter Tätigkeiten – Ein Beitrag unter besonderer Berücksichtigung der „Konzernausnahme", WM 2008, 285–291.

Schneider, Sven, Nichtanwendbarkeit des KWG bzw. WpHG trotz Erbringung regulierter Tätigkeiten, WM 2008, 285–291.

Schneider-Sickert, Christan, LIQID: digitale Vermögensverwaltung, in: Tiberius, Victor / Rasche, Christoph (Hrsg.), FinTechs, Disruptive Geschäftsmodelle im Finanzsektor, Wiesebanden 2016, S. 147–153.

Scholz-Fröhling, Sabine, FinTechs und die bankaufsichtsrechtlichen Lizenzpflichten, BKR 2017, 133–139.

Schreiber, Meike, Drei Klicks – und fertig ist das Wertpapierdepot, abrufbar unter abrufbar unter www.sueddeutsche.de/wirtschaft/vermoegensverwaltung-drei-klicks-und-fertig-ist-das-wertpapierdepot-1.2688067.

Schrödermeier, Martin, Nachforschungspflichten einer Bank als Vermögensverwalterin zur Person ihres Kunden, WM 1995, 2053–2060.

Schrödermeier, Martin, Nachforschungspflichten einer Bank als Vermögensverwalterin zur Person ihres Kunden, WM 1995, 2053–2060.

Schulze-Werner, Martin, Das neue Recht der Finanzanlagenvermittler in der Gewerbeordnung (§ 34f GewO), GewArch 2012, 102–106.

Schwark, Eberhard, Die Verhaltensnormen der §§ 31 ff WpHG, in: Habersack, Mathias / Mülbert, Peter O. / Nobbe, Gerd / Wittig, Arne (Hrsg.), Das Zweite Finanzmarktförderungsgesetz in der praktischen Umsetzung – Bankrechtstag 1995, Berlin 1996, S. 109–134.

Schwark, Erhard / Zimmer, Daniel (Hrsg.), Kapitalmarktrechts-Kommentar, 4. Auflage, München 2010 (zitiert als *Bearbeiter*, in: Schwark/Zimmer, KMRK, 4. Aufl. 2010).

Schwarz, Kyrill-A., Vertrauensschutz als Verfassungsprinzip, Baden-Baden 2002.

Schwennicke, Andreas / Auerbach, Dirk (Hrsg.), Kreditwesengesetz (KWG), 3. Auflage, München 2016 (zitiert als *Bearbeiter*, in: Schwennicke/Auerbach, 3. Aufl. 2016).

Schwintowski, Hans-Peter (Hrsg.), Bankrecht, 5. Auflage, Köln 2018 (zitiert als *Bearbeiter*, in: Schwintowski, Bankrecht, 5. Aufl. 2018).

Scopino, Gregory, Preparing Financial Regulation for the Second Machine Age: The Need for Oversight of Digital Intermediaries in the Futures Markets, 2 Columbia Business Law Review, S. 439–519 (2015).

Literaturverzeichnis

Seebach, Daniel, Die Reichweite des Marktortprinzips im Inlandsmerkmal des § 32 Abs. 1 Satz 1 KWG – zugleich methodische Anmerkungen zu BVerwG WM 2009, 1553, WM 2010, 733–740.

Sennewald, Daniel, Ginmon: Robo Advisor, in: Tiberius, Victor / Rasche, Christoph (Hrsg.), FinTechs, Disruptive Geschäftsmodelle im Finanzsektor, Wiesebanden 2016, S. 111–118.

Sethe, Rolf, MiFID II – Eine Herausforderung für den Finanzplatz Schweiz, SJZ 2014, 477–489.

Seyfried, Thorsten, Die Richtlinie über Märkte für Finanzinstrumente (MiFID) – Neuordnung der Wohlverhaltensregeln, WM 2006, 1375–1383.

Siedenbiedel, Christian, Revolution im Bankenviertel, Frankfurter Allgemeine Sonntagszeitung v. 2.8.2015, S. 25–26.

Söbbing, Thomas, FinTechs: Rechtliche Herausforderungen bei den Finanztechnologien der Zukunft, BKR 2016, 360–366.

Spindler, Gerald / Hupka, Jan, Bindungswirkung von Standards im Kapitalmarktrecht, in Möllers, Thomas M.J. (Hrsg.), Geltung von Faktizität und Standards, 2009, S. 117–141.

Spindler, Gerald / Schuster, Fabian (Hrsg.), Recht der elektronischen Medien, 3. Auflage, München 2015 (zitiert als *Bearbeiter*, in: Spindler/Schuster, Recht der elektronischen Medien, 3. Aufl. 2015)

Spindler, Gerald, Anlegerschutz im Kapitalmarkt- und Bankrecht – Neujustierung durch Behavioural Finance, in: Oetker, *Hartmut* / Joost, Detlev / Paschke, Marian (Hrsg.), Festschrift für Franz Jürgen Säcker, München 2012, S. 469–486.

Stahl, Carolin, Information Overload am Kapitalmarkt, Baden-Baden 2013.

Staub, Hermann (Begr.) / Canaris, Claus-Wilhelm / Habersack, Mathis / Schäfer, Carsten (Hrsg.), Handelsgesetzbuch, Großkommentar, Band 11/2, 5. Auflage 2018 (zitiert als *Bearbeiter*, in: Staub, HGB, Bd. 11/2, 5. Aufl. 2018).

Steck, Kai-Uwe / Campbell, Nicole, Die Erlaubnispflicht für grenzüberschreitende Bankgeschäfte und Finanzdienstleistungen, ZBB 2006, 354–364.

Stein, Peer/Aggarwal, Reena, The Complex Regulatory Landscape for FinTech, World Economic Forum, August 2016, abrufbar unter http://www3.weforum.org/docs/WEF_The_Complex_Regulatory_Landscape_for_FinTech_290816.pdf.

Steuernagel, Armin / Frey, Bruno S. / Friedrich, Jonas, Allgemeine Geschäftsbedingungen: Zum Lügen gezwungen, zeitonline v. 1.3.2017, abrufbar unter www.zeit.de/wirtschaft/2017-02/allgemeine-geschaeftsbedingungen-verbraucherschutz-zertifizierung-alternativen.

Stiftung Warentest, Anlageberatung, Finanztest 02/2016, 32–37.

Stiftung Warentest, Beratung ist Programm, Finanztest 1/2017, 56–63.

Stiftung Warentest, Robo-Advisor: Die Maschine machts, Finanztest 08/2018, 42–47.

Streinz, Rudolf (Hrsg.), EUV/AEUV – Vertrag über die Europäische Union und Vertrag über die Arbeitsweise der Europäischen Union, 3. Auflage, München 2018 (zitiert als *Bearbeiter*, in: Streinz, EUV/AEUV, 3. Aufl. 2018).

Strohmeyer, Jochen, Regierungsentwurf zur verbesserten Durchsetzbarkeit von Anlegeransprüchen aus Falschberatung, ZBB 2009, 197–204.

T

Tertilt, Michael / Scholz, Peter, To Advise, or Not to Advise — How Robo-Advisors Evaluate the Risk Preferences of Private Investors, 12.6.2017, abrufbar unter https://ssrn.com/abstract=2913178.

Teuber, Hanno, Finanzmarkt-Richtlinie (MiFID) – Auswirkungen auf Anlageberatung und Vermögensverwaltung im Überblick, BKR 2006, 429–437.

Than, Jürgen, Die Umsetzung der Verhaltensnormen der §§ 31 ff WpHG in den Kreditinstituten, in: Habersack, Mathias / Mülbert, Peter O. / Nobbe, Gerd / Wittig, Arne (Hrsg.), Das Zweite Finanzmarktförderungsgesetz in der praktischen Umsetzung – Bankrechtstag 1995, Berlin 1996, S. 135–158.

Tiefensee, Johannes / Kuhlen, Jan, Umfang und Geltung der wertpapierrechtlichen Wohlverhaltenspflichten für gewerbliche Finanzanlagenvermittler, GewArch 2013, 17–22.

Tilmes, Rolf, Der Robo Advisor ist keine Lösung, Frankfurter Allgemeine Zeitung v. 24.7.2015, S. 25.

Trafkowski, Uwe, Besondere Pflichten für die Anlageberatung, in: Teuber, Hanno / Schröer, Ulrich (Hrsg.), MiFID II und MiFIR – Umsetzung in der Bankpraxis, Heidelberg 2015, S. 77–112.

U

Uffmann, Katharina, Fehlanreize in der Anlageberatung durch interne Vertriebsvorgaben, JZ 2015, 282–292.

V

Veil, Rüdiger (Hrsg.), Europäisches Kapitalmarktrecht, 2. Auflage, Tübingen 2014 (zitiert als *Bearbeiter*, in: Veil, Europäisches Kapitalmarktrecht, 2. Aufl. 2014).

Veil, Rüdiger (Hrsg.), European Capital Markets Law, 2. Auflage, Oxford 2017 (zitiert als *Bearbeiter*, in: Veil, European Capital Markets Law, 2. Aufl. 2017).

Veil, Rüdiger / Lerch, Marcus P., Auf dem Weg zu einem Europäischen Finanzmarktrecht: die Vorschläge der Kommission zur Neuregelung der Märkte für Finanzinstrumente, WM 2012, 1605–1613.

Veil, Rüdiger, Anlageberatung im Zeitalter der MiFID, Inhalt und Konzeption der Pflichten und Grundlagen einer zivilrechtlichen Haftung, WM 2007, 1821–1827.

Veil, Rüdiger, Aufklärung und Beratung über die fehlende Einlagensicherung von Lehman-Zertifikaten? – eine Analyse der zivil- und aufsichtsrechtlichen Pflichten bei der Anlageberatung, WM 2009, 1585–1592.

Veil, Rüdiger, Compliance-Organisationen in Wertpapierdienstleistungsunternehmen im Zeitalter der MiFiD – Regelungskonzepte und Rechtsprobleme, WM 2008, 1093–1098.

Veil, Rüdiger, Der Schutz des verständigen Anlegers durch Publizität und Haftung im europäischen und nationalen Kapitalmarktrecht, ZBB 2006, 162–171.

Veil, Rüdiger, Europäische Kapitalmarktunion, ZGR 2014, 544–607.

Veil, Rüdiger, Vermögensverwaltung und Anlageberatung im neuen Wertpapierhandelsrecht – eine behutsame Reform der Wohlverhaltensregeln?, ZBB 2008, 34–42.

Voge, Dirk, Zur Erlaubnispflicht grenzüberschreitend betriebener Bank- und Finanzdienstleistungsgeschäfte – zugleich Anmerkung zum Urteil des EuGH vom 3.10.2006, WM 2007, 381–387.

Vogel, Joachim, Juristische Methodik, 1998, S. 127

von der Groeben, Hans / Schwarze, Jürgen / Hatje, Armin (Hrsg.), Europäisches Unionsrecht, 7. Auflage, Baden-Baden 2015 (zitiert als *Bearbeiter*, in: von der Groeben/Schwarze/Hatje, Europäisches Unionsrecht, 7. Aufl. 2015).

von Staudinger, Julius (Hrsg.), Kommentar zum Bürgerlichen Gesetzbuch mit Einführungsgesetz und Nebengesetzen, Erstes Buch, Einleitung zum BGB, Neubearbeitung Berlin u.a. 2013 (zitiert als *Bearbeiter*, in: Staudinger, BGB, Neubearb. 2013).

W

Wagner, Jens, Legal Tech und Legal Robots in Unternehmen und den sie beratenden Kanzleien – Teil 2: Folgen für die Pflichten von Vorstandsmitgliedern bzw. Geschäftsführern und Aufsichtsräten, BB 2018, 1097–1105.

Walla, Fabian, Die Europäische Wertpapier- und Marktaufsichtsbehörde (ESMA) als Akteur bei der Regulierung der Kapitalmärkte Europas – Grundlagen, erste Erfahrungen und Ausblick, BKR 2012, 265–270.

Wallach, Wendell / Allen, Colin, Moral Machines: Teaching Robots Right From Wrong, Oxford 2008.

Wank, Rolf, Die Auslegung von Gesetzen, 6. Auflage, München 2015.

Wedlich, Florian, Wie wirken sich Verhaltensanomalien von Anlegern auf Robo-Advisory aus?, CF 2018, 225–229.

Weichert, Tilman / Wenninger, Thomas, Die Neuregelung der Erkundigungs- und Aufklärungspflichten von Wertpapierdienstleistungsunternehmen gem. Art. 19 RiL 2004/39/EG (MiFID) und Finanzmarkt-Richtlinie-Umsetzungsgesetz, WM 2007, 627–636.

Weidmann Jens, Rede auf einer G20-Konferenz am 25.1.2017 zum Thema Digital finance – Reaping the benefits without neglecting the risks, abrufbar unter www.bundesbank.de/Redaktion/EN/Reden/2017/2017_01_25_weidmann.html.

Weinhold, Alexander, Die Vergütung der Anlageberatung zu Kapitalanlagen, Baden-Baden 2017.

Weisner, Arnd / Friedrichsen, Sönke / Heimberg, Dominik, Neue Anforderungen an Erlaubnis und Tätigkeit der „freien" Anlageberater und –vermittler, DStR 2012, 1034–1038.

Weiß, Emanuel / Koloczek, Alexander, Künstliche Intelligenz in der Finanzindustrie anhand eines realen Anwendungsbeispiels – Vorhersage von Peer-to-Peer-Kreditausfällen, CF 2018, 216–219.

Wendehorst, Christiane, Das neue Gesetz zur Umsetzung der Verbraucherrechterichtlinie, NJW 2014, 577–584.

Wenzel, Jens, Bankgeschäftsrisiken bei Gesellschaften der Realwirtschaft, NZG 2013, 161–167.

Wiechers, Ulrich / Henning, Torsten, Die neuere Rechtsprechung des Bundesgerichtshofes zur Aufklärungs- und Beratungspflichten der Bank bei der Anlageberatung, WM 2015 Sonderbeilage 4, 3–27.

Wieland, Andreas, Unternehmen der „Realwirtschaft" als Adressaten des Bank- und Finanzaufsichtsrechts – Teil 1: Hintergründe und Fragen der Erlaubnispflicht, BB 2012, 917–924.

Wieneke, Laurenz, Discount-Broking und Anlegerschutz, Baden-Baden 1999.

Wolff, Volker, Kann man dem Computer sein Geld anvertrauen?, Frankfurter Allgemeine Zeitung v. 3.6.2017, S. 29.

Wosnitza, Jan Henrik, Robo-Advising Private Investors Of German Mid-Cap Bonds, CF 2018, 220–224.

Z

Zingel, Frank / Varadinek, Brigitta, Vertrieb von Vermögensanlagen nach dem Gesetz zur Novellierung des Finanzanlagenvermittler- und Vermögensanlagenrechts, BKR 2012, 177–185.

Zuleeg, Manfred, Die Rolle der rechtsprechenden Gewalt in der europäischen Integration, JZ 1994, 1–8.

Literaturverzeichnis

Verlautbarungen der Aufsichtsbehörden

BaFin, Automatisierte Finanzportfolioverwaltung, Stand April 2016, abrufbar unter www.bafin.de/DE/Aufsicht/FinTech/Finanzportfolioverwaltung/finanzportfolioverwaltung_node.html.

BaFin, FAQ zu MiFID II-Wohlverhaltensregeln nach §§ 63 ff. WpHG, WA 31-Wp 2002–2018, Stand Juni 2018, abrufbar unter www.bafin.de/SharedDocs/Veroeffentlichungen/DE/Auslegungsentscheidung/WA/ae_040518_faq_mifid2_wohlverhaltenregeln.html.

BaFin, FAQ zum Hochfrequenzhandelsgesetz, Stand Februar 2014, abrufbar unter www.bafin.de/SharedDocs/Downloads/DE/FAQ/dl_faq_hft.pdf?_blob=publicationFile&v=1.

BaFin, Merkblatt – Hinweise zum Tatbestand der Finanzportfolioverwaltung, Stand Juli 2018, abrufbar unter www.bafin.de/SharedDocs/Veroeffentlichungen/DE/Merkblatt/mb_091208_tatbestand_finanzportfolioverwaltung.html.

BaFin, Merkblatt Abschlussvermittlung, Stand September 2014, abrufbar unter www.bafin.de/SharedDocs/Veroeffentlichungen/DE/Merkblatt/mb_091207_tatbestand_abschlussvermittlung.html.

BaFin, Merkblatt Anlagevermittlung, Stand Juli 2017, abrufbar unter www.bafin.de/SharedDocs/Veroeffentlichungen/DE/Merkblatt/mb_091204_tatbestand_anlagevermittlung.html.

BaFin, Merkblatt zur Bereichsausnahme für die Vermittlung von Investmentvermögen und Vermögensanlagen, Stand November 2017, abrufbar unter www.bafin.de/SharedDocs/Veroeffentlichungen/DE/Merkblatt/mb_150416_ausnahme_investmentfondsvermittlung.html.

BaFin, Merkblatt zur Erlaubnispflicht von grenzüberschreitend betriebenen Geschäften, Stand April 2005, abrufbar unter www.bafin.de/SharedDocs/Veroeffentlichungen/DE/Merkblatt/mb_050401_grenzueberschreitend.html.

BaFin, Robo-Advice und Auto-Trading – Plattformen zur automatisierten Anlageberatung und automatischem Trading, Stand April 2016, abrufbar unter www.bafin.de/DE/Aufsicht/FinTech/Anlageberatung/anlageberatung_artikel.html.

BaFin, Rundschreiben 05/2018 (WA) - Mindestanforderungen an die Compliance-Funktion und weitere Verhaltens-, Organisations- und Transparenzpflichten – MaComp v. 24.4.2018, Stand 9 Mai 2018, abrufbar unter www.bafin.de/SharedDocs/Veroeffentlichungen/DE/Rundschreiben/2018/rs_18_05_wa3_macomp.html.

BaFin, Rundschreiben 4/2010 (WA) – Mindestanforderungen an die Compliance-Funktion und die weiteren Verhaltens-, Organisations- und Transparenzpflichten nach §§ 31 ff. WpHG für Wertpapierdienstleistungsunternehmen v. 7.6.2010, Stand 7.8.2014, abrufbar unter www.bafin.de/SharedDocs/Veroeffentlichungen/DE/Rundschreiben/rs_1004_wa_macomp.html.

Literaturverzeichnis

BaFin/Deutsche Bundesbank, Gemeinsames Informationsblatt der Bundesanstalt für Finanzdienstleistungsaufsicht und der Deutschen Bundesbank zum Tatbestand der Anlageberatung, November 2017, abrufbar unter www.bundesbank.de/Redaktion/DE/Downloads/Aufgaben/Bankenaufsicht/Informationen_ Merk blaetter/informationsblatt_zum_tatbestand_der_anlagebera-tung.pdf?__blob =publicationFile.

CESR, Question & Answers – Understanding the definition of advice under MiFID, Stand 19.4.2010, CESR/10-293, abrufbar unter www.esma.europa.eu/sites/default/files/library/2015/11/10_293.pdf.

Deutsche Bundesbank, Merkblatt über die Erteilung einer Erlaubnis zum Erbringen von Finanzdienstleistungen gemäß § 32 Absatz 1 KWG, Stand Januar 2018; abrufbar unter www.bundesbank.de/Redaktion/DE/Downloads/Aufgaben/Bankenaufsicht/merkblatt_ueber_die_erteilung_einer_erlaubnis_zum_erbringen_von_finanzdienstleistungen.pdf?__blob=publicationFile.

ESMA, Consultation Paper: Guidelines on certain aspects of the MiFID II suitability requirements v. 13.7.2017, ESMA35-43-748, abrufbar unter www.esma.europa.eu/sites/default/files/library/2017-esma35-43-748_-_cp_on_draft_guidelines_on_suitability.pdf.

ESMA, Final Report: Guidelines on certain aspects of the MiFID II suitability requirements v. 28.5.2018, ESMA35-43-869, abrufbar unter www.esma.europa.eu/system/files_force/library/esma35-43-869-_fr_on_guidelines_on_suitability.pdf?download=1.

ESMA, Final Report: Guidelines on MiFID II product governance requirements v. 2.6.2017, ESMA35-43-620, abrufbar unter www.esma.europa.eu/sites/default/files/library/esma35-43-620_report_on_guidelines_on_product_governance.pdf.

ESMA, Questions and Answers on MiFID II and MiFIR investor protection and intermediaries topics v. 23.3.2018, ESMA35-43-349, abrufbar unter www.esma.europa.eu/file/23414/download?token=dySuQzDC.

ESMA, Technical Advice to the Commission on MiFID II and MiFIR v. 19.12.2014, ESMA/2014/1569, abrufbar unter www.esma.europa.eu/sites/ default/files/library/2015/11/2014-1569_final_report_-_esmas_technical_advice_to_the_commission_on_mifid_ii_and_mifir.pdf.

Joint Committee of the European Supervisory Authorities, Joint Committee Discussion Paper on automation in financial advice v. 4.12.2015, JC 2015 080, abrufbar unter https://esas-joint-committee.europa.eu/Publications/Discussion%20Paper/201512 04_JC_2015_080_discussion_paper_on_Automation_in_Financial_Advice.pdf.

Joint Committee of the European Supervisory Authorities, Report on automation in financial advice v. 16.12.2016, abrufbar unter https://esas-joint-committee.europa.eu/Publications/Reports/EBA%20BS%202016%20422%20(JC%20SC%20CPFI%20Final%20Report%20on%20automated%20advice%20tools).pdf.

Stichwortverzeichnis

2. FiMaNoG 147, 150 f., 160, 163, 172, 177 f., 186, 197, 200, 213

Algorithmus 32, 63, 242 f.
All-in-fee 41, 46, 57, 124, 173, 203 f. 219 ff.
Anlageberatung 82 ff.
Anlegerkategorisierung 148 f., 201
Anlegerkategorisierung 148 f., 201
Aufklärungspflicht 158, 168 f., 198, 210, 216 f., 254, 263

BaFin 67, 76 f., 94 f., 136 f., 230, 246, 274
Banklizenz siehe KWG-Erlaubnis
Behavioral Finance 58, 264 f.
Bereichsausnahme
– Abschaffung 276 f.
– KWG 138 f.
– WpHG 195

Cherry Picking 30

Disclaimer 99 f.
Disaster-Recovery Strategie 231
ESMA 67, 73 f., 145 f., 229, 265, 275
ETFs 37, 54
Execution-only Geschäft 41, 91

FinTech 29, 67
Finanzanlagenvermittler 137 f.
FinVermV 195 ff., 277

Geeignetheitserklärung 186 f., 205, 210
GewO-Erlaubnis 120, 122 f., 137 f.

Interessenkonflikte 159

Know Your Customer 177 f., 222, 264
Know Your Product 152 f., 197, 243, 264, 271 f.
KWG-Erlaubnis 120 f.

Lamfalussy-Verfahren 69 f., 229
Level playing field 169, 281

MiFID II 70, 83, 146 f., 160
Mitarbeitervergütung 160f.

Normative Kraft des Faktischen 157
Normsetzungsbefugnis 95

Portfoliotheorie nach Markowitz 59

Qualifikationsanforderungen 241 f.

Rechtsfortbildung
– contra legem Grenze 214
– richtlinienkonforme 211 f.
Regulatory Sandbox 257 f.
Robo Advice
– Begriff 31 f.
– Entwicklung 32

Robo Advice der ersten Generation
– aufsichtsrechtl. Qualifikation 83 f.
– Funktionsweise 27 f.
– Wohlverhaltenspflichten 147 ff.

Robo Advice der zweiten Generation
– aufsichtsrechtl. Qualifikation 107 f.
– Funktionsweise 42 f.
– Wohlverhaltenspflichten 216 f.

Schlüsselposition 161 f., 202, 243 f., 263 f.
Sekundäre Rechtsquellen 73 f., 76 f.
Social Trading 48 f.
Systemprüfung 234

Unionsrecht
– Vorrang 211
– Subsidiaritätsprinzip 72

Value-at-Risk-Modell 43, 60
Vergütungsregelungen 160
Vermögensverwaltung 107 ff.
– kollektive 110
– standardisierte 111

Technologieneutralität 279

Zielmarktprüfung 165 f., 204 f., 210, 277
Zuwendungen 162, 218 f., 239